세계 · 지방화시대의 한국학 10

학문하는 보람

세계 · 지방화시대의 한국학 10

학문하는 보람

조 동 일

계명대학교출판부

머 리 말

2004년 2학기부터 계명대학교 석좌교수가 되어 하고 있는 연속강의 "세계 · 지방화시대의 한국학" 마지막 순서 제10회 2009년 1학기분에서 "학문하는 보람"을 고찰했다. 지금까지 모색하고 탐구해온 과정을 되돌아보면서 학문이란 무엇이며 왜 할 만한가, 학문을 해서 무엇을 얻는가 하는 의문에 대답하고자 한 내용이다. 그 결과로 이 책을 낸다.

강의와 출판이 모두 계획대로 진행되어 기쁘다. 전체 목록을 제시하면 다음과 같다. 5년 10학기 동안 이어진 긴 여정을 끝내는 기쁨을, 직접 또는 간접으로 강의에 동참한 모든 분과 함께 자축한다.

1 길을 찾으면서 (2004년 2학기 강의, 2005년 2월 출간)
2 경계 넘어서기 (2005년 1학기 강의, 2005년 8월 출간)
3 국내외 학문의 만남 (2005년 2학기 강의, 2006년 2월 출간)
4 고금학문 합동작전 (2006년 1학기 강의, 2006년 8월 출간)
5 표면에서 내면으로 (2006년 2학기 강의, 2007년 2월 출간)
6 비교연구의 방법 (2007년 1학기 강의, 2007년 8월 출간)
7 일반이론 정립 (2007년 2학기 강의, 2008년 2월 출간)
8 학문의 정책과 제도 (2008년 1학기 강의, 2008년 8월 출간)

9 학자의 생애 (2008년 2학기 강의, 2009년 2월 출간)

10 학문하는 보람 (2009년 1학기 강의, 2009년 8월 출간)

이번 책은 일관된 내용으로 이루어지지 않은 조립품이며, 다른 사람들이 쓴 글을 많이 수록했다. 미리 허락을 받지 못한 것을 미안하게 생각하며 양해해주리라고 믿는다. 다시 보니 내용이나 서술 방법이 너무 잡다하다. 마무리를 깔끔하게 하지 못했다. 짧게 쓰려고 했는데 너무 길어졌다. 마지막으로 손보는 과정에서 가지치기를 시도했으나 성과가 크지 못하다.

그러나 이 모든 결함이 뒤집어 생각하면 장점이라고 변명하고 싶다. 질서정연한 체계를 지나치게 선호한 잘못을 마지막에는 시정했으니 다행이다. 다양한 방식의 서술과 문체를 사용하면서, 가능성을 이리저리 열어놓고, 미완의 과제를 곳곳에 남긴 것은 잘 한 일이다. 말썽을 일으키고 논란거리를 만든 것이 애쓴 보람이다. 이렇게 말해도 되는지 묻고 싶다.

이번에도 전과 같은 방법으로 강의를 했다. 원고를 홈페이지에 올린 다음, 누구나 청강하고 토론할 수 있는 공개강의를 하고, 강의가 끝나면 원고를 수정하고 토론을 정리해 첨부했다. 강의를 한 덕분에 원고를 계속 다듬고, 참여한 분들에게 많이 배워 훨씬 나은 결과를 얻었다.

강의를 마치고 작성한 출판용 최종 수정본을 다시 내놓고, 교정을 도와달라고 널리 알렸다. 이에 호응해 도와준 분들이 다음과 같다. 깊이 감사드리는 말씀을 전한다. 오상택, 김민희, 김재웅, 박주원, 정소연, 조규택, 서영숙, 정천구, 신연우, 천혜숙, 임재해, 이동길, 김영숙, 안동준, 이동근, 최귀묵, 박경수, 육재용, 박미영, 김성수, 김재석, 윤동재, 안장리

2009년 6월 27일

교정을 마치면서

조 동 일

차 례

제1강 서두를 마련하면서

무엇을 하려는가

이번 강의는 2004년 2학기부터 5년 10학기 동안 계명대학교에서 해온 연속 공개강의 "세계 · 지방화시대의 한국학"의 마무리이다. "학문하는 보람"이라는 표제를 내걸고 학문론에 관한 일련의 작업을 완결하기로 한다. 학문하는 보람 또는 학문에서 얻는 보람을 학문론에서 마지막으로 다룰 과제로 삼는다.

보람이란 무엇인가? 즐거워서 하는 일이 평가할 만한 결실을 가져 더욱 즐겁게 되면 보람 있다고 할 수 있다. 학문은 즐거워서 할 뿐만 아니라, 보람 있는 일이다. 보람을 얻어야 학문을 제대로 한다고 할 수 있다. 즐거움이 출발점이라면 보람은 도달점이다. 학문의 보람을 밝혀 논하는 데까지 나아가야 학문론을 마무리할 수 있다. 이런 가설을 가지고 실제 상황을 점검하기로 한다.

지난 학기 강의에서 12인을 본보기로 삼아 학자의 생애를 살필 때 학문의 보람에 대해서도 줄곧 논의했다. 그러나 보람을 검증할 자료가 갖추어져 있는 것은 아니다. 그 분들의 내심에 들어갈 수 없어 언제나 해명이 불충분한 상태에 머물렀다. 학문의 보람을 밝혀 논하는 데까지 이르려면 방법을 바꾸어야 한다. 보람은 행위의 주체가 스스로 느끼는 내면의식이므로 제3자의 견지에서 객관적인 검증을 할 수 있는 것은 아니다. 어느 한 사람을 택해 집중적으로 고찰하면 소득이 있을 것 같은데, 그 한 사람은 내 자신일 수밖에 없다.

내 자신을 논의의 대상으로 삼고 검증의 자료로 이용해 학문의 보람이 무엇인지 해명하기로 한다. 일생 동안 학문에 종사하면서 얻은 보람을 정리하고 되새기는 것이 실제로 할 수 있는 일이다. 이에 대해서 불만을 가지고 나무라는 사람들이 있는 것이 당연하다. 불만을 해소하는 작업은 나무라는 사람들의 몫이다. 내 자신을 스스로 고찰한 결과여서 편파적이거나 허황되어 신뢰할 수 없다고 생각되는 경우는 물론이고 그렇지 않다고 해도, 다음 논자들이 자기점검을 다시 해서 보완이나 시정의 방안으로 삼아야 할 것이다.

이 일은 선행 작업과 연결된다. 2004년 8월 말에 서울대학교에서 정년퇴임할 때 『학문에 바친 나날 되돌아보며』라는 회고록을 75인의 제자와 함께 냈다. 1968년 3월 계명대학교 교단에 선 이래로 36년 반 동안의 교수 노릇을 회고하고 정리한 내용이다. 다룬 시기가 한정되어 있고 내용도 미비해 아쉬움을 남겼다.

머리말의 한 대목에서 이렇게 말했다. "1968년 3월보다 먼저, 2004년 8월말보다 나중에 있었던 일까지 취급하는 본격적인 회고록을 다음 어느 기회에 쓸 수 있기를 바란다. 그 때는 살아온 내력을 모두 털어놓고 말하고 싶다. 이 책은 거기까지 가는 데 필요한 중간보고서 정도의 의의를 가진다."

전후의 사항을 보완해 자서전을 완성할 수 있기를 바란다고 했으나,

접어두어야 할 희망이다. 이에 관해 제9권 제9강 토론에서 한 말이 있다. "『학문에 바친 나날 되돌아보며』에서 나로서는 묻어둘 수 없는 진실을 기록하려고 했는데, 자기 자랑만 했다는 핀잔을 들었다. 앞뒤의 사연을 다루는 속편을 쓰고자 했으나 보류하기로 하고, 다음 학기에 할 강의에서 조금만 말하는 데 그치려고 한다. 관습을 혁신하기 어렵다는 것을 절감한다."

앞 대목에서 한 말도 옮긴다. "이슬람이나 기독교에서는 유교의 열전에 상응하는 사람 평가의 방식이 신에게 자기 잘못을 고하고 용서를 구하는 고백록이어서 자기 행적에 대해 책임을 지고자 하는 성실한 사람이라면 자서전을 집필하는 것이 마땅하다고 여겼다. 동아시아에서는 사람의 행적을 정리하고 평가하는 일은 史書의 列傳을 집필하는 史官의 소관이라고 여겨왔다. 자서전 집필은 아직도 공연히 잘난 체하면서 겸양의 덕을 어긴 짓이라고 폄하하기나 한다."

관습 혁신 운운하는 것은 너무 거창한 말이다. 자랑은 하지 않고 겸양으로 일관하는 자서전을 쓰기에는 많이 모자라는 줄 알고 자중하는 것이 마땅하다고 말을 고쳐야 하겠다. 가까이 지내던 분들을 두고 허물없는 사이라고 여기고 함부로 한 말이 손상을 끼친 것을 뒤늦게 알고 용서를 구한다. 제자들에게 내 이야기를 하면서 칭송은 넣지 말라고 한 것이 애초에 무리한 주문이었음을 알아차리고 후회한다.

그러나 학문의 보람 되새기기가 조용하고 은밀하게 진행되는 내적 독백으로 끝날 수 없다. 보람은 내심의 느낌이지만 바깥의 사항들과 연결되어 성립되고 의미를 가진다. 나의 활동이 개인적인 소관사를 넘어서서 공동 관심의 사건으로 확대된 것을 시인하고, 다른 사람들과의 얽힘을 감추어두지 않고 들추어내야 필요한 내용을 갖출 수 있다.

사람은 여럿이 어울려 살게 마련이며, 학문은 대화이고 토론이다. 스승, 선후배의 동학, 독자, 논평자 등과의 관련을 다양하게 거론하면서, 사회적이고 시대적인 쟁점과 부딪힌 내력도 말해야 한다.

지금부터 쓰고자 하는 작업이 학술논문 작법을 따르지 않음은 물론이다. 글쓰기를 되도록 다양하게 해서 고정관념 타파에 기여하고자 한다. 자료 제시에 힘쓰고 해석은 줄이려고 한다. 다른 분들이 쓴 글을 이따금 길게 인용하면서 허락을 얻지 못했다. 누군지 모를 사람들이 인터넷에 올려놓은 논평은 허락을 얻을 길이 없다.

멀리까지 되돌아보며

나는 경상북도 북부지방 깊은 산골 영양 사람이다. "我本山野質"이라고 한 선인의 말을 외람되게 가져다 쓴 적이 있다. 산골 사람다운 어리석은 고집을 장기로 삼아 학문을 해왔다. 고향 일대에서 풍부하게 전승되고 있는 구비문학을 현지에서 조사하는 작업을 연구의 출발점으로 삼아 얻은 성과를 근거로 삼아 관심을 확대하고 연구 영역을 넓혔다.

고향에서 초등학교를 다니다가 대구로 전학해 대처가 어떤 곳인지 처음 경험했다. 중학교 때에는 수학교사이셨던 아버지의 감화를 받아 수학을 좋아했으며, 고등학생이 되어서는 그림을 그리다가 시를 썼다. 그림과 시를 위해 학교에서는 가르쳐주지 않은 불어를 독습하고 대학에 진학할 때 불문학과를 택했다.

불문학 작품을 닥치는 대로 읽다가 상징주의에 심취했다. 3학년 때 4.19에 깊이 참여하면서 커다란 전환을 겪었다. 역사는 멀리 있지 않고 우리와 함께 움직이며, 마음먹기에 따라 바꿀 수 있다는 것을 경험하고 분에 넘치는 생각을 했다. 기성세대는 모두 타락해 믿을 수 없다. 민족의 앞날을 인류의 미래와 연결시켜 스스로 이끌어나가는 방향을 제시해야 한다. 기존의 모든 시도를 넘어서서 새로운 길을 찾아야 한다. 이런 생각을 했다.

몇 해 동안 학생운동에 관여해 경찰서나 교도소를 드나들면서 가정교사로 먹고 사는 한편, 대학도서관에서 정신의 갈증을 메워줄 책을 찾아 닥치는 대로 읽었다. 우리 민족은 누구이며 무엇을 할 수 있는지 알아야 한다고 작정하고 전공을 바꾸었다. 불문학과 대학원을 중퇴하고 국문학과 3학년에 편입학했다. 국문학 공부를 계속하면서 창작에서 비평으로, 비평에서 연구로 방향을 돌렸다.

국문학도가 되어 문학이 무엇인가 다시 묻고, 학문에 입문했다. 남들의 눈으로 자기를 보지 않고, 유럽문명권에 유학해 배운 지식으로 세상사를 논하는 잘못에서 벗어나, 조상 전래의 문화유산을 가지고 스스로 깨달은 바를 모든 노력의 출발이자 원천이게 했다. 고향 근처 여러 마을의 민요와 설화를 연구하는 것을 가장 보람 있는 일로 삼았다. 입산수도와 같은 과정을 거쳐 얻은 바를 확대해서 세계 전체를 논하는 학문을 하는 데까지 이르렀다.

연구의 포부를 크게 가졌다. 정치나 경제에서는 가능하지 않은 비약을, 문화를 연구하는 학문에서는 이루어야 하고 이룰 수 있다. 정치는 선택의 폭이 너무 좁고, 실제 정치가 너무나도 실망스러운데 이상적인 방안을 제시하는 것은 헛된 일이다. 문화는 정치와 경제에서 상대적으로 자유로울 수 있다. 정치적인 억압에 문화로 맞설 수 있고, 배가 고파도 사상의 자유를 누릴 수 있다. 정치나 경제 쪽을 전공하는 벗들은 현실 정치나 경제에 들어가 자기를 상실하거나 승산 없는 투쟁을 하다가 상처를 입거나 좌절하고 말았다. 문화를 다루는 학문에서 자유를 얻고 자율을 누린 나는 얼마나 행복한가.

정치나 경제에서는 제3세계가 자존심을 잃고 있다. 세계사 창조의 새로운 방향을 제시하리라는 기대가 실현될지 의문이다. 그러나 문화는 다르다. 문학연구를 확대해서 역사와 철학을 논하고 학문 일반의 원리를 재검토하며, 근대를 넘어서서 다음 시대로 나아가는 학문을 나는 해왔다. 유럽문명권의 어느 학자보다 폭넓은 시야를 가지고, 차원이 더 높은 발상을 보여주었다고 자부한다.

해온 작업을 되돌아보면, 생각이 거칠며 다듬어지지 않고, 세부의 논증이 부실한 것은 어쩔 수 없다. 모자라는 시간, 부족한 참고문헌을 가지고 무리하게 진행해 그럴 수밖에 없다. 연구를 착실하게 진행하는 데 노력을 집중하지 못하고 학문 운동을 함께 해야 했다. 방향 전환을 주장하고, 연구여건을 개선해야 한다고 학계 안팎의 사람들에게 역설했다.

연구해서 얻은 결과를 국내에서 출판해 적극적인 호응을 얻었다. 많은 독자에게서 격려를 받고, 연구비를 얻었다. 분명히 행복한 사람이다. 외국에 나가야 했다. 미국에 오라는 제안을 거절한 것이 잘못일 수 있다. 책을 외국어로 써서 밖에서 출판해야 했다. 그럴 겨를도 기회도 없었다.

나가서 팔 것을 만들어야 하는 곳은 국내이다. 국내에서 하는 제조업에 너무 많은 시간과 노력을 바치느라고 세계를 상대로 하는 유통업을 제대로 하지 못했다. 영문 저서 둘을 국내에서 냈다. 문학사 불어판과 영어판을 동반자 덕분에 내놓았다. 다른 주저는 국어본만 있다. 번역해

줄 사람을 기다린다.

시련과 보람

"시련"과 "보람"을 나란히 놓고, 시련을 이겨내고 보람을 느끼려면 어떻게 해야 하는지 살피고자 한다. 시련과 영광은 밖에서 닥치고, 번민과 보람은 안에서 생긴다. 번민과 영광은 버리고, 시련과 보람을 택한다. 밖에서 닥치는 시련과 안에서 생기는 보람이 어떤 관계를 가지는지 말하려고 한다.

대구의 계명대학교 전임강사에서 부교수까지 9년, 경산의 영남대학교 부교수에서 교수까지 4년, 성남의 한국정신문화연구원(현재 한국학중앙연구원) 한국학대학원 교수 6년, 서울의 서울대학교 부교수에서 교수까지 17년 반 동안 근무하고 정년퇴임했다. 대구의 계명대학교 석좌교수로 5년 재직한다고 계약하고, 마지막 학기에 이르렀다. 서울대학교에서 정년퇴임까지 36년 반, 계명대학교에서 물러나면 41년 반 교수 노릇을 한다.

성격이 많이 다른 대학에서 오랜 기간 동안 다양한 경험을 한 것을 근거로 삼아 서두에서 제기한 문제를 논의한다. 『학문에 바친 나날 되돌아보며』에서 정년퇴임까지의 교수 생활을 회고한 데 참고가 되는 자료가 많이 있다. 그러나 겪은 바를 시련과 보람이라는 관점에서 정리해 논하는 것은 여기서 처음 하는 일이다.

신원조회에 걸리는 시련이 계속되었다. 기소되어 형을 받지 않아 사면복권의 대상이 아니었다. 동지라고 할 사람들이 없어 함께 움직일 수도 없었다. 친분이 있는 일체의 행동은 그만두고 오직 학문에 전념하면서 할 일을 하는 것이 유일한 대응책이었다. 근본을 바로잡고 미래를 바람직하게 창조하는 데 기여하는 학문을 하겠다고 다짐했다.

권력이 횡포를 부려 내가 재직하고 있는 학과를 갑자기 없애기도 했다. 이미 입학한 학생들을 더 큰 열의를 가지고 가르치다가, 강의가 없어져 외부 출강을 보람으로 삼으면서, 참담한 심정으로 옮겨갈 곳을 찾았다. 개인적인 친분이 없는 사람들조차 여러 곳에서 호의적인 반응을 보인 것을 감사하게 여긴다. 계속 성실하게 노력해 보답할 수밖에 없다.

교수 공개채용에 응모했다가 실패한 것도 말해야 한다. 내정자가 있는 것을 알고도 인정하지 않았다가 염려한 결과가 나타났다. 원망이나 항변은 그만두고, 내가 심사를 맡을 때에는 일체의 정실을 배제하고 엄정하게 평점을 하겠다고 다짐하고 실천했다. 사전 의논은 어떤 방식으로든지 하지 말아야 한다고 주장해 관철시켰다.

지방대학에 오래 머무른 것은 시련으로 보일 수 있으나 행운이다. 서울대학교에 자리 잡을 수 있는 최초의 유급조교를 마다하고, 은사들의 만류를 듣지 않고 대구 계명대학 전임강사가 되었다. 결단을 내린 덕분에 치다꺼리 신세에서 일찍 벗어나 스스로 학문의 주인이 되어 뜻하는 대로 연구하는 즐거움을 누렸다. 계명대학교에서 9년, 영남대학교에서 4년, 도합 13년을 대구에서 지내면서 혼잡에 휘말리지 않아 정신을 차리고 시류를 멀리 하며 근원을 찾을 수 있었다.

나고 자란 곳인 경상북도 동북부지방 구비문학을 현지에서 조사하고 연구해 입산수도에 견줄 수 있는 깨달음을 얻었다. 그 성과를 확대해 구비문학 일반으로, 구비문학에서 고전문학으로, 고전문학에서 한국문학으로, 한국문학에서 세계문학으로, 문학에서 학문 일반으로 나아갔다. 서울에만 있었으면 그럴 수 없었을 것이다. 중간 어디쯤에서 어정대고 말았으리라고 생각된다.

교수의 보직은 시련이다. 계명대학교에서 초대 출판부장을 맡아 출판부를 발족하고, 기획실장이 되어 장기 발전계획을 마련했다. 음악 분야의 강점을 키우기 위해 국악과를 신설하자는 제안이 부결되어 기획실장 사표를 냈다가 수리되지 않아 그 대학을 떠났다. 영남대학교에서는 민족문화연구소 일을 맡았다. 한국정신문화연구원에서는 도서관장이 되어 자료 수집을 위해 애썼다. 한국민족문화대백과사전 편찬부장의 과중한 임무를 맡고 모든 시간을 바쳐 기울어지고 있던 사업을 일으켜 세웠다.

뜻을 펴지 못하는 보직은 그만두어야 하고, 노력하는 보람이 있으면 수고를 할 만하다. 보직 경험이 대학발전과 민족문화 전반에 대한 관심을 키워 학문의 영역을 넓히는 데 도움이 되었다. 마땅한 권한을 장기간 행사할 수 있는 직책을 맡아 학문하는 대학을 만들 수 있다면 내 연구는 포기해도 좋다는 생각을 더러 하지만 실현 가능성은 없다. 학문을 제대로 하도록 하는 정책과 제도에 관해서도 연구해 글을 쓰기로 작정했다.

강의 부담이 많았다. 학생들이 쓴 글을 고쳐주는 일을 교수 노릇을 하는 전 기간 동안 계속해서 했다. 규정 시간 외에 별도의 노력을 해야 했다. 한자를 전혀 모르는 학생들이 시험에 통과할 때까지 매주 한 번씩 아침 8시에 시험을 실시하기도 했다. 대학원생 외국어 훈련을 위해 방학 동안 사사로운 수업을 하기도 했다. 논문 지도를 위한 발표와 점검을 정해놓은 시간에 정기적으로 했다.

모두 보람 있는 일이지만, 교육은 힘들다는 것을 거듭 절감한다. 학생들을 괴롭히고 내가 수고한 보람이 얼마나 있었는지 확실하게 말하기 어렵다. 그러나 교육의 직접적인 효과는 교육하는 사람에게 나타난다. 학생들에게 요구하는 사항을 나는 실행하고 있는지, 공연한 말만 하지 않고 과연 내 스스로 모범을 보이고 있는지 점검하고 반성하지 않을 수 없어 크게 도움이 되었다.

주어진 강의에서 일정한 내용을 다루는 것은 괴로운 일이다. 창조하는 훈련을 전혀 창조적이지 않은 방법으로 하는 것은 웃기는 짓이고 사기 행각이다. 타성에 젖어 마지못해 강의를 하면 교육을 망친다. 새로운 강의를 전에 없던 방식으로 해야 괴로움을 즐거움으로 바꾸어 놓을 수 있다. 창조의 보람을 스스로 느껴야 학생들에게 감화를 줄 수 있다. 되풀이해서 해야 하는 강의는 진행 방법이라도 새롭게 해야 한다.

내 책을 가지고 하는 한국문학사 강의에서 한 최후의 실험을 들어본다. 먼저 그 날의 진도에 관해 학생들에게 질문하고, 다음에는 학생들의 질문을 받고, 끝으로 책에서 한 걸음 더 나아간 새로운 착상을 설명했다. 책을 참고로 하면서 생각한 바를 적으라고 하는 시험을 실시하고, 장차 문학사를 어떻게 써야 하는지 각자의 구상을 서술하는 과제를 받았다. 이렇게 하는 것이 인터넷에 올라 있는 요약본을 이용해 과제를 하지 못하게 막고, 창조력을 기르는 데 힘쓰는 방안이다.

교과과정 개편이 가능할 때에는 새로운 과목을 제안하고 맡으면 신명나게 강의했다. 한국문학사와 사상사를 연결시키고, 한국문학과 세계문학을 비교하는 강의가 그런 것이다. 인문학문 일반론, 또한 학문 일반론으로까지 나아가고자 하는 소원은 이루지 못했다. 대학에 학문학 강의가 없는 잘못을 내 힘으로 바로잡을 수 없었다.

많은 시간과 노력이 필요한 연구를 제대로 하고 싶어 연구교수로 일할 곳을 찾아 공개구직을 했다. 연구업적으로 소속기관을 빛내고, 공개강의를 하나 해서 당장 봉사하겠다고 했다. 그러나 그런 곳이 없었으며, 국법에서 허용하지 않았다. 오라는 대학이 있었는데, 연구교수는 강의교수가 되기 전에 얼마 동안 시험을 겪는 자리였다. 어느 군청 도서관에서 기회를 제공하겠다고 하기도 했다. 정년퇴임을 한 다음에야 소원을 이루어 많이 늦고 힘이 모자라지만 오랜 소원을 성취하려고 애쓴다.

석좌교수로 오라는 곳이 서울에도 있었으나, 교수 생활을 처음 시작한 계명대학에 복귀했다. "세계 · 지방화시대의 한국학"을 전체 주제로 삼고 5년 10학기 동안 계속 앞으로 나아가는 공개강의를 해왔다. 지방화시대의 한국학은 지방대학에서 논해야 한다. 강의원고를 홈페이지에 올려 멀리서도 동참할 수 있게 하고 학기가 끝날 때마다 책을 한 권씩 낸다. 다른 교수들은 정년퇴임 전에도 이런 혜택을 누려 학문을 위해 크게 기여할 수 있기를 간절하게 바란다. 원한다고 될 일이 아니고, 대학 당국에서 특별한 조처를 해야 한다.

작업 여건의 문제

교수의 근무조건에 대해서 말해보자. 교수가 강의실에 들어가 가르치는 시간이 근무시간이라고 하는 것은 청중들 앞에 나와 연주하는 시간이 피아니스트의 근무시간이라고 하는 것만큼 억지이다. 그렇게 계산하면 작곡가는 근무하지 않는다고 해야 한다. 교수의 강의시간을 법제화한 후유증이 오래 간다.

교수의 근무시간에는 연습과 작곡에 해당하는 시간이 다 포함된다.

매일 야근이고 휴일도 없지만 시간외 근무 수당을 받지 않는다. 근무시간이 많아 과로하는 것이 엄청난 시련이다. 외국 교수 가운데 독신이 많은 것을 이해할 수 있다. 한국의 교수 가족은 선량하고 너그러운 편이다. 나도 혜택을 입고서 늘 미안하게 생각한다.

교수가 하는 일을 선수·코치·임원이라고 비유해서 말할 수 있다. 젊고 힘이 좋을 때에는 셋 다 할 수 있다. 그러나 55세쯤 되어 정년이 10년 정도 남으면 선택이 필요하다. 한쪽에서는 다른 일은 하지 않고 선수로 뛰면서 일생의 학문을 총정리하기로 한다. 다른 쪽에서는 가르치는 데 전념하고 다른 임무는 면제받은 코치 노릇반 하면서 학생 하나하나를 열심히 돌보아주기로 한다. 또 다른 쪽에서는 보직을 맡아 봉사하는 임원으로 남은 시간과 정열을 바치기로 한다. 각자의 희망에 따라 이 셋 가운데 하나를 선택하게 하자. 나라 전체가 달라지기를 바라지 않고, 대학에서 택할 수 있는 제도이다.

셋은 우열이 없으므로, 평가나 대우에 차이가 있어서는 안 된다. 연구 업적이 많다고 대우를 잘 하면, 누구든지 하기 싫고 할 것이 없어도 연구를 택하려고 한다. 마지못해 다른 일을 하는 사람들이 방해해 연구를 제대로 하기 어렵게 된다. 연구에 소요되는 실비는 있어야 하지만, 금전적 보상이랄 것은 없고 남들에게 피해를 끼치지 않아야 연구를 마음 놓고 할 수 있다.

교수 노릇을 하는 동안에 힘은 줄어 하강선을 긋고, 식견은 늘어 상승선을 긋는다. 두 선이 만나는 중간지점이 50세쯤이다. 학문 분야에 따라 사정이 다르나, 인문사회 학문에서는 대체로 보아, 50세 이전에는 세부를 깊이 고찰하는 논문을 쓰고, 50세 이후에는 전체를 크게 다루는 저서를 내는 데 더욱 힘쓰는 것이 마땅하다.

시작이 점점 늦어 35세 이후에나 교수 자리를 얻고 65세에 정년퇴임을 하니, 전반이 15년, 후반이 15년이다. 시간이 부족하다고 한탄하지 말고, 계획을 잘 세워 효율적으로 써야 한다. 논문을 쓰는 전반 15년에는 불철주야 연구에 몰두하는 것이 마땅하고, 저서를 내는 후반 15년에는 식견을 더 키울 수 있는 여유를 가져야 한다. 근무시간을 조금씩 줄여나가면서 건강을 돌보아야 작업의 질이 보장된다.

전반 15년은 더 나눌 필요가 없으나, 후반 15년은 자칫 하면 그냥 흘러갈 수 있어 세부계획이 있어야 한다. 자료가 방대하고 논증이 복잡해 품이 많이 드는 역저는 50세에서 55세까지에 쓰는 것이 마땅하다. 여기까지는 누구나 해야 할 일이다. 선수 노릇을 계속 하려면, 다음 두 가지 일을 해야 한다. 평생 연구한 결과를 총정리하면서 한 차원 높이는 작업을 55세에서 60세까지에 하고, 관심의 범위를 확대해 넓게 살피고 멀리 보며 지혜를 나타내는 저작을 60세 무렵에 착수해 65세까지 내놓는 것이 바람직하다. 앞에서 말한 바와 같이 강의를 자유롭게 개설하고 진행하는 재량권을 얻으면 이 일을 더 잘 할 수 있다.

일생에 할 일을 제대로 하려면 일찍부터 계획을 잘 세워야 한다. 제4권 제12강에서 최한기와 합작해 마련한 방안을 보자. 학생 시절부터 공부는 넓게 하고, 학자 노릇을 하는 연구는 좁게 시작해야 한다. 좁은 연구를 점차 확대해, 마침내 공부한 영역을 모두 활용하고 추가하는 데까지 이르는 것이 마땅하다.

교수 생활에는 시련이 많다. 다른 직업보다는 편안하다고 할지 모르나, 남들은 대단치 않게 여길 시련이라도 심각하게 다가와 치명적인 타격을 줄 수 있다. 교수가 하는 일은 늘 긴장되고, 마음의 동요 없이 창조력을 발휘할 수 있어야 하기 때문이다. 양이 아닌 질이 문제되는 작업을 고독하게 해내야 하므로 까다로운 조건이 갖추어져야 한다.

시련의 원인을 찾아내 싸워서 해결해야 할 것이 적지 않다. 대학 안에서 항의하고 시정을 요구하는 데 그치지 않고 정부를 상대로 투쟁할 일도 있다. 그러나 제도를 고치고 여건을 마련하면 좋은 결과가 나타나는 것은 아니다. 원인과 결과 사이의 단순한 인과관계를 넘어서는 실행을 스스로 해야 한다. 시련을 극복하고 보람을 창조하는 내심의 각성이 있어야 전환이나 개혁이 구호에 그치지 않고 실제로 가능하다.

시련이 보람임을 깨닫고 실행해야 한다. 시련이 없으면 보람도 없다. 시련을 이겨내고 보람을 찾아야 한다. 시련을 이겨내는 것 자체가 보람이다. 모든 사람에게 다 해당되는 진실을 모범이 되게 실행할 책임이 있다. 선수 · 코치 · 임원의 모든 활동이 교육이다.

토론

❏ 문 : 이제부터 하는 제1강에서 제14강까지는 어떤 순서로 진행되는가?

❏ 답 : 과거에서 현재로, 나의 학문에서 남들과의 얽힘으로 나아간다.

❏ 문 : 선수 · 코치 · 임원에다 견준 연구 · 강의 · 행정을 주 임무로 하는 교수들이 따로 있으면 평가는 어떻게 해야 하는가? 공통된 기준에 의한 평가를 할 수 있는가?

❏ 답 : 그 셋은 성격이 다르므로 각기 그것대로 독자적인 기준에서 평가하고, 서로 비교하지는 말아야 한다. 각기 자기 일에 철저할 수 있게 해야 서로 도움이 된다. 나는 오직 선수로 일관하고자 했다.

❏ 문 : 선수 생활의 결과물이 외국어로 번역되어 널리 알려지기를

바란다고 했다. 번역을 가장 간절하게 바라는 저작은 어느 것인가?

❑ **답**: 『소설의 사회사 비교론』이 절정에 이른 업적이어서 번역을 가장 간절하게 바란다.

❑ **문**: 선생님은 선수로 일관하기 위해 학회장도 하지 않았다고 하는 것이 사실인가?

❑ **답**: 학회장뿐만 아니라 학과장도 간청을 해서 면제 받았다. 그 은혜를 연구로 보답하겠다고 했다. 학과장을 하지 않는 대신에, 『관악어문연구』라는 서울대학교 국문학과 논문집에 교수 논문이 필요하다고 하면 언제나 써서 냈다. 국어국문학회 대표이사가 될 염려가 있어 사정해도 될 것 같지 않아 학회를 탈퇴했다. 그러고도 연구해서 할 수 있는 일은 하라는 대로 열심히 했다. 공부는 넓게 하고 연구는 좁게 해야 한다는 이론을 최한기와의 합작으로 만들어 발표한 것이 널리 인용되는데, 국어국문학회의 요청을 받고 발표대회에서 기조발표를 한 것이다.

❑ **문**: 책임자의 임무를 맡아 학과나 학회를 혁신하는 것이 소중한 과업이 아닌가?

❑ **답**: 나는 생각을 실행할 능력이 모자란다. 사람들을 만나 논의하고 설득하는 작업은 잘 하지 못하고, 시간이 아까워 할 수도 없다. 더 큰일인 나라 전체의 학문 행정에 관해서도 같은 말을 할 수 있다. 능력이 있어 실행을 잘 하는 사람들에게 도움이 되는 글을 쓰는 것으로 만족한다. 건축을 비유로 들어 말하면, 설계를 힘들여 할 따름이고 시공은 하지 못하는 것이 나의 장기이고 한계이다. 시공을 주업으로 하는 쪽에 아무 대가나 조건 없이 설계를 제공하는 것을 소임으로

삼는다.

❑ 문 : 시련이 어느 학문에서나 동일하게 작용하는가?

❑ 답 : 학문에 따라 다르다. 내심의 결단이 소중한 인문학문에서는 시련을 이겨내기 쉽지만, 연구 여건이 크게 작용하는 자연학문은 사정이 다르다. 인문학문을 하는 것을 다행으로 여긴다.

❑ 문 : 학문하는 능력은 타고나는가?

❑ 답 : 능력을 모두 타고난 사람은 없다. 누구든지 타고난 능력을 살리면서 모자라는 쪽을 보충해야 한다. 열정적이면서 냉철하고, 어리석으면서 똑똑해야 학문을 잘 할 수 있다. 열정적인 사람은 냉철해지고, 냉철한 사람은 열정을 갖추어야 한다. 어리석으면 똑똑해져야 하고, 똑똑하면 어리석어져야 한다. 어리석기만 하지 않고 똑똑해져야 이치를 제대로 판단할 수 있고, 똑똑하기만 하면 싫증을 잘 내 무슨 일이든지 하다 말기 때문에 어리석어져야 한다.

❑ 문 : 연구 작업을 실제로 하는 데 무엇이 가장 중요한가?

❑ 답 : 집중력이다. 주변 환경을 정리하지 않고도 바로 발동이 걸려, 시간의 흐름을 의식하지 않고 일에 몰두해야 연구가 잘 된다.

❑ 문 : 집중력을 키우는 비결이 있는가?

❑ 답 : 학문이 아닌 다른 일에는 관심을 줄여야 한다. 잠을 충분하게 자고 최상의 상태에서 작업을 해야 한다. 적당한 운동을 하고 고루고루 잘 먹어 건강을 돌보는 것은 물론이다. 술이라는 마귀에게 건강 · 시간 · 금전을 모두 빼앗기지 않도록 경계해야 한다.

❑ 문 : 연구 과제는 어떻게 선택하는가?

❑ 답 : 넓은 공부 가운데 의문점이 많은 어느 하나를 집중적으로 공략해 좁은 연구를 시작하고 일관성을 가지면서, 필연적인 이유를 갖추고 단계적인 발전을 이룩해 시야를 점차 넓혀야 한다.

❑ 문 : 계획을 세워야 하는가?

❑ 답 : 계획을 세워야 방황하지 않고, 시간과 노력의 낭비를 줄인다. 그러나 계획에 매이지는 말아야 한다. 계획을 세우는 능력이나 계획의 내용도 차츰 나아진다는 것을 명심해야 한다.

❑ 문 : 스승의 가르침은 어느 정도 소중한가?

❑ 답 : 내 경우를 제4강에서 다룰 예정이다. 자득을 위해 필요한 계기를 스승에게서 얻고자 하는 것이 최상의 기대이다. 같은 스승에게 배운 제자들이 서로 다른 것만큼 자득이 전수보다 더 크다.

❑ 문 : 지난 5년 동안의 작업이 선생님의 학문에서 어떤 위치를 차지하는가?

❑ 답 : 하산 과정이다. 등산을 끝내고 하산을 하면서 올라간 길을 돌아보고 음미하는 데 5년이 소요되고 전 10권의 책을 써야 했다.

❑ 문 : 그 다음에는 무엇을 하는가?

❑ 답 : 이 강의 마지막 대목에서 밝힐 작정이다.

제2강 성장과 자각의 과정

어린 시절의 기억

내 고향은 경상북도 영양군 일월면 주곡동 주실이라는 산골 마을이다. 외가는 경상북도 영주시 문수면 권선리 고랑골이다. 태어난 곳은 경상북도 예천 읍내이다. 외할아버지가 가족과 함께 예천에 나가 살고 있을 때 어머니가 친정에 가서 해산을 했기 때문이다. 태어나자 곧 주실로 갔다. 예천은 그 이상 인연이 없다. 출신지는 주실이지만, 출생지가 어디냐고 물으면 예천이라고 대답한다. 출생 후 얼마 뒤에 아버지가 멀리 경기도 평택에 직장을 얻어 가서 거기서 잠시 살았다. 여기까지는 들어서 알고 있을 따름인, 내 인생의 선사시대이다.

어린 시절의 기억이 시작되는 곳은 충청북도 청주이다. 아버지의 직장이 청주로 옮겨져 서너 살 때부터 거기서 살았다. 청주를 생각하면 일본 사람들의 모습이 잔뜩 떠오른다. 일본집이 이어져 있고, 벚꽃이 피어 있는 거리로 일본 사람들이 어깨를 비비며 오고 가고 있었다. 나는 두려움과 호기심을 지니고 그 근처까지 가보다가 뜻밖의 광경에 놀라 쫓기듯이 돌아오곤 했다. 일본이 전쟁을 일으켜 싱가포르를 점령

했다고 축하 행사를 벌이는 날 시가행진을 따라다니다가 집을 잃어버렸다는 말을 나중에 들었다.

동네에 나가 놀다가 일본어를 몇 마디 얻어들었다. 학교에 들어간 것은 광복을 한 다음 해 1946년이어서 일본어를 배우지 않은 첫 학년이다. 대학을 졸업한 뒤에 일본어를 공부할 필요가 있어 글자부터 익혀야 했다. 근래 일본에 갈 일이 더러 있고, 일본인 학자들과 함께 학술발표도 한다. 일본어를 들으면 이해 여부가 균일하지 않다. 무어라고 하는지 모를 말, 공부해서 가까스로 익힌 말, 아주 친숙한 말이 있다. 아주 친숙한 말은 어려서 얻어듣고 기억의 깊은 층위에 나도 모르게 간직하고 있는 상처이다. 상처를 쓰라리게 느끼면서 먼 과거를 되새긴다.

전쟁이 중반에 들어서자 배급이 인색해지고, 아버지는 징용 대상자가 되었다. 어떻게 해야 할 것인지 걱정하다가 마침내 직장을 버리고 고향으로 돌아가기로 했다. 기차를 타고 먼 여행을 하니 즐거워야 할 것인데, 어린 나이에 어울리지 않게 불안하기만 했다. 지금도 기차 소리를 들으면 불안한 것이 그 기억 때문이 아닌가 한다.

고향에 가면서 친척이나 동네 아이들에게 선물을 마련해야 했다. 물자가 모자라기만 한 형편이라 마땅한 것이 없었다. 아버지와 함께 서점에 가서 그림책을 여럿 사는 수밖에 없었다. 일본군이 싸워 이기는 광경을 그린 것들뿐이었다. 탱크와 군함이 불을 뿜자 연합군은 허깨비처럼 쓰러지는 것을 그려놓았다. 그런 그림책을 사다가 나누어 주면서 무언가 미안하게 생각했는데, 나중에 되새겨보니 범죄에 가담하는 짓을 했다.

고향에서도 편안하게 지낼 수 없었다. 아버지는 징용을 피하기 어려웠다. 군내에 있는 광산에 가서 일하면 징용을 대신할 수 있는 것을 알고 그 길을 택하기로 했다. 아버지와 어머니는 어린 동생 둘을 데리고 광산으로 가고, 나는 홀로 떨어져 할아버지・할머니와 함께 지냈다. 처음으로 부모와 떨어져 사는 것이 슬펐다. 할아버지는 너무 엄격하고, 할머니는 말이 없어 정이 들지 않았다.

그런데 대여섯 살에 지나지 않는 나에게 할아버지가 한문을 가르치시겠다고 했다. 무슨 이유에서인지 천자문은 건너뛰고 『童蒙先習』부터 시작했다. 며칠이 지나자 할아버지는 "이놈은 가르치지 말아야 한다"고 하고 글공부를 중단시켰다. 열심히 하고 있는데 그런 판정을 받아 너무나도 억울했다. 할아버지가 그렇게 판단한 것은 무슨 까닭인지 알 수 있기까지 많은 시간이 필요했다. 그때 배운 『동몽선습』 서두가 지금까지도 너무나도 또렷하게 기억되는 것이 비밀을 푸는 단서이다. 재주가 지나치면 해로우니 덮어두어야 한다고 여기신 것이었다.

허전한 마음을 달래느라고 하루 종일 산천을 돌아다니기만 했다. 알지 못하는 길을 닥치는 대로 가면서 모험을 하고 발견을 했다. 우리 마을에서는 참꽃과 개꽃이라고 하는 진달래와 철쭉이 다르다는 것을 알고, 개울에 살고 있는 물고기 모습이 제 각각인 것도 보았다. 상여 소리가 구슬퍼 계속 따라 가던 일도 기억이 생생하다.

아버지는 일본인 감독에게 시달리다 못해 광산을 떠났다. 도망꾼의 신세가 되어 원근의 친척집을 찾아다니면서 하룻밤씩 잠자리를 청하고 몸을 숨겼다. 어머니와 동생이 돌아와 함께 살게 된 것은 다행이지만, 할머니와 어머니가 마주 앉아 아버지 일을 걱정할 때면 나가 놀지 않고 주고받는 말을 들었다.

아버지는 어쩌다가 한밤중에 잠시 들르고 새벽에 떠나갔다. 언제까지 불안에 떨어야 할지 아득했다. 할아버지는 조상 대대로 내려오는

놋그릇을 지붕 기와 밑에 숨겼다. 순사나 면서기가 찾아오면 쩔쩔매면서 대접했다. 평소에는 엄격하기만 한 할아버지가 억지 웃음을 짓는 모습을 차마 바로 볼 수 없었다.

그러던 어느 날 해방이 왔다. 마을이 떠들썩하게 좋아했다. 동구에 솔문을 세우고, 풍물을 천지가 떠나갈듯이 울리면서 만세 부르고 춤추고 잔치를 하면서 뛰놀았다. 아버지도 돌아와서 함께 어울렸다. 그런데 공교롭게도 나는 장질부사를 앓고 있어 밖에 나다닐 수 없었다. 동구에서 들려오는 신나는 소리에다 상상을 보태면서 병과 싸워야 했다.

병을 앓고 일어났을 때에는 마을이 다시 조용해졌다. 근심스러운 분위기가 돌았다. 호열자(콜레라)가 유행한다고 했다. 좋은 일 뒤를 나쁜 일이 따랐다. 호열자 때문에 마을 아이들이 많이 죽었는데, 장질부사를 앓고 아직 허약한 내가 무사했던 것은 기적 같은 일이다.

해방 되던 해에 우리 가족은 할아버지 곁을 떠나 영양읍내로 이사했다. 아버지가 교사가 되기로 작정하고 대구에 가서 중등교원양성소에서 공부를 했으며, 어머니와 나는 아버지가 새로 설립되는 영양중학교 교사로 부임할 날을 기다리고 있었다. 어머니에게 한글을 배워 대구에 있는 아버지께 편지를 썼다.

다음 해인 1946년 4월에 영양초등학교에 입학했다. 해방이 되고 초등학교에 입학하는 첫 학년이 되는 영광을 차지했다. 이것은 자랑스러운 경력이다. 일본에 가서 자기소개를 할 때 반드시 하는 말이다. 또 하나의 영광스러운 경력은 1960년 대학 3학년 때 4.19의 주역 노릇을 한 것이다. 역사의 진행과 사람의 일생이 불가분의 관계를 가진다는 것을 이런 특별한 사유가 있어 더욱 절감한다.

첫 날 첫 시간부터 우리말로 교육을 받았다. 국문을 이미 읽고 쓸 줄 알았지만, 국어책을 받아 국어를 배우는 것이 무척 감격스러웠다. 그런데 다른 교과서가 모두 그렇듯이 국어책에도 "군정청 문교부"라고 씌어 있었다. 아버지가 보더니 "군정청" 세 자를 지웠다. 왜 그랬는지 이해하지 못했는데, 나중에 알고 보니 해방이 곧 독립은 아니었다. 독립 노선을 두고 좌우익이 벌이는 싸움이 영양 산골에까지 닥쳐왔다.

미군이 처음 진주할 때에는 먼지를 담뿍 뒤집어 쓴 노랑머리가 신기해 종일 따라다니면서 구경했다. 그 뒤에는 분위기가 점차 살벌해졌다. 국방경비대 몇 백 명이 무장을 하고 행진해 들어오더니, 일월산에서 큰 싸움이 벌어졌나는 소문이 들렸다.

어느 날 학교를 파하고 집으로 오는데 연발 총소리가 크고 날카롭게 귀를 때렸다. 무슨 일인가 하고 급히 뛰어나가 보니, 나무 막대기에다 죽 묶어놓은 사람들에게 기관총을 갈긴 것이었다. 사태가 어떻게 돌아가는지 모르고 두렵기만 했다. 그때 본 것을 아무에게도 말할 수 없었다.

초등학교 3학년 때 대구로 이사를 했다. 아버지가 대구여중으로 전근을 했기 때문이었다. 나는 대구초등학교에 들어갔다. 길도 모르고, 아이들도 서먹서먹한데 촌놈이라고 놀려대서 몸 둘 바를 몰랐다. "밥 묵었나" · "했심더"라고 하는 대구 말이 어색하게 들려 더욱 거리감을 느꼈다. 청주에서 배운 말을 한다고 서울내기라고 따돌림을 받다가 가까스로 영양 말을 익혔는데 이제 대구에서 하는 말을 따라가야 한단 말인가.

그 때 최초의 결심을 했다. 내가 하던 말을 그대로 하고, 대구 말은 배우지 않고 쓰지 않기로 했다. 마음먹기에 따라서는 외톨이나 떠돌이가 되는 것을 두렵게 여기지 않고 오히려 긍지를 가질 수 있다는 것을 깨달으면서 소년기를 맞이했다.

책 읽기의 내력

어린 시절 초등학교 5학년 때라고 기억된다. 우연히 손에 들게 된 『삼국지』를 어떤 책인지 제대로 알지 못하고 읽기 시작해 며칠 밤을 새웠다. 얄팍하고 보잘 것 없는 교과서에 매여 있는 좁은 소견에서 일거에 벗어나는 놀라운 비약을 체험했다. 독서의 즐거움이 무엇인지 처음으로 절실하게 깨닫는 계기를 만났다. 코흘리개 초등학생이 천하의 영웅호걸에 대해서 마음대로 논평하고, 역사의 방향이 잘못 되었다고 개탄하면서 그 이유를 찾기 위해 고심하는 커다란 과제를 맡아 나섰다. 그 문제를 두고 지금까지 고심하고 있다.

중학교 시절까지 『삼국지』뿐만 아니라 『수호전』·『서유기』도 욀 수 있을 정도로 거듭 읽었다. 홍명희의 『임거정』 또한 열 번 이상 탐독하면서 중국소설과 다른 점을 확인했다. 상상의 세계로 떠났다가 현실로 되돌아오고, 허언에서 진실로 방향을 돌리면서 실제로 일어난 사건을 아무 꾸밈새 없이 자연스럽게 이야기하는 점이 신기했다. 등장인물을 이웃 사람처럼 생각하고 말투를 흉내 내게 한다. 그런데 장면 하나하나를 실감 나게 그리는 데 몰두해 사건의 전체적인 전개가 산만해지고, 역사의 거대한 흐름과 만나기 어렵게 된 점이 불만이었다. 작품을 다시 읽고 문학사에서 다루면서 그 점에 대해 시비를 차리지 않을 수 없었다.

고등학생이 되자 탐독할 책이 모자라 어려움을 겪었다. 웬만한 책은 중학생일 때 이미 읽었고 새 책이 더 나오지 않았으며, 도서관이 어디 있는지 알지 못했다. 이광수 소설이 가까이 있어 뒤적여보았으나 함량 미달인 점에 불만을 느끼고 왜 그런가 하는 의문을 오래 간직해야 했다. 다른 작가들의 작품은 소개받지 못하고 보이지도 않아 읽을 수 없었다. 서양문학 작품 읽기를 갈망했으나 일본에서 중역한 것들이 약간 있었을 따름이었다. 이른바 세계문학전집을 일본어로 읽은 앞 세대와 우리말 번역본이 갖추어져 아쉬울 것이 없게 된 다음 세대 중간에 끼어, 읽을 거리가 결핍된 내 또래는 정신적 성장의 가장 소중한 시기에 영양실조에 시달려야 했다.

대학에 들어갈 때 불문과를 택한 것은 그런 불행을 타개하자는 생각이 앞섰기 때문이다. 불문학으로 만족하지 않고 영문학이나 독문학 작품까지 널리 읽으리라고 작정했다. 독해력이 조금씩 늘어 번역을 거치지 않고 서양문학 작품을 읽고 즐길 수 있다는 것이 참으로 신나는 일이었다. 상징주의 시에 심취하고, 노한 20세기 조기의 프랑스 소설을 특히 좋아해 닥치는 대로 읽으면서 독서의 즐거움을 마음껏 누렸다.

큰 감동을 받고 특히 오래 기억하는 작품이 로맹 롤랑의 『장 크리스토프』이다. 작곡가의 일생을 의식의 성장을 중심으로 다루면서, 창조란 무엇이며 정신적 성장은 어떻게 이루어지는가 하는 문제에 대한 깊은 성찰을 했다. 요람에 누워 흔들리는 갓난아기일 때 라인강의 흐름을 자장가로 삼아 마음 속에서 작곡 능력을 키웠다. 못난이 외삼촌이 사실은 대단한 음악가이면서 무대에 서기를 거부하는 비밀을 알고 충격을 받아, 인기를 노리지 않는 진실한 작곡을 하리라고 다짐했다. 이런 장면들이 지금도 생생하게 기억된다. 마을에서 고장으로, 고장에서 나라로, 나라에서 세계로 나아가 한 단계씩 성장할 때마다 주위의 몰이해에 부딪혀 번민하는 모습이 내가 겪은 일인 듯이 되살아난다.

그런 과정을 거쳐 마침내 자기편을 옹호하는 데 그치는 편협한 생각을 버리고 공동의 이상을 발견하기에 이른다고 했다. 프랑스 작가가 독일인을 주인공으로 삼은 거작을 이룩해 두 나라의 적대관계를 청산하고 보편적 가치를 함께 추구하자고 했다. 그러나 로맹 롤랑이 생각한

범위는 기껏 유럽이다. 식민지 지배와 피지배 사이에서 세계사의 갈등은 문제 삼지 않아 우리가 해야 할 더 큰 과업이 남아 있다.

국문학으로 전공을 바꾸고 학문의 길에 들어서서 교수 노릇을 하게 되면서, 더 많은 책을 읽어야 했다. 책에서 역사의 시기를 오르내리면서, 전국 일주를 하고 세계 여행을 하고 있다. 벅찬 일이지만 즐겁고 보람 있다. 좋은 책이 너무 많아 감격스럽고, 신선한 착상이 끊임없이 생겨나게 하는 원천이 된다.

시와 수학

공부해온 내력을 되돌아보면 시와 수학이라는 양극 사이에서 왕래한 자취라고 할 수 있다. 시인이 된 것도 아니고 수학을 전공하지도 않았다. 그 어느 하나도 하지 않으면서 양쪽의 작용을 받고 중간으로 나아가는 길을 찾는 모험을 계속했다.

내가 해온 문학연구는 시에 대한 고찰을 수학하듯이 하고, 수학의 사고를 시를 논하는 방법으로 삼았다고 할 수 있다. 시의 수학이고, 수학의 시라고 할 수도 있다. 그렇다면 시와 수학은 어떤 관계를 가지는가? 이 질문은 시를 놓고 별말을 다 하는 해박한 시론에서도, 수학을 처음부터 끝까지 지루하게 가르칠 때에도 제기하지 않는다. 참고할 책이나 글이 없으니 스스로 생각해야 한다. 주가 달리고 참고문헌을 갖춘 논문을 쓸 수는 없다.

시와 수학은 어떤 관계를 가지는가 하는 의문을 해결하기 위해 시를 쓰듯이 상념이 치닫게 할 수도 있고, 수학을 풀어나가듯이 논리를 전개할 수도 있으나, 각기 딴 길로 갈 수 없고 만나야 한다. 둘이 하나로 합치되는 경지가 으뜸가는 시이고 전에 없던 수학이다. 거기 이를 수 있는가?

시와 수학은 상상을 수단으로 삼아 창조하는 능력을 보여준다. 수학은 상상이나 창조와 무관하다고 여기는 것은 잘못이다. 지금까지 없던 것을 생각해내고 지어내서 남들이 납득할 수 있는 형태로 만들어 내놓는 작업을 시에서만 하지 않고 수학에서도 한다. 전인미답의 경지를 개척해 사람의 능력을 확장하는 즐거움을 양쪽에서 함께 누린다.

이미 있는 문제를 선생에게 배우고 참고서에 있는 방식으로 풀어 정답을 알아맞히는 것이 수학 공부인데, 무슨 이상한 말을 하는가 하고 반문할 수 있다. 그렇다. 수학은 그런 과정을 거쳐 공부한다. 그러다가 준비 단계를 넘어서서 연구의 세계로 들어서면 새로운 수학을 지어내는 논문을 쓰는 것이 시 창작과 같다.

그런데 연구의 경지에 이르러 창조 작업의 즐거움을 누리는 수학 전공자는 극소수이다. 누가 내게 말했다. 한국의 수학교수 가운데 대다수는 논문을 쓰기 어려운 수준이라고. 과연 그런지 분명하게 검증할 수는 없으나, 도를 닦는다고 해서 다 득도하는 것은 아니라는 말로 이해하는 것은 가능하다. 새로운 수학을 지어내는 자유를 누리는 즐거움은 수학 공부의 과정을 착실하게 밟으면서 오랜 인고의 세월을 보낸 사람 가운데 극소수에게만 찾아오는 것 같다.

득도하면 혼자 좋아하고 있지 말고 설법을 해야 하는데, 수학에서 깨달은 바는 대중이 알아들을 수 있게 풀어 말할 수 없다. 일화를 열거하거나 비유를 든다 해도 조금도 도움이 되지 않는다. 논문을 읽고 이해하고 과연 그렇구나 하고 감탄하는 독자는 자기 논문을 쓸 수 있는 수학자뿐이다. 자기네끼리는 말이 잘 통해 남의 논문에 응답해 다른 논문을 바로 써내기도 한다.

그 경지에 이른 수학 도사들끼리 하는 선문답은 별세계의 언어를 사용한다. 너무 생소하고 난해해 외부인은 범접을 하지 못한다. 아무리 가까운 사람이라도 하는 일이 무엇인지 안에 들어가 보지는 못한다. 가르침을 받는 제자도 대부분은 그렇다고 하니까 그런 줄 안다. 수학을 조금 알아 써먹기는 해도 자기 스스로 만들어내지는 못한다.

수학자들이 몰이해를 탓하지 않고 고독을 견디면서 구도 작업에 몰두하는 것은 감탄하고 존경할 일이다. 나는 인내력이 부족해 그 길에 들어서고 싶지 않았다. 고고하게 노는 것이 마땅하지 않다고 여겨 낮은 데 머물기로 했다.

옛적 도사들 가운데는 저잣거리에서 득도한 사람도 있다. 득도한 것을 감추고 범속하게 살아가면서 비렁뱅이 노릇을 하기도 했다. 그런 일화조차 남기지 않은 갑남을녀·장삼이사·아동주졸이 진정한 도사이기도 했다. 신선전이니 고승전이니 하는 것들은 알고 보면 참으로 허망하고 거짓투성이다.

수학을 부러워하지 말자. 시를 쓰는 것도 득도의 길이다. 시는 오래 노력하면 나중에 득도할 수 있는 것이 아니어서 더욱 자랑스럽다. 초등학교 1학년 학생이 시를 처음 쓸 때 예고도 준비도 없이 득도의 경지를 체험한다. 전에 없던 새로운 시를 써서 창조가 무엇인지 스스로 알아차리고 놀라는 것은 시를 공부한 경력이 길고 짧은 것을 가리지 않고 어느 때나 가능하다.

시로 나타내는 창조의 자유는 특별한 자격을 요구하지 않고 누구나 알 수 있게 개방되어 있다. 모든 중생은 불성을 가졌다는 말은 많이 모자란다. 중생이 바로 부처이다. 중생살이가 곧 보살행이다. 불교에서 그렇게 하는 말이 거짓이 아닌 줄은 글쓰기를 겨우 익힌 아동이 놀라운 시를 쓰는 것을 보면 알아차릴 수 있다. 다른 방법으로 검증할 길은 없다고 단언하고 싶다.

수학은 논리로 이루어져 있다. 논리 자체를 창조하는 것이 수학의 임무이다. 논리가 계속 새롭게 개척된다는 것은 놀라운 일이다. 그런데 현장이 널리 공개되어 있지 않고, 찾아간다고 해도 알아볼 수 없다. 그 때문에 더욱 존경스럽다고 할 것은 아니다.

시는 논리를 넘어선다. 논리를 넘어서서 비논리로 치닫는가, 아니면 초논리를 추구하는가? 아니다. 논리를 넘어서서 통찰에 이른다. 논리가 최상의 인식 방법은 아니고 그 위에 통찰이 있는 줄 알아야 수학의 지배에서 벗어나고 과학 우상화에 말려들지 않을 수 있다.

시 자체가 통찰의 내용인가는 의문이다. 논리에 매이지 않고 넘어서는 자유를 얻어 통찰을 향해 나아가도록 하는 해방의 결단을 촉구하는 것이 시가 하는 일이다. 통찰은 논리와 반대가 되는 것이 아니고 논리 이상의 논리이다. 수학은 논리이기만 하고, 시는 논리 이상이어야 한다고 하기만 해도 둘 다 온전하지 못하다. 수학은 시에 근접해야 하고, 시는 수학처럼 써야 한다.

시를 추방하고 수학 공부나 열심히 시키면 우수한 과학도가 대거 배출되어 먹고살 길도 생기고 세계에 자랑할 나라를 만들 수 있다고 착각하는 수준 미달의 지도자가 허다해 세상을 속인다. 어려서부터 시를 써서 상상력과 창조력을 기르지 않고서는 수학을 잘 하지 못하고, 과학 연구에서 창조력을 발휘할 수도 없다. 우리는 옛적부터 인구비례로 시인이 가장 많은 나라이고, 지금도 시 작품이 넘쳐나고 있어 계속 희망이 있다.

수학을 하고 과학에 들어가는 길은 번데기 시절이 너무 길고 번데기로 늙어 죽기도 한다. 시의 세계에서는 처음부터 찬란한 날개를 자랑스럽게 펄럭이며 하늘을 날 수 있다. 수학도나 과학도도 어려서는 시를 써야 높이 올라가는 것이 무엇인지 미리 알고, 창조의 즐거움을 체험할 수 있다. 수학은 아무리 잘 가르쳐도 그럴 수 없다. 수학 선생 자신이 시인이기도 할 때에는 어느 정도 숨통을 열어놓을 수 있다.

수학을 할까 시를 할까 고민하다가 수학을 버리고 시를 택하기로 했다. 수학 문제를 풀어 답을 알아내는 것보다 시를 써서 내 말을 하는 즐거움이 훨씬 크다는 것을 알아차리고 진로를 정했다. 시를 공부하는 학과에 수학 시험을 잘 본 덕분에 쉽게 입학했다. 수학 공부는 그만두고 시를 짓고 음미하는 즐거움을 마음껏 누렸다.

그런데 예상이 빗나갔다. 시를 창작하다가 비평 쪽으로 나아가고, 비평에서 다시 연구로 자리를 옮겨 시 자체에서 멀어졌다. 창작보다 비평이, 비평보다는 연구가 적성에 더 맞아 즐겁다는 것을 알아차리고 한 단계씩 자리를 옮겼다.

무슨 까닭인가? 오래 두고 생각하다가 이제 알아차렸다. 수학에 대한 애착과 미련이 사라지지 않고 남아 있어 내가 하는 일에 슬슬 끼어들고 있기 때문이다. 모르고 있는 사이에 내부 반란이 진행되고 돌이킬 수 없는 지경에 이른 것이다. 연구를 수학 논문 쓰듯이 해서 논리 이상의 논리인 통찰을 갖추는 데 기여하는 것이 새로운 목표로 들어섰다.

시에 관해 논한 글이 산더미 같은데 무슨 특별한 말이 남아 있나? 천문학적 숫자의 작품이 산적해 있어도 시를 계속 새롭게 쓸 수 있듯이, 시에 관해 하는 말이 아무리 많아도 다시 깨달은 바를 나타내는 데 지장이 없다. 천지는 나날이 새로워 같은 글이 둘 있을 수 없다.

율문과 산문, 창작과 논설, 수상과 논문, 시와 수학을 합치는 일을 양쪽에서 얼마든지 다시 할 수 있고, 그 방법 또한 무한히 개방되어 있다. 그 목표를 향해 얼마만큼 나아가고 있는가? 이 글이 어느 정도의 의의를 가지는가? 이 의문에 대해 시인은 시를 써서, 수학자는 논문으로 대답해주기를 바라면 지나친가?

대학에서

1958년 대학에 진학할 때 불문학을 전공으로 택했다. 문학창작을 하는 데 불문학 공부가 크게 도움이 되리라고 여겼다. 거기까지 이른 경과를 소개할 필요가 있다.

중학교 때의 수학 취향이 고등학교 시절에는 예술로 바뀌었다. 2학년 때까지는 그림을 그리는 데 몰두하면서 장차 화가가 되려고 하다가, 3학년이 되자 문학 창작으로 방향을 돌렸다. 그림을 그리면 돈이 너무 많이 들어가고 먹고 살기 힘들게 된다고 부모님이 간곡히 말렸기 때문이다.

미술을 그만두어야 했던 아쉬움이 오래 남지만, 미술 대신에 문학을 택하는 것이 어렵지 않은 전환이었다. 미술반에서 문예반으로 적을 옮기고 문예반 반장을 맡았다. 『경맥』이라는 교우지 편집 책임자가 되고, 『자화상들』이라는 문예반원 시집도 만들었다. 시집 표지 그림을 그리고 시를 몇 편 실어, 두 영역을 왕래한 흔적을 남겼다.

고등학교 1학년 때 불어 공부를 시작했다. 특별활동 반에 불어반이 있어서 갔다가 강사가 한 시간 나오고 말아 공부를 계속할 수 없게 되었다. 화가가 되면 불어가 긴요하게 쓰일 것이라고 생각하고, 혼자 열심히 독학했다. 대구에서는 참고서도 구할 수 없어 서울 가는 인편에 부탁해야 하는 형편이었다.

대학입학시험 원서를 낼 때 제1지망 불문학과, 제2지망 국문학과라고 했다. 제2외국어 선택과목을 불어로 했다. 독학을 한 불어로 시험을 잘 보아 합격하는 데 지장이 없었다. 그런데 입학하자 문제가 생겼다. 전공과목 불어 시간에 김붕구 교수가 지명해 책을 읽었더니 깜짝 놀라면서 "세상에 그런 불어가 어디 있나!"라고 호통을 쳤다. 혼자 익힌 발음이 아주 엉터리였다. 그날부터 작심하고 발음 연습을 철저하게 해야 했다.

1학년을 위한 교양과정부 반 편성을 제2외국어 선택에 따라 했다. 독어초급, 독어중급, 불어초급, 불어중급, 이 넷 가운데 하나를 택하라고 해서, 독어중급을 택했다. 불어는 전공에서 공부하면 된다고 생각하고, 고등학교 때 배운 독어를 놓치지 않고 계속하기 위해서였다. 그 뒤에 독문학과 전공과목도 수강하면서 독어와의 씨름도 계속한 덕분에 겨우 뜯어보는 정도는 된다.

입학한 지 한두 달이 되었을 때 서울대학교 대학신문사에서 문학작품 현상모집을 했다. 써놓은 작품이 있어 응모했더니 「山의 葬送曲」이라는 단편소설과 함께 「채석장 근처」라는 수필이 당선되었다. 「채석장 근처」는 고등학교 때 산문시라고 쓴 것인데 수필 부문에 응모했다. 단편소설은 대학에 입학하자 바로 쓴 것이다.

2008년 11월 21일에 서울대학교에서 대학문학상 시상 50주년을 기념하는 행사가 있었다. 제1회 수상자이니 반드시 나와 축사를 하라고 해서 50년의 시간을 살아온 소감을 말하고 19세의 신입생으로 되돌아가는 감격을 누렸다. 작품을 소개하는 것은 자화자찬이 되어 적절하지 않다고 여기고 「산의 장송곡」에 관한 다음과 같은 심사평을 읽었다.

결국 「산의 장송곡」을 선에 넣었다. 장시간의 논란이 거듭되었으나 여러모로 따져서 이만하면 우리가 기대했던 수준에 달한 것으로 보았다. 탈주병 2명이 산에 올라가는 것밖에는 이야기가 없는 데도 끝까지 독자를 끌고 가는 힘 속에는 이 작품이 갖춘 몇 가지 장점이 들어 있다고 생각된다. 그 각박하고 불가피한 진실성, 참신한 표현, 하나하나의 장면이 갖는 의미 등이 약간 거친 듯하면서도 뚜렷하고 박력이 있어 좋았다. 이미지가 산만하지 않고 의식에도 적당한 억제가 있었다. '이쪽'과 '저쪽'을 설정한 것도 비개성적인 면을 강조하는 것으로 해석되었고, 도중의 총, 군화, 군번 등 이야기도 수월하지 않다. 마지막 장면도 수긍되었다. 이들은 "거기서 뛰어나가고 싶었다." 욕망을 품고 오른 산이 불모의 땅이요, 죽음의 언덕이었기에. "거기서 모든 것이 끝날 수는 없었다." 그래서 이들은 소리를 다해서 몸부림을 치는 것이다.

결정이 되다시피 한 뒤에 수필부의 당선이 역시 동일인임을 알게 되었다. 이런 뜻밖의 결과는 소설부의 최후적인 결정을 하는데 불리할 것도 같고 유리할 것도 같았다. 그러나 그런 결과가 소설의 당선 결정에 조금도 영향을 미쳐서는 안된다고 생각되어 어디까지나 독자적인 입장에서 「산의 장송곡」을 당선작으로 결정하는데 최종적인 합의를 보았다.

끝으로 한 마디 덧붙이고 싶은 것은 이 선정에서는 작자의 장래성이 퍽 중요시되었다. 이 말은 우리가 작자의 장래에 기대하는 바 크다는 것이며, 따라서 작자는 조금도 漫心함이 없이 자기가 타고난 싹을 줄기차게 길러 나아가야 하겠다. 정진을 빈다.

패잔병 둘이 초토가 된 산 정상까지 함께 올라간다고 하는 기발한 착상을 가지고 절망에서 탈출하고 삶의 무의미를 청산하고자 하는 의지를 나타냈다고 생각한다. 패잔병 둘이 서로 미워하면서 도와주지 않을 수 없다는 것으로 인간관계가 무엇인지 말하려고 했다. 남북의 패잔병들이 우연히 만났다고 하면 더 많은 의미를 함축했을 것인데 거기까지 생각이 미치지 않았다. 아직 사회의식은 부족하고, 통일 문제에 대한 의식도 없었다.

문학이 좋아 작가가 되리라고 작정하고, 소설도 시도 창작했다. 프랑스 상징주의 시에 심취하고, 정진규, 이유경, 주문돈 등과 함께 시 동인회를 했다. 그 세 사람은 시인이 되었는데, 나는 창작과 멀어지고 시를 논하는 것을 주업으로 삼게 되었다. 길이 달라진 뒤에는 거의 만나지 못했다.

토론

❑ **문** : 어린 시절의 기억이 무척 흥미롭다. 문학사 근대문학 대목에서 항일 작품을 높이 평가한 것은 직접 체험과 관련되는가?

❑ **답** : 직접 체험은 얼마 되지 않고, 논거로 삼기에는 빈약하다. 문학사에 대한 총괄적 인식을 근거로 삼아 마땅한 논의를 폈다. 항일은 민족사의 당연한 요청이고 진실한 삶의 자세이므로 치열한 전개를 갖추어 감동을 주는 작품을 산출하고, 문학의 관습을 독자적으로 혁신

한 성과도 적지 않았다. 그 좋은 본보기인 이상화, 채만식, 강경애 등의 몇몇 작품은 제3세계문학으로서 커다란 의의를 가지고 세계문학사 전개의 새로운 경지를 개척했다. 서양문학의 영향 수용이 성과라고 하는 견해는 세계문학사에 대한 그릇된 이해에서 벗어나지 못하고 있다.

❏ **문** : 시나 수학은 진리 탐구의 작업인가, 자아 표현의 양상인가?

❏ **답** : 진리 탐구의 작업이면서 자아 표현의 방법이다. 진리를 자아화하면서 자아에서 진리를 찾는다. 진리는 자아화해야 절실한 의미를 가지고, 자아는 진리를 탐구하는 근거여야 소중하게 평가된다. 시와 수학은 이렇게 하는 방법에서 차이가 있을 따름이다.

❏ **문** : 글, 음악, 미술, 체육 등의 여러 활동은 어떤 관계를 가지는가? 동일한 목표를 상이하게 달성하는 방법이라고 할 수 있는가?

❏ **답** : 문학, 음악, 미술, 무용, 연극 등이라고 말을 바꾸는 것이 좋겠다. 이것들은 동일한 목표를 상이하게 추구하는 방법이다. 수학과 견주어 시를 논한 말이 모두 공통되게 적용된다. 그러면서 문학에서는 산문보다 시가, 문학보다는 미술이, 미술보다는 음악이, 연극보다는 무용이 더욱 추상적이라는 이유에서 수학에 한층 근접되어 있다고 할 수 있다.

❏ **문** : 창작을 하다가 연구로 옮겨간 것은 적성 때문인가, 연구가 더 필요한 때라고 생각했기 때문인가?

❏ **답** : 적성 때문이라고 할 수 있다. 심층적인 차원에서 수학과 상응하는 창작물을 만드는 것보다 수학과 상통하는 작업을 표면화해서

이치를 따지고 이론을 만들고 싶은 욕구가 더 강해서 문학을 연구하는 길로 들어섰다. 하고 보니 잘 한 일이다. 문학창작은 일찍 높은 수준에 이르렀지만, 문학연구는 출발단계의 혼미를 거듭하고 있는 상황을 타개하는 데 도움이 되어 다행이다.

❑ 문 : 문학창작에 대한 미련은 없는가?

❑ 답 : 미련이 있다. 한 때 해직될 것 같아 작가가 되기로 작정하고 소설을 몇 편 이어서 쓴 적도 있다. 교수 노릇을 계속 하게 되어, 창작은 그만두었다. 이제 해야 할 일을 어지간히 했으니 창작을 할 수 있는 시간을 마련할 수 있다. 그러나 중간거점에 해당하는 문학창작이 아닌 그 이전의 미술창작으로 되돌아가려고 한다.

❑ 문 : 문학창작이 아닌 미술창작을 다시 하겠다는 것은 첫사랑이었기 때문인가, 순서와는 관계없이 더 좋다고 해야 할 이유가 있는가?

❑ 답 : 그 자체로는 우열이 없으나, 나이가 들어서도 계속해서 하는 데는 미술이 여러 모로 유리하다. 문학에서는 자기 내심을 파헤치면서 밖으로 나가느라고 괴로움을 많이 겪지만, 미술에서는 밖에 있는 경물을 받아들여 자기 것으로 만드니 즐거움이 크다. 문학작품은 글을 다듬고 교정을 보는 지긋지긋한 수고가 끝까지 따라다녀 결별하지 않을 수 없고, 미술작품은 신명에 들떠 거칠게 그린 것이 더욱 훌륭한 완성품일 수 있다. 문학작품은 읽으려면 시간과 품이 들고 눈이 아프지만, 미술작품은 아무 부담 없이 쉽게 볼 수 있다. 문학작품을 뒤지면서 국내외의 난삽한 말과 씨름하는 독서여행은 할 만큼 해서 지쳤으므로 이제 졸업하기로 하고, 미술작품과 대면하는 실제여행의 신입생이 되어 원근을 가리지 않고 홍겹게 돌아다닐 작정이다.

제3강 시대 격동의 와중에서

경과 정리

1960년에 4.19가 일어날 때 서울대학교 불문학과 3학년이었다. 시위대 선두에 서서 경무대까지 갔다. 내 하숙집에서 모의가 있었다고 알려진 것이 사실이지만, 깊이 관여하지는 않았다. 거사 당일 아침에 강의를 듣고 있다가, 연락이 오자 일어나서 학생들에게 함께 나가자고 했다.

경무대 앞에서 경찰이 발포를 할 때 총에 맞아서 쓰러지는 사람들을 보면서 나도 모르게 땅에 엎드렸다가 가까스로 물러났다. 시청 앞까지 오니 시위 군중이 엄청나게 늘어나고, 천지가 뒤집어지는 광경이 벌어졌다. 아침에 나설 때는 생각하지 못한 결과였다. 역사의 대전환이 진행되는 놀라운 경험을 했다.

그 해 11월 서울대학교 민족통일연맹 결성에 참가했다. 처음에는 무엇을 하는지 모르고 명의를 도용당하다시피 했다. 대의원 명단을 써 붙일 때 내 이름이 맨 앞에 있었다. 관심이 생겨 알아보니 해야 할 일을 하는 곳이었다. 남북학생회담을 발의하는 회의에 참석했으나 듣기만 하고 의견을 내지는 않았다. 김지하 회고록에서 내가 남북학생

회담 문화 분야 대표를 맡기로 하고 동참을 권유했다고 했다.

1961년에 5.16이 일어나자 체포되어 동대문경찰서에 구속되었다. 민족통일연맹에 참여한 사실을 있는 그대로 말해 조사는 한 번만 간단하게 받고, 구속 기간은 오래 연장되었다. 조윤제 선생을 비롯한 수많은 명사가 같은 경찰서 감방에 갇혔다. 그 틈에 끼는 것이 자랑스러웠다. 임창순 선생과 한 방에서 지내면서 일생의 회고를 듣고 존경하게 되었다. 임창순 선생이 성균관대학교에서 해직되고 한문을 가르치기 시작할 때 찾아가서 잠시 배우다가 대구로 갔다. 선생이 작고했을 때 그 말을 해서 제자 명단에 들어 있다고 보도되었는데, 글보다 삶을 더 많이 배웠다.

1962년 주섭일・임중빈・이광훈・최홍규와 함께 '정오평단'이라는 비평 동인회를 결성하고, 1963년 1월『비평작업』을 한 권 냈다.『조선일보』에서 지면을 제공해 새로운 비평 선언문 같은 글을 한 편씩 썼다. 근래 임중빈이 별세하자『비평작업』을 만들던 때의 일이 언론에 보도되었다.

1963년 8월 민요 조사를 처음 떠났다.

1963년 11월 서울대학교 향토의식 초혼굿을 개최하고「원귀 마당쇠」를 써서 공연했다.

1964년 3월 서울대학교 문리과대학 국어국문학과에 학사편입해서 3학년생이 되었다.

1964년 5월 박정희 정권의 한일회담이 굴욕적이라고 반대하는 시위가 격렬하게 일어났을 때 을지로 5가에서 개업한 양산박이라는 학사주점에서 최루탄 동인회 시화전을 열었다. 시위를 격앙시키는 분위기를 조성하기 위해서였다. 김지하와 둘이 주동자가 되고, 독문학과 안삼환,

불문학과 하길종도 참가해 시를 썼다. 김지하의 시 "탄아 탄아, 최루탄아 팔군으로 돌아가라"가 간판격인 작품이었다. 당시에 최루탄은 국산이 없고 미제를 팔군에서 받아다 사용한다고 알려졌다. 김지하와 둘이 써서 가명으로 전시한 작품도 많았다.

김지하 회고록에서 "지금 생각나는 작품은 조동일 형의 「日月山」이란 시와 「申乭石」이라는 시다", "좋은 작품이었다", "조형은 글도 잘 썼지만 그림도 잘 그렸다"라고 했다. 나는 그 때 쓴 시를 적어놓지 않았고 기억하지도 못한다. 벽면을 가득 채운 그림은 거의 다 내가 그렸던 것은 분명하게 안다. 최루탄 시화전이 신문에 나고 화제에 올라 많은 사람이 보러 왔다.

1964년 6월 계엄령을 선포하고 일제 검거를 하는 6.3사태가 일어나자, 시위를 배후에서 조종했다는 이유로 다시 구속되었다. 종로경찰서에 있다가 서대문형무소까지 갔다. 구속적부심사에서 풀려나고, 기소유예 처분을 받았다. 시위 배후 조종은 입증할 수 없으니 다른 트집을 잡았다. 서울대학교 도서관에서 좌익서적을 탐독한 것이 반공법 위반이라고 했다. 국가보안법이 적용되지 않으면, 지금은 없어진 반공법으로 걸어 넣는 판국이었다.

4.19가 나자 금서가 해제되어 좌익 서적을 구해 읽는 열기가 일어났다. 몇 살 위인 사람들까지는 일본어판을 찾을 때, 나는 도서관으로 가서 서양말 읽는 장기를 활용했다. 서울대학교 도서관에서도 무슨 책이든지 열람할 수 있는 기간이 얼마쯤 있었다. 식민지 통치 기간 동안 일본은 극단적인 반공을 하면서도 공산주의 서적을 거의 다 모아 놓고 자기네 대학 구성원들은 읽도록 했다.

모스크바 외문출판사의 간행물을 비롯한 많은 진귀본이 일본어 번역은 없는 것들이었다. 프랑스 공산당 기관지에서 낸 불역본 총서도 고스란히 보존되어 있었다. 프랑스 책 특유의 방식으로 붙어 있는 책장을 아무도 읽지 않아 처음 뜯으면서 탐독했다. 그것이 반공법 위반이었다.

그 때의 독서가 오늘날까지 도움이 된다. 국가 시책에 순종해 허용된 공부나 해서 한쪽에 치우친 안목을 지녔더라면 학문을 제대로 하기 어려웠을 것이다. 밖에 나가 남들과 더불어 하는 말을 넉넉하게 마련하지 못했을 것이다.

1964년 11월 희곡 「허주찬 궐기하다」를 써서 서울대학교 문리과대학 국어국문학과 연극으로 그 대학 강당에서 공연했다. 무력한 지식인의 좌절을 나타낸 내용이다. 관중이 많이 모여들어 연장공연을 해야 했다.

1964년 11월 李東克이라는 필명으로 「한국적 리얼리즘의 형성과정」을 『청맥』에 발표했다. 이어서 그 잡지에 글을 여러 편 실었다. 누가 돈을 대서 어떻게 나오는 잡지인지는 알지 못하고, 발표 지면을 계속 제공해 신이 났다.

1965년 1월부터 1966년 3월까지 「시인의식론」을 『청맥』에 11회 연재했다.

1965년 10월 「순수문학의 한계와 참여」를 『사상계』에 발표했다.

1966년 7월 「전통의 퇴화와 계승의 방향」을 『창작과 비평』 1966년 여름 제3호에 발표했다.

1967년 「시와 현실참여: 참여파의 시적 가능성」을 『한국현대문학전집 18: 52인 시집』(서울: 신구문화사)에 수록했다.

1968년 2월에 석사학위를 취득하고, 3월에 대구 계명대학 전임강사가 되었다. 8월에 남산의 중앙정보부에 연행되어 조사를 받았다.『청맥』지 및 그 배후세력과의 연관을 추궁하면서 전기고문까지 했어도 캐낼 것을 찾지 못해 석방하지 않을 수 없었다. 나중에 알고 보니 그것이 통일혁명당 사건이었다.

『학문에 바친 나날 되돌아보며』에서 1987년 서울대학교에 갈 때까지 신원조회 때문에 고생했다고 하고 내역은 밝히지 않았다가 이제야 조금 발설한다. 신원조회에 이상이 있다는 족쇄를 차고 교수 노릇을 계속 하려고 하니 학문 이외의 활동에는 전혀 관여하지 않아야 했다. 연구하고 저술하는 것을 임무로 삼아 내 나름대로 분투했다.

구비문학의 고향으로

"공부한다고 고향을 떠났는데, 공부란 다름이 아니라 고향에 돌아오기 위한 멀고 험한 시련이라는 것을 알았다."『우리문학과의 만남』(1978)의「민요의 고향에서 만난 사람들」에서 한 말이다. 이것이 무슨 말인가? 앞뒤 대목을 더 소개하고 설명을 보태기로 한다.

내 고향은 경상북도 영양군 일월면 주곡리 주실이다. 주실에서 영양읍으로, 영양읍에서 대구로, 대구에서 서울로 나아가 1958년에 대학 진학을 할 때 불문학과를 택하고 독서여행을 통해 멀리까지 갔다. "샤를르 보들래르가 즐겨 노래한 프랑스의 음산한 가을 풍경이 마음의 고향이라도 되는 듯한 착각에 사로잡히기도 했다." 이러한 착각에서 지적 우월감을 느끼면서 "촌에 남아 있는 벗들은 이 오묘한 세계를 모르리라. 그러나 나는 이미 떠났노라"고 독백했다.

이런 착각이 시대 변화를 겪으면서 무너졌다. 1960년에 4.19를 일으키고 겪으면서 환상에서 현실로 되돌아왔다. 우리는 누구이며, 어디로 가야 하는가? 이런 의문이 절실하게 제기되었다. 기성세대에게는 기대할 수 없어 스스로 답을 찾아야 한다고 여겼다. 탈출에서 자성으로 방향을 바꾸어 탐구의 주체가 되어야 했다. "대학이니 학문이니 하는 것이 떠나기 위한 길이 아니고 돌아오기 위한 길이라는 것을 깨닫는 진통을 겪었다."

상징주의에서 초현실주의까지 나아간 불문학 공부에 깊은 회의를 느끼고 정반대의 전환을 하는 결단을 내리고 이렇게 외쳤다. 초현실주의와는 극과 극의 거리가 있는 우리 민요가 진정한 문학이다. 책을 던져버리고 민요를 찾아 현장으로 가자. 이해의 단절에서 벗어나 깊은 소통으로 나아가는 큰 길을 찾자. 민요를 전승하고 있는 시골 할아버지 · 할머니들을 스승으로 모시고 문학이 무엇인지 다시 배우자.

아직 불문학과 대학원에 적을 두고 있던 1963년 8월에 뜻한 바를 실행하려고 몇몇 동지와 함께 길을 떠났다. 민요 조사를 어떻게 하는지 돌아다니면서 물어도 알 수 없어 닥치는 대로 해보기로 했다. 녹음 시간이 15분에 지나지 않는 릴 테이프 녹음기를 구한 것이 커다란 자랑이었다. 수집한 자료는 남아 있지 않아 이용할 수 없지만 새로운 경험에서 얻은 충격은 아직도 생생하다.

> 새야 새야 북궁새야, 니 어디서 자고 왔노?
> 수양청청 버들가지 이리 흔들 자고 왔다.

그 해 1963년 겨울에는 고향 마을로 갔다. 동네 명창을 찾아 모내기 노래를 청해 들으니 이런 사설이 있었다. 참으로 오랫동안 잊고 있던

가락이고 사설이었다. “니 어디서 자고 왔노?”는 나를 두고 하는 말 같았는데, 상념이 복잡하게 얽혀 대답할 말이 없었다. 민요를 듣고 또 들으면서 따라 부르기를 오래 한 다음에야 “수양청청 버들가지 이리 흔들 자고 왔다”고 가뿐하게 대답할 수 있게 되었다.

1964년에 국문학과에 편입하고 구비문학을 전공하기로 작정했다. 성균관대학교 국문학과 안동문화권 조사에 참여해 민요반을 지도했다. 대학원 시절에는 서울대학교 국문학과 소백산맥 서록지대 영동군에서 제천군까지의 조사를 기획하고 진행했다. 민요반에 동참한 후배들과 보은군을 다시 찾아 여러 마을에서 놀라운 사료를 채록하고 납사반 전체의 집결지 속리산 법주사까지 걸어서 간 기억이 생생하다.

그 뒤에 대구에서 교수 생활을 하게 된 것이 커다란 행운이었다. 구비문학 자료가 풍부하게 전승되고 있는 경북 일대를 쉽사리 드나들 수 있었기 때문이었다. 1968년부터 9년간의 계명대학교, 1977년부터 4년간의 영남대학교 시절에 구비문학 현지조사를 최상의 일거리로 삼아, 학문의 기초를 닦고, 연구 과제를 발견하고, 이론을 정립했다.

구비문학을 찾는 감격을 누리는 것만으로는 부족했다. 탐구의 성과를 내놓아야 했다. 『서사민요연구』(1970)를 써내 문학 공부를 새로 하고 탐구의 방향을 다시 찾은 성과를 정리했다. 『인물전설의 의미와 기능』(1979)과 『동학성립과 이야기』(1981)에서 논의를 확대하고 시야를 넓혔다. 이런 저작을 마련해 평론을 하면서 편 주장의 근거를 밝히고, 평론에서 연구로 나아가 많은 후속 작업을 할 수 있는 기반을 다졌다.

「원귀 마당쇠」

4.19는 농촌운동으로 이어졌다. 대학생들이 농촌으로 가서 노력 봉사를 해서 어려움을 덜어주면서 농민의 처지를 이해해 공감을 다지고, 농민이 각성해 항거를 일으키도록 하려고 했다. 5.16 이후에는 학교에서 인정하는 공식 기구인 향토개척단을 만들어 농촌운동을 지속시키면서, 온건 노선을 표방해 충돌을 줄이고 기반을 넓혀갔다.

1963년 11월 19일 서울대학교 문리과대학 교정에서 서울대학교 향토개척단이 주최한 '鄕土意識 招魂굿'이 열렸다. 내가 제안해서 하게 된 행사이다. 풍물 치고 굿을 하면서 탈춤을 추는 최초의 대학 축제를 만들어, 농촌운동이 민족운동으로 발전하도록 촉구하고자 했다. 한일회담을 강행하는 박정희 정권을 반대하는 학생운동에 활력을 불어넣으려고 했다.

행사는 세 부분으로 이루어졌다. 첫 순서로 농촌을 걱정하는 교수들의 강연을 들었다. 그 다음에는 내가 창작한 "신판 광대놀이" 「원귀 마당쇠」를 공연했다. 연극이 끝난 뒤에 모두 밖으로 나가 "나가자 역사야"라는 구호를 내걸고 한바탕 놀이를 벌였다. 1 향토의식 소생굿, 2 사대주의 살풀이, 3 난장판 민속놀이, 4 조국발전 다짐굿을 했다. 풍물을 치고 뛰놀면서 격문을 읽고 구호를 외쳤다.

「원귀 마당쇠」를 내가 직접 등사판에 긁어서 찍어냈다. 고맙게도 그것을 아직까지 간직한 분이 있어 복사본을 받을 수 있었다. 컴퓨터에 입력한 것도 함께 보내주었다. 홈페이지에 올려놓아 누구나 볼 수 있게 한 다음, 『탈춤의 원리 신명풀이』(2006)에 수록하고, 『조동일 창작집』(2009)에 다시 내놓는다.

「원귀 마당쇠」는 새로운 탈춤의 시초였다고 알려져 있는데, 그렇지는 않다. 탈을 쓰고 춤을 추면서 공연했다. 김천흥 선생을 모시고 탈춤 동작을 제대로 배워서 공연했다. 탈은 탈춤에서 쓰는 것들을 본떠서 내가 만들었다. 탈춤의 원리를 이어받아 등장인물이 관중과 대화를 나누도록 했다.

최초의 마당극이라고도 하는데, 그렇지는 않다. 서울대학교 문리과 대학 강당의 실내 무대에서 공연했다. 막이 열리면 무덤이 몇 개 있고, 무덤을 열고서 원귀 마당쇠가, 이어서 변학도가 나타나도록 했다. 얼마 뒤에 팔뚝이 · 쩔둑이 · 꺽달이라는 원귀도 나타났다. 야외에서 공연하면 분위기가 너무 산만해 관심을 모을 수 없고, 원귀가 갑자기 출현하는 극적 장면을 만들기 어렵다고 판단해 실내로 들어갔다. 그래서 현대극과 탈춤을 합친 방식이 되었다.

「흥부전」을 개작해 만든 두 번째 작품은 지금 문예진흥원 건물인 서울대학교 본관 앞에서 공연하고 계단을 이용했다. 그것이 최초의 마당극이라고 할 수 있다. 주연을 맡았던 이영윤이 그것을 다시 공연하다가 화를 입기까지 했다는 말을 들었다.

『원귀 마당쇠』의 한 대목을 보자.

> 변학도 : (무덤 B의 뚜껑을 활짝 열고 튀어나와서) 네 이놈! (벼락같이 호령을 한다) 네 이놈! 천하에 이렇게 무엄한 놈이 어디에 있느냐! 이놈을 그저! 이 죽일 놈아! 네 모가지가 열 개라도 너는 살지 못할 것이다! 이놈을 그저! (화를 참지 못하고 씩씩거린다.) 이 개돼지보다 못한 놈아! 눈이 있거든 내가 누군지 똑똑히 보아라!
>
> 마당쇠 : (변학도를 보고 좋아서 어쩔 줄 모른다.) 허허! 이런

일도 있어!

변학도 : (씩씩거리며) 이놈아! 내가 너희 고을 부사 변학도란 말이다. 이 무엄한 놈아! 네가 아무리 상놈이라고 하더라도 나를 못 알아보다니!

마당쇠 : 못 알아볼 리가 있어. 너를 지금까지 찾아 다녔는데! (좋아서) 바로 여기 있었구나. 몇 천 년 몇 만 년 살 것 같더니. 너도 결국 죽고 말았구먼. 헤헤, 나와 꼭 같은 신세가 되었단 말이여. 헤헤.

변학도 : (더욱 화가 나서) 무엇이 어째고 어째!

마당쇠 : 하여간 잘 만난 거여!

마당쇠의 항변을 변학도는 막아내지 못했다. 그 대목에서 탈춤과 민요에서 가져온 많은 자료를 활용했다. 팔뚝이 · 찔뚝이 · 꺽달이까지 가세해 더욱 불리하게 되자, 변학도는 마침내 자기 잘못을 시인했다. 벌로 곤장 백만 대를 맞아야 한다고 하고, 자손이 뉘우쳐서 이제는 잘못하지 않으면 감형을 한다고 했다.

초혼굿이니 하지 못하고 있던 말을 귀신을 불러내서 하게 해야 했다. 이렇게 생각하고 단숨에 써내려갔는데, 나중에 다시 보니 몇 가지 원리가 있다. 시대 설정에서 과거와 현재, 수법에서 탈춤과 현대극, 내용에서 환상과 현실, 인간관계에서 싸움과 화합이 둘이면서 하나이고 하나이면서 둘이었다. 한풀이가 신명풀이인 원리를 그런 방식으로 나타냈다고 할 수 있다. 지금 전개하고 있는 생극론과 같은 생각을 일찍부터 간직하고 있었다.

참여문학의 길

허윤회라는 분이 「1960년대 참여문학론의 도정: 『비평작업』·『청맥』·『한양』을 중심으로」라는 글을 썼다. 인터넷에 올라 있더니, 상허학회 지음 『희귀 잡지로 본 문학사』(깊은샘, 2002)에 수록되었다. 나의 문학활동을 많이 다루었다. 자료를 철저하게 조사하고 자세하게 읽어 내가 할 수 있는 말보다 더 잘 했다.

1960년대 참여문학을 논할 때면 으레 내가 등장한다. 참여문학이란 새삼스러운 것이 아니지만, 시대의 관심사가 되었다. 같은 생각을 하고 있는 여러 사람 가운데, 나를 포함한 젊은 평론가 몇몇이 선두에 나서서 주장한 것은 그럴 만한 이유가 있었다. 우리는 세상 물정을 잘 몰라 겁이 없었다. 어떤 박해가 다가올지 알지 못해 하고 싶은 말을 했다. 우리가 하는 말을 듣고, 이호철이 "북에서 나온 나 같은 사람도 혼자 공포에 떨었다"고 하는 말이 (「이호철의 문단이야기」, 『독서신문』 1998년 6월 1일자) 이따금 인용되고 있다.

더욱 중요한 이유는 4.19를 겪으면서 커다란 전환을 이룩했기 때문이다. 민중의 힘은 위대하고, 현실은 개조할 수 있다는 것을 발견했다. 어떤 억압이라도 물리치고 역사를 바람직하게 창조할 수 있다고 믿게 되었다. 기성세대는 타락했으므로 젊은이들이 선두에 서야 한다고 여겼다.

믿고 따라야 할 지도자도, 제기된 문제에 대한 해답도 없다. 방향을 모색하고, 이론을 정립하고, 계몽하는 막대한 임무를 스스로 맡아야 한다고 믿었다. 현실을 비판하고 개조하는 참여문학을 해야 하는 이유를 원론 차원에서 분명하게 하고, 구체적인 방법을 제시하고자 했다. 1965년에 발표한, 선언문 같은 글 「순수문학의 한계와 참여」에서 이렇게 말했다.

그동안 우리 민족은 계속 역사적 시련을 겪어 왔다. 시련의 정도가 과거 어느 때보다도 심해가고 있으며, 민족 전체가 결코 쉽게 극복될 수 없는 위기에 서 있다. 순수를 내세우는 작가도 신선이나 외국인이 아닌 한, 이 위기의 어느 측면에서 벗어나지 못하고 있다. 그러나 실제로는 벗어나지 못하고 있으면서 자기도 거기에 얽혀 있다는 것을 혐오한다. 작품의 등장인물은 민족적 고민과 관련이 없이 살아가거나, 도리 없이 휩쓸리고 있어도 극히 주변적인 사실에 관심을 집중시키거나, 쉽사리 비현실적인 꿈속으로 비약하게 한다. 더 나아가 민족적 고민을 정면으로 감당해 나가는 인물을 그리는 것은 문학이 아니라고도 한다. 이런 태도는 침묵이 아니다. 현실에서 도피하라고 역설하며 도피의 여러 방법을 제시하고 있는 것이다. 이런 태도는 그 나름의 성실성이라고 보아 넘길 수 없다. 문학이 역사적 책임으로부터 면제된다는 것은 일방적인 주장에 불과하다.

참여문학을 외래사조라고 오해하는 것은 잘못이다. 사회의 불의와 싸우고, 계급모순 해결에 기여하는 것이 참여문학의 임무라고 하는 데 그치지 말아야 한다. 민족의 불행을 바로 인식하고 바람직한 역사를 창조하는 데 더욱 힘써야 한다. 우리 노선을 확립하는 것이 긴요한 과제이다. 참여는 당면한 현실에 참여하는 것만 의미하지 않는다. 역사에 참여하고 철학에 참여하는 것까지 문학이 해야 할 참여이다.

서구 추종을 거부하고, 식민지 시대의 잔재를 청산하고, 민족문화를 올바르게 인식하고 계승해야 한다. 「한국적 리얼리즘의 형성 과정」이나 「전통의 퇴화와 계승의 방향」에서 이렇게 주장한 것은 서론의 서두에 지나지 않았다. 본론을 마련하기 위해 비평 현장을 떠나야 했다. 우리문학의 전폭을 새롭게 탐구하고 세계문학과 관련시켜 평가하는 작업을 수십 년 동안 해서 60여 권의 책을 써야 했다.

방해 작용을 제어하고 민족 자주노선을 정립해 통일을 스스로 이룩해야 한다. 좌우의 사상을 함께 이해하고 활용하는 조건에서 제3의 길을 찾아야 한다. 이렇게 하려면 연구가 선행해 실천을 위한 설계를 해야 한다고 여겨 오늘날까지 분투하고 있다. 조상 전래의 지혜를 이어받아, 상생이 상극이고, 상극이 상생이라는 생극론을 정립하는 것이 핵심과제이다.

김수영과 신동엽

4.19가 일어나자 기성 문인들도 생각이 달라졌다. 혁명의 희생과 정신을 소중하게 여기고 참여문학을 해야 한다고 하는 사람들이 나타났다. 몇몇 시인이 그 선두에 서서 전에 볼 수 없던 시를 발표했다.

박두진이 「우리는 우리들의 깃발을 내릴 것이 아니다」라는 시를 썼다. 선혈로 물든 깃발을 내리지 말고 혁명을 계속하자고 했다. 기존 문단에 큰 충격을 주고, 젊은 시인들이 분발하게 했다.

김수영은 서구 추종의 모더니스트이고 지식인의 자폐증을 버리지 못하고 있다가 시대가 달라지는 소리를 듣고 깨어났다. 참여문학의 대열에 들어서서 현실을 노래하고자 했다. 그러나 아직 많이 모자라

기대와 실망을 아울러 안겨주었다. 그 어느 면에서든지 많은 관심을 모아 그 시기 시단의 중심에 섰다.

김수영이 모자란다고 생각하는 점을 자주 지적하다가 서울대학교 문리과대학 강당에서 공개토론을 한 적이 있다. 지식안이 자기반성을 한다고 하면서 대안은 찾지 못한다고 나무랐다. 자기 혼자 외톨이가 되어 번민하고 있을 따름이고 민중과 함께 나아가지 못하고 민족의 현실을 크게 보지 못한다고 했다. 그 사건에 관해서 김지하 회고록에서는 문리대 문학회가 시청각 교실에 김수영 시인을 초대하고 "조동일 형이 발제한 「전통민요와 현대시의 변용」이라는 민족시론에 대해서 김수영 시인이 마구 화를 터뜨리며 "낡아빠진 민요 따위가 어떻게 현대시가 될 수 있느냐"라고 조형을 매섭게 공격한 적 있다."고 말했다.

김수영이 마구 화를 내면서 나를 매섭게 공격하고 토론이 끝난 것이 아니다. 지식인의 현대시라는 것은 허망하다. 민요를 이어받아 민중의 시를 써야 한다. 우리문학의 전통과 유리되어 서양 현대시를 본뜨는 것은 잘못이다. 내가 이렇게 반론을 제기하자 김수영은 변명다운 변명을 하지 못하고, 위험한 사고방식이라는 우려를 나타내기나 했다. 공개토론을 한 내용을 『주간한국』 한 면에서 다룬 것을 찾아냈다. 1966년 6월 4일자 제141호이다. 한 대목을 든다.

> 조동일: 난해시의 창조자들은 거의 다 사이비 시인이며 자기 방어를 위해 난해시를 창작한다.
>
> 김수영: 시는 우리나라에서만 적게 읽히는 게 아니다. 어린애 양육비까지 나오는 영국 같은 나라에서도 많이 읽힌다고 볼 수 없다.

조동일: 시가 옛날에도 안 읽혔다는 생각은 잘못이다. 난해성은 19세기의 산물이다. 그 전에는 많이 읽히고 노래로 불리어졌다. 민요를 보라.

김수영: 민요가 시의 최상의 형태라는 생각은 무슨 망발인가?

조동일: 우리 시 건설을 위해 민요가 튼튼한 밑천이 될 수 있다.

기사가 불충분해서 무슨 말을 했는지 다 알기 어렵다. 앞뒤를 생략한 부분 인용이어서 더욱 그렇다. 그러나 생각의 차이는 명백하게 나타나 있다. 김수영은 이상적인 나라인 영국의 현대시를 모범으로 삼아야 한다고 하고, 나는 우리 민요를 되찾아야 한다고 했다. 김수영은 시는 어느 시대 아무리 좋은 사회에서도 많이 읽히지 않는다고 했다. 나는 시가 독자를 외면하고 난해하게 된 것은 유럽 19세기 말에 생겨난 전에 없던 사태라고 하고, 그 뒤를 따르느라고 우리 시가 민요를 잃은 불행을 청산해야 한다고 했다.

김수영은 전쟁을 모질게 겪고 거제도 포로수용소에서 석방되었다. 어려운 환경에서 겨우 연명하는 처지였다. 글을 부지런히 써도 생업과는 거리가 멀었다. 부업을 하려고 하다가 실패했다. 직업을 갖지 않고 시인으로 살아가는 것이 얼마나 힘이 드는지 김수영을 보면 바로 알 수 있었다. 그러면서 영국 현대시와 닮은 작품을 쓰는 것을 위안과 보람으로 삼았다.

그 전에 있었던 일을 하나 든다. 1964년경이라고 기억된다. 김수영과 나는 같은 돈벌이를 한 적이 있었다. 광화문 뒷골목에 자리 잡고 있는 희망출판사에 번역 원고를 파는 것이었다. 임중빈이 그 출판사 주간이어서 일거리를 주었다. 그 출판사에서 『올 다이제스트』라는 월간 잡지를 냈는데, 외국 글 번역만 싣는 것이었다. 한 달에 필요한 원고는 1,500장이었다. 그것을 김수영과 나, 그리고 다른 한 사람에게 500장씩 할당해 만들어 오라고 했다. 번역 거리를 지정해주는 것은 아니었다. 시청 옆 골목에 가서 영문잡지를 아무 것이나 닥치는 대로 싸구려로 사서 흥밋거리를 찾아서 번역해 가면 되었다. 축약해서 번역하고 적당히 윤색도 해야 했다.

월말에 최저단가의 원고료를 받는데, 예상대로 되지 않는 경우가 많았다. 오늘은 소식이 있는가 해서 기다리고 있으면 사장 부인이 나타나 현금을 모두 거두어 가서 다음날을 기약하고 빈손으로 되돌아와야 했다. 허허한 기분으로 물러나면서 소주 한 잔 생각이 간절한데, 김수영은 그 돈도 없으니 내가 사야 했다. 좁은 좌판에 걸터앉아 쓴 잔을 비우면서 김수영은 커다란 눈만 껌벅이고 말이 없었다.

신동엽은 신인이었다. 처음에는 주목하는 사람이 없었다. 작고 다부진 체구이면서 눈이 유난히도 반짝이는 모습을 하고 1963년에 낸 『아사녀』라는 시집을 주었다. 새로운 세계를 여는 예지와 용기가 여기 있구나 하고 있다가, 다음 작품 「껍데기는 가라」를 원고 상태에서 보는 행운을 얻었다.

『현대한국문학전집 18: 52인 신작 시집』(서울: 신구문화사, 1967)에 처음 수록한 시이다. 수록 작품 해설을 맡아 「시와 현실참여: 참여파의 시적 가능성」을 써서 그 책에 함께 실었다. 작품을 처음 만나 최초의 평가를 하는 영광을 누리면서 자세하게 평가했다.

황동규의 「태평가」, 김수영의 「어느 날 고궁을 나오면서」, 신동엽의 「껍데기는 가라」를 비교해 평가했다. 「태평가」는 초보적인 각성을, 「어느 날 고궁을 나오면서」는 자기 부정의 단계를, 「껍데기는 가라」는 참여시의 최고 경지를 보여준다고 했다. 그 글이 신동엽을 최초로 높이 평가해 세상에 널리 알린 공적이 있다고 하면서 여러 사람이 인용했다.

「껍데기는 가라」를 내가 높이 평가하고, 이어서 김수영이 「참여시의 정리」, 『창작과비평』 1967년 겨울호에서 진지하게 다루어, 신동엽이 널리 주목받게 되었다. 박봉우의 「시인 신동엽」(1970)(『신동엽전집』, 서울: 창작과비평사, 1975, 재수록)에서 평가를 확정했다고 할 수 있다. 그 글에서 「껍데기는 가라」는 "구질구질한 설명이 필요 없는 시다", "향그러운 흙 가슴만 남으면 된다"고 하고, 나의 평가를 인용했다. "평론가 조동일은 다음과 같이 진지하게 비평했다"고 한 네 이어서 다음과 같이 썼다. 인용되어 있는 내 말을 다시 인용한다.

> 현실참여란 모든 것을 회의하고 부정해 버리는 맹목적인 반발과는 크게 구별될 필요가 있다. 무엇에 대항해서, 어떠한 비난에도 넘어가지 않고 민족의 가치를, 힘을, 전통을 시인의 것으로, 모든 사람의 것으로 확보해나가는 작업이 없이는 언제나 현실 밖에 서게 되는 것이다. 현실이란 눈앞에 주어진 대상이 아니고, 적당히 설명해 넘기면 시인의 일은 끝나는 게 아니다. 오히려 시인은 시로써 현실을 변모시키고 발전시키고 창조하는 데 주저하지 말아야 한다. 이것이 시의 최고 경지이고 시인을 위대하다고 할 수 있는 최종적인 근거이다. "모오든 쇠붙이는 가라"의 "쇠붙이"라는 말 속에는 많은 것이 포함되어 있고 오랜 분노가 서려 있다. 우리는 언제나 이민족의 "쇠붙이" 때문에 희생을 당해 왔다. 그러나 "모오든 쇠붙이는 가라"라고 노래한 시인을 이제 새삼스레 발견한다. 그러한 시인이 없었다는 것은 아니고 오히려 면면하게

> 내려왔으나 충분히 빛을 내지 못하고 사라지거나 억압되어 꺾였고 부당하게 문학사에서 제외되거나 낮게 평가되어왔다. 그러나 이제는 그렇지 않을 것이다. 우리는 이제 일어나고 모든 사이비 문학을 이 땅에서 추방해야 한다. 우리 민족의 나아갈 길엔 이제 희망적인 깃발이 펄럭이고 있다. 부정정치·부정경제에도 우리는 도전할 것이다.

1968년 6월 16일 김수영은 교통사고 희생자가 되었다. 1969년 4월 7일 신동엽은 간암으로 세상과 작별했다. 두 죽음으로 1960년대가 끝났다. 그러는 동안에 나는 대구에서 교수 노릇을 하면서 문학평론을 그만두고 고전문학 연구에 몰두했다.

김지하

김지하와 나의 관계는 김지하의 회고록 『흰 그늘의 길』(서울: 학고재, 2003)에 자세하게 나와 있다. 내가 다시 나서서 더 자세하게 쓸 수는 없다. 다만 한 가지 사실을 확인하고, 한 가지는 덧보태기로 한다.

김지하에게 써놓은 시를 내놓으라고 해서 「황톳길」을 포함한 예닐곱 편을 『창작과 비평』을 내고 있는 백낙청에게 주고 실어달라고 했다. 대단한 것을 제공했으니 크게 감사하리라고 생각했는데, 결과는 반대였다. 얼마 뒤에 백낙청은 게재 불가라는 판정 결과를 통보하고 작품을 되돌려주었다. 자기 잡지라고 마음대로 해도 되는가 하고 생각하고, 백낙청과 관계가 소원해지기 시작했다.

나중에 백낙청이 그 일을 회고하면서, 작품을 김수영에게 보였더니

게재 불가의 의견을 내더라고 했다. 김수영은 "인민군의 군가이지 무슨 시냐"고 했다는 것이다. 김수영 특유의 소심함을 지나칠 정도로 나타낸 피해망상증이라고 할 수 있는 반응이다. 백낙청이 그대로 따른 것은 시를 잘 몰라 실수를 하지 않았더라면, 문학보다 처신을 더욱 중요시했기 때문이 아닌가 한다.

퇴짜 맞은 일을 회고하면서 김지하는 "시인이 될지도 모른다는 자그마한 생각이나마 아예 접어버렸다"고 했다. 그러고 말았으면 얼마나 큰 손실인가. 그 뒤에 조태일이 내고 있는 『시인』에 환영받으면서 작품을 싣고 시인이 되었으니 큰 다행이다. 조태일은 시인이어서 시인을 알아보았다고 할 수 있다.

『창작과 비평』은 줄곧 위세 당당하면서 무엇을 했단 말인가? 김지하만한 시인을 등장시킨 적 있는가 묻고 싶다. 김지하에 대한 평가가 널리 정착된 다음, 돌다리도 두드려 보고 건넌다는 격으로 그 잡지사가 제정한 만해문학상인가 무언가를 주었다. 김지하는 두 말 하지 않고 받았지만, 나라면 정중히 거절했을 것이다.

김지하는 1970년 5월에 「五賊」을 『사상계』에 발표했다. 그 작품과 나의 관계를 모호하게 언급하는 사람들이 있고 김지하가 관련 사실을 말하지 않았으므로, 여기서 밝히기로 한다. 1970년 2월경이 아닌가 한다. 김지하가 나를 만나러 대구로 왔다. 우리 집에서 같이 자면서 둘이 많은 이야기를 나누었는데, 가장 중요한 것이 「오적」이었다.

그 전에 신동엽이 「금강」을 쓰고 있다는 사실을 김지하에게 말하고 두고 보자고 한 적 있다. 김지하는 회고록에서 출판사 쪽에서 원고를 본 것 같다고 했는데 그렇지 않다. 신동엽에게서 직접 들어 알고 있었던 사실이다. 동학혁명을 다루는 서사시를 집필중이라고 했는데, 짧은 서정시를 쓰는 솜씨로 장편서사시를 잘 이끌어나갈지 의심스러웠다. 결과를 보니 은근히 염려한 그대로였다. 서정시를 모아놓는 데 그치고 서사시의 도도한 흐름을 이루지 못했다.

그 사실을 말하고 김지하에게 서사민요를 모형으로 삼으라고 했다. 나는 그 때 『서사민요연구』를 위한 조사와 연구를 거의 마친 상태였다. 작품 자료를 보여주면서 설명했다. 서사민요는 단형서사시이다. 장형서사시의 모형인 서사무가나 판소리를 이어 장편서사시를 만드는 것은 후일의 과제로 삼고 우선 단형서사시를 창작할 일이다. 단형서사시인 서사민요는 주인공 한 사람에게 일어난 일을 단순한 구조를 갖추어 노래한다. 그러면서 율격에서 변화를 보인다. 율격의 변화를 더욱 다채롭게 하고, 표현을 한층 풍부하게 하려면 판소리를 따르는 것이 좋다. 이런 원리가 없으면 정체불명의 작품이 된다. 임화의 단형서사시 같은 괴물을 다시 만들지 말아야 한다.

김지하는 「오적」을 단형서사시라고 하지 않고 譚詩라고 했다. 그 말은 '밸러드'(ballad)의 번역어라고 이해될 수 있어 명칭은 적절하지 않다고 생각한다. 그러나 완성된 작품은 내가 말한 원리를 고스란히 간직하고 있으면서 기대한 바를 넘어서는 걸작이었다. 판소리 투의 입심을 너무나도 잘 활용해서 표현이 생동하게 했다. 서투른 이론가가 탁월한 시인을 따를 수 없다는 것을 절감했다.

다섯 도적을 어떻게 이름 지을 것인지 김지하는 이미 구상해두고 있었다. 재벌 · 국회의원 · 고급공무원 · 장성 · 장차관을 다섯 도적이라고 하고, 모두 犬자가 들어가는 흉측스러운 글자로 표기하겠다고 했다. 그 점에 관해서는 별다른 의견을 말하지 않았는데, 나중에 후회했다. 관직 대신 행위를 문제 삼아, 국고 도적, 세금 도적, 외환 도적, 국토

도적, 자원 도적 같은 것들을 들었으면 모진 박해를 어느 정도 누그러뜨리면서 표현 효과는 줄이지 않을 수 있었을 것이라고 생각했다.

김지하는 『흰 그늘의 길』에서 나와의 관계를 자주 언급했다. 출판기념회가 있을 때 나가서 서평 방식의 축사를 했다. 무슨 말을 했는지 세상에 알리고 기록을 남기고 싶어 「시인 김지하의 회고록」이라는 글을 써서 『문화일보』 2004년 7월 19일자에 냈다. 전문을 옮긴다.

김지하의 회고록 『흰 그늘의 길』 출판기념회가 2003년 7월 11일에 천도교 수운회관에서 열렸다. 그 때 내가 한 축사의 몇 구절도 여러 신문에 보도되어 관심거리가 되었다. 시인뿐만 아니라 논평자도 역사의 일부가 된다는 것을 새삼스럽게 깨달았다. 무슨 말을 어떻게 했는지 정리해 알리는 것이 마땅하다.

1960년 4.19 이후 몇 년 동안 동숭동에 있던 서울대학교 문리과대학은 별난 곳이었다. 거대한 소용돌이를 일으키는 진원지였다. 김지하와 거기서 만나 격동과 열정을 함께 겪었다. 지금은 공원이 된 그 자리를 드나들며 노는 젊은이들은 과거를 얼마나 아는지 의문이다.

세상을 온통 쥐고 흔들고 역사를 이끌어가겠다는 이상주의자와 몽상가, 과격분자와 모험주의자, 혁명가와 투사들이 목청을 높였다. 모두 관심을 정치에 두고, 정치노선 · 정치이론 · 정치투쟁의 전략과 전술에 관해 많은 말을 했다. 깊은 탐구는 생략한 채 이미 있는 주장을 현실에 무리하게 적용해 통일을 이룩하는 데까지 나아가겠다고 했다.

나는 공감하는 부분이 있으면서 실망했다. 그런데 단 한 사람

김영일, 김지하라는 필명을 사용하면서 시인으로 등장하게 될 친구는 달랐다. 거대한 꿈을 예술에서, 문학에서 이루려고 고심하고 있었다. 모더니스트나 다다이스트의 성향이 있어 거슬리기는 하면서도 깊은 호감을 주었다.

현실참여 예술운동을 민족미학의 발견과 재창조에서 하자는 데 의견이 일치해 동지가 되었다. 시를 같이 쓰고, 연극도 함께 했다. 그 전후의 일이 회고록에서 많은 부분을 차지한다. 그 때 이루어진 두 사람의 깊은 유대는 변함없이 지속되면서, 예술과 학문의 길이 갈라졌다.

김지하는 「오적」 같은 시를 써서 군사정권과 정면에서 투쟁하다가 감옥에 가서 모진 고초를 겪고 건강이 많이 상했으니, 참으로 미안한 일이다. 이름이 나라 밖에서까지도 너무 높아져 착심하기 어렵게 한 것이 또 하나의 심각한 피해였다. 나는 교수 노릇을 하기로 하고 서울을 떠나 대구로 갔다. 시달리는 일이 있으면서도 교수 생활을 계속할 수 있었다. 죄책감 때문에 더 많은 연구 작업을 해야 했다.

김지하가 석방되고 다시 활동한 다음에도 오랫동안 만나지 못하다가, 얼마 전에 어느 잡지에서 대담을 할 기회가 있었다. 새로운 사상을 열겠다고 하면서, 시를 쓰는 본업에서 너무 멀리 이탈하지 말라. 어수룩하게 살면서 못난 시도 버리지 않고 거두는 것이 슬기로운 자세이다. 이런 충고를 했다.

그 뒤에 바로 김지하는 시집을 내서 많은 사람이 읽게 하고, 널리 공감을 얻어 다행이라고 여겼다. 착심하고 시인의 길을 갈 것을 기대했는데, 회고록을 써서 잡지에 연재하는 것을 보고,

의아하게 생각했다. 세 권의 분량으로 출간되어 놀라지 않을 수 없었다.

회고록을 벌써 쓰는가? 이런 의문을 가지면서 안으로 들어가 보니, 내가 잘못 생각했다. 이제 할 말을 할 수 있을 때가 되었으므로 더 기다리지 않고 붓을 든 것이 마땅하다. 기억이 정확하게 남아 있는 것을 보고 놀랐다. 나와 관련된 사실도 과연 그랬던지 나는 자신이 없는데, 잘도 알고 있다. 또한 필력이 살아 있을 때 써야 한다. 전권의 문장이 생동해, 산문이 온통 시와 같다. 지금 쓰기를 잘 했다.

이 회고록은 자기 혼자 위안도 얻고 변명도 하려고 쓴 것이 아니다. 우리가 함께 겪어온 역사의 내밀한 진통을 응축해서 담은 작품이다. 상상해서 허구를 만들어서는 확보하기 어려운 진실성을 밀도 짙게 간직하고 있다. 우리 시대에 이룬 가장 값진 창조물의 대열에 들어간다고 평가할 수 있다.

큰일을 했다. 높은 이름이 헛되지 않게 하는 작업을 이룩했다. 오랫동안 힘들게 했던 부담과 긴장에서 벗어나 마음을 편안하게 가지기 바란다. 도사 같은 소리 그만두고, 할 말을 시로 나타내라. 주석에는 신경 쓰지 말고 본문만 써라. 비평하고 연구하는 사람들이 할 일을 남겨두어라.

인류 역사를 근본적으로 바꾸어놓는 새로운 사상을 일거에 깨달아 선포할 수 있는 시대는 지났다. 누구도 그렇게 할 수 없으니, 지나친 기대는 버리자. 나 같은 교수는 논문으로 말하고, 시인은 시를 쓰면서 그 과업의 일부를 힘자라는 대로 감당하려고 노력할 수 있을 따름이다. 축사라는 이름의 참견을 이렇게 마무리했다.

토론

❑ 문 : 학생 시절에 탐독한 좌익서적에 대해 지금도 동의하는가?

❑ 답 : 그 때부터 시작된 오랜 기간 동안의 토론이 결실을 얻었다. 좌익서적의 핵심 내용을 이루는 유물변증법은 배격과는 다른 의미의 극복 대상임을 알아냈다. 상극을 밝혀 논한 일면의 의의는 인정하면서, 상극에 치우치고 상생은 무시한 잘못을 상극이 상생이고 상생이 상극인 생극론으로 극복하는 것이 마땅하다는 데 이르렀다. 문학사 특히 소설사의 경우를 들어 이에 관한 작업을 다각도로 진행한 것이 내 학문의 긴요한 성과이다.

❑ 문 : 「시인의식론」에서 근대의 소시민은 비관시인일 수밖에 없다고 한 것이 적절한 견해인가? 1920년대에 이미 소시민이 나타났는가? 소시민과 비관시인 사이에 필연적인 관계가 있는가?

❑ 답 : 근대사회에서 시민과 함께 소시민도 등장했다. 자본주의의 주역인 시민이 무능력한 추종자인 소시민을 멸시하는 관계가 어디서나 문제가 되었다. 소시민의 자탄의식이 비관시를 낳은 유럽의 전례를 추종하면서 열등의식을 보탠 탓에 사태가 악화된 주변부의 현상이 우리 경우에도 1920년대에 이미 나타났다.

❑ 문 : 김수영에 대한 평가가 너무 부정적이지 않는가?

❑ 답 : 견디기 어려운 상황에서 진실을 찾으려고 고민하고 분투한 자세는 평가해야 하지만, 영국·영문학·영국현대시를 일방적으로 미화해 동경해 마지않으면서 우리문학의 전통은 전혀 인정하려고 하지 않는 것은 나무라지 않을 수 없다. 소시민의 전형적인 모습에서 끝내 벗어나지 못해 안타깝다.

❑ 문 : 소시민의식에서 벗어나려면 어떻게 해야 하는가? 소시민과

는 다른 사회적 지위를 얻어야 하는가?

❑ **답**: 지위보다 의식이 더욱 긴요하다. 소시민의식에서 벗어나려면 민중의식의 전통과 만나 쇄신을 겪고, 주입된 지식의 편향성을 시정해야 한다. 동서고금·전후좌우를 제대로 알아 유럽의 근대를 미화하고 추종하는 잘못을 청산해야 한다. 제3세계 민중의식의 관점에서 세계사의 미래를 통찰하는 데까지 이르러야 한다.

❑ **문**: 「원귀 마당쇠」를 지을 때 탈춤에 대해서 어느 정도의 인식을 했는가?

❑ **답**: 나중에 탈춤을 논하면서 제시하는 발상을 어지간히 갖추고, 탈춤의 가치를 연극에서 재창조하는 것이 긴요한 과업이라고 생각했다.

❑ **문**: 우리 것이니까 소중하다고 하는 데 그치지 않고 원리를 따져 논할 수 있었던 이유는 무엇인가?

❑ **답**: 예술에 대한 근본적인 논란을 해결하는 이론을 마련하고자 했기 때문이라고 할 수 있다. 초현실주의까지 이르러 망치게 된 예술을 살려내는 최상의 방안을 탈춤이 제공한다는 것을 알아차리고 감격했다. 탈춤 재창조보다 연구가 내게는 더욱 긴요한 과제라고 여겨 방향을 돌렸다. 탈춤은 창조자와 향유자가 하나가 되어, 상극이 상생이고 상생이 상극인 생극의 원리를 구현한다는 것을 밝혀 논하는 작업을 신명나게 했다.

❑ **문**: 참여문학론이 지금도 타당하다고 생각하는가?

❑ **답**: 4.19에서 이승만정권을 무너뜨려 문학에서도 발상을 정상화

하는 것이 당연했다. 극단적인 반공체제에 순응하려고 순수문학의 아성에 칩거하고, 사회비판을 외면해야 살아남을 수 있다고 여기는 기성세대의 비겁하고 안이한 자세를 나무라면서 참여문학을 역설했다. 참여문학 부정론은 참여가 문학을 망친다고 하는 데 근거를 두지만, 진정한 참여는 진정한 문학을 낳는다. 민요나 탈춤이 그래서 소중하다고 하면 인식 부족으로 동의하지 않으므로, 당대의 좋은 본보기인 신동엽을 높이 평가했다.

참여문학론의 의의는 한정되어 있다. 비정상적인 사태가 시정되면 문학은 참여를 기본요건으로 한다는 것이 널리 인정되어 참여문학론이 따로 필요하지 않은데, 아직까지도 그렇지 못하다. 『한국문학통사』에서 문학의 당연한 모습인 참여문학의 내력을 참여문학이라는 말을 쓰거나 참여문학론을 내세우지 않고 밝혀 논했다. 문학을 망쳤다는 선입견을 버리고 책을 읽어보기 바란다. 문학의 원리 또는 예술성에 대한 깊은 탐구를 갖추었다.

❑ **문** : 이호철이 "북에서 나온 나 같은 사람도 혼자 공포에 떨었다"고 한 것은 무슨 이유인가?

❑ **답** : 일제강점기 · 북한체제 · 6.25전쟁 · 이승만시대를 겪으면서 힘들게 살아오는 동안 소심할 대로 소심해지고 박해 공포증이 지나쳐 그런 생각을 가졌다고 생각한다.

❑ **문** : 박해 공포증은 근거가 없었다는 말인가?

❑ **답** : 근거가 있지만 지나치게 염려해 위축되는 것은 잘못이었다. 당당하게 나가는 것이 정당한 자세이다. 나는 광복 후에 초등학교에 들어가 일제의 교육을 받지 않고, 대구에 살아 6.25전쟁을 직접 겪지

않았으며, 이승만시대를 미성년인 채로 보내다가 4.19의 주역 노릇으로 나섰다. 겁나는 것이 없을 만했다. 복 받은 세대의 특권을 마음껏 누렸다.

복 받은 것이 하나 더 있다. 두 학과를 거치면서 대학을 10년 다니는 중간의 몇 해 동안 도서관에서 마음껏 독서하는 여유를 누렸다. 외국유학을 하고 온 사람들이 많은 공부를 했다고 자랑하지만 시키는 공부를 한쪽에 치우치게 했다. 나는 아무 간섭도 받지 않고, 언어와 분야의 경계를 넘나들면서 책을 닥치는 대로 찾아 읽고 무엇이든지 탐구하는 자유를 한껏 누렸다.

❑ **문** : 책을 찾아 읽는 비결이 무엇인가?

❑ **답** : 되도록 많은 책을 구경하고, 그 가운데 일부는 일거에 대강 통독하고, 다시 그 가운데 일부는 두고두고 정독하는 것이 마땅하다.

제4강 가르침을 되새기며

사제의 만남

지금까지 공부를 하는 동안에 많은 스승의 가르침을 받았다. 전공 분야를 떠나서도 훌륭한 선생을 만나 지식과 함께 감화를 얻었다. 특별하게 기억해야 할 몇 분을 먼저 소개한다.

불문학과 시절에 李彙榮 선생의 사랑을 받아 선생의 연구실에서 공부를 했다. 아드님을 가르치는 일을 맡아 댁에서 기거하기도 했다. 엄청나게 많은 책이 동경의 대상이고, 불어를 가르치고, 불문학 작품을 번역하고, 불어 사전을 만드는 일에 사명감을 가지고 열성을 기울이는 것을 보고 감명을 받았다. 그 때문에 건강이 상해 일찍 돌아가신 것을 안타깝게 생각한다.

이휘영 선생은 3·4학년이 함께 수강하는 폴 발레리 강의에서 3학년생인 내게 시간마다 맡아 놓고 발표를 하라고 시키신 적이 있었다. 폴 발레리 시는 널리 알려진 바와 같이 난해하다. 해설서를 있는 대로 모아 열심히 준비해도 언제나 미진해 등에 땀이 배었다. 능력을 과대평가하도록 해드린 잘못을 두고두고 송구스럽게 여기면서, 무엇이든지 겁내지 말고 열심히 공부하라는 분부를 내린 것으로 받아들인다.

불문학과 학생이었으면서 전공과목은 졸업에 필요한 최소한의 학점만 취득할 수 있게 수강하고, 학문 편력을 일삼았다. 영문학, 독문학, 철학, 종교학, 사학 등 여러 학과에 개설된 강의를 이것저것 닥치는 대로 수강했다. 수강신청을 하지 않고 이른바 도강을 한 과목은 더 많았다. 몇 분의 가르침을 특별히 기억한다.

영문학과 權重輝 교수의 『햄리트』 강의는 오래 기억에 남는다. 문학을 이해하고 영어를 익히는 데 큰 도움이 되었다. 원문을 인용해가면서 영어로 답안을 써야 하는 시험이 워낙 힘들다고 해서 원문을 열 번쯤 읽고 많은 참고서적을 뒤적이면서 예상 문제를 여럿 뽑아 글을 써보았다. 학기말 시험에 "햄리트의 첫 번째 독백이 극 전체에서 어떤 구실을 하는가?"라고 하는 문제가 나와 예상이 적중했다. 시험지 앞뒤를 메워 답안을 써내고, 85점을 받았다. 권중휘 교수는 90점 이상은 거의 준적이 없는 것으로 널리 알려졌으므로 대단한 성적이었다.

金龍培 선생은 턱수염을 길게 기른 노인이었다. 동국대학교 교수이면서 철학과 강사로 나와 『東洋哲學思想史大觀』이라는 저서를 가지고 동양철학을 강의했다. 氣철학을 당신의 철학으로 한다고 명언하고, 그 선구자 張載와 徐敬德을 높이 평가했다. 우연히 수강했다가 충격을 받았다. 자기 철학을 가지고 강의하는 분도 있구나. 기철학이란 힘써 탐구해야 할 것이로구나. 이 두 가지 사실에 대한 기억이 오늘날까지 지속되면서 내 학문에 깊은 영향을 끼치고 있다. 서양철학 강의도 여럿 들었으나 동양철학만큼 절실하게 이해되지 않았다.

元義範 선생은 당시에 소장학자였다. 종교학과에서 불교학개론, 금강경강독 등의 강의를 하는 것을 거듭 수강하고 불교에 깊은 관심을

가지게 되었다. 불교교리 시험에서 100점을 받은 것을 오래 기억한다. 나중에 계명대학교에 오셔서 인사를 드리고 선생님 강의를 들었다고 하니, 잘 기억하고 있으며 「金剛經의 倫理思想」이라는 제목으로 제출한 과제물을 어디 발표를 해야 하겠는데 하고 생각하면서 가지고 있다고 했다. 불교와의 만남이 국문학으로 전공을 바꾸고, 문학사를 탐구하고, 세계문학으로 나아가는 데 큰 도움이 되었다.

국문학을 전공하는 길에 들어선 뒤에 여러 스승의 가르침을 받았으며, 회고할 사연이 많다. 李崇寧·鄭炳昱·李基文 선생을 비롯한 여러 분에 관해 글을 써야 마땅하다. 그러나 제대로 하려면 상당한 일거리이고, 격식을 차리다가 내실을 잃을 염려도 있다. 직접적인 사제 관계가 없건 있건, 깊은 영향을 받았거나 하고 싶은 말이 많은 분들에 관한 논의만 자유롭게 하기로 한다. 문체가 다양한 것을 장점으로 보아주기 바란다.

趙潤濟 선생은 스승의 스승이니, 나는 孫弟子가 된다. 사사롭게 만나 말씀을 들을 기회가 더러 있었던 것을 영광으로 생각한다. 한 번은 서울에서 대구까지 가는 열차에 우연히 동석해 여러 시간의 특강을 듣고 궁금한 것들을 물었다. 선생의 삶과 학문에 대해 총괄적인 논의를 시도하면서 어떤 가르침을 받았는지 말하기로 한다.

宋錫夏 선생은 가르침을 받지 않았으며 대면한 적도 없다. 그러나 책을 통해 만나서 얻은 감명이 학문에 뜻을 두고 연구의 방향을 정하도록 했으므로 스승이라고 하지 않을 수 없다. 탈춤을 공부하고 구비문학에 들어서는 데 깊은 영향을 끼친 것을 말하고자 한다.

金東旭 선생은 강사로 출강해 가르친 스승이다. 학자의 길로 들어선 뒤에 자주 만나고 많은 것을 배웠다. 왕성한 탐구의 의욕을 가지고

연구의 범위를 넓히면서 의욕이나 능력이 보이는 후진을 격려하기를 일삼은 덕분에 나도 용기를 가질 수 있었다.

張德順 선생은 학사・석사・박사의 지도교수였다. 선생과의 관계가 내 학문에서 소중한 의의를 가진다. 선생이 어떤 분인지 내가 쓴 墓碑銘에서 간추려 말했다. 비문에 주해를 해서 『성산 장덕순 선생』(서울: 집문당, 2006)이라는 추념문집에 실은 것을 옮긴다. 글 속에 다른 스승들에 관한 말도 있다.

조윤제

조윤제는 학문이 감당해야 할 사명을 최대한 수행하려고 진력한 비범한 학자이다. 국문학연구의 개척자이면서 시대가 요구하는 이론을 이룩하고, 학문을 민족운동과 긴밀하게 연결시키려고 하다가 시련을 겪었다. 그 몇 가지 과업의 핵심을 간추려 말하고, 다시 필요한 보충 논의를 하기로 한다.

일제 강점기 식민지 대학에서 받아들인 근대학문의 방법을 활용해 국문학연구를 개척했다. 창작 경험담이나 비평적인 논의와 구별되는 학문 연구를 문학을 대상으로 진행하는 본보기를 보였다. 근대학문의 방법 가운데 핵심을 이루는 실증주의에 의거해 국문학의 자료를 정리하고 사실을 규명하는 작업을 광범위하게 진행했다.

그런 성과를 근거로 더욱 진전된 작업을 했다. 실증주의가 미세한 사실을 밝히는 데 몰두하는 폐단을 시정하고, 박해를 감내하면서 학문을 힘써 하는 목적을 달성하는 데 필요한 이론을 정립했다. 그것이 바로 문학의 총체적인 의의를 민족의 삶과 관련시켜 해명하는 민족사관이다. 문학을 민족정신의 구현으로 파악해 문학사와 민족사를 함께 서술하고, 문학이 민족의 위기를 해결해온 과정을 파악하는 데 힘썼다.

민족사관을 실천 강령으로 삼아, 학문이 그 자체의 문제를 해결하는 데 그치지 않고 더 큰 사명을 수행해야 한다고 주장했다. 식민지 시대에는 민족해방운동을 위해, 분단 시기에는 민족통일을 위해 진력하는 것이 국문학연구의 사명이라고 했다. 그래야 하는 당위성을 논술하는 데 그치지 않고 스스로 실천하려고 하다가 수난을 당하기도 했다.

광복 후에 대학을 조직하고 운영하는 과업을 맡아 진력하면서 국문학을 연구하고 강의하는 데 필요한 기본적인 과업을 수행했다. 그러나 대학 안팎의 방해 때문에 뜻을 제대로 이루지 못하고 시련을 겪었다. 부당한 추세를 따르는 타협을 거부하고 정당하다고 판단한 원칙을 관철시키고자 해서 불우한 처지가 되었다. 학자이면서 志士였기에 학자의 삶이 불우하고, 지사가 가야 할 길로 매진하지도 못했다.

조윤제는 1904년 경상북도 예천에서 출생했다. 그 고장의 보통학교와 대구고등보통학교를 거쳐 1924년에 경성제국대학 예과가 창설되자 제1회로 입학하고 1929년 졸업한 조선어학·조선문학 전공의 유일한 학생이었다. 일제가 식민지 통치를 위해 만든 경성제국대학에서 일본인 교수에게 배워야 했던 것은 치욕이었으나, 근대학문을 이룩하기 위해서는 그 길을 택하지 않을 수 없었다.

일본인 교수는 하지 못하는 연구의 영역에 들어서서 민족의 학문을 개척하고, 부당한 지배에서 벗어나 독자적인 연구를 진행했다. 조선문학을 담당한다는 일본인 교수 高橋 亨은 우리말 문학을 다룰 능력은 없어 주변만 돌면서 한문 자료를 이용해 유학 또는 불교나 강의해 진정한 연구를 하도록 분발하게 하는 反面敎師 노릇을 했다. 강사로 나오는 鄭萬朝 같은 분들에게서 한문학을 제대로 배울 수 있었던 것은 다행이었다.

高橋 亨과 결별한 데는 특별한 사건이 있었다. 졸업 후 조수로 있을 때 제주도에 가서 민요 조사를 하고 오니, 高橋 亨이 자료를 내놓으라고 했다. 조수의 연구는 교수의 것이라고 하는 것이 이유였다. 조윤제는 요구가 부당하다고 여겨 거부하고 조수를 사임했다. 대학연구실을 떠나 경성사범학교로 가서 가르치는 자리를 얻었다. 그 해가 1932년이었다. 학문을 소홀하게 하지 않고 더욱 열심히 하겠다고 다짐하고 『朝鮮詩歌史綱』을 써서 1935년에 탈고하고 1937년에 출간했다.

경성제국대학에서 함께 공부하고 국문학연구에 들어서던 다른 개척자들보다 조윤제는 신중하고 엄격했다. 서투른 논의를 함부로 전개하지 않고, 오랜 기간에 걸친 힘든 작업을 했다. 그 때문에 『조선시가사강』은 국문학 연구의 초창기 업적 가운데 특히 충실하고 정확한 내용을 갖추어 오늘날까지 거의 그대로 받아들여지고 있다.

1939년에는 경성사범학교를 사임하고, 재직 중 조선어연구회를 별도로 만들어 학생들을 지도한 것 때문에 경찰의 문초를 받았다. 그 뒤에는 몇몇 사립학교에 강사로 나가 생계의 보탬을 얻는 한편 보성전문학교 도서관에 연구실을 얻어 孫晋泰·李仁榮과 함께 학문 방법을 다시 정립하기 위한 토론을 했다. 그래서 얻은 성과가 민족사관이다.

민족사관은 실증주의가 개별적인 사실을 각기 그 자체로 연구하는 것이 부당하다고 하고 사실들의 연관 관계를 밝혀 연구 대상을 총체적으로 해명하고자 하는 방법이고 이론이다. 총체를 이루는 핵심은 민족정신이라 여기고, 민족정신이 형성되고 전개해온 과정으로 역사를 이해하고, 그 과정을 나타내주는 것이 문학을 포함한 민족문화의 개별

영역의 의의라고 보았다. 민족정신에서 계급 대립을 넘어서는 길을 찾고자 했다.

그런 관점에서 우리문학사의 전개를 총괄해서 이해하는 성과를 은밀하게 축적하다가 1945년 광복하자 대학 강단에서 강의하고, 1949년에 『國文學史』라는 이름의 저서로 펴냈다. 그 책을 수정하고 증보한 『韓國文學史』를 1963년에 출간했다. 민족정신의 성장 또는 위축에 따라 문학사가 전개되어온 과정을 서술하고, 분열을 극복하고 통일을 이룩해온 시기를 높이 평가했다.

그것은 근대 민족국가 학문의 핵심 영역인 자국문학사를 수준 높게 이룩한 성과이다. 역사 일반과 문학사가 하나가 되고, 문학 내부의 여러 영역을 통괄해서 이해하고, 과거와 현재, 문학의 유산과 장래의 과제를 함께 다루는 관점을 이룩한 것을 평가해 마땅하다. 그러면서 문학의 특성에 대한 배려가 부족하고, 차이와 대립을 지나치게 부정적으로 다룬 것이 문제점으로 지적된다. 다음 세대는 그런 점에서 많은 불만을 가졌으나 대안을 내놓지는 못했다.

일제강점기에는 민족의식을 기르는 운동으로 국문학을 연구했다. 광복 후에는 민족분단을 넘어서서 통일을 이룩하는 길을 국문학연구에서 찾고자 했다. 민족사관을 이룩해 그 두 가지 과업을 감당하고자 했다. 대립을 넘어서서 통합을 이루겠다는 희망이 학문 연구를 넘어선 실천의 영역에서는 실현하기 아주 어려워도 물러서지 않았다.

1948년 4월에 金九, 趙素昻 등의 민족 지도자가 분단을 막기 위한 남북협상을 하러 평양에 갈 때 동행했다가 고초를 겪었다. 1960년 4.19 때에 전국 교수단 시위에 앞장서고, 한국교수협회를 조직하고 의장을 맡았다. 그 뒤를 이어 전개된 민족통일운동의 지도급 인사로 추대되었다. 1961년 5.16이 일어나자 체포되어 옥고를 치르다가 이듬해 2월에 석방되었다.

1945년 광복과 더불어 경성제국대학 법문학부를 개편하는 책임을 맡고, 1946년 에는 이름을 경성대학이라고 고친 대학의 법문학부장이 되었다. 다시 서울대학교 대학원 부원장 겸 문리과대학 교수가, 1949년에는 문리과대학 학장이 되었다. 그 기간 동안은 어려운 여건을 무릅쓰고 대학을 만들고 학문을 일으키는 데 진력하느라고 자기 학문을 돌보기 어려웠다. 남북협상 참가가 문제 되고, 배척자들이 있어 오래 재직하지 못하고 물러났다.

1950년부터는 성균관대학교 교수가 되어서도 대학원장과 부총장 업무에 종사해야 했다. 1961년에 피검되어 다시 물러났다. 58세부터 62세까지 무직 상태로 지내다가, 1965년에야 대구에 있는 청구대학 교수가 되고, 1967년에는 대학 통합으로 영남대학교 교수가 되었으며, 1974년에 정년퇴임했다. 만년에는 시간을 얻었지만 학문을 더 키울 여력이 없었다. 1976년에 작고했다.

나는 조윤제의 유업을 이어받은 손제자이다. 서울대학교 강단에서 한국문학사를 강의하는 임무를 두 세대 뒤에 다시 수행하면서 진전된 성과를 제시해야 했다. 조윤제가 일본인의 대학에서 공부하면서 겪은 시련을 충분히 보상할 만한 새 시대 학문을 위해 열정을 바쳐, 일본학문의 협소한 안목을 넘어서는 일반이론을 이룩해야 했다.

조윤제는 민족문학사의 학문적 의의를 역설하고, 문학사는 사실의 집합을 넘어서서 총체적으로 이해해야 한다고 일깨워주었다. 그러면서 민족의식은 단일체여야 한다고 하고 대립은 비본질적이고 바람직하지 않다고 여겨, 상생에 치우치고 상극을 배제했다. 조윤제를 이어받으면서 넘어서기 위해 생극론 개발에 힘써야 했다.

송석하

宋錫夏는 1904년생이어서 조윤제와 동갑이다. 송석하는 민속학을, 조윤제는 국문학을 학문으로 이룩한 공적이 있다. 그런데 송석하는 1948년에 44세로, 조윤제는 1976년에 72세로 세상을 떠나 활동한 시기에는 상당한 차이가 있다. 인접한 두 학문 가운데 민속학은 문호가 한산하고 국문학이 번성한 것은 두 선구자의 수명과 무관하지 않다.

나는 조윤제의 유업을 이으면서 송석하의 영향을 받아 두 분을 함께 거론한다. 조윤제의 유업인 국문학을 발전시켜 풍부하고 생동하게 하는 데 송석하의 영향이 결정적인 작용을 했다. 조윤제의 문학사에서는 문헌에 기록된 작품만 다루고 구비문학은 제외했다. 구비문학을 발견한 것은 송석하 덕분이다. 송석하가 현지조사를 통해 발견한 구비전승을 문학의 유산으로 받아들여, 기록문학과 구비문학의 상관관계를 고찰하는 평생의 일거리로 삼아왔다.

두 분 가운데 조윤제와 먼저 만났다. 조윤제의 『교육국문학사』가 고등학교 시절의 교과서였다. 축약본으로 만족할 수 없어 『국문학사』 원본을 구해서 뒤적였다. 훌륭한 학문이라는 생각이 들기는 해도 감동을 받았다고는 할 수 없었다. 대학에 입학할 때 불어불문학과를 1지망으로, 국어국문학과를 2지망으로 했다. 1지망에 실패하면 차선책으로 국문학을 전공하기로 했다.

결과는 불문학을 공부하라는 쪽으로 나타났다. 그쪽의 문학작품을 탐독하면서 특히 상징주의에 심취해 행복한 나날을 보내다가, 4.19를 겪고 꿈에서 깨어난 것 같은 충격을 받았다. 불문학 공부를 계속해 무엇을 얻을 수 있는가? 삶의 보람을 충만하게 하고 역사를 스스로 창조하는 길을 어디서 찾아야 하는가? 불문학과를 졸업하고 대학원에 입학했다가 휴학하고 도서관에 들어박혀 독서여행으로 세월을 보냈다. 언어와 학문의 경계를 넘어서서 기약 없이 헤매고 다녔다.

그러다가 송석하의 『韓國民俗考』를 발견했다. 송석하가 남긴 글을 사후 12년이 되는 1960년에 모아 낸 책이 1962년에 나를 인도하는 등불 노릇을 했다. 민속극을 처음 만나는 놀라움을 경험하고, 「봉산탈춤」 대본을 읽고 "바로 이거다!" 하고 외쳤나. 공연을 보고 발견의 의의를 재확인했다. 우리 것이어서 소중하다고 하고 말 일이 아니었다. 상징주의마저 버리고 초현실주의까지 나아가 사멸하게 된 예술을 살려내는 광명, 발랄하게 생동하는 대안, 인류를 위한 구원의 길이라고 할 것이 거기 있었다.

송석하가 지시한 바에 따라 인생행로를 결정했다. 불어불문학과와 작별하고 국어국문학과로 이주해 고전문학을 전공하기로 하고 탈춤을 연구의 중심 분야로 삼았다. 「탈춤발생고」(1966)라는 학사논문을 방대한 분량으로 쓴 다음, 「가면극의 희극적 갈등」(1968)으로 석사학위를 취득하고 대학 강단에 서서 오늘날까지 재직하면서 『한국 가면극의 미학』(1975), 『탈춤의 역사와 원리』(1979), 『탈춤의 원리 신명풀이』(2006)를 냈다.

탈춤과 함께 구비문학의 다른 여러 분야 민요, 설화, 판소리 등에 관한 연구도 함께 하면서 구비문학 일반론을 이룩하려고 했다. 구비문학과 기록문학, 또는 구비문학 · 한문학 · 국문문학의 관련양상이 시대에 따라 달라져온 내력을 파악하는 문학사를 서술했다. 이 작업을 동아시아문학사에 적용하고, 세계문학사를 통괄해 이해하는 데까지 확대했다.

송석하는 1904년에 오늘날의 울산광역시 울주군 上北面 楊等里에 태어났다. 마을 북쪽의 石南寺의 이름을 따서 호를 石南이라고 했다. 부친 宋台觀은 일찍이 일본 유학을 하고 고종 때 종2품직인 宮內府 侍講院 副卿이라는 관직을 맡았으며 엄청난 재산을 가진 부호였다.

송석하나 조윤제보다 나는 35년 뒤에 태어났다. 여러 세대가 지난 것 같이 생각되는 것은 그 사이에 많은 변화가 있었기 때문이다. 오늘날의 생각으로 지난 시기를 판단할 수 없다. 나는 일제강점기를 6세까지만 경험하는 데 그쳤다. 1946년에 초등학교에 들어가 일제 교육을 받지 않은 첫 학년이다. 일본어는 대학을 졸업한 다음 공부하기 시작했으며 초보수준을 넘어서지 못한다. 식민지 시대에 관해 알기 위해서 자료를 찾고 연구를 해야 했다.

송석하와 조윤제는 대한제국 시대에 태어나 6세가 되자 일제의 식민지 통치를 겪게 된 것이 나의 경우와 반대가 된다. 그 이전 시기는 잘 몰랐을 것이다. 일제하에 조성된 상황에 적응해 초등교육과 중등교육을 순조롭게 마치고 고등교육을 받을 기회까지 얻었다. 울산과 예천의 시골 사람들이 서울 도심에 이주해 살았다. 잘 나가는 쪽에 속했다고 할 수 있다.

두 가지 조건이 구비되어 그럴 수 있었다. 학비를 감당할 수 있는 재력이 있고, 경쟁이 심한 입학시험에 합격할 수 있는 능력을 갖추어 사회 상층에 자리 잡았다. 송석하가 입학한 東京商科大學(현재의 一橋大學)이나 조윤제가 택한 京城帝國大學은 평가가 높은 명문대학이었다.

두 사람은 차이점도 있다. 송석하는 중등교육과 고등교육에서 모두 상업학교를 택해 인문계 학교를 다닌 조윤제와 달랐다. 상업을 공부하면 재물을 늘릴 수 있다고 여겼으리라고 보는 것이 당연하다. 조윤제는 조선에서 으뜸인 인문계 대학, 송석하는 일본 최고의 상과대학에 입학해, 조윤제는 졸업하고, 송석하는 중퇴했다. 관동대지진을 겪고 중퇴하기로 했다고 알려져 있는데, 그 뒤의 활동이 상업과는 무관하므로 다른 해석이 필요하다.

대학을 다니러 일본 유학을 갔다가 중퇴하고 돌아오는 사람이 당시에 흔히 있었다. 학비가 없는 것이 가장 큰 이유였는데, 송석하는 이에 해당되지 않았다. 원하는 전공 공부를 해도 가르쳐주는 것이 마음에 들지 않아 그만두는 경우도 적지 않았다. 일본의 학문이 식민지 청년이 바라는 바와 어긋나 실망을 안겨줄 수 있었다. 송석하의 경우는 이에 해당된다고 하기도 어렵다.

송석하는 부친의 요구로 원하지 않은 상업을 공부하다가 뜻을 어겼으리라고 보는 것이 어떨까 한다. 상업은 그만두고 민속학을 전공하고 오는 것이 바람직한 일이라고 할 수 있다. 그렇게 하지 않은 것은 부친의 허락을 얻지 못했거나 원하는 것을 혼자 공부할 수 있다고 여겼거나, 아니면 둘이 겹쳤을 수 있다.

일본에서 대학을 다니다가 중퇴하고 귀국한 것도 어느 정도 학력으로 인정되어 여러 가지 생업에 종사하는 일이 흔히 있었다. 어려운 시기여서 어떻게 해서든지 먹고 살려고 애써야 했다. 그런데 송석하는 생업에 종사하지 않으면서 풍족한 생활을 했다. 조윤제가 경성제국대학 조수로 있다가 밀려나 경성사범 교유가 되었다가, 다시 밀려나 동성상업 강사가 되어서까지 생계를 도모해야 한 것과 사정이 달랐다.

송석하는 생활하고 남는 재력을 학문하는 데 썼다. 귀중한 전적 및 민속품을 모으고, 고급의 기자재를 가지고 민속 현지조사를 하고, 조선민속학회의 학회지 『朝鮮民俗』을 자비로 간행하는 등의 일을 어려움 없이 했다. 震檀學會 창립에 참여하고 학회지 『震檀學報』의 간행비도 부담했다.

나라가 없어져 공적인 능력으로는 도와주지 못하던 시기여서 사재가 아니고서는 연구비가 없었다. 독지가의 도움을 얻기 위해 애쓰는 것이 흔한 일이었다. 조윤제는 심혈을 기울여 집필한 주저를 출판하기 위해 내키지 않았지만 친일파 부호를 찾아가야 했다. 송석하는 하고 싶은 연구를 할 재력이 있으니 얼마나 다행이었던가.

현지에 나가 자료를 조사하고 채록하는 것이 본격적인 작업이었다. 글이 많지 않고 분량이 얼마 되지 않는다고 불만스럽게 생각하지 말자. 거의 다 학술논문의 요건을 갖추지 않았다고 탈잡는 것은 더욱 부당하다. 전인미답의 사실을 힘들게 찾아낸 결과여서 길이나 형식이 문제되지 않는다. 문헌 인용으로 지면을 메우는 작업과 한 자리에 놓고 비교할 것이 아니다. 기존의 업적을 여럿 모아놓고 적당히 시비하고 조합해 논문이라고 써내는 오늘날 흔히 하는 짓거리와는 차원이 다르다.

송석하는 재력을 가지고 문화재를 돌본 점에서 全鎣弼과 상통한다. 전적은 두 사람에게 공통되고, 전형필은 미술작품을, 송석하는 민속품을 모으는 데 힘쓴 점이 서로 다르다. 더 큰 차이는 전형필은 수집가로 그쳤지만, 송석하는 민속의 보존을 위해 힘쓰는 문화운동가로 나서고 현지조사를 계속해 민속을 연구하는 학자가 되었다. 그 모든 활동을 열성적으로 해서 한 시대를 움직이는 영향력을 가졌다.

전형필의 수집품은 개인 미술관인 澗松美術館에 잘 보존되어 있다. 누구든지 가서 볼 수 있어, 애쓴 보람이 분명하게 확인된다. 송석하는 광복이 되자 바로 국립민족박물관을 만들고 수집품을 내놓았다. 갑자기 세상을 떠나자, 박물관이 없어지고 수집품은 이리저리 옮겨 보관해야 하는 천덕꾸러기가 되었다. 행방을 찾고 목록을 만들고 하는 일이 없지는 않았지만, 한데 모아 전시한 곳이 없으며 대부분 유실된 것으로 생각된다.

경성제국대학이 광복 후 경성대학이 되었을 때 송석하가 힘써 인류학과를 창설했다. 교과과정을 만들고 강의도 한 것 같으나, 교수가 되지는 못했다. 국립민족박물관장 직책을 내놓지 못했거나, 대학중퇴여서 학력 미달이었기 때문이 아니었던가 한다. 송석하가 세상을 떠나자 인류학과도 없어졌다. 경성대학이 서울대학교로 개편될 때 인류학은 사회학과에서 관장한다고 하고서 실제로는 제외했다.

민속학 또는 인류학의 박물관과 학과는 학문을 위해 반드시 필요할 뿐만 아니라 나라의 체면이기도 하다. 한 사람의 죽음이 탄생 단계에 있던 학문의 소멸을 가져오는 어이없는 사태가 벌어졌다. 그 때의 결손이 오랜 시간이 지나서야 가까스로 회복되었다. 송석하가 그만큼 큰 인물인 것을 재평가하면서, 뒤를 이을 인재도 능력도 없었던 것을 개탄하지 않을 수 없다.

송석하의 학문은 미완이어서 열려 있다. 공백 메우기에서 새로운 연구가 시작된다. 유산을 여러 학문의 다양한 전공에서 재평가해 적극 활용하는 것이 마땅하다. 재평가를 오늘날 학문의 더 나은 미래를 이룩하기 위한 발판으로 삼아야 한다. 이렇게 생각하면서 내 나름대로 노력해왔다.

김동욱

"界面 도ᄅᆞ샤 넙거진 바래"라고 하는 말은 『樂學軌範』에 수록된 「處容歌」의 한 구절이다. 자기 관할구역인 界面을 돌아다녀 處容의 발이 넓어졌다고 한 말이다. 발이 넓어졌다는 것은 발이 커졌다는 뜻만은 아니다. 활동하는 영역이 넓고 아는 사람이 많다는 것을 두고 "발이 넓다"고 하는 말도 거기 포함되어 있다고 보아 마땅하다.

"界面 도ᄅᆞ샤 넙거진 바래"는 金東旭에게 그대로 해당한다. 김동욱의 발을 직접 보지 못한 사람은 늦게 태어난 탓에 큰 구경거리를 놓쳤다. 세상에서 흔히 말하기를 그 크기가 보트만하다고 하는데, 그리 심한 과장은 아니다. 그런 발로 전국을 주름 잡으면서 돌아다녀, 발 넓은 분의 활동이란 과연 이런 것이로구나 하는 감탄을 자아내게 했다. 그러면서 선거에 출마해 당선될 기반을 다진 것도 아니고, 이권 청탁을 위해 뛴 것도 아니니 마당발이라고 흠잡지 말아야 한다.

김동욱을 자주 만났어도 이야기를 길게 나눌 기회는 얻기 어려웠다. 한 곳에 오래 머무르지 않아, 저녁에 만났는데 아침 일찍 찾으면 어디로 가고 없어 행방이 묘연했다. 오늘은 경상도, 내일은 전라도, 그 다음 날은 어디로 갈지 예측할 수 없었다. 자료를 조사할 것이 자꾸 생겨나 멈추어 있지 못하고, 학회란 학회는 다 찾아다니는 것만으로 부족해 새로운 학문을 하자면서 학회를 자꾸 만들었다. 장래가 촉망되는 후학은 모두 만나 격려하려고 했다.

학문세계를 돌아다니는 정신의 발은 그보다 더 넓어, 국문학, 비교문학, 민속학, 서지학, 고문서, 복식, 도자기, 무엇이든지 있는 대로 찾고 뒤졌다. 일찌감치 초가삼간을 예쁘게 짓고 들어앉아 에헴 하면서 蟄居를 자랑하고, 나다니면 다칠 수 있다는 훈계를 일삼는 샌님네가 보기에는 구제불능이라고 할 만한 건달 노릇을 했다. 젊어서 잠시 일탈을 일삼다가 그만두지 않고, 만년에 이를수록 放浪이 더 심해졌으니 상식으로는 납득하기 어렵다.

그러나 김동욱이 스스로 "雜學의 상징"이라고 자처한 그 잡스러움이야말로 끝없는 호기심과 탐구의욕의 발동이다. 만년에도 청년의 모험을 계속 하면서 후학이 나태해져서 어디 안주하지 못하게 했다. 발표한 논저를 보면 문장이 거칠고, 논지가 허술하고, 체계가 서지 않은 결함이 적지 않지만, 그 속에 허다한 자료와 예측 불허의 가능성이 있다.

한정된 논제를 두고 깔끔하게 다듬어 쓴 논문은 맞으면 맞고 틀리면 틀리고, 둘 가운데 하나이다. 맞으면 후학이 다시 할 일이 남아 있지 않고, 틀리면 되돌아볼 필요조차 없다. 그런데 잔뜩 벌여놓기만 해서 엉성하고 미완인 김동욱의 논문은 계속 후학을 당황하게 하고 분발하게 한다.

김동욱의 논문은 제대로 되지 않았다고 논문작법의 초보적인 규칙을 들어 비판하는 것은 쉽다. 거기서 열어놓은 시야, 제시한 자료, 논의한 문제를 알아차리고 받아들여 제대로 된 논문을 다시 쓰는 것은 어렵다. 학문의 관객은 쉬운 쪽을 택해 비판만 하면 되지만, 학문의 선수는 어려운 과업 수행을 묵묵히 감내해야 한다.

나는 김동욱의 강의를 한 과목만 수강했고, 그것마저도 거의 휴강이어서 두세 시간 강의실에서 만났다. 강의내용은 횡설수설에 가깝고 성의마저 없어 보였다. 논저를 보면 대학자인 분의 강의가 허망하다는 것은 감당하기 어려운 충격이었다. 나는 어떻게 해야 할 것인가 하는 커다란 과제를 안겨 주었다.

김동욱의 『國文學史』를 논한 것이 내가 『한국문학통사』를 적절한 시기에 쓰게 된 직접적인 계기이다. 김동욱은 평소에 논문은 논문으로, 저서는 저서로 비판하라고 했다. 학회의 요청을 받고 김동욱의 『국문학사』에 대해서 서평 발표를 하면서 나는 국문학사를 쓰는 작업을 다시 해야 하는 운명을 짊어졌다고 하고, 그대로 실행했다.

김동욱의 허점을 보충하기 위해서는 폭을 잇는 것이 선결과제이다. 어떻게 하면 김동욱의 폭을 이을 수 있을까 하는 것이 줄곧 고민거리였다. 민속학의 영역은 엿보다 말고, 서지학, 고문서, 복식, 도자기 같은 것들은 가까이 갈 엄두도 내지 못해 위축되다가, 국문학과 비교문학에서는 다루는 영역을 더욱 넓혀 어깨를 펴면서 역사와 철학을 끌어들여 함께 다루려고 애써왔다. 김동욱이 잡다하게 모으고 엉성하게 연결시킨 소재를 단단하게 엮어 주제를 도출하고, 밑변 확장에 상응하게 꼭짓점을 올리는 데도 힘써 학문의 집을 크고 단단하게 지으려고 한 것이 내가 학문을 해온 전 과정이다.

김동욱 학문의 소중한 성과는 자료 발견이다. 수많은 논문에서 새로운 자료를 찾아 고찰한 업적이 지속적인 가치를 가진다. 그 성과를 여러 후학이 받아들여 교과서로 삼는 데 나도 참여해 선구자의 노고가 헛되지 않게 하면서, 그 노고를 잇고 있다. 더욱 빛나는 업적은 국문학의 문제를 다른 분야와 함께 다루어 총체적인 연구를 시도한 것이다. 이런 작업은 후학이 제대로 이어받지 못하고 있다. 생각의 폭을 따르지 못하고 필요한 지식이 모자라 다시 하지 못한다. 김동욱은 국학 전반을 감당하는 대학자여서 그런 연구를 했는데, 오늘날에는 국문학 전공자들만 있어 관심을 좁히기만 하니 크게 반성하고 분발할 일이다.

지금의 신진은 김동욱의 논저를 열심히 읽지 않는다. 초심자가 친해지기에는 문장이 너무 낯설고 난삽한 탓이라고 하는 것은 이해할 수 있는 이유이다. 내용이 낡아서 그렇다고 한다면, 그것은 오해이다. 낡았다고 생각되는 논저를 새롭게 읽어 필요한 정보를 최대한 얻어내면서 미진한 논의를 보충하고 결함을 시정하는 것이 창조의 비결이다.

내가 속한 세대가 김동욱의 논저를 읽으면서 자라난 과정을 오늘날의 학생들도 거쳐야 한다. 신라 때의 고전도 해독해야 하는데 김동욱의 문장을 난삽하다고 버리는 것은 글 읽기 훈련이 학문의 입문과정임을 모르는 처사이다. 익숙한 것만 되씹고 있으면 생각의 폭이 좁아진다. 지금은 김동욱 같은 거인이나 기인이 없어 후학을 안일하게 만든다. 글을 통해 김동욱과 만나는 당황함은 누구나 경험할 수 있는데 시도하지 않고 있다.

장덕순

선생을 회고하는 말을 길게 쓸 수 있다. 그러나 요긴한 사연은 모두 묘비에다 간추려 넣었다. 그 정도로 다듬은 글을 다시 쓰지 못하니 헛되이 시도할 것이 아니다. 묘비의 원문을 적어 현장에 가지 않아도 읽어볼 수 있게 하고, 이해를 돕기 위해 주해를 조금 단다. 개인적인 술회도 주해에 포함하니 양해해주기 바란다.

城山 張德順先生 墓碑

先生은 先代의 故鄕이 江原道 鐵原이시나, 一九二一年 陰曆 七月 九日 北間島 龍井 가까운 董家屯에서 태어나셨다. 亡國의 恨을 품은 一家가 自由를 찾아 멀리 異域까지 간 熱情이 先生의

生涯와 學問에서 脈脈히 이어졌다. 光明中學을 卒業한 다음 文化의 뿌리를 찾기 위하여 故國으로 되돌아와 延禧專門學校에서 수학하셨다. 民族解放을 맞이하자 다시 서울大學校에서 國文學을 專攻하여 一九四九年에 卒業하셨다. 그 해 公州師範大學의 敎授가 된 以來로 學問을 天職으로 삼아 一生을 보내셨다. 延世大學校 敎授로 계실 때 四一九 義擧를 맞이하여 敎授團의 示威에 앞장서고, 大學의 民主化를 위하여 奮鬪하셨다. 一九六一年에 서울大學校로 자리를 옮겨 古典文學에 대한 深奧한 硏究를 더욱 進展시키면서 口碑文學의 體系化를 先導하셨다. 入門을 위한 槪說書도 所重하게 여겨 精誠을 기울여 執筆하는 한편 隨筆을 쓰는 일에 興趣를 느껴 學識과 文章의 香氣를 널리 나누어주셨다. 著書 論文 隨筆이 著作集 全十卷에 集成되어 있다. 一九九六年 陽曆 八月 二十日 先生 享年 七五歲로 別世하여 이곳에 永眠하고 계신다. 先生은 學術院 會員이 되신 것 外에는 어떤 榮譽도 누리지 않고 世俗의 名利를 超脫하셨으며, 헛된 格式을 물리치고 本然이 自發하게 하는 無爲之敎로 크나큰 가르침을 베푸셔서 수많은 弟子 및 孫弟子들이 全國 各 大學의 講壇에서 이 나라의 學風을 刷新하고 있다.

一九九七年 八月 二十日 先生의 一週忌를 맞이하여 門下生 趙東一이 짓고 徐大錫이 쓰다.

이 비는 경기도 고양시 장흥면 일영리 신세계묘지 선생의 묘역에서 있다.

비문을 순한문으로 쓰는 것이 마땅하지만 능력이 모자라 국한문을 사용했다. 더 길게 썼다가 글자를 새기기 적합하도록 줄였다. 新羅石工은 장편의 비문을 細字로 새겨 천여 년 뒤에도 볼 수 있게 했는데, 오늘날은 왜 그럴 수 없는가 하고 한탄해도 소용이 없었다.

원문을 옮겨 적으면서 문장 부호를 넣어 읽기 편하도록 한다. 원문이 손상되지 않도록 하기 위해 주 번호는 붙이지 않는다. 해당 대목을 옮겨 적고 주해한다. '선생'이 최대의 존칭인데 요즈음은 '선생님'이라야 존칭인 줄 안다. 이 글에서는 '선생'을 되살려 쓴다. 선생과의 개인적인 관계에 관한 말을 주해에 적는 것을 용서하기 바란다.

"鐵原"

鐵原郡 寅目面 承陽里가 본고향이다. 마을 뒤에 城山이 있는 곳이다. 철원이 "진짜 고향"이라고 「首丘初心」(저작집 9)에서 말했다. 휴전선이 가로막혀 가보지 못하는 것을 한탄하고 강원도 땅을 밟기만 해도 고향의 느낌을 받는다고 했다. 강원도 사람 '감자바위'라고 자처했다.

선생은 한 때 호를 '弓原'이라고 했다. 철원에 도읍한 弓裔왕이 활을 쏘는 언덕이라는 뜻이다. 弓자는 선생의 성 張에도 있는 글자이기도 하다.

후일에 마을 뒤의 산 이름을 따서 호를 城山이라고 했다. 그 내력을 이렇게 말했다. 趙潤濟 선생이 호가 있는가, 고향 근처 지명에 호로 삼을 만한 것이 있는가 하고 물었다. 산 이름을 말하자, 城山이 좋은 호라고 해서 그대로 따르기로 했다.

"龍井 가까운 董家屯"

北間島, 지금은 延邊朝鮮族自治州라고 하는 곳 延吉에서 龍井 가는 사이에 있는 작은 마을이다. 조부 學秀公이 망국의 한을 품고 국권 회복을 염원하면서 부인과 아들 셋을 데리고 그곳으로 이주했다. 조부의 차남인 부친 松昌公과 모친 白安羅氏 사이의 4남 3녀 가운데 선생은 둘째로 태어났다. 伯氏는 그곳에 계속 머물러 살았다. 중국과 내왕이 시작되자 서울로 오셔서 선생과 재회했다. 선생 또한 그곳으로 가보고자 했으나 건강상의 이유로 뜻을 이루지 못했다. 「간도 이야기」(저작집 8)를 써서 용정 일대에 대한 그리움을 나타냈다. 3년 선배인 尹東柱와 함께 강가를 거닐던 추억을 생생하게 되살렸다.

"自由를 찾아"

조부가 기독교를 신앙하면서 일제의 억압에서 벗어나고자 하는 의지를 다지고 독립운동을 했으며, 온 가족이 뒤를 이었다. 선생은 그 기백과 정신을 이어받아 일제를 미워하고 협력자를 규탄하고 평생토록 불의를 용납하지 않았다.

"光明中學"

龍井의 명문교이다. 1939년에 졸업했다.

"延禧專門學校"

1941년에 입학하고 1944년에 졸업했다. 尹東柱, 鄭炳昱 등의 학우와 함께 공부하고, 그밖에도 많은 동창이 있어 계속 가까이 지냈다. 「人間 尹東柱」(저작집 9)에서 추억담을 쓰면서, 하숙방을 얻어놓고 서울역까지 마중을 나왔다고 했다. 그때 시작되어 서울대학교 동료 교수가 되어 함께 일할 때까지 이어진 정병욱 교수와의 40년 인연을 「백영 정병욱 교수 回甲 기념」(저작집 10)에서 회고했다.

연희전문학교 때의 은사 철학교수 鄭錫海 선생을 늘 가까이 모셨다. 「李歇河 선생님」(저작집 8)을 써서 또 한 분의 은사를 기렸다. 일제의 압력이 거세지는 데 맞서 이양하 선생은 협력을 거부하면서 이른바 創氏도 하지 않고 고독하게 버티었다고 했다. 이양하 선생이 지은 시 「그대 외로움을 말하지 말라」의 한 대목을 들어, 말로 나타낼 수 없었던 참담한 심정을 헤아렸다.

"서울大學校에서 國文學을 專攻하여"

제3회 졸업생이다. 趙潤濟, 李秉岐, 李熙昇, 李崇寧, 方鍾鉉 등 여러 분이 교수로 있어 가르침을 받았다. 중문학과 李明善 교수와도 가까이 지내면서 지도를 받았다고 회고했다. 金東旭 교수가 동기생이었다.

"公州師範大學"

국어교육과를 창설하고, 국문학의 여러 분야는 물론 언어학개론까지 강의했다. 1952년까지 재직했다.

"延世大學校"

1953년에 부임하고, 1960년에 4.19를 이은 학내 민주화를 위해 투쟁하다가 해직되었다.

"四一九 義擧"

불의를 용납하지 않는 정신으로 선두에 나서서 싸웠다. 「나는 이렇게 그 隊列에 참여했다: 4.25 教授 데모 회고」(저작집 10)를 써서 그때의 일을 회고했다.

"서울大學校"

연세대학교에서 물러나 실직 상태에 있던 1960년에 강사가 되고, 1961년에 전임이 되었다. 26년 동안 재직하다가 1986년에 정년퇴임했다. 그동안 수많은 제자를 길러냈다. 나는 1966년에 대학원에 입학한 다음부터 선생의 연구실에서 공부하고, 1968년에 선생이 지도한 첫 석사가, 1976년에 선생이 지도한 첫 박사가 되었다. 1987년에 선생의 후임이 되어 서울대학교로 갔다.

"古典文學"

고전소설과 설화를 연결시켜 함께 연구해 새로운 경지를 열었다. 그 성과를 『韓國說話文學研究』(1970)에서 집성했다. 서울대학교 국어국문학과 제20회 졸업생이 사은회를 하는 자리에서 내가 지어 바친 시조에서 선생님에 관해 이렇게 노래했다.

> 說話 막대 짚고서 小說 山 들어가니,
> 秋月이 여기 있네, 南原은 어디매뇨?
> 아이야 시절이 좋을손 학생 있다 관계하랴.

추월은 선생이 연구논문을 쓴 『이춘풍전』에 등장하는 기생이다. 춘향을 만나려면 남원으로 가야 하니, 천 리가 멀다 할 것은 아니다. 기생과 관련된 설화와 소설을 즐겨 다루신 것을 두고 한 말이다. "여기 있네", "어디매뇨"는 취해서 하시는 말투이다. 학생들이 있다고 조심하실 분이 아니다. 강의에서도 色情譚을 즐겨 다루었다. 그러나 그 점에서 은사 李秉岐 선생에 못 미친다는 것이 衆評이다.

다른 선생님들에 대한 시조도 함께 지었다. 와전되고 망각되는 것을 염려해 이 기회에 기록해 둔다. 구비문학이 기록문학으로 바뀌어 애석하지만, 보존 대책을 강구하지 않을 수 없다.

李崇寧 선생:

하늘 낮고 땅 넓으니 泰山盤石 威嚴일따.
龍頭蛇尾 語法은 形態論가 意味論가?
오호라 나가떨어진 이 無涯·외솔뿐일런가.

풍채와 어투를 옮겨놓으려고 했다. 대단한 말씀을 시작하고서는 어미가 분명하지 않아 받아쓰기 어려웠다. 양주동과 최현배를 논박해 나가떨어지게 했다고 자랑하시는 말씀을 듣고 감탄하면서 무엇이 문제였는지는 알지 못했다. 한자를 많이 써야 좋아하신다. 다음 것들도 짝을 맞춘다.

鄭炳昱 선생:

찔러내기 能事 삼아 細腰 각시 彷佛코나.
시집살이 맵다 한들 졸업논문 당할소냐?
어즈버 萬古虛言은 그뿐인가 하노라.

앞에서는 선생의 모습과 행적을 실상 그대로 묘사했다. 先學의 잘못을 찔러내 아카데미즘의 위기를 논할 때의 서슬이 살아 있어 범접하기 어려웠다. 졸업논문 심사를 까다롭게 한다고 선언해 두려움에 떨게 한 것은 엄포에 지나지 않았다. 차분히 읽고 있을 시간이 없었음은 물론이다.

全光鏞 선생:

열 아름 허리에다 武科及第 風采로다.
東에 번쩍 李人稙, 西에 번쩍 李光洙.
학생들 아이 그렇소? 이 땅 최초 豪傑일따.

동작을 나타내는 연기를 해보이면서 선생의 어투로 읽어야 한다. "허리에다" 다음에 "더 보태서"라는 말이 있어야 하는데 생략되었다. 출몰의 일시와 방위는 예측불허이나, 강의는 이인직이 아니면 이광수였다. "이 땅 최초"라는 말을 한 시간에 몇 번 쓰시는지 알아맞히기 내기를 할 만했다.

李基文 선생:

石窟庵 大佛인가 風采도 가잘시고,
四海를 두루 다녀 말씀마다 헌사롭다.
오호라 코웃음 치는 법 蒙古法가 滿洲法가?

대단한 견문이고 학식이라 웬만한 것은 코웃음거리로 삼고, 남들을 인정하는 경우가 아주 드물다. 국어의 계통을 찾아 몽고어나 만주어를 자주 거론하셨다. 웃음에도 계통이 있지 않는가 하고 생각하게 한다.

"口碑文學"

문하생 趙東一・徐大錫・曺喜雄과 함께 1971년에 낸 『口碑文學概說』이 구비문학을 국문학의 한 분야로 정착하게 하고, 수십 년 동안 교과서 노릇을 한다.

"隨筆"

「수필감」(저작집 8)이라는 제목을 내걸고 수필이 무엇인지 살핀 수필이 탁월하다. 수필을 논하는 사람들은 반드시 읽고 인용해야 한다. 선생의 저작집이 간행되자 어느 외국인 한국문학 교수는 선생의 수필을 읽고 신선한 느낌 때문에 놀랐다고 했다. 수필은 작품이어서 연구물보다 더 오래 남는다는 것을 새삼스럽게 깨달았다.

"文章의 香氣"

선생은 힘들이지 않고 글을 쉽게 썼으며, 물 흐르듯 하는 가운데 절실한 매듭이 있고 여운이 길게 남는다. 그런 것이 문장의 향기이다. 나는 도저히 따르지 못하는 높은 경지이다.

"著作集 全十卷"

도서출판 박이정에서 1995년 10월에 냈다. 제1권 『國文學通論』, 제2권 『韓國古典文學의 理解』, 제3권 『韓國說話文學硏究』, 제4권 『韓國文

學史』, 제5권 『韓國隨筆文學史』, 제6권 『韓國文學의 淵源과 現場』, 제7권 『韓國民俗과 文學』, 제8권 『암행어사의 懷抱』, 제9권 『파수병 없는 마을』, 제10권 『행랑방이야기』로 이루어져 있다. 남기신 글을 다 모은다고 했는데 그렇지 못해 죄송스럽다. 수필은 너무 많아 수습하지 못했다고 할 수 있으나, 『世代』 잡지에 연재한 친일문학론 같은 역작이 빠진 것은 변명의 여지가 없다. 다시 찍으면 넣으려고 하는데 그때가 언제인지 알기 어렵다.

"享年 七五歲"

몇 해 전부터 편찮아 고생하다가 돌아가셨다.

"先生은"

돌아가셔서 묻히신 것까지 말하고 말을 다시 시작하는 대목은 예전 묘비의 '銘'에 해당한다. 그 앞까지는 '序'이다. 비문을 한문으로 쓰지 않아 '銘'은 율문이어야 하는 관습을 따르지 못한다. 그러나 고인에 대해 총평을 하는 것은 같다.

"學術院 會員"

1991년에 학술원 회원이 되실 때 선생은 경과를 모르고 계셨다. 선생에게 알리지 않고 필요한 서류를 내가 만들어 제출했다.

"어떤 榮譽도 누리지 않고 世俗의 名利를 超脫하셨으며"

공연한 말이 아니다. 국어국문학회를 창립하는 데 깊이 관여하고 학회지 출판을 자비로 감당했으면서 끝내 대표이사가 되지 않았다.

학과장 일도 귀찮아 여기고 실제로 잘 못 하셨다. 연보를 보면 官運이 전혀 없다는 사실을 확인할 수 있는데, 바라는 바대로 된 것이다. 옛적의 方外人처럼, 당대의 말로는 철저한 野人으로 사셨다. 이 점에서 선생을 깊이 존경하고 본받으려고 한다.

"本然이 自發하게 하는 無爲之敎"

제자들이 스스로 공부해 자기 세계를 찾도록 했다. 만약 작은 잘못을 심하게 나무라면서 권위를 세우려고 하거나 그릇된 방향으로 나아가도록 강요하는 지도교수를 만났더라면 나는 대학원을 다니다 말았을 수 있다. 어떤 착상을 하고 무슨 주장을 내세우든 선생은 받아들이고 격려해주었다. 그 덕분에 내 학문이 마음껏 뻗어날 수 있게 되었다. 그 은혜를 보답할 길 없어 제자들에게 돌리려고 하지만 나는 천품이 모자라 따를 수 없다.

"弟子 및 孫弟子"

이제 선생에게 직접 가르침을 받은 제자들은 정년퇴임을 하기 시작하고, 제자의 제자인 손제자들이 학계를 이끌게 되었다. 선생의 학덕을 이어받기 위해 제정한 城山學術賞의 심사위원은 50세 이상이고, 수상 자격은 50세 미만으로 정해, 제자들이 심사하고 손제자들이 수상한다.

"趙東一"

나는 선생의 지도로 석사 및 박사 학위를 받은 첫 제자인 영광을 지녀 비문 쓰는 일을 맡았다. 전에 쓰지 않던 글이어서 각별한 정성을 기울였으나 많이 모자란다.

"徐大錫"

선생의 지도로 석사 및 박사 학위를 받은 제자 가운데 다음 순서가 서대석이다. 오랫동안 글씨 연습을 해서 명필임을 알릴 기회가 없다가 이 비문을 쓰게 되었다. 오래 기억할 만한 데뷔작이다.

토론

❑ **문** : 조윤제는 어떤 분이었는가? 김동욱 선생은 또 어땠는가?

❑ **답** : 1968년 여름인가 안동에서 열린 한국어문학회 발표대회에서 조윤제 선생의 연구발표를 듣는 행운을 얻었다. 긴장해서 들어야 할 논지를 선명하고 설득력 있게 전개해 잊을 수 없다. 「용비어천가」에서 중국의 전례와 우리 경우를 한 대목씩 든 것은 종전의 견해와는 달리 중국과 대등하다는 자주의식의 표현으로 평가해야 한다고 했다. 같은 날 김동욱 선생의 연구발표도 있었는데, 이것저것 산만하게 이야기해 줄거리를 파악하기 어려웠다는 기억만 남아 있다.

조윤제 선생은 지나치게 근엄하고 꾸짖기를 일삼아 가까이 하려는 사람들이 없다고 알려졌다. 그러나 내가 겪은 바로는, 질문을 하면 심각하게 경청하고 성실하게 대답하는 분이었다. 조리를 잘 갖추고 말이 분명해 받아쓰면 완전한 문장이 될 수 있었다. 학문에 대한 문답을 여러 시간 계속하면서 줄곧 흐뭇해 했다. 김동욱 선생이 이 말 저 말 불쑥 하다 마는 것과는 많이 달랐다.

❑ **문** : 「금강경의 윤리사상」에서는 무엇을 다루었는가?

❑ **답** : 선악의 분별을 넘어서서, 선을 행한다는 생각 없이 행하는

선이라야 진정한 가치를 가진다는 사상의 내용과 의의를 다루었다고 기억한다. 새삼스러운 발견이 아니고 강의 시간에 거듭 들은 바인데, 내 나름대로 따지면서 논의하기를 웬만큼 해서 원의범 선생이 오래 기억한 것 같다.

❑ 문 : 1971년에 낸 『구비문학개설』은 어떻게 이루어졌는가?

❑ 답 : 사제 · 동학이 일상적인 만남에서 이룩한 공동작업의 성과가 출판되어 구비문학이라는 새로운 학문을 탄생시켰다. 장덕순 선생의 포용성과 제자들의 적극성이 힙쳐져 지속적인 의의를 가진 성과를 낳았다.

❑ 문 : 책이 처음 나올 때에는 부정적인 반응이 있지 않았던가?

❑ 답 : 기득권 침해를 염려한 것이 당연한 일이다. 그렇지만 구비문학은 문학이며 문학으로 연구해야 한다는 주장에 맞설 만한 반론은 없었다. 구비문학을 문학적 가치가 입증된 다음에 받아들여야 한다는 말이 있었는데, 이중으로 부당하다. 시조나 소설은 우수한 작품만 심사해 입회시킨 것은 아니다. 구비문학의 가치 평가에 관한 연구는 이미 많이 진행되었다.

❑ 문 : 구비문학 개설서가 여럿 나왔는데, 그 책이 아직도 교재로 가장 많이 쓰이는 이유가 무엇인가?

❑ 답 : 각자 자기 소리를 한 분담집필이 아니고 문제의식을 공유하고 일관되게 진행한 공동작업이며 총론을 잘 갖추었기 때문이다. 너무 오래 된 것이 결함이었는데, 2006년에야 개정판을 냈다.

❑ 문 : 구비문학을 강의하고 연구하는 열의가 요즈음은 쇠퇴하지

않았는가?

□ 답 : 아직 제대로 자리 잡지 못한 곳이 쇠퇴한듯이 보일 수 있다. 구비문학 강의를 개설하지 않을 수 없게 되자 현지조사는 해보지 않고 문헌자료나 조금 다룬 비전공자들이 맡아 함량 미달의 강의를 하는 것을 흔히 볼 수 있다. 제대로 된 전공자를 받아들여 정상화해야 할 것이다. 구비문학은 필수 과제인 현지조사를 하면서 연구하고 강의해야 한다. 농촌뿐만 아니라 도시에도 현지조사를 할 곳이 있고, 할 것이 있다.

□ 문 : 근래 문학을 문화로 연구하는 경향을 어떻게 평가하는가?

□ 답 : 문학은 다각도로 연구해야 하므로 환영할 일이다. 그러나 대중문화의 가벼움을 연구의 방법이나 문제로 삼는 것은 잘못이다. 구비문학에서도 젊은이들 사이에서 창조되고 전승되는 가벼운 이야기가 좋은 연구 거리이다. 그렇지만 연구 대상과 같은 어투의 잡담이 연구는 아니다. 연구는 긴장된 자세를 갖추고 제대로 해야 한다.

□ 문 : 교수라면 수필집 한 권 정도는 내야 한다고 한 분이 있는데, 어떻게 생각하는가?

□ 답 : 나는 수필을 대단치 않게 여긴다. 동아시아 文의 전통을 일본 특유의 미문 취향 때문에 부당하게 축소한 잘못이 있다고 비판한다. 교수가 수필을 쓰는 것이 잘못이라는 말은 아니다. 여기나 휴식이 필요하다고 인정하고, 시비의 대상으로 삼지 않아도 그만이다. 수필에 너무 빠져 연구 논저를 수필처럼 쓰는 것은 경계하지 않을 수 없다. 논리를 감각으로 대신하는 것은 학문하는 자세가 아니다.

제5강 중간 단계의 정리

소개하는 말

학문을 어떻게 해왔는지 회고하기 위해 이미 써서 발표한 글을 이용하기로 하고 세 편을 골랐다. 『학문에 바친 나날 되돌아보며』에서는 빡빡하게 짜인 계획 때문에 용납되지 않았던 말을 자세하게 했다. 지금 다시 쓰면 더 좋은 글이 될 수 없다. 과거로 되돌아가지 못하기 때문이다.

50세 전후의 시기가 특히 중요했다고 생각되지만 증언을 남기지 않았으므로, 조금 뒤에 쓴 것들을 가져올 수밖에 없다. 1994년 55세에 「우리 학문의 뜻을 세우기 위한 노력」이라는 글을 썼다. 스승들의 작업을 이어 한국문학사를 다시 쓰는 이유와 방향을 고찰하고, 더 나아가서 무엇을 할 것인지 말했다. 같은 해의 「우리 학문 총괄이론을 위하여」에서는 철학과 어떻게 만나 무엇을 얻었는지, 철학을 어떻게 해서 학문총괄론을 이룩할 것인지 말했다. 1999년 60세 회갑을 맞이했을 때 쓴 「학문의 길 되돌아본다」에서 그 때까지의 학문을 총괄했다.

세 글을 나란히 수록하면서 원래의 모습을 살린다. 오늘날의 시점에서 수정하거나 보충하지 않는다. 뒤에 더 한 작업을 추가하면 논의가 분명해질 수 있지만, 도달점보다 중간 단계의 모색이 더욱 소중하다. 제목을 그대로 둔다. 다만 오자를 고치고 문장을 조금 손보는 데 그친다. 제4강에서 한 말과 중복되는 대목이 더러 있어도 삭제하지 않는다. 세 번째 글은 너무 길어 조금 줄인다.

뜻을 세우기 위한 노력

문학사와 처음 만난 것은 아주 오래 전의 일이다. 고등학교 시절인 1957년에 국어 과목의 하나로 국문학사를 배웠다. 가르쳐주는 내용이 흥미롭다고 생각하면서, 다른 한편으로는 과연 그런가 하는 의심이 생겼다. 교과서나 참고서로는 만족할 수 없어, 문학사에 관해 논의하는 최종 근거를 찾아야겠다고 작정하고 조윤제의 『국문학사』를 읽었다. 글이 난삽하고, 무엇이 어떻다고 하는지 이해하기 어려웠다. 함부로 범접할 수 없는 대단한 학문 세계가 거기 있다는 것을 어렴풋이 짐작하는 데 그쳤다.

대학에 입학해 불문학도의 길에 들어섰다가 1964년에야 국문학을 전공하기 시작했다. 늦게 태어나서, 조윤제 선생은 이미 떠나고 없는 대학 국문학과에서 공부해 선생의 손제자가 될 수 있었을 따름이다. 정병욱, 장덕순, 김동욱 등의 은사가 조윤제의 제자여서 학통이 연결되었다. 그렇지만 조윤제 선생과 직접 만나 말씀을 들을 기회는 있었다. 대구 계명대학에서 가르치기 시작한 1968년 이후 몇 해 동안 선생은 이웃 영남대학교 교수로 재직하고 계셔 이따금 대면할 수 있었다.

1972년 연초로 기억되는 어느 날의 일이었다. 서울에서 대구로 가는 열차에서 우연히 선생을 만나, 평생의 학문을 회고하는 말씀을 계속 듣고 질문을 거듭할 기회를 얻었다. 여러 시간의 집중강의를 혼자서 수강하는 행운을 누렸다. 국문학연구를 앞서서 개척한 安廓은 허황된 생각을 하는 폐단이 있다고 했다. 동학 또는 후배인 李秉岐와 金思燁은 사실 열거에 그쳐 학풍이 그릇되게 하는 구실을 했다고 했다. 그래서 선생은 근거가 분명하면서 유기적인 체계를 갖춘 학문을 하는 것을 목표로 삼아왔다고 했다.

나는 선생의 문학사를 깊이 검토해 의의를 계승하고 결함을 극복하는 것을 학문의 출발점으로 삼자고 다짐했다. 우선 말하고 싶은 바를 「조윤제의 민족사관과 문학의 유기체적 전체성」으로 정리해 『陶南趙潤濟博士古稀紀念論叢』에다 냈다. 원고를 제출하면서 편집을 맡은 분에게 선생이 내 원고를 직접 읽고 가치를 인정하면 게재하라고 했다.

책이 1974년 1월에 나왔어야 했는데 1976년 7월까지 지연되었다. 그보다 앞서 4월에 선생이 세상을 떠났으므로 추념논문집이 되고 말았다. 선생이 내 원고를 읽고 무어라고 평했는지는 전해 듣지 못했으나, 선생이 세상을 떠난 직후에 친구 한 분이 대구의 일간지 『매일신문』에 실은 선생에 대한 회고담에, 내가 민족사관이 부족한 점을 비판한 것은 두려운 일이라고 선생이 술회했다는 말이 있다.

조윤제의 민족사관에 대한 논의는 두 가지로 요약된다. 문학에 대한 총괄적인 이해를 하는 이론을 마련해 실증주의를 극복하려고 한 것은 평가해야 하지만, 유기체적 전체성만 소중하게 여기고 대립은 배제하려고 한 잘못이 있다고 했다. 전체는 부분의 대립적 총체임을 인정해 전체와 부분의 관계를 다시 인식해야, 총체적인 이론을 서로 상반되기조차 한 다양한 사실에 근거를 두고 무리하지 않게 정립할 수 있다고 했다.

조윤제의 문학사에 대해서 김동욱은 여러 차례 논란을 했다. 강연회에서도, 학회의 발표에서도, 국문학연구사를 검토하는 글에서도 비판을 거듭했다. 이미 알려진 사실이나 다루어 내용이 새롭지 않아 실망시키며, 민족사관은 문학사 서술을 위해 적절한 시각이 아니며 "日帝國學"의 변형에 지나지 않는다는 것으로 요지를 간추릴 수 있다. 민족사관에 대한 대안으로 실증주의를 내세웠다. 자료를 계속 확장하고 개별적인 사실을 철저하게 고증하는 것이 학문을 하는 가장 확실한 방법이라고 했다. 전통문화의 여러 영역, 수많은 자료와 사실에 대해 애정을 가지는 것이 우리 학문인 국학을 하는 바람직한 자세라고 했다.

나는 이런 주장에 동의하지 않았다. 비판하는 언사가 가끔 논리를 벗어나 격화되는 것을 현장에서 들으면서 마음속으로 반발하다가, 고려장 설화가 떠오르는 것을 막을 수 없었다. 아버지가 할아버지를 먼 곳까지 가서 버릴 때 따라간 어린 아들이 방금 사용한 지게는 자기가 다시 써야 하니 버리지 말고 가지고 가자고 했다고 하지 않는가. 김동욱의 부정을 다시 부정해 조윤제를 이어나가는 것을 임무로 삼아야 한다고 다짐했다.

1976년에 김동욱의 『국문학사』가 출간되었다. 그보다 이태 전에 일본어로 먼저 나온 것은 보지 못했으나, 국문본이 나오자 바로 보내주어 반갑게 받아 읽었다. 읽고는 크게 실망했다. 김동욱 선생을 직접 만났을 때 왜 실망했는지 면전에서 말하면서 항변했다. 그때 한 말을 옮겨보자.

"선생님의 문학사는 이보다 몇 갑절 방대한 규모여야 합니다. 국문학의 자료와 사실에 관한 연구를 실증적으로 총괄해야 선생님이 평소에 편 지론이 헛되지 않을 수 있습니다. 거작을 다시 쓰시렵니까?"

그럴 계획이 없다고 했다. 그래서 이렇게 항변했다.

"선생님이 문학사를 다시 쓰시지 않는다니 앞이 캄캄합니다. 그렇다면 그 일을 저의 세대에서 해야 한다는 말입니다. 선생님이 국문학을 총괄하는 일을 계속 해주신다면, 저나 저의 세대 다른 사람들은 개별적인 영역의 특수한 문제를 깊이 있게 다루는 모험을 마음대로 할 수 있겠는데, 이제 선생님이 물러나신다니 저희가 젊은 나이에 총괄론을 담당하지 않을 수 없는 불행한 사태가 닥쳐옵니다. 제발 그렇게 되지 않을 수 있게 해주시기 바랍니다."

이 말에 대한 대답은 기대하는 바와 달랐다. 선생은 이제 국문학연구는 그만두고 고문서나 복식 같은 국학의 다른 미개척 분야를 돌보겠다고 했다. 선생은 1922년생이니까 그때 54세였다. 왕성하게 활동해야 할 절정기에, 어렵고 힘든 집안일은 아직 미숙하기만 한 자질들에게 맡기고 훌훌 집을 떠나 발걸음도 가볍게 방랑의 길에 오르겠다고 한 셈이다. 1939년생인 나는 그때 37세였다. 선생과 나 사이의 연령층에는 고전문학 전공자가 몇 사람에 지나지 않아 독자적인 활동을 할 만한 세대가 형성되어 있지 않았다. 내가 속하는 세대에 이르러서야 전공자가 늘어나 한 세대의 과업을 맡을 만 했지만, 30대에 어른 노릇을 해야 하는 것은 비극이 아닐 수 없었다. 그렇다고 해서 기권하고 말 수는 없었다.

1979년의 일이라고 기억된다. 한국고전문학연구회에서 김동욱, 『국문학사』에 대한 서평을 해달라는 주문을 받고, 발표를 시작하면서 이렇게 말했다. "김동욱 선생은 논문은 논문으로, 책은 책으로 비판하라고 한다. 나는 이 주장을 아무런 항변 없이 받아들인다. 나는 오늘 이 자리에서 선생의 문학사를 비판하므로 나는 문학사를 써야 하는 의무를 감당해야 한다."

그 날의 발표에서 한 말을 간추려 적은 「『국문학사』의 방향과 문제점」이 『羅孫金東旭先生回甲紀念論文集』(1982)에 실려 있다. 흔히 있는 방식대로 논문을 모으지 않고 선생의 회갑을 기념하는 글로 엮은 그 책에서, 선생의 문학사를 맡아 다루면서 치하하는 말은 하지 않고 무엇이 문제인지 따지기만 했으니 예사로운 일이 아니었다. 선생의 작업이 미진한 점을 지적하고, 회갑을 지낸 이후에도 계속 분발하도록 촉구하는 것이 최상의 기여라고 여겨 무례함을 무릅쓰고 그렇게 했다.

김동욱의 문학사에서 국문학의 범위를 넓게 잡고 어느 영역이든지 소중하게 여긴 것은 마땅하지만, 다양한 자료를 제시하는 데 만족할 수 없다. 조윤제가 전체만 실체라고 하는 데 맞서서 부분이 실체라고 해서는 비판의 타당성을 입증하는 대안을 제시했다고 할 수 없다. 양쪽 다 극단에 치우쳐 있는 잘못을 시정하려면 전체는 부분의 대립적 총체라고 하는 氣一分殊의 철학을 되살려야 한다고 그 뒤의 논의에서 다시 말했다.

김동욱이 국문학을 그 자체로 이해하는 데 그치지 않고 인접문학과의 관계를 중요시하는 비교문학의 시각을 갖추어야 한다고 한 것은 타당한 지론이다. 그러나 문학사를 쓸 때에는 그렇게 하지 못했다고 인정하고, 한·중·일 세 나라의 문학사 또는 문화사를 비교해 논하는 새로운 과업을 하겠다고 했다. 큰 기대를 가지게 하는 과업이 이루어지지 않아, 우리 세대의 과제로 부채가 상속되듯이 넘어왔다.

선생의 문학사에 대한 서평발표를 할 때 나는 영남대학교에 재직하고 있었다. 발표를 마치고 서울에서 대구로 가는 기차에서, 문학사를 어떻게 써야 하는지 구상하는 엄청난 작업을 두고 고심하면서 흥분했다. 언젠가는 해야 한다고 막연하게 생각하고 있던 일이 뜻밖에 빨리 닥쳐 당황하고 긴장하게 했다. 집에 도착하자 바로 일을 시작해, 1981년 3월에 영남대학교를 떠나 한국학대학원으로 자리를 옮길 때 제2권 중간까지의 초고를 써놓았다.

내가 문학사를 쓰는 작업은 연원을 따져보니, 김동욱을 거쳐 조윤제로 되돌아가는 데 그치지 않고, 조윤제를 지나 안확을 다시 찾기까지 하는 멀고 힘든 작업의 산물이어야 했다. 문학사를 처음 쓴 안확은 구비문학과 한문학의 만남에서 국문문학이 이루어지고 외래문학의 수용으로 민족문학이 발전했다고 했다. 안확의 착상을 기다듬어 허황되다고 할 수 없게 하고, 조윤제가 염원한 민족문학의 총체적 이해를 위한 이론을 타당하게 마련하며, 김동욱의 지론을 받아들여 국문학 모든 영역의 다양한 자료를 최대한 포괄해야 했다.

일관된 체계와 방대한 규모를 함께 갖추는 것이 긴요한 과제였다. 분량은 다섯 권으로 정했다. 「문학사 이해의 새로운 관점」이라는 서장에서 편 전반적인 논의가 끝까지 관철되게 하려고 애썼다. 구비문학·한문학·국문문학의 관련 양상, 문학갈래 체계의 변천, 문학 담당층의 교체를 유기적으로 연결시켜 함께 파악하는 방법에 따라서, 원시문학, 고대문학, 중세문학, 중세에서 근대로의 이행기 문학, 근대문학의 시대를 구분해 문학사 전개의 구체적인 양상을 파악하려고 했다.

타당한 방법과 풍부한 내용을 갖춘 문학사를 써야 하는 이유가 기존 작업과의 관계에서 생기는 내부적인 요청 때문만은 아니었다. 밖에서 오는 도전이 더욱 심각했다. 서양문학을 유식의 근거로 삼는 비평가들이 몇 마디 되지 않는 말과 글로 함부로 논단하고 있는 우리 근대문학 형성론을 문학사 서술에서 맡아 근거 있게 살펴야 하는 책임을 회피할 수 없었다. 우리 근대문학은 자기 전통에서 벗어나 서양문학을 이식한 것이 부득이한 일이므로 앞으로도 계속 같은 방향으로 나아가는 데 힘써야 한다는 주장에 반론을 제기하는 것이 필수적인 과제였다.

근대문학을 이룩하고자 한 내부의 움직임을 찾아야 하고, 식민지적 근대문학을 넘어서서 민족 주체의 근대문학을 확립하기 위해서 무엇을 이어야 하는지 밝혀야 했다. 고전문학과 현대문학 사이에 단절이 있다는 견해를 비판하고, 중세문학을 혁신해 근대문학을 스스로 창조하고자 한 노력이 몇 세기 동안 계속된 사실을 밝히는 데 힘을 모아야 했다. 그 기간을 중세에서 근대로의 이행기라고 하는 시대구분을 택해야 근본적인 반성과 시정이 가능하다고 판단했다.

문학사는 어떤 과정을 거쳐 어떻게 이룩되었으며, 문학과 사회, 문학과 다른 문화 형태는 어떤 관계를 가지는가 하는 등의 문제에 대한 이론적인 성찰이 또한 긴요한 과제로 등장했다. 아놀드 하우저의 『문학과 예술의 사회사』가 명저라고 칭송하면서 번역해 널리 읽도록 하고, 그런 문제는 서양문학사에 관한 서양학문의 수준 높은 작업에서나 다룰 수 있으니 우리는 그 성과를 수입하는 데 만족할 수밖에 없다는 착각이 들게 했다. 이에 대해 우리는 우리 문학사를 문학사의 일반이론 도출의 근거로 삼고, 우리 문학사 서술에서 얻은 성과를 장차 세계문학사에 널리 적용하자는, 학문의 주체성을 자각하고 세계성까지 갖추는 진전의 과정을 구상해야 했다.

1981년부터 1987년까지 한국정신문화연구원 한국학대학원 교수로 재직하는 동안에 문학사 쓰는 것을 가장 긴요한 과업으로 삼았다. 문학사 서술의 진행 과정에 맞추어 새로운 시기의 국문학을 다루는 교과목을 재량껏 개설하고, 학생들의 적극적인 토론에 힘입어 원고를 다듬을 수 있어 다행이었다. 출판을 지식산업사에 맡기기로 하고, 책 이름을 『한국문학통사』라고 정했다. 제1권을 1982년 11월에 선보였다. 이어서 제2권은 1983년에, 제3권은 1984년에, 제4권은 1986년에 냈다. 제5권은 서울대학교로 옮겨온 다음 1988년에 냈다. 그 뒤에 1989년에 제2판을, 1994년에 제3판을 출간했다. 거듭 개고하는 동안에 강의를 수강하는 수많은 학생의 질문과 수정 의견이 큰 도움이 되었다. 그래서 모두 힘을 합쳐 거대한 규모의 공저를 이룩했다고 할 수 있다.

『한국문학통사』에 대해서 많은 사람이 서평을 하고 여러 문제점을 지직했다. 김흥규는 관점이 뚜렷하지 않다고 나무랐다. 김종철은 사회경제사를 근거로 하지 않아 시대구분의 타당성이 의심스럽다고 했다. 지적한 사항에 관한 시비를 가리는 것은 후속 작업의 소관이었다. 한국문학사를 그 자체로 정리하는 일차적인 작업에서는 일반이론을 전제로 하거나 결론으로 도출하지 않고, 장차 논증을 확대하는 데 필요한 사실 차원의 증거를 되도록 광범위하게 확보하는 것이 유리하다고 판단했다. 한국문학사의 전개를 이웃 나라의 경우와 비교해 동아시아문학사를 해명하고, 더 나아가서 세계문학사를 새롭게 이해하는 데까지 이르러 문학사 이론을 단계적으로 정립하는 것이 당연한 과정이고, 예정된 순서이다.

『한국문학통사』 제1판을 1989년에 완간한 다음 후속 작업에 착수했다. 한국문학과 세계문학의 관련을 밝히는 작업의 제반 문제점을 먼저 다루어 『한국문학과 세계문학』을 1991년에 내놓았다. 문학사 서술의 경과와 방법, 문학사 전개의 과정을 중국 · 일본 · 월남의 경우와 비교하는 작업을 한 『동아시아문학사비교론』을 1993년에 이룩했다. 이미 한 작업을 세계문학사로까지 확대하기 위해 지금은 세계문학사 서술의 경과를 살피고, 방법을 반성하고, 세계문학사를 실제로 쓰는 이론을 마련하기 위해 힘쓰고 있다.

한국문학사에서 동아시아문학사로, 동아시아문학사에서 다시 세계문학사로 나아가면서, 우리 문학을 근거로 한 첫 단계의 작업에서 얻은 이론적인 착상을 다음 두 단계의 작업에서 검증하고 확장해서 문학사 일반이론을 새롭게 정립하는 성과를 얻을 수 있다고 입증하는 것이 지금 하는 일이다. 구비문학·공동문어문학·민족구어문학의 관련 양상에 따라 문학사를 이해하는 방법이 널리 타당하고, 공동문어문학에서 민족구어문학으로 나아가는 과정인 중세에서 근대로의 이행기가 어디서나 있었던 세계문학사의 보편적인 단계임을 입증하는 것이 일반이론 정립의 핵심 과제이다.

그 과정의 보편적인 양상을 세계문학사의 범위에서 밝히면서 문학사를 민족문학사로 갈라 이해하는 협소한 관점에서 벗어나는 것이 긴요한 과제임을 확인하고, 근대문학을 넘어서는 다음 단계의 문학으로 나아가는 작업의 방향과 방법을 모색하고 있다. 이렇게 해서 제1세계의 관념론과 제2세계의 유물론을 함께 극복하는 제3세계 역사철학을 이룩하고자 한다.

그래야만 선학들이 우리문학사 서술을 시작할 때부터 간직한 오랜 염원을 달성하고, 내 문학사를 서평자들이 비판한 데 대해 최종적인 응답을 마련할 수 있다. 이 모든 인연이 나를 분발하게 한다. 근래 『우리 학문의 길』이라는 책을 써서 역설한 우리 학문의 세계적인 기여를 실제로 보여주기 위해서도, 지금 하고 있는 세계문학사 서술에 힘을 써야 한다.

총괄이론을 위하여

오늘날 우리 학문은 전공이 엄격하게 나누어져 있다. 나의 전공은 국문학이고, 그 가운데 고전문학이다. 연구를 하건 저술을 하건 이 범위를 넘지 말아야 하는 것이 일반화되어 있는 관례이다. 남의 분야를 건드리는 것은 국경 침범에 해당하는 잘못이므로 경계해야 하고, 성실하게 공부하는 학자라면 그럴 생각조차 하지 말아야 한다는 충고를 듣는다.

국문학 안에서도 고전문학을 한다면서 현대문학까지 포함하는 논의를 서슴지 않고 전개하고 문학사를 통괄해 서술해 전공 영역 준수의 계율을 어겼다. 더구나 국문학 밖으로까지 나가 한편으로는 동아시아 문학 또는 세계문학에 관해 논하고, 다른 한편으로는 문학·역사·철학을 아울러야 한다고 역설해왔으니 학문의 질서를 어지럽힌 죄가 크다는 나무람을 들어 마땅하다.

이웃 학문 가운데 특히 철학을 깊숙이 침범해 돌이킬 수 없는 지경에 이르렀으므로 태도를 분명하게 하기로 한다. 사실을 은폐하지 않고 시인한다. 몰래 훔쳐보는 것 같은 태도를 버리고 필요한 논의를 정면으로 하기로 한다. 철학과 만난 경위를 해명하고, 철학이 내 학문에서 어떤 작용을 해왔는지 말하기로 한다. 변명을 하면서 용서를 구하자는 것이 아니다. 철학이 내 연구를 위해 반드시 필요하고 아주 유용한 구실을 한 것을 근거로 삼아, 사고의 전환을 일반화하자고 주장한다. 전공 구분의 관습을 비판하고, 우리 학문이 나아가는 바람직한 방향을 제시하고자 한다.

이에 대해서 우선 철학 전공자들이 깊은 관심을 가지고 토론해주기를 바란다. 철학이 무엇이며 왜 소중한가에 관해 철학 쪽에서 가장 잘 알아 박식하기 이를 데 없는 논의를 끊임없이 전개해왔지만, 그래서 결판이 난 것은 아니다. 접근이 허용되지 않는 이웃 분야에서 경계를 함부로 넘어 철학을 훔치듯이 이용해야만 한 절박한 사정이야말로 무엇이 문제인가 밝혀 논하는 데 가장 긴요한 증언일 수 있다.

1958년에 대학에 입학해 1962년에 학사과정을 마칠 때까지 공부한 여러 분야 가운데 철학이 가장 큰 매력이고 도전이었다. 전공으로 삼은 불문학을 비롯해 영문학, 독문학 등의 문학, 관심이 있어 기웃거린 몇몇 이웃 학문은 어느 것이든지 자료 독해에 어려움이 있다면 있었고, 내용 이해는 그리 부담이 되지 않았다. 그런데 철학은 강의를 듣고 책을 보아도 무슨 말인지 알기 어려워 오기가 생기게 했다. 구경하다가 말 수 없게 하는 고약한 학문이었다.

그 당시 서울대학교 문리과대학에서 강단에 선 거의 모든 철학교수 고형곤, 박종홍, 김계숙, 박홍규, 조가경 등의 서양철학 강의를 찾아다니면서 듣고, 김용배의 동양철학, 원의범의 불교 강의를 열심히 수강했으며, 강의에서 다루지 않는 원전도 이것저것 읽으려고 애썼다. 듣고 읽은 바를 정리해 시험을 보고 과제를 해내는 것은 그리 어려운 일이 아니었다. 누구의 무슨 사상을 설명하라고 하면 어느 정도 할 수 있었다. 그런데 그런 소리가 왜 필요했으며 어떤 의의를 가지는지 절실하게 와 닿지 않아 고민이었다. 어느 철학자에 대해 아는 것이 내게 무슨 소용이 있는가 하는 문제에는 대답할 수 없었다.

철학이 세계관 논쟁이라는 것을 짐작하게 되면서 이해 가능한 길이 열리는 것 같았다. 세계관 논쟁은 제삼자의 위치에서 바라보고 있을 수 없게 하고 당사자로 동참해 시비를 가리도록 끌어들인다. 실존철학에 대한 관심이 고조되던 시절이라 사르트르의 「실존주의는 휴머니즘이다」와 하이데거의 「휴머니즘에 관한 편지」를 둘 다 원문을 읽는 것을 큰 자랑으로 여겼다.

그러다가 자랑이 고민으로 바뀌었다. 두 사람의 서로 다른 주장 가운데 어느 쪽에 동의해야 할 것이지 판가름하지 않을 수 없게 되었다. 철학이란 문학작품처럼 각기 그것대로 소중한 독자적인 창조물일 수 없고, 한쪽이 맞으면 다른 쪽은 틀렸으므로 시비를 가려야 할 책임이 독자에게 부과된다는 것을 절감했다.

그것은 오히려 작은 논쟁이고 집안싸움이었다. 서양철학과 동양철학 사이에 더 큰 시비가 있다는 것을 발견했다. 동양철학에서도 張載와 朱熹, 徐敬德과 李滉은 견해차가 심각해 지속적인 논란거리가 있었다. 1960년 4.19 이후 얼마 동안 금서가 풀린 시기부터 1962년 불문학과 대학원을 다니다 말고 도서관에서 소일할 때까지 독서 편력의 범위를 마음껏 넓혔다. 마르크스의 저작을 들추어보고, 레닌의 『유물론과 경험비판론』, 毛澤東의 「矛盾論」 같은 것들을 읽으면서, 철학에서 구현되는 세계관 논쟁이 얼마나 심각한지 알아차릴 수 있었다.

1964년에 국문학과에 학사편입을 하고, 1968년에 석사를 한 다음 대구 계명대학교에서 가르치기 시작한 몇 해 동안은 개념적인 논술을 갖춘 철학에는 관심을 가지지 않았다. 지식인이 아닌 민중이 노동하는 삶에서 이룩한 구비문학이 진정한 가치를 가진다고 여겨, 탈춤에 나타난 비판정신을 밝히고, 민요와 설화를 현지에서 조사해 생동하는 의식을 찾는 데 힘을 기울였다. 그러다가 구비문학에서 기록문학으로, 고전문학에서 현대문학으로 관심을 확대해 국문학의 전반적인 양상을 포괄적으로, 체계적으로 이해하기 위해서, 체험 확인에서 논리 전개로 나아가야 했다.

그 때문에 철학과 다시 만나지 않을 수 없게 되었다. 문학에 나타난 사고형태를 개념화하고 체계화하고 일반화하기 위해서 철학을 다시 찾아야 했다. 이렇게 하는 것은 이론 창조 작업이다. 이론 창조는 문학 연구의 범위 안에서 자력으로 하지 못하고, 철학과의 관계에서, 철학을 통해서, 철학으로 해야 했다.

그래서 철학에 대한 소견을 수정했다. 철학은 알기 어려워 존경스러운 고급의 지식이라고 여기다가 세계관 논쟁이라고 생각을 바꾸었다가, 이론 창조의 지침인 줄 알게 되었다. 어려워 존경스러운 고급의 지식은 정신적 사치라고 할 수 있으므로 버려도 그만이다. 세계관 논쟁은 현실 문제를 직접 거론해야 더욱 치열해질 수 있으므로 철학이 사회과학만큼 긴요하지 않다. 그러나 이론 창조의 지침인 철학은 버리지 못하고, 다른 것으로 대치할 수도 없으며, 학문을 하는 모든 사람이 반드시 찾고 가다듬어 자기 것으로 가꾸어나가야 한다. 이 점을 바로 이해하자 학생 시대의 치기를 청산하고 학자의 지혜를 갖출 수 있었다.

학문의 다른 영역에서와 마찬가지로 문학연구에서도, 서양의 기본 이론을 이해하고, 적용하고, 비판하고, 그 대안이 되는 새로운 이론을 내놓는 것이 바람직한 순서라고 여기는 것이 예사이다. 나도 같은 길을 가기로 하고, 대단하게 평가된 기존이론을 찾아 공략의 대상으로 삼았다. 루카치를 중요시하는 데 동의하고, 『소설의 이론』을 긴요한 표적으로 삼았다. 그런데 루카치와 대결하기 위해서는 근거가 되는 헤겔을 알아야 했다. 서양철학을 기웃거릴 때 시대 풍조 탓에 매력이 없다고 여겨 젖혀놓았던 헤겔을 찾지 않을 수 없었다.

헤겔의 『정신현상학』을 읽어 이해하고, 비판해 넘어서겠다고 작정했다. 험한 고개를 넘지 않으면 학문을 할 수 없다고 여기고 용감하게 나섰다. 그러나 뜻대로 되지 않았다. 그 책은 내 자존심을 여지없이 짓밟으면서 저만치 우뚝 서 있었다. 힘쓰면 정복할 수 있는 산이 아니었다. 어리석은 도전을 계속하면, 호랑이를 잡는다고 큰소리를 치고 태산준령을 넘어갔다가 행방불명이 된 강원도 포수의 처지가 되고 만다. 목숨을 구하려면 헤겔을 잡으려는 생각은 버리고 기꺼이 그 졸도가 되어 예찬이나 해설로 만족할 수밖에 없다. 둘 다 자살이라고 여겨 방향을 돌려 다른 길을 찾았다. 철학 전공자가 아니라 변신이 자유로울 수 있었으니 얼마나 다행인가.

우리 선인들이 남긴 철학을 먼저 공부하고, 그 봉우리에 올라 헤겔과 대결하는 것이 다시 찾은 새로운 길이었다. 먼저 任聖周를 만났다. 『鹿廬雜識』를 마이크로필름으로 떠다가 읽으면서 베끼고 역주하는 일부터 시작했다. 주를 되도록 자세하게 달면서 임성주의 발상이 다른 사람들과 어떤 관련이 있는지 확인하고자 했다. 임성주에서 崔漢綺로 가는 것이 당연한 과정이었다. 최한기의 저술은 영인본으로 나와 쉽게 이용할 수 있다. 『推測錄』의 거봉이 눈앞에 펼쳐져 있는 것을 보고 바로 올라가기로 했다.

徐敬德에게로 거슬러 올라가, 임성주를 거쳐 최한기에 다시 이르니 길이 보였다. 이기철학은 실학에서 극복했으므로 다시 돌볼 필요가 없다느니, 최한기는 서양학문을 수용해 개화사상을 준비한 과도기적 인물이라느니 하는 따위의 속설에 현혹되지 않고, 철학하는 과업을 다시 시작하는 거점으로 삼기로 했다. 최한기에 올라서서 헤겔을 건너다보니, 밑에서부터 한 걸음씩 고생스럽게 올라가지 않아도 꼭짓점을 확인할 수 있었다. 최한기와 비교해 헤겔을 이해하고, 최한기에 힘입어 헤겔을 비판하는 새로운 시야가 열렸다.

헤겔에 머무르지 않고 최한기를 찾은 것은 참으로 현명한 선택이었다. 최한기는 글을 읽어 이해하기 쉬워서 좋다. 용어와 개념에 바로 익숙해질 수 있다. 헤겔은 자기가 앞서서 줄곧 번잡하게 떠들며 뒤틀어진 말을 난해하게 해서 독자가 자기와 같은 위치로 올라오지 못하게 하려는 것이 아닌지 의심이 드는데, 최한기는 최대한 압축한 사고를 간명하게 전하기만 하고 독자가 스스로 미비점을 메우고 구체적인 사례를 생각하게 한다.

최한기의 전례에 힘입어 새로운 생각을 하고 창조적인 작업을 하는 것이 어렵지 않다. 헤겔을 이용하면 가능하리라고 기대하는 것보다 훨씬 큰 성과를 얻을 수 있다. 헤겔과 최한기 사이의 우열을 판정하려는 것은 아니다. 객관적인 기준에서 공평하게 비교하자는 것도 아니다. 가능하지 못하고 바람직하지 않으며, 무의미한 작업은 그만두고, 헤겔과 최한기가 내게 어떤 소용이 있는가 하는 문제만 다룬다. 내가 하는 이론 창조의 작업을 위해 기여하는 바가 다르다는 사실을 실제 경험에 입각해 논의한다.

헤겔 철학에 근거를 둔 문학이론을 수용하는 것은 쉬운 일이 아니며, 전례를 넘어서서 새롭게 만들기는 더 어렵다. 설사 가능하다고 해도 우리 문학에 적용하면 차질이 생긴다. 우선 용어 사용에서부터 사고와 대상이 어긋나는 차질이 있어 대단한 노력을 하면 해결할 수 있을지 의문이다. 서로 다른 역사적 체험을 접맥하려면 많은 추가 작업을 해야 하는 부담이 있다. 그러나 최한기의 철학을 출발점으로 삼아 창조하는 이론은 우리 문학의 실상과 따로 놀지 않는다. 문학창작・문학비평・문학사상이 밀접하게 연관되게 한다. 체험에서 개념을, 표현에서 논리를 찾는 작업이 차질 없이 이루어질 수 있게 한다.

최한기의 철학에 근거를 두고 만든 이론이 보편적일 수 있을까? 보편적이지 않은 이론이 무슨 소용이 있는가? 이런 의문을 제기하면서 우리 학문의 독자적인 시도를 의심스럽게 보는 견해가 있다. 그러나 헤겔 철학에 기대고 있는 이론에 관해서도 꼭 같은 질문을 할 수 있다. 널리 알려져 있다는 기득권이 보편성의 증거는 아니다. 양쪽 다 그 나름대로 특수하고 또한 보편적이다. 양쪽을 견주어 살피면서 공통점에서 출발해 보편성을 확인하고 확대하는 것이 앞으로의 과제이다. 우리가 생산한 이론이 있어야 이 작업에 당사자로 참여할 수 있다.

여기까지 나아가 깨달은 바를 우선 「이기철학의 전통과 국문학 이론의 새로운 방향」에서 정리해 『한국소설의 이론』(서울: 지식산업사, 1977)의 서론으로 삼았다. 임성주가 말하고, 최한기가 재확인한 氣一分殊 즉 기는 하나이기도 하고 각기 다른 여럿으로 나누어져 있기도 하다는 원리에 입각해 문학이론을 새롭게 이룩하는 길을 열고자 하는 것이 핵심 내용이다. 기일분수가 아닌 理一分殊가 올바르다고 하면서 한편으로는 理一의 공허한 관념으로 만사를 해결하려고 하고, 다른 한편으로는 기를 分殊로만 여겨 잡다한 사실에 대한 개별적인 고찰에만 머무르는 두 가지 학풍이 저지른 고금의 잘못을 시정하는 방안을 내놓으려고 했다. 민족사관과 실증주의로 치닫는 두 극단론을 시정하고 국문학연구를 바로잡는 당면 과제 해결의 원리를 제시했다.

전체가 부분의 대립적 총체라고 하는 점에서 헤겔과 최한기는 견해가 같다. 그러나 헤겔은 전체와 부분의 관계를 理에서 찾으려고 하는 관념론을 제시해 유물론의 반격을 받았지만, 최한기가 재확인한 기일분수는 관념론과 유물론의 구분을 넘어선다. 氣는 물질이면서 정신이다. 이 점에 관해 『우리 학문의 길』(서울: 지식산업사, 1993)의 「서양

학문론에 대응하는 자세」에서 논의하면서 헤겔과 최한기의 비교론을 구체화했다. 데카르트, 칸트, 헤겔, 그리고 근래의 과학철학으로 전개해온 서양 학문론을 일방적으로 신뢰하지 말고 우리 학문론의 전통을 재인식하고 이어받는 데 힘써야 한다고 「우리 학문론의 전통 재인식」을 써서 역설했다.

철학과 개별학문의 관계를 우리 방식대로 재조절하는 것이 학문론 재정립에서 제기되는 가장 큰 과업이다. 서양에서는 철학이 개별학문에서 분리되어 있어, 철학하는 것을 생업으로 하는 전문가들은 철학을 그 자체로 옹호하는 일에 골몰하고 철학이 여러 학문에서 이론 창조의 지침 노릇을 할 수 있는 것을 실제 작업을 통해 구체적으로 보여주지 못했다. 그러나 우리 철학은 따로 놀지 않았다. 철학에 해당하는 말이 없었던 것이 그 때문이다. 지금 통용되는 철학이라는 말을 사용하면서 논의를 계속하면, 철학에서 학문의 총론과 각론을 함께 하면서, 학문하는 근본 이치를 다지는 작업과 구체적이고 개별적인 관심사를 연구하는 작업을 함께 해왔다.

데카르트의 방법론, 칸트의 순수이성, 헤겔의 변증법, 그 뒤의 현상학, 분석철학 따위가 모두 철학의 독자적인 의의를 입증하기 위한 자체 정비 작업이었다. 鄭道傳, 徐敬德, 任聖周, 洪大容, 崔漢綺 등이 이치의 근본을 따진 것과 같으면서 또한 달랐다. 우리 선인들의 철학은 철학만이 아니었다. 이치의 근본을 엄밀하게 따지면서 구체적이고 현실적인 문제에 대한 논의를 다각도로 폈다. 그런 성과를 홍대용이 특히 잘 보여주어 훌륭한 지침이 된다.

오늘날 우리 학문의 전통을 잃고, 우리 학문과 서양 학문을 비교해 논하지도 못하면서, 서양 학문을 일방적으로 받아들여 철학과를 다른 학과와 서양의 경우보다 더욱 엄격하게 분리시켰다. 철학이 무엇인가 하는 문제를 고대그리스 이래의 서양철학의 전통 속에서만 다루어, 철학은 우리 자신의 사고가 아니며, 서양의 철학서 속에나 있다고 여기게 한다. 철학의 존재 의의를 입증하는 논의를 수입하면서 이해 부족 탓에 난해함을 가중시켜, 의도한 바와는 달리 철학에 대한 불신을 가중하는 결과에 이른다. 그러면서도 철학을 철학과에서 독점한다. 철학과가 아닌 다른 학과에서는 철학에 대해 관심을 가지지 않아 학문 생산뿐만 아니라 수입에서도 이론의 빈곤에 시달리고 있다.

이 모든 일이 잘못되었다고 나무라고 방향 전환을 역설하는 것이 능사가 아니다. 어디서 누가 하든지 방향 전환을 실제로 하는 성과를 보여주어야 한다. 누적된 인습의 무게 때문에 철학 전공자가 선두에 나서기는 어려운 실정이다. 자칫하면 학문을 한다고 인정되지 않아 장외경기나 하고 만다. 이웃 분야는 당사자가 아니니 어쩔 수 없다고 할 것은 아니다. 이론 창조가 절실하게 필요하므로 철학을 하지 않을 수 없는 쪽에서 소관사를 따지는 관례를 어기고 목마른 사람이 샘을 파는 수고를 하지 않을 수 없다. 「이기철학의 전통과 국문학연구의 새로운 방향」을 앞세우고 『한국소설의 이론』에서 시도한 작업이 이런 본보기이다. 소설이 무엇이고 어떻게 생겨나서 어떻게 발전했는가에 관한 문제를 두고 전개한 이론을 루카치의 『소설의 이론』과 견주어본다면, 최한기냐 헤겔이냐 하는 논란이 단순한 승벽에서 나온 공연한 시비가 아님을 확인할 수 있을 것이다.

『한국소설의 이론』에서 문학은 자아와 세계의 관계로 이루어져 있다는 관점을 마련하고 갈래 구분의 총론과 각론을 함께 전개한 것은 루카치가 하지 못한 일이다. 자아와 세계가 상호우위에 입각해 대결하는 것을 특징으로 하는 소설이 기일원론 또는 이기이원론의 구조를 갖추고 사상사적 기능을 서로 다르게 수행한 사실을 밝힌 작업은 기존의 어느 이론에서도 생각할 수 없었던 것이다. 문학과 철학을 함께 다루고자 하는 시도가 더러 있었어도 이런 경지에는 이르지 못했다.

헤겔은 변증법에 근거를 두고 문학의 큰 갈래가 서정 · 서사 · 희곡으로 나누어진다고 했다. 나는 자아와 세계의 음양 관계가 서정 · 교술 · 서사 · 희곡으로 구현되고 다시 세분된다고 했다. 변증법의 삼분법이든 음양론의 사분법이든 각기 그것대로 타당한 사고체계여서 그 자체로 우열을 가릴 것은 아니다. 그러나 문학갈래의 실상이 어느 쪽이냐는 반드시 따져야 한다. 근래에 문학의 범위를 축소하면서 교술을 밀어낸 것을 합리화하지 말고, 동서고금 문학을 통괄해서 이해하는 총괄론을 마련하려면 마땅히 갈래 사분법을 택해야 한다.

변증법은 크고 작은 것을 구분하고 그 관계를 밝히는 데 적합한 사고의 틀이 아니다. 헤겔이 서정 · 서사 · 희곡으로 마련한 큰 갈래 구분론과 루카치가 다시 내놓은 비극, 서사시, 소설 등에 관한 작은 갈래 이론이 체계적인 관련을 가지지 않는다. 양쪽 다 문학갈래에 관한 의문을 온통 풀 것처럼 하고 실제는 그렇지 못했다. 방향을 돌려야 길이 열렸다. 음에 다시 음양이 있고, 양에도 또한 음양이 있다고 하는 음양론은 큰 갈래의 특성을 작은 갈래들에서 어떻게 구현하는지 파악하는 일관된 이론 정립을 가능하게 한다. 서사에서 이루어지는 자아와 세계의 대결이 서사에 속하는 개별 갈래, 신화 · 전설 · 민담 · 소설에서 어떻게 구현되는지 해명하는 것을 소설이론의 출발점으로 삼았다.

문학갈래들의 체계적이고 역사적인 관련에 관한 이론을 타당하게 이룩하는 오랜 소망 실현에서 음양론이 변증법보다 앞설 수 있다는 것을 입증했다. 큰 갈래들은 체계적인 관계를 가지고 개별 갈래들은 역사적인 변천을 하는 양면을 유기적으로 해명하면서 소설의 본질과 위치에 대해서 루카치를 넘어서는 이론을 마련하는 것이 그래서 가능했다. 소설은 자아와 세계가 상호우위에 입각해 대결하는 것을 보여주면서 자아와 세계 양쪽에 함께 통용될 수 있는 진실성을 찾는 것을 기본 특징으로 하고, 삶의 실상에서 이런 과제가 심각하게 제기되었을 때 출현했다고 했다. 여기까지 이른 이론 정립의 원리는 『문학연구방법』(서울: 지식산업사, 1980)에서, 경과는 『한국문학의 갈래 이론』(서울: 집문당, 1992)에서 재론했다.

『한국소설의 이론』에서 한 작업은 문학 이론의 근거를 철학에서 찾는 데 그치지 않고, 문학사와 철학사의 관련에 관한 새로운 통찰을 갖추었다. 자아와 세계의 소설적 대결을 문제 삼는 소설이 나타난 것은 사회사에서 확인할 수 있는 중세적 질서의 균열 못지않게 철학에서 주기론이 대두한 것과도 밀접하게 관련된 시대적 변화라고 했다. 사회의 변화가 한편으로는 문학갈래의 개조로, 다른 한편으로는 철학의 혁신으로 나타나므로, 문학과 철학을 견주어 살피면서 동질성을 찾으면 상호조명을 위해 결정적인 도움이 될 뿐만 아니라, 사회사의 전환을 확인하는 데도 크게 유익하다고 했다.

이기철학이 이기의 기본관계에 관해서는 일원론과 이원론, 이기의 중요성에 관해서는 주기론과 주리론으로 나누어졌다는 것이 주지의 사실이다. 두 가지 구분을 연결시켜 함께 일컬으면, 이원론적 주기론, 일원론적 주리론, 일원론적 주기론, 이원론적 주리론이 나누어져 논란을 벌였다. 그 가운데 주기론은 소설의 사고구조이다. 주기론의 공통된 발상으로 자아와 세계의 대결을 다루는 소설에 일원론적 주기론과 이원론적 주기론을 구현하는 경향이 있어 서로 대립했다. 이에 관한 이론을 마련하고 사실을 구체적으로 검증하는 작업을 했다.

철학은 이론 창조의 지침을 제공하는 사고의 틀이기만 하지 않으며, 역사적으로 형성된 사고형태라는 점에서 문학과 상통한다. 그러면서 문학은 구체적인 경험을 나타내고, 철학은 추상적인 논리를 사용한다. 바로 이 점이 문학과 철학을 함께 연구해야 할 이유이다. 철학의 추상화된 논리를 사용하면서 문학을 이해해야 이론 정립이 가능하고, 문학의 구체적인 경험과 관련시켜야 철학의 변천이 왜 일어나고 어떤 의의를 가지는지 실감나게 파악할 수 있다.

문학과 철학의 역사적인 관계에 대해서는 문학연구에서 이미 광범위하게 거론한 바 있으나, 문제 제기가 분명하지 못하고 철학을 이해하는 수준이 낮아 평가할 만한 성과를 찾기 어려운 실정이었다. 한국철학을 제대로 알아 국문학연구에 활용하는 것이 당연히 요망되는 과업인데, 그렇지 못한 것을 개탄하고 방향 전환을 주장했다. 문학과 철학을 정면에서 결부시켜 함께 연구하는 새로운 작업을 해야 한다고 역설했다.

그렇지 못한 이유는 우선 국문학자들의 관심과 노력이 부족한 데 있지만, 한국철학 연구의 부진도 지적하지 않을 수 없다. 한국철학 강의를 듣고 논저를 읽어 도움을 받을 가능성이 기대에 미치지 못하는 것이 숨기지 못할 사실이었다. 문학을 연구하면서 철학에 대한 탐구를 스스로 개척해야 하는 상황이었다. 이것을 불행이라고 한탄할 것은 아니다. 불필요한 선입견에 구애되지 않고 전인미답의 경지에 들어서는 보람을 누릴 수 있어 오히려 다행이었다.

문학과 철학을 함께 다루는 새로운 작업을 맡기로 하고, 철학에서 문학을 찾고, 문학에서 철학을 찾았다. 먼저 『한국문학사상사시론』(서울: 지식산업사, 1978)을 써서 철학에서 문학을 찾았다. 문학을 논한 철학에 어떤 것들이 있었던지 알아내고, 시대적인 변천을 밝힌 내용이다. 문학에서 철학을 찾는 작업을 다시 해서 『문학사와 철학사의 관련 양상』(서울: 한샘출판, 1992)을 내놓았다. 문학에 나타난 철학에 관한 다각적인 해명을 한 내용이다.

『한국문학사상사시론』에서는 원효에게서 조윤제까지 시대가 변천하면서 문학에 관한 철학사상이 어떻게 구현되고, 문학의 본질, 기능, 존재 양상 등을 두고 어떤 논란이 벌어졌는지 점검했다. 다룬 인물 가운데 元曉, 慧諶, 鄭道傳, 徐敬德, 李滉, 李珥, 洪大容, 丁若鏞, 崔漢綺, 申采浩 등의 철학자나 사상가도 있고, 崔致遠, 金富軾, 李奎報, 許筠, 金萬重, 朴趾源, 韓龍雲 등의 문인도 있지만, 어느 쪽이든지 문학과 철학을 밀접하게 관련시켜 함께 추구한 것이 다르지 않았다. 그런데도 오늘날의 연구자들은 문학과 철학을 분리시키기만 해서 소중한 유산을 놓치고 있다.

책을 쓰면서 발견한 몇 가지 특기할 만한 사실을 들어 논의를 구체화해보자. 이규보는 문인으로만 알려졌지만 "物自生自化"의 이치를 찾아 이기철학의 자생적인 연원을 마련했다. 허균이나 김만중을 위시한 여러 선각자들이 다양하게 펼친 情, 天機, 국어문학 긍정론 등의 새로운 문학사상을 위한 철학적 근거를 홍대용이 맡아서 다졌다. 불교에서는 말은 어떻게 해도 망상에서 벗어나지 못해 진실과 어긋나게 마련이라고 하고, 유학에서는 말이 진실과 근원적으로 합치된다고 해서 벌어진 논란을 새로운 관점에서 해결하면서, 박지원은 以文爲戱로 전투방식을 삼는 표현방식 개척의 획기적인 작업을 했다. 그런데 20세기에 들어와서는 신채호나 한용운 또는 조윤제조차도 그 성과를 잇지 못해 사상이 빈곤하고, 외래의 사조가 문학을 지배하려는 풍조를 성과 있게 비판하지 못했다.

『한국문학사상사시론』에서 한 작업을 근거로, 문학의 문제에 관한 논란에 깊이 개입한 것이 한국철학의 특징이고, 문학이론의 철학적 근거를 철저하게 갖춘 것이 한국문학이 남다른 점이라는 결론을 도출할 수 있었다. 『문학사와 철학사의 관련 양상』 머리말에서는, 이에 관한 논의를 더욱 진전시켜 이웃 나라들의 경우와 비교했다. 문학과 철학이 둘 다 대단하지만 따로 떨어져 있는 중국, 철학이라고 할 것이 별반 없고 문학이 홀로 우뚝한 일본과 달리, 문학과 철학이 밀접한 관련을 가지고 함께 성장해온 것이 우리 전통이라고 했다. 그런데도 문학과 철학의 분리를 능사로 삼아 오늘날의 학문을 허약하게 하는 것이 크게 잘못된 일이라고 했다.

『문학사와 철학사의 관련 양상』 첫 부분 「13세기 詩論에서 문제된 心과 物」에서는 이인로와 이규보의 문학관 차이에 관한 거듭된 시비를 철학과의 관련에서 해결했다. 두 사람의 문학관은 심과 물을 각기 근거로 삼아 세계관이 서로 다르다는 점을 밝혀 논했다. 이런 작업을 통해서, 이치를 철저하게 따지면 누구나 철학을 하게 마련이며, 역사의 전환은 새로운 철학의 창조에서 구현되는 원리를 확인했다.

그 다음의 「15세기 귀신론과 귀신이야기의 변모」에서는 조선왕조의 이념 정립을 위해 귀신론 정비를 긴요한 과제로 삼은 역사적 전환에서 논의를 시작했다. 이기철학 이전의 사고를 청산하고, 이기철학에 입각해 귀신을 논하면서 이기이원론과 기일원론은 상이한 주장을 편 것을 밝혀 논했다. 귀신이야기 또한 관점에 따라 달라진 사실을 고찰하고,

김시습이 기일원론의 귀신론으로 소설을 창안할 수 있었던 이유를 해명했다. 문·사·철학이 불가분의 관계를 가졌음을 확인하고 셋을 하나로 이해하는 작업의 좋은 본보기를 마련했다.

셋째 글 「18세기 인성론의 혁신과 문학의 사명」에서는 자료 원문 주해, 철학적 논란 검토, 문학과의 관련 분석의 세 작업을 통해, 인물성동이 논쟁을 새롭게 이해하고, 논쟁에 대한 문학의 반응과 기여를 철저하게 따졌다. 인물성동이 논쟁이 李柬 중심의 人物性因理同論, 韓元震 쪽의 人物性因氣異論 사이에서 전개되다가 공허하게 되어 끝났다는 종래의 견해를 넘어서서, 任聖周·洪大容·朴趾源이 人物性因氣同論을 제기해 새로운 차원에서 해결되었음을 밝혔다.

인물성인기동론은 삶을 누리는 것 자체가 선이라는 데까지 이르렀다. 이런 파격적인 주장을 직접 나타내지는 못해 작전을 짰다. 단상 열거, 반문과 비유, 허구적인 설정을 이용한 문답 등을 마련해 측공이나 역공을 해서 문학의 혁신과 직접 연관되었다. 박지원의 「虎叱」이나 홍대용의 「毉山問答」뿐만 아니라, 두 사람의 다른 저술, 임성주의 「鹿廬雜識」에서까지도 그런 방법을 사용했다.

문학과 철학의 관련을 밝힌 작업에 대해서 철학계에서는 반응을 보이지 않고 있다. 『한국소설의 이론』이나 『한국문학사상사시론』은 철학에 관해서 다루기는 했어도 결국 문학서이니 철학에서 관심을 가지지 않아도 그만이라고 할지 모른다. 그러나 『문학사와 철학사의 관련 양상』은 철학의 문제를 정면에서 다루고, 철학 전공자들이 해온 작업을 비판하면서 논쟁을 걸었다. 나라가 망할 때 일제의 침해를 심각하게 받은 우리 학문 가운데 철학만 홀로 아직까지 되살아나지 못해 이웃 분야에까지 피해를 끼친다고 개탄하기까지 했다.

철학의 동향을 두고 불만을 터뜨린 것은 기대가 크기 때문이다. 지금 우리는 학문의 의존에서 자립으로, 이론의 수입에서 생산으로 방향을 돌려, 민족통일 설계의 벅찬 과업을 온몸으로 감당하고, 세계학문의 수레를 끌려고 앞으로 나서야 한다. 이런 방향을 분명하게 하고 당면 과제를 밝히며, 학문을 망치는 저해요인을 제거하기 위해 『우리 학문의 길』을 쓰면서 철학을 통하지 않고서는 소생의 길이 없다고 거듭 역설했다. 우리 철학의 전통을 오늘에 되살려야 난관을 타개하고 활로를 되찾을 수 있다고 했다.

『우리 학문의 길』에서 학문의 목표를 가장 포괄적인 시야에서 제시하면서 氣철학의 전통을 살려 사고의 기, 사회의 기, 생명의 기, 물질의 기가 여럿이면서 하나임을 분명하게 하는 거대이론을 정립하자고 했다. 이렇게 하는 것을 우리가 감당해야 할 세계사적 과업으로 삼고 여러 학문에서 분발하자고 했다. 어느 쪽에서 가로맡을 수 있는 일이 아니기 때문이다. 누구든지 총론과 각론을 함께 개발하면서 협력하고 경쟁해야 진전을 이룩할 수 있다. 철학이 따로 있어야 한다고 여기지 말고 어느 학문에서든지 철학을 함께 해야 한다.

한 걸음 더 나아간 구상을 제시하기 위해 生克論 개발의 과제를 제시했다. 우리 이론 수립을 위해 절실하게 요망되고, 당면하고 있는 현실 타개의 지침이 되고, 그 가운데서도 가장 큰 민족통일을 가능하게 하는 원리가 생극론이라고 했다. 生은 조화로운 생성이고, 克은 갈등을 통한 발전이다. 생성과 극복, 조화와 갈등이 둘이면서 하나임을 밝히는 생극론 정립이 지금 해야 할 가장 긴요한 과업이다. 철학이 세계관 대립을 위해 봉사하지 않고, 세계관 대립을 넘어서는 지침이게 해야 한다.

지금 우리는 중대한 전환기에 들어섰다. 식민지시대에서 자립시대로 나아갔다가 다시 세계화시대로 방향을 돌리지 않을 수 없게 되었다. 식민지시대에 우리 것을 버리고 외래학문 수입을 능사로 삼은 잘못을 청산하고 자립시대가 요구하는 자아각성을 위해 국학을 육성하는 데서 더 나아가 일반이론을 창조해 널리 알려야 하는 것이 세계화시대의 과업이다. 식민지시대에는 서양 것이라야 보편적이라고 믿고 따랐다. 자립시대에는 우리 것의 특수성을 옹호해야 한다고 했다. 세계화시대에는 우리가 보편적인 가치 창조에서 적극적인 기여를 해야 한다.

지나온 길 되돌아본다

나는 1939년에 태어나서, 올해 회갑을 맞이한다. 세상에 나서 60년 동안 살았으니, 지난 일을 한번 정리해볼 때가 되었다. 장차 어느 시기에 회고록을 쓰기로 하고, 그 개요가 될 만한 초고를 하나 만들어본다.

내가 나고 자란 곳은 경상북도 영양이다. 할아버지에게서 한문을 조금, 어머니에게서 언문도 약간 배우다가, 1946년에 초등학교에 입학했다. 일제통치하의 암울한 시기에 태어났으나, 광복을 하던 해에 초등학교에 입학했다. 일본어교육을 거치지 않고 처음부터 우리말로 교육을 받은 첫 학년이 된 것을 자랑스럽게 생각한다. 광복 이전과 이후를 교육을 통해 비교할 때, 내 경우가 자료로 이용되기를 바란다.

1958년에 대학에 입학하면서 불문학과를 택했다. 유럽문명권에 대한 동경이 컸기 때문이다. 일본어는 모르니 유럽문명권에 관해서 알려면 그쪽 책을 직접 읽어야 했으므로 분발하지 않을 수 없었다. 고등학교 때 독학을 한 불어를 전공으로 택하고, 영어와 독어 공부도 계속해서,

원대한 포부를 이루는 초석으로 삼고자 했다. 유럽문학을 넓고 깊게 연구해서 문학을 창작하고 비평하는 지침으로 삼으려고 했다.

그런데 대학 3학년 때 4.19 의거에 나서고, 5.16이 일어나자 수난을 겪고, 생각이 달라졌다. 불문학에서 국문학으로 전공을 바꾸었다. 불문학과 대학원까지 진학했다가 국문학과에 학사편입을 해서 다시 학부 3학년 학생이 되었다. 그 뒤에 쓴 어느 글에서 "공부를 하려고 고향을 떠났는데, 공부란 다름이 아니라 고향으로 돌아오기 위한 멀고 험한 길이라는 것을 알았다"고 술회한 전환을 겪었다.

국문학 가운데 현대문학을 전공하는 것이 이미 하고 있던 비평가 노릇을 연장시키고, 불문과 시절의 공부를 바로 써먹을 수 있어 유리했지만, 고전문학으로 방향을 돌렸다. '탕아의 귀가'를 확실하게 하기 위해서, 우리 고전을 읽고, 한문을 공부하면서, 현지조사를 통해서 구비문학을 연구하는 데 힘을 기울였다. 탈춤을 보고, 민요와 설화를 채록하면서 느낀 감격을 새로운 탐구의 원동력으로 삼았다.

1968년에 석사학위를 받고, 박사과정에 입학했다. 박사학위는 구제학위가 끝나기를 기다려 1976년에 받았다. 그것이 서울대학교 신제문학박사 제1호이다. 1968년에 29세의 어린 나이로 계명대학교 전임강사가 되어, 제2의 고향인 대구로 갔다. 그 뒤에 계명대학교에서 9년, 영남대학교에서 4년, 한국정신문화연구원에서 6년, 그리고 서울대학교에서 11년, 지금까지 도합 31년 동안 교수 노릇을 했다.

나라 형편이 어렵고, 정치적인 불안도 계속되었지만, 그 때문에 큰 타격을 받지 않고 순조롭게 진출해 학문의 뜻을 넉넉하게 펼 수 있었던 것을 감사하게 여긴다. 지은 책이 팔려 인세가 들어오고, 근래에는 연구비도 자주 받아, 연구하는 데 필요한 경비가 모자라지 않는다.

교수 노릇을 한 31년 동안에 30여 권 저서와 150여 편 논문을 냈으니 커다란 행운을 누린 셈이다.

연구를 해온 경과를 정리하기 위해서 다음의 도표를 먼저 제시한다. (가)에서 시작된 연구가 점차 확대되어 (라)에까지 이른 것이 그동안의 경과이다. 막연한 기대와 모호한 구상을 가지고 시작했던 작업이 한 단계씩 구체화되어 이렇게 정리할 수 있는 결과를 만들어냈다. 그렇게 될 수 있었던 이유는 연구과제 자체가 필연적으로 발전해야 했던 데 있다. 시대변화가 관심의 확대를 요청한다는 것을 작업을 진행하면서 절감했나. 미리 계획한 것은 아니지만, 필요한 연구를 단계적으로 전개하기에 알맞은 곳에 자리 잡는 행운이 거듭 찾아와, 기대 이상의 성과를 거둘 수 있었다.

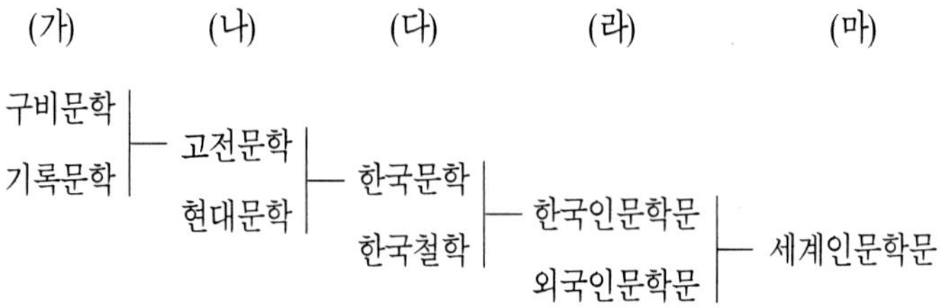

(가) 단계에는 한국구비문학의 유산을 조사하고 연구하는 데 정성을 쏟으면서, 구비문학과 기록문학의 상관관계를 밝혀 한국고전문학 전반에 관한 이해를 얻으려고 했다. 그것이 내 학문의 출발점이고 근간이다. 1968년에서 1981년까지 대구의 계명대학교와 영남대학교에서 고전문학 교수로 재직하면서 구비문학이라는 새로운 교과목을 내실 있게 하는 데 힘을 기울였다. 구비문학과 기록문학의 관계를 해명해,

민중을 발견하고 민족을 인식하는 시대적인 요청에 응답하려고 했다.

구비문학을 조사하기에 적합한 현장이 가까이 있는 유리한 조건을 적극 활용했다. 내가 나고 자란 곳인 경상북도 동북부지방 산골의 민요와 설화를 찾아다니면서 문학이 무엇이고, 학문은 어떻게 해야 하는가 깨달았다. 민요를 현지조사해서 연구한 『서사민요연구』(대구: 계명대학출판부, 1970; 증보판 1979)가 첫 저서이다. 거기서 한 작업과 상응하는 또 하나의 연구서 『인물전설의 의미와 기능』(경산: 영남대학교 민족문화연구소, 1979)에서는 설화의 현지연구를 통해서 구비문학연구의 이론적 발전을 꾀했다.

한국구비문학 전반으로 관심을 넓히는 연구도 함께 했다. 석사논문 이래로 탈춤에 대해서 연구한 성과를 다듬어 『탈춤의 역사와 원리』(서울: 홍성사, 1979; 서울: 기린원, 1988)를 냈다. 『한국설화와 민중의식』(서울: 정음사, 1985)에서는 전국적인 범위에서 조사한 설화의 유형분류를 위시해서 설화 전반에 관한 광범위한 논제를 다루었다. 『삼국시대 설화의 뜻풀이』(서울: 집문당, 1990)에서는 문헌설화 자료를 주해하고, 문헌설화와 구전설화의 상관관계를 해명했다.

그렇게 하면서 구비문학에서 기록문학으로 나아가 한국고전문학의 전반적인 양상을 해명하려고 했다. 구비문학연구를 하는 동안에 구비문학과 기록문학의 관계에 관한 문제가 제기되어 연구영역 확장이 당연히 요망되었다. 이론과 실증 양면에서 구비문학과 기록문학의 상관관계를 파악해 한국고전문학의 전모를 새롭게 이해하는 데 힘쓰자, 시야가 확대되고 논의가 심화되었다.

설화와의 비교를 통해서 소설의 특성과 발생을 어떻게 파악할 수 있는가 하는 문제를 『한국소설의 이론』(서울: 지식산업사, 1977)에서 고찰한 것이 전환의 출발점이다. 『민중영웅이야기』(서울: 문예출판사, 1992)에서는 민중영웅의 모습을 통해서 설화와 소설을 연결시켜 이해했다. 『한국민요의 전통과 시가율격』(서울: 지식산업사, 1996)에서는 현지조사를 통해서 파악한 민요의 전통이 한국시가 전반의 율격을 형성하는 데 어떤 작용을 했는지 해명했다.

(나) 단계에는 고전문학과 현대문학을 합쳐서 한국문학의 전모를 파악하려고 했다. 고전문학의 전반적인 양상에 대한 해명은 고전문학과 현대문학의 연관관계에 대한 문제와 연관되는 것이 당연한 귀결이었다. 고전문학과 현대문학 사이에는 단절이 있다는 견해를 극복하고 연속성을 밝혀 한국문학사를 통괄해서 서술하는 것이 피할 수 없는 과제로 제기되었다.

그런 연구는 일찍 시작하고, 근래까지 이어왔다. 『신소설의 문학사적 성격』(서울: 서울대학교출판부, 1973)에서는 단절되었다고 하는 소설사가 연결되어 있는 고리를 발견했다. 『우리문학과의 만남』(서울: 홍성사, 1978; 서울: 기린원, 1988)을 내놓아 고전문학과 현대문학을 함께 다루는 다양한 시각을 보여주었다. 『한국문학의 갈래 이론』(서울: 집문당, 1992)에서는 한국문학을 총괄해서 이해하는 갈래 이론을 정립하고 갈래 체계의 변화를 문제 삼았다. 시가사의 전개를 새롭게 이해하고자 한 논문을 모아 『한국시가의 역사의식』(서울: 문예출판사, 1993)을 내놓았다.

고전문학과 현대문학을 연결시켜 한국문학의 전개를 총괄해서 서술하는 본격적인 작업은 『한국문학통사』(서울: 지식산업사, 제1판 1982-1988; 제2판 1989; 제3판 1994) 전 6권(별책부록 포함)에서 이룩했다. 그 책은 1981년부터 1987년까지 한국정신문화연구원 한국학대학원

교수로 일할 때의 산물이다. 거기서는 내가 한국문학 전반을 강의하는 단 한 사람의 전임교수여서, 여러 시대, 모든 영역의 문학을 다 관장해야 한다는 부담을 유리하게 활용했다.

한국문학을 전공하는 대학원 학생들만 가르치면서, 강의 과목과 지도하는 논문 내용을 최대한 다양화할 수 있어 다행이었다. 초고를 써서 강의를 하면 학생들이 비판하고 수정해주는 열의가 대단해 큰 도움을 받았다. 필요한 논저가 도서관에 구비되어 있는 것도 유리한 조건이었다. 강의시간은 주당 3시간만이어서, 보직을 맡지 않은 경우에는 연구하고 집필을 할 시간을 확보할 수 있었다.

『한국문학통사』는 그 모든 조건이 만들어낸 합작품이며, 한국문학 연구를 위해 애써온 모든 분들의 업적을 한 데 모아 만든 공저라고 할 수 있다. 자료 발굴의 성과와 새로운 연구의 업적이 나날이 늘어나는 것을 총정리해 전체를 조망하기 위해서 방대한 문학사를 써야 했다. 그러면서 갈래구분과 시대구분에 관한 이론을 적용해서 검증하고, 문학사와 다른 역사의 상관관계를 밝히고, 한국문학사에서 세계문학사로 나아가는 길을 찾았다. 그래서 다음 단계의 연구로 넘어올 수 있는 발판을 마련했다.

(다) 단계 이하의 작업은 일찍부터 구상하고 부분적으로 시도했으나, 1987년에 서울대학교로 자리를 옮긴 뒤에 본격적으로 진행했다. 서울대학교 국어국문학과에는 교수가 총원 24인, 문학교수가 13인이나 이미 있어 신참자인 내가 특별히 담당해야 할 개별전공분야가 남아 있지 않았다. 그래서 나는 한국문학과 다른 학문, 한국문학과 다른 나라 문학을 연구하고 강의하는 데 힘쓰는 대외관계 담당자가 되기로 작정했다. 외국에 가서 국내에는 없는 연구자료를 모을 수 있는 기회가

자주 생긴 것도 다행스러운 변화였다. 인문학문의 위기가 문제되고, 세계화시대에 마땅히 대처하는 자세가 필요하게 된 시대변화가 이미 추진하고 있던 연구의 확대를 더욱 보람되게 했다.

한국문학과 한국철학을 함께 다루어 한국인문학문의 과거와 현재를 문제 삼고 미래를 설계하는 작업은 『한국문학사상사시론』(서울: 지식산업사, 1978; 제2판 1998)과 『문학연구방법』(서울: 지식산업사, 1980)에서 이미 시작했으나, 근래에 본격적으로 전개했다. (다)의 본론을 이루는 『우리 학문의 길』(서울: 지식산업사, 1993; 제2판 1996); 『한국의 문학사와 철학사』(시울: 지식산입사, 1996), 『인문학문의 사명』(서울: 서울대학교출판부, 1997)에서 문제를 다각도로 논의한 결과 소중한 결론을 얻었다. 생성이 극복이고 극복이 생성이라고 하는 生克論에 입각해서 역사를 이해하고 현실 문제를 해결해야 마땅하고, 한국의 인문학문이 학문간의 장벽을 허물고, 유럽문명권 중심주의를 넘어서서, 근대 극복의 새로운 학문을 이룩하는 데 앞서야 한다는 것을 알았다.

그런 주장이 막연한 당위론에 머무르지 않고 실질적인 내용을 가지도록 하기 위해서 (라)로 들어섰다. 생극론의 역사철학을 세계문학사의 실상에 대한 새로운 해명을 통해서 근거 있게 정립하는 것이 새로운 연구과제이다. 『한국문학과 세계문학』(서울: 지식산업사, 1991; 제2판 1992)에서 한 차례 전환의 필요성을 다각도로 역설하고, 『동아시아문학사비교론』(서울: 서울대학교출판부, 1993)에서 동아시아문학사를 하나로 연결시켜 이해하려고 시도한 예비적인 작업의 후속연구를 하는 것이 지금 하고 있는 작업이다.

『세계문학사의 허실』(서울: 지식산업사, 1996)에서 세계 도처에서 쓴 기존의 세계문학사가 모두 지닌 그릇된 관점을 비판하고 재출발을 다짐한 것이 본격적인 작업의 시발점이다. 『카타르시스·라사·신명풀이』(서울: 지식산업사, 1997)에서는 연극미학을 통해서, 『동아시아 구비서사시의 양상과 변천』(서울: 문학과지성사, 1997)에서는 구비서사시를 통해서 대안을 제시하는 작업을 진척시켰다. 그 둘 다 구비문학에 대한 오랜 관심을 새로운 관점에서 재론한 성과이다.

그 뒤에 다시 『하나이면서 여럿인 동아시아문학』, 『공동문어문학과 민족어문학』, 『문명권의 동질성과 이질성』을 써서, 올 봄에 출간할 예정이다. 『세계의 철학사와 문학사』 초고를 작성해 강의하면서 다듬고 있다. 『근대로의 이행기 이후 소설사와 사회사』를 한 권 더 마련해야 각론에 해당하는 작업이 계획한 대로 진행된다. 세계문학사에 대한 새로운 이해를 총괄해서 보여주는 『세계문학사의 전개』를 내놓아 일련의 연구를 일단 완결하려고 한다. 2004년에 65세로 정년퇴임할 때까지 계속 공부를 할 수 있으면 거기까지 나아가리라고 다짐한다.

토론

❑ **문** : 할 일을 다 하고 남은 것이 없는가? 후진은 무엇을 해야 하는가?

❑ **답** : 내가 하기로 작정하고 할 수 있는 일을 다 했을 따름이다. 하고 싶었으나 시간과 능력 부족으로 할 수 없었던 일이 얼마든지 있다.

❑ **문** : 어떤 것들인가?

❑ **답** : 내가 생각하지도 못한 일은 무한히 많겠으나 언급할 수 없다.

생각해내고 하고 싶었으나 하지 못한 것만 몇 개 들어본다. 이기철학에 근거를 두고 서정시의 이론을 마련하는 작업은 시도하다가 말았다. 서경덕 · 임성주 · 최한기의 연관관계를 남긴 글을 통해 자세하게 밝혀 논하고 싶었으나 착수하지 못했다. 문학 · 사학 · 철학을 합치는 작업 못지않게, 문학 · 미술 · 음악을 총괄해 역사적이고 이론적인 연구를 하는 것이 긴요한데, 음악에 입문하지 못해 엄두도 내지 못했다.

❑ **문** : 그런 연구를 왜 계속해서 하지 않는가?

❑ **답** : 감당할 수 없다는 것을 시인하고, 노탐을 경계한다. 그밖에 많은 미결과제가 있다고 널리 공개하고 후진의 분발을 촉구하느라고 지난 5년 동안 이 강의에서 애써왔다.

❑ **문** : 변증법의 소설이론을 우리 소설에 적용하고 더욱 발전시킬 수는 없었던가?

❑ **답** : 변증법을 휘어잡기 어려워 적용과 발전에 난관이 있었다. 험한 산에 힘들여 올라가다가 지쳐서 그만둘 염려가 많았다. 다른 사람들이 흔히 하듯이 나도 기존의 이론을 숭앙하고 수입을 능사로 삼고 말 가능성이 컸다. 그래서 수입이론이 우리 문학에 맞아들어가지 않는 것은 우리 문학 탓이라고 나무라고 말면 얼마나 우스운가. 변증법 대신에 생극론을 택하자 길이 열려 산 위로 올라갔다. 위에서는 자세히 보이지는 않지만 멀리까지 보여 변증법의 소설이론이 왜 잘못되었는지 파악할 수 있었다.

❑ **문** : 변증법의 소설이론이 보편성이 없다고 나무라고 생극론의 소설이론으로 대안을 삼은 것이 타당한가? 다른 문명권의 언어로 옮기

기 아주 어려운 동아시아 특유의 용어 생극론으로 세계적인 범위에서 타당한 일반이론을 마련할 수 있는가?

❑ **답** : 생극론은 동아시아 특유의 용어여서 번역해서 전달하기 어렵지만, 생극론의 사고형태는 어디든지 있어 보편성을 지닌다. 『소설의 사회사 비교론』에서 제시한 생극론의 소설이론이 어느 문명권의 소설에든지 아무 차등 없이 적용되는 것이 그 때문이다. 정립한 이론을 생극론이라는 용어를 사용하지 않고 전달하면 어디서나 받아들일 수 있다.

❑ **문** : 생극론이 어느 정도 알려져 있는가?

❑ **답** : 제대로 알려지지 않았다. 극소수의 전공자들은 고서 속에 가두어두고 오늘날의 의의를 찾으려고 하지 않는다. 상생이라는 말을 흔하게 쓰면서 상극을 배제해야 상생이 된다고 착각한다. 생극론을 밖으로 내놓기 위해 "becoming-overcoming theory"라고 번역하자 납득하기 어렵다고 한다.

❑ **문** : 생극론의 철학을 널리 알리는 작업은 포기하는가?

❑ **답** : 용어 때문에 생기는 장애를 극복하면 생극론의 철학이 널리 자리를 잡도록 할 수 있다. 생극론의 용어를 일방적으로 번역하지 말고, 다른 여러 문명권에서 각기 생극론을 지칭해온 말을 찾아서 함께 쓰면 생극론이 인류 공유의 자산일 수 있다. 생극론은 正名에 집착하지 않고 多名으로 나아가 변통을 이룩한다. 하나로 고정되는 폐단이 있는 자기 이름을 부정하고 여럿으로 갈라진 실질을 살려야 생극론다울 수 있다.

❑ **문** : 생극론의 사고형태는 어디든지 있어 보편성을 지닌다는 것은 어떻게 입증하는가?

❑ 답 : 소설이 그 증거인 것은 이미 고찰한 바와 같다. 이론의 구속을 받지 않고 자유롭게 자라난 세계 도처의 민속극이 우리 탈춤과 상통하는 원리를 잘 갖추고 있어 더 좋은 연구 대상이다. 『카타르시스 · 라사 · 신명풀이』에서 시도한 이 작업을 확대하고 심화하는 것이 마땅하다.

❑ 문 : 氣철학에서 말한 생극론이 보편성을 보장해주는가? 理철학에서 말한 太極論의 理는 보편적이지 않은가?

❑ 답 : 理철학에서 말한 太極論의 理는 하나로 모아지며 성현의 가르침을 근거로 알 수 있다고 했다. 복고주의와 우상숭배는 학문의 발전을 가로막는다. 氣철학에서 말한 생극론은 萬殊를 향해 열려 있다. 여러 문명권의 많은 사례를 널리 포괄해 생극의 원리가 보편적임을 입증하는 성과를 나날이 확대한다.

태극론은 원래의 것이 참되다고 하는데, 생극론은 뻗어나는 것이 소중하다고 한다. 변증법은 여럿 가운데 누가 이기는지 가리지만, 생극론은 여럿이 대등하다고 한다. 변증법이 유럽문명권중심주의를 벗어나지 못하는 것과 같은 제약이 생극론에는 없다.

제6강 이론 성과 재음미

선후의 작업

독자적인 연구를 본격적으로 시작해 내놓은 성과가 첫 저서 『서사민요연구』(대구: 계명대학교출판부, 1970)이다. 이와 견주어 고찰할 수 있는 후속 작업을 『동아시아 구비서사시의 양상과 변천』(서울: 문학과지성사, 1997)에서 했다. 그 사이에 다른 책을 30여 권 내다가, 27년이 지난 뒤에 처음 다룬 내용을 취급 범위를 크게 확대해서 재론했다.

선행작에서 한 작업이 오랜 기간을 거쳐 거대한 규모로 자라나 후속작이 되었다. 이 둘은 문학의 기본 형태에 대한 독자적인 탐구를 통해 기존의 가치관을 뒤집어엎은 업적이다. 일정한 순서에 따라 여러 곳을 편력하면서 구비서사시를 찾아내 양상이 같고 다른 점을 고찰한 일관성이 있다. 공간 이동을 추적의 방법으로 삼고자 하는 욕구가 거듭 표면화되었다. 그러면서 지역의 크기와 취급 범위에서 커다란 차이가 있다. 직접 발로 밟고 다니던 소우주에서 수많은 책에서 얻는 정보를 근거로 추적하는 대우주로 나아갔다고 할 수 있다.

선행작에서 한국의 서사민요를 처음 본격적으로 조사하고 연구하면서, 서사민요 · 서사무가 · 판소리가 한국의 구비서사시를 이루고 있어, 그 셋을 총괄해서 고찰해야 한다고 했다. 후속작에서는 한국의 구비서사시를 동아시아 각 민족의 것들과, 다시 그밖의 여러 지역의 것들과 함께 고찰해서 세계서사시 일반론을 전개했다. 처음에는 한국 안의 한 지방 지도만 정밀하게 그리고, 이번에는 세계전도를 작성했다. 지도를 그리는 기법은 같으면서, 축척이 달라졌다.

선행작은 내가 나고 자란 곳에서 잉태되었다. 고향 마을인 경상북도 영양군 일월면 주곡이 산골이고 삼삼기를 많이 하는 곳이어서 부녀자들이 삼을 삼으면서 신세한탄을 하는 말로 부르는 노래가 많다는 사실을, 구비문학 연구자가 되어 되돌아가 현지조사를 통해서 재확인한 것이 연구의 시발점이었다. 근처의 다른 마을은 어떤가 알아보고 견주어 살피는 계획을 세워, 영양군, 청송군, 영천군으로 이어지는 계곡을 따라 남쪽으로 내려오면서, 영양군 주곡, 동부동, 신구, 북계, 청송군 신기, 청운, 감연, 복동, 영천군 상송, 자천 등 여러 마을에서 일관된 방법으로 조사를 했다.

그때 나는 대구 계명대학교에 재직하고 있어 현장이 그리 멀지 않았으나, 하루에 몇 번 다니는 시골 버스를 이용하기 불편하고 숙소를 마련하는 것도 쉽지 않았다. 기온이 35도를 넘는 날 몇 십 리를 걷기도 하고, 영하 20도의 추위를 견디며 냉방에서 자기도 했다. 그렇지만 노래를 부를 줄 아는 분들이 내가 관심을 가지는 것을 신기하게 여겨 오래 간직하고 있던 비장한 사설을 즐겨 공개했다. 세상에 처음 나온 카세트녹음기를 이용해 자료를 채록한 것이 다행스러운 일이었다. 그 모든 노력의 결정체가 396면 분량의 단행본으로 출간되었을 때 기뻐서 어쩔 줄 몰랐다.

채록한 사설은 책 뒤의 자료편에 수록하고, 그 앞의 연구편에서는 장르론·유형론·문체론·전승론을 갖추었다. 장르론에서는 서사시의 개념을 정립하고, 유형론에서는 유형과 각편의 관계를 밝히고, 문체론에서는 율격의 원리를 정립하고, 전승론에서는 문학사에 대한 새로운 이해를 얻었다. 상층의 지식이 아닌 하층의 생활에서 진정한 문학이 생겨나고 자라난다는 사실을 체험을 통해 확인하고, 평가를 높이는 위세와 창조하는 역량은 반비례한다는 진리를 깨달았다.

그 뒤에는 관심을 줄곧 넓혔다. 구비문학에다 기록문학을 합쳐서 고전문학 전체를 연구 대상으로 삼고, 거기다가 현대문학을 보태서, 한국문학사를 총괄하는 작업을 하고, 다시 다른 나라 문학에도 관심을 넓혀 세계문학사의 전개를 새롭게 이해하는 방안을 마련하는 데 이른 것이 그 동안의 경과이다. 후속작에서 동아시아구비서사시의 양상과 변천을 논해 세계서사시의 역사를 새롭게 파악한 것은 세계문학사의 이론을 정립하고자 하는 일련의 연구 성과 가운데 하나이다.

연구의 확대는 평가를 높이는 위세와 창조하는 역량은 반비례한다는 진리를 더 넓은 범위에서 검증하자는 것이다. 구비서사시에 관한 새로운 고찰을 통해서 그렇게 하는 작업을 한국에서 시작해서 동아시아로, 동아시아에서 그 주변의 아시아로, 거기서 다시 세계 전체로 나아가면서 진행했다. 기록되어 전하는 유럽문명권의 서사시를 세계서사시의 전범으로 삼아, 다른 곳의 자료에 관해서는 그것과 유사한 정도에 따라 진정한 서사시 여부를 가리는 잘못을 근본적으로 시정하고, 세계의 변두리라고 하는 데서 억압되고 유린된 민족이 구비서사시를 전승하고 창조해온 주역임을 이용 가능한 모든 자료를 통해서 밝혔다.

선행작에서는 고향 마을을 출발점으로 삼았듯이, 후속작에서는 제주도에서 논의를 시작했다. 제주도는 구비서사시의 다양한 형태가 제대로 전승되는 곳이면서 가까이 있어 자료에 접근하기 쉬운 이점이 있다. 서사시에 대한 인식이 잘못된 것을 바로잡는 작업의 시발점으로 최상의 조건을 갖추었다. 고향 마을에서 시작해서 다른 마을을 찾아간 것처럼, 제주도에서 시작한 여정이 한국 전체, 아이누, 유구, 만주족, 운남민족군, 중국, 일본, 월남, 몽골, 티베트, 키르기스, 필리핀, 타이, 타밀, 라자스탄, 니양가, 하와이, 끼체, 바빌로니아, 그리고 세계 전체로 동심원을 그리면서 단계적으로 확대되었다. 그렇게 해서 서사시가 신령서사시, 영웅서사시, 범인서사시의 단계를 거쳐 변천해오면서, 원시문학・고대문학・중세문학의 역사가 전개되어온 과정을 밝혔다.

그런 곳들을 찾아가 현지조사를 하는 것은 이룰 수 없는 희망이다. 이번에는 출판된 조사보고서를 있는 대로 찾아 이용하고, 여러 언어로 된 연구서를 모아 자료로 삼아야 했다. 국내의 도서관에서는 뜻을 이룰 수 없으므로, 여러 나라를 돌아다니면서 책을 사고, 복사를 하느라고 진땀을 빼야 했다. 자료를 읽어서 이해하고, 분석하는 수고도 만만치 않았다. 출간된 책은 506면에 지나지 않지만, 비용과 노력이 많이 들어가 있어 무게를 헤아리기 어렵다.

안팎의 탐구

저서가 얼마나 되는가? 이 질문을 받으면 난처하다. 우선 총수를 몰라 바로 대답할 수 없다. 목록을 찾아야 한다. 숫자를 들어 질문에 대답하면 대화가 끝나는 것은 아니다. 저서가 얼마나 되는가 하는 질문은 대답하기 더 어려운 질문을 내포하고 있다. 왜 그렇게 많이 썼는가?

이것을 캐물으려고 하는 것이다. 즐거워서 하다가 보니 그렇게 되었다고 하고 말 수는 없다. 진지한 대답을 다시 해야 한다.

스스로 되돌아보면 많이 쓴 이유는 우선 하고자 하는 말을 압축할 능력이 모자라기 때문이라고 할 수 있다. 『문학연구방법』(서울: 지식산업사, 1980)은 예외라고 할 수 있어 얼마 되지 않는 분량에 많은 사연을 함축하고 있다. 공연한 시비나 장황한 논증을 피하고, 스스로 따지고 깨달은 바만 간추려 제시했다. 그때 얻은 통찰력이 무디어져서 다른 책에서는 공연히 길게 썼다고 할 수 있다.

그러나 도를 닦고 들어앉아 있으면 할 일을 다 하는 것은 아니다. 이치는 그 자체로 밝히고 말 수 없으며 사실을 들어 시비해야 한다. 관심의 영역을 계속 확대하면서 지금까지 모르고 있던 사실을 발견해야 한다. 이렇게 생각하고 뛰쳐나가자 새로운 일거리가 감당하기 어려울 정도로 밀어닥쳤다. 하던 일을 제대로 마무리하지 않은 채 다른 작업에 이끌렸다.

확장을 능사로 삼아 많은 폐단이 생겨났다. 해놓은 작업이 너무 성글다. 마무리를 예견할 수 없다. 무엇이든지 미완으로 끝날 염려가 있다. 그래서 모든 노력이 하나로 모아지는 꼭짓점을 정해놓고 늦기 전에 거기 도달하려고 했다. 포기할 것을 가려내 노력을 분산시키지 않기로 했다. 언제나 젊다는 착각을 버리고 반드시 해야 할 일은 늦기 전에 끝내기로 했다. 필생의 역작을 정년퇴임한 다음으로 미루다가 뜻을 이루지 못하고 마는 전례를 따르지 않겠다고 다짐했다. 그래서 이룬 성과가 최근에 내놓은 『세계문학사의 전개』(서울: 지식산업사, 2002)이다.

『문학연구방법』은 영남대학교 시절에 이룩한 산책의 산물이다. 넓게 펼쳐져 있는 교정을 거닐면서 생각한 바를 아무 순서 없이 적어 두었다가 모아서 연결시켰다. 책을 써야 한다는 생각마저 없어 출판을 약속하지 않았다. 처음에 본문만 썼다가 연습문제는 교재로 사용하는 데 도움이 되도록 하려고 나중에 붙였다. 그때는 참고문헌이 모자라고 연구비도 없는 대신에 산과 들에 마음을 내맡길 수 있는 여유가 있었다. 불운이 행운이었다.

『세계문학사의 전개』는 서울대학교에서 해낸 작업의 결정판이라고 할 수 있다. 오래 계획하고 준비하는 단계를 거쳐 산더미 같은 책과 씨름해 얻은 성과이나. 비교석 넉넉한 연구비를 받은 덕분에 수많은 책을 인터넷을 통해 주문하고 외국에 가서 직접 사들이기도 해서 완결이 가능했다. 그런데 형편이 좋아지자 조용한 시간은 사라졌다. 제한된 기간에 감당하기 어려운 작업을 해치워야 하는 탓에 악전고투를 피할 수 없었다. 이번에는 행운이 불운이었다.

『문학연구방법』과 『세계문학사의 전개』는 여러 모로 대조가 된다. 안과 밖, 깊이와 넓이, 자아와 세계에 관한 탐구를 갖추었다고 할 수 있다. 하나는 禪宗에다 견줄 수 있다면, 하나는 敎宗에서 하는 것과 같은 작업을 했다고 하는 것이 더욱 적절하다. 가까이 있어 오래 친한 작품들과 나눈 정다운 대화와, 온 세계 모든 문학을 빠짐없이 끌어들여 펼쳐 보이려고 한 거창한 논의가 많이 다르다. 깊이 숨어 있는 이치를 찾아내자는 것과, 이 세상 끝까지 가보겠다는 것은 방향 설정이 상반된다. 22년이 지나는 동안에 작업의 방향이 달라진 것을 극명하게 보여준다.

그러나 어느 하나만으로 만족할 수 없어 둘 다 필요하다. 『문학연구방법』 덕분에 『세계문학사의 전개』를 쓸 수 있었다고 할 수 있다. 앞에서 막연하게 생각하고 있던 작업을 뒤에서 밀고나갔다. 근본 원리를 따지는 데서 추진력을 얻어 멀리까지 나아갔다. 다른 모든 것과 함께 문학에도 내면과 외면이 있어 함께 탐구해야 한다. 연구를 처음부터 다시 해보라고 해도 순서나 내용이 달라질 것은 없다.

두 책을 견주어보면 긴밀한 연관과 함께 현저한 차이가 있다. 작품 이해에서 시작해 문학사로 나아가던 체계가 문학사가 작품론이게 하는 쪽으로 바뀌었다. 부분의 대립적 총체에 관한 논의가 생극론이라는 이름으로 정립되었다. 문학 자체에 대한 관심이 역사와 철학을 포함하는 총체적인 인식으로 확대되었다. 그렇게 해서 한평생 할 수 있는 학문 창조의 작업을 내 나름대로는 후회 없이 진행해왔다.

두 책을 견주어 이렇게 말하는 것은 산의 한 꼭짓점과 다른 꼭짓점을 직접 연결시키는 논법이다. 산에 올라간 내력을 말하라고 한다면 훌쩍 건너뛰었다고 할 수는 없다. 그 꼭짓점 사이에 골짜기나 능선이 많고, 그 나름대로 높이를 자랑하는 봉우리도 적지 않다. 그 모든 것들을 거쳐 탐색과 모험을 거듭하면서 오르고 미끄러지고 했다. 그 내력을 다 들추면 너무 복잡하다.

홈페이지에 있는 목록을 보자. 단독저서 일련번호가 63번까지이고, 공저나 편저가 28종, 논문이 213편이다. (2007년 6월 26일 현재) 다른 여러 종류의 글도 적지 않다. 그것들이 모두 어떤 자리에 있는지 이해하기 쉽게 설명하는 것은 가능하지 않다. 그러나 꼭짓점을 찾아서 연결시키는 논법을 다시 쓰면서 각론으로 들어가기로 하면, 『문학연구방법』에서 『세계문학사의 전개』로 가는 길이 몇 가닥이었다고 정리해 말할 수 있다. 번거롭지 않게 하기 위해서 대표적인 저서 하나씩만 예증으로 들기로 한다.

한국문학의 실상을 소상하게 파악하려고 구비문학을 찾아다녔다. 민요, 설화, 탈춤, 판소리 등의 구비문학을 근거로 한국문학을 새롭게 이해하는 관점을 마련하기 시작했다. 한국문학사의 전개를 구비문학 · 한문학 · 국문문학을, 또한 고전문학과 현대문학을 포괄해 총체적으로 이해하는 작업을 했다. 『한국문학통사』(서울: 지식산업사, 제1판 1982-1988)를 본문 5권과 별책부록 1권 규모로 쓰고, 이미 내놓은 책을 세 차례 개고했다. 다시 한 번 개고해 제4판을 낼 예정이다.

학문의 대외의존을 비판하고 스스로 창조해 세계에 내놓는 연구를 하자는 주장을 폈다. 『우리 학문의 길』(서울: 지식산업사, 1993, 제2판 1996)에서 그릇된 학풍과 불합리한 사회여건에 대해 다각적인 비판을 전개하고 대안을 제시하는 학문운동을 시작했다. 그 뒤에 비슷한 성격의 책을 몇 권 더 써서 논의를 확대하고 발전시켰다.

문학과 철학의 상관관계를 해명하면서 문학연구에 적용되는 철학을 정립했다. 한국의 문학사와 철학사의 상관관계를 먼저 다루면서 생극론에 관한 고찰을 시작한 다음 『철학사와 문학사 둘인가 하나인가』(서울: 지식산업사, 2000)에서 논의를 세계 전체의 범위로 확대했다. 세계문학사를 새롭게 이해하는 데도 적극 기여하는 작업을 했다.

한국문학사 연구에서 얻은 성과를 확대해 동아시아문학사를 총체적으로 이해했다. 중세문학 재인식에 힘쓴 저술 삼부작이 이에 해당한다. 그 첫 권 『하나이면서 여럿인 동아시아문학』(서울: 지식산업사, 1999)에서 한시와 민족어시의 상관관계를 동아시아 여러 민족의 경우를 비교해 고찰한 것이 특히 중요한 내용이다.

동아시아문학사를 다른 문명권의 문학사와 비교해 세계문학사를 새롭게 이해하는 길을 열고자 했다. 삼부작으로 이루어져 있는 『소설의 사회사 비교론』(서울: 지식산업사, 2001)에서 소설의 사회사에 관한 다각적인 논의를 한국에서 동아시아로, 동아시아에서 세계 전체로 확대했다. 소설 이론의 유럽문명권중심주의를 비판하고 세계소설 일반론을 이룩하는 작업을 세계 도처에서 가져온 많은 예증을 들어 전개했다.

『세계문학사의 전개』를 내고 연구가 끝난 것은 아니다. 정상에 오른 다음에는 하산을 해야 하듯이, 많은 후속작업이 남아 있다. 거기까지 이른 작업의 총색인을 마련해야 한다. 문학사를 세계문학사로 확대해서 보는 것만 능사가 아님을 깨우치고, 문학사의 새로운 이해를 위해 또 하나의 길을 여는 지방문학사에 관한 책도 썼다. 지금까지 해온 연구를 재론해 잘못을 바로잡고 논의를 심화하는 작업이 길게 이어질 하산길에 남아 있다.

우리와 세계

세계문학사는 인류가 하나임을 입증하는 의의를 가진다. 세계문학사라는 개념을 설정하고, 세계 도처의 문학을 관심의 대상으로 삼고, 세계문학사를 실제로 쓰는 작업을 유럽에서 한 세기 반도 더 되는 기간 동안에 열심히 해온 것은 평가할 일이다. 그 결과 이루어진 수많은 저술은 근대학문의 빛나는 업적으로 기억될 것이다. 다른 문명권에서는 그럴 수 없었던 것을 부끄럽게 여기고, 깊이 반성해야 한다. 그렇다고 해서 그 전례를 뒤따르는 것을 능사로 삼지 말고, 한 걸음 더 나아가야 한다.

기존의 세계문학사는 유럽 밖의 많은 민족을 침략하고 지배해온 제국주의의 사고방식에서 벗어나지 못하는 결함을 지니고 있다. 그 이유가 자료가 부족하고 사실 인식이 미흡한 데 있지 않다. 유럽문명권이 우월하다고 강변하려는 의도에서 유럽문명권중심주의 사고방식을 견지하고 있는 것이 부인할 수 없는 사실이다. 자기네 문학이 가장 우월하다고 강대국끼리 다투는 장소로 세계문학사를 이용해왔다. 그런 잘못을 시정하겠다고 한 여러 가지 시도와 노력이 있었으나 만족스러운 결과에 이르지 못하고 있다.

프랑스에서 전 6권으로 내놓은 『문학의 일반적 역사』(*Histoire générale des littératures,* Paris: 1961)에 이르기까지, 유럽의 세계문학사는 모두 유럽문학이 세계문학이라고 하고 다른 여러 곳의 문학은 무시했다. 독일에서 『문예학의 새로운 핸드북』(*Neues Handbuch der Literaturwissenschaft*, Wiesbaden: 1978-1984)이라는 이름으로 다시 만든 세계문학사는 25권이나 되는 방대한 분량이지만, 아시아문학을 뒷부분에 첨부했을 따름이다. 그런 잘못을 시정하겠다고 선언하고 시작한 러시아의 『세계문학사』(*История Всемирной Литературы*, Москва: 1987-)도 문제점이 적지 않은데, 처음 계획한 10권 가운데 8권까지 나오고 중단되었다.

문학사에 관한 나의 작업은 『한국문학통사』 전 5권 (서울: 지식산업사, 제1판 1982-1988, 제4판 2005)에서 시작되었다. 그 책에서 한국문학사를 통괄하고 관심을 동아시아문학으로 확대해 『동아시아문학사비교론』(서울: 서울대학교출판부, 1993)을 출간했다. 거기서 더 나아가 세계문학사를 새롭게 이해하는 목표를 설정했다.

『세계문학사의 허실』(서울: 지식산업사, 1996)에서 위에서 든 셋을 포함한 8개 언어 38종의 세계문학사를 모두 검토하고 문제점을 지적하고, 새로운 출발을 다짐했다. 지금까지의 세계문학사 서술에서 제외되거나 폄하되어온 아시아와 아프리카 여러 곳의 문학을 충분히 포괄하고 정당하게 평가하며, 더 나아가서 문학사 이해의 기본 원리를 새롭게 정립하는 더욱 중요한 과업을 힘써 수행하겠다고 했다.

『카타르시스 · 라사 · 신명풀이』(서울: 지식산업사, 1997)에서, 고대 그리스연극, 중세 인도연극, 중세에서 근대로의 이행기 한국연극의 원리를 비교해 고찰하면서 세계연극사의 전개를 새롭게 이해하는 작업을 했다. 『동아시아 구비서사시의 양상과 변천』(서울: 문학과지성사, 1997)에서, 오늘날까지 구전되면서 시대에 따른 변천을 겪어온 구비서사시가 문학의 의의를 재평가하고 문학사의 시대구분을 다시 하는 근거가 된다고 했다.

『하나이면서 여럿인 동아시아문학』, 『공동문어문학과 민족어문학』, 『문명권의 동질성과 이질성』으로 이루어진 『중세문학의 재인식』(서울: 지식산업사, 1999) 삼부작에서, 공동문어문학과 민족어문학의 관계를 중심에다 둔 중세문학의 기본구조가 여러 문명권에서 서로 같다는 사실을 밝혔다. 『철학사와 문학사 둘인가 하나인가』(서울: 지식산업사, 2000)에서, 철학과 문학이 시대에 따라 가까워지고 멀어진 과정을 세계 전체의 범위에서 고찰하고, 그 둘이 가장 멀어지게 한 근대의 잘못을 시정하자고 했다.

『소설의 사회사 비교론』(서울: 지식산업사, 2001) 전 3권에서, 새로운 관점에서 문학사회학을 이룩하는 작업을 소설을 예증으로 삼아 다각도로 전개하고, 유럽에서 생긴 문학의 위기를 아시아 · 아프리카에서 극복하는 양상과 방향을 논했다. 마지막 순서로 『세계문학사의 전개』(서울: 지식산업사, 2002)를 써서, 원시문학, 고대문학, 중세문학, 중세에서 근대로의 이행기문학, 근대문학이 여러 문명권, 많은 민족의 문학에서 함께 전개된 양상을 두루 고찰했다.

이들 저서에서 세계문학사에 관해 탐구하면서 한국문학사를 되돌아 보았다. 한국문학사가 세계문학사에서 어떤 위치를 차지하는지 재검토했다. 그래서 얻은 결과 가운데 가장 긴요한 것을 셋 들면 다음과 같다.

(1) 한국에는 구비서사시가 많이 있으며, 구비서사시가 시대에 따라 변천한 과정을 잘 보여준다. 일본의 아이누, 중국 운남지방 여러 민족, 중앙아시아 터키계 여러 민족과 함께 서사시의 세계사를 재인식할 수 있는 논거를 제공하면서, 그 서두와 결말을 잘 보여주는 특성이 있다. 원시서사시를 전승하고 있는 점이 아이누의 경우와 상통한다. 구비서사시가 중세에서 근대로의 이행기문학으로 재창작된 성과를 특히 뚜렷하게 보여주었다.

(2) 한국은 중국·월남·일본과 동아시아 한문문명권을 이루면서, 월남과 함께 그 중간부에 자리 잡고 공동문어문학과 민족어문학을 둘 다 소중하게 여기면서 밀접하게 연관 지었다. 중심부는 공동문어문학을, 주변부는 민족어문학을 더욱 소중하게 여기고, 중간부에서는 그 둘이 대등한 의의를 가지는 것이 다른 문명권에서도 일제히 확인되는 공통된 현상이다. 산스크리트문명권의 타밀, 아랍어문명권의 페르시아, 라틴어문명권의 프랑스나 독일이 그 점에서 한국과 비교될 수 있다.

(3) 한국은 식민지 통치하에서 근대문학을 이룩하고 민족해방의 의지를 고취하는 과업을 아시아와 아프리카 여러 민족과 함께 수행했다. 일본의 식민지 통치는 특히 혹독해 정치적인 주장을 내세우지 않고 내실을 소중하게 여기는 항거의 문학을 이룩했다. 유럽 근대문학의

영향을 직접 받아들이지 못해 뒤떨어졌다고 할 수 있지만, 앞 시대까지 이미 이룩한 성과를 발전시켜 민족어문학을 널리 모범이 되게 확립했다. 오늘날 겪고 있는 정치적인 분단 때문에 민족의 동질성이 심각하게 훼손되지 않는 것이 그 때문이다.

문학은 구비문학에서 시작되고 발전되었다. 그 경과를 살피는 것이 문학사 이해의 필수적인 선결과제이다. 그러나 구비문학의 자료가 어디든지 많이 있는 것은 아니다. 문자를 사용하지 않는 민족은 구비문학만 간직하고 있지만, 기록문학이 발달하고 근대화가 많이 진행된 곳은 구비문학이 거의 사라졌다. 그런데 한국은 그 두 가지 특성을 함께 지녔으면서도 구비문학의 유산을 풍부하게 간직하고 있다. 원시시대의 구비문학에서 오늘날의 기록문학까지 세계문학사가 전개된 과정을 해명하는 데 필요한 최상의 증거를 한국에서 제시한다.

한국 남쪽의 섬 제주도 서귀포라는 곳에서 마을신의 유래를 풀어 밝히는 노래를 들어보자. 바람의 신이 못난 본부인은 버리고 아름다운 첩과 함께 제주도에 이르러 한라산에 올라가서 새 삶을 시작해 사냥을 하고, 부부관계를 하는 장면을 서술했다. 그 광경을 우연히 목격한 사냥꾼이 반갑게 여겨 절을 하자, 자기를 받들어 모시라고 했다. 사냥의 신이 스스로 사냥을 해서 모범을 보이고 사냥감이 번성하게 하는 것을 감사하게 여겨 신앙의 대상으로 삼은 내력을 그렇게 풀이했다. 이것은 가장 이른 시기에 이루어진 원시 수렵민의 신앙서사시이다. 세계문학사가 시작되는 모습을 한국에서 볼 수 있게 한다.

제주도의 다른 몇 곳에서 마을신을 찬양하는 노래는 그 다음 시기에 이루어진 고대의 영웅서사시라고 할 수 있다. 주인공의 부모가 모두 땅에서 솟아나서, 어머니가 무쇠철갑에 실려 왔다고 했다. 그 둘이 부부가 되어 함께 산 뒤에, 아버지가 농우를 잡아먹어 부모가 별거하게 되었다. 아버지는 아들을 미워해 철갑에 넣어 멀리 떠내려 보냈다. 아들은 먼 나라에 표착해 그 나라 부마가 되고 난리를 평정해 큰 공을 세웠다. 머리 둘·셋·넷 달린 도적을 죽였다고도 한다. 군사를 이끌고 귀국하자 아버지는 도망쳤다. 아들이 아버지의 지위를 차지해 제주도 전역을 다스렸다. 이런 내용을 갖춘 탐라국 건국서사시가 오늘날까지 구전되고 있는 것을 보고 신기하게 여길 것은 아니다. 이런 것이 세계 도처에 있었고, 지금은 그 일부가 문헌 기록에 전해지기나 한 영웅서사시의 실제 모습이다.

또 하나의 구비서사시인 판소리는 서사무가를 전승하는 무녀의 남편들이 독자적인 흥행을 하기 위해 처음 만들어냈다. 그 시기는 18세기 무렵이고 장소는 전라도이다. 판소리 광대는 고수를 따로 두어 반주를 맡기고, 최대의 기량을 가다듬어 인기 있는 공연을 하면서 음악에서나 문학에서나 다양한 자료를 풍부하게 끌어들여 다층적인 창조물이게 했다. 판소리는 하층민의 범위를 넘어서서 널리 환영받고 크게 평가되었으며, 독서물로 정착되고 유통되어 판소리계소설을 이루었다.

판소리의 사설은 다면적인 구조와 의미를 지녔다. 노래 부분인 창과 해설 부분인 아니리가 서로 다른 수작을 하고, 유식한 문어체와 상스러운 구어체를 함께 사용하는 점도 주목할 만하다. 어느 작품에서든지 중세적인 윤리관을 그대로 따를 것인가 뒤집어놓을 것인가를 두고 치열한 논란을 전개했다. 표면적 주제와 이면적 주제가 달라, 오늘날의 연구자들 사이에도 견해가 엇갈리고 논쟁이 계속된다.

「춘향가」는 기생의 딸 춘향이 사또의 아들 이도령 때문에 겪는 사랑과 이별을 문제 삼았다. 이도령을 받아들일 때에는 처지에 합당하게 행동하던 춘향이 이도령이 자기를 버리고 떠난 뒤에 후임 사또의 수청을 거절하다가 수난을 당했다. 그것은 열녀다운 행실인가 아니면 신분적 제약에서 벗어나기 위한 투쟁인가 두고두고 시비하게 한다. 작품을 해석하고 개작하는 사람들이 그 어느 한쪽에 서서 다른 쪽을 나무라게 한다. 그런 다면성 덕분에 소설본 「춘향전」이나 그 뒤 여러 형태의 개작본까지 지속적인 인기를 누린다.

중국에서 한문을 받아들여 한국은 동아시아 한문문명권의 일원이 되었다. 한문을 받아들인 시기는 기원 전후라고 할 수 있으나, 한문학 작품은 5세기 이후의 것이 남아 있다. 한문을 공동문어로 사용하고 유교와 불교에서 보편적인 이념을 얻어 한국이 중세화한 것은 역사 발전의 당연한 과정이다. 한문문명은 산스크리트문명·아랍어문명·라틴어문명과 추구하는 이상이나 내부적인 구조에서 많은 공통점을 가지면서 세계사를 새롭게 창조하는 구실을 했다.

중국·한국·일본은 한문문명권의 중심부·중간부·주변부이다. 월남 또한 한국과 같은 중간부라고 할 수 있다. 문명권의 중심부·중간부·주변부가 공동문어문학과 민족어문학을 중세전기, 중세후기, 중세에서 근대로의 이행기 동안에 어떻게 이룩했는가 말해주는 전형적인 본보기가 동아시아에 있다. 그 내역을 살피면 다른 세 문명권의 문학사에 널리 적용될 수 있는 공통된 원리를 발견할 수 있다.

한국이 중간부이고 일본은 주변부라고 하는 가장 뚜렷한 증거는 과거제 실시 여부이다. 한문학의 능력을 시험해 인재를 등용하는 과거제를 중국에서는 7세기부터, 한국에서는 10세기부터, 월남은 11세기부터 실시하고, 일본은 끝내 받아들이지 않았다. 그 결과 일본은 한문을 읽는 데 치중해 글 쓰는 능력이 모자랐으나, 민족어 글쓰기를 일찍부터 발전시켰다.

중세전기에 중국의 귀족문인들이 공동문어문학의 가치를 한껏 높이면서 창작 규범을 확립하고 문명권 전체의 고전을 창조할 때, 한국・월남・일본에서는 부러워하면서 배우고 따르고자 했다. 중세후기로의 전환이 일어날 때에는 한국이 적극적인 구실을 했다. 그 선두에 선 13세기 시인 李奎報는 한시가 민족과 민중에 대한 인식과 표현을 갖추어 민족문학으로서 커다란 의의를 가지게 했다.

명나라의 침공을 물리치고 주권을 되찾은 15세기 월남에서는 투쟁의 주역 阮廌가 한시를 혁신해 민족의식을 표현하고, 한자로 월남어를 표기하는 國音詩가 한시와 대등한 수준과 의의를 지닌 문학이게 했다. 같은 시기 한국에서는 독자적인 문자 훈민정음을 만들고, 왕조서사시 「龍飛御天歌」와 불교서사시 「月印千江之曲」을 지어 서사시의 전통을 표면화했다. 李滉은 「陶山十二曲」을 시조로 지어 민족어문학이 당대 최고이념을 나타낼 수 있게 했다.

한국에서는 '가사'라고 하고 월남에서는 '賦'(fu)라고 일컬은 민족어 장시에서 인생만사를 논하면서 어떻게 살아가야 하는지를 문제 삼는 작업을 함께 했다. 그런 시는 教述詩여서 서정시와 구별해야 마땅하다. 중세전기는 서정시의 시대였다가 중세후기 이후에는 서정시와 교술시가 공존하게 된 변화가 중국이나 일본에는 없고 한국과 월남에서만 나타났다. 문명권의 중간부에서만 민족어 교술시가 발달한 것은 다른 세 문명권에서도 일제히 확인되는 공통된 현상이다. 「農家月令歌」・「日東壯遊歌」・「龍潭遺詞」 같은 작품을 다른 여러 곳의 교술시와 비교해 고찰하는 것은 아주 흥미로운 과제이다.

주변부인 일본에서는 중세전기에 이미 공동문어문학보다 민족어문학을 더욱 소중하게 여겨 「萬葉集」이나 「源氏物語」를 이룩했으나, 중세후기문학으로의 전환을 소극적으로, 부분적으로 보여주는 데 그쳤다. 和歌의 형식과 작풍에서 일어난 변화가 그리 크지 않았다. 그러다가 중세에서 근대로의 이행기에 민족어문학인 소설과 희곡이 일본에서 큰 인기를 누리면서 성장했다.

같은 시기에 중국과 한국에서도 소설의 시대가 시작되었다. 작품 수는 서로 비슷하다고 할 수 있다. 중국에서는 불만을 가진 지식인이 소설을 써서 하고자 하는 말을 했다. 한국소설은 부녀자들이 즐겨 읽으면서 필사하는 동안 개작할 수 있었다. 중국소설은 작가소설이고 한국소설은 독자소설이라면, 일본소설은 출판인소설이었다. 소설을 상품으로 삼는 출판업이 일본에서 특히 발달했다.

중세에서 근대로의 이행기가 요구하는 사상 각성을 민족어문학보다 한문학에서, 일본보다 한국에서 한층 힘써 했다. 朴趾源의 「虎叱」을 보면, 삶을 누리는 것이 선이고, 삶을 해치는 것이 악인 점에서는 짐승이든 사람이든 서로 같다고 했다. 그런데 사람은 다른 생명체를 해칠 뿐만 아니라, 서로 못살게 구는 악행을 계속한다고 나무랐다. 힘으로 빼앗고 죽이지는 않는다 해도, 거짓된 글을 써서 천지만물의 삶을 유린하는 사이비 선비를 규탄해야 마땅하다고 했다.

그것은 혼자 이룬 성과가 아니다. 중국의 王夫之, 일본의 安藤昌益, 월남의 黎貴惇, 한국의 洪大容과 함께 한 생각을 朴趾源이 잘 가다듬어 설득력 있게 표현했다. 동시대 유럽에서 볼테르를 위시한 여러 계몽사상가의 사상 혁신 작업과도 주목할 만한 공통점이 있는 작품을 썼다. 유럽이 근대를 먼저 이루고 제국주의 침략의 길로 나서기까지 동아시아는 유럽과 대등한 보조를 취하면서 함께 나아갔다.

중세에서 근대로의 이행기 동안 진행한 혁신을 더욱 발전시켜 근대문학을 스스로 이룩하지 못하고, 유럽문명권의 세계 제패 때문에 침해를 받으면서 그쪽의 근대문학을 받아들여야 하는 것은 여러 문명권, 많은 민족이 함께 겪는 고난이었다. 그런데 고통의 양상과 해결책은 경우에 따라 달랐다. 일본은 '脫亞入歐'를 표방하고 식민지 통치자 대열에 가담했다. 중국은 반식민지 상태에서 내전을 겪으면서 문학창작에서도 노선 투쟁을 심각하게 벌였다. 월남은 한국처럼 식민지가 되었으나 통치자가 프랑스였다.

멀리 있는 유럽문명권의 어느 나라가 아닌 동아시아문명권의 이웃 일본의 식민지가 되어, 한국은 식민지 통치를 함께 겪은 아시아와 아프리카 다른 어느 민족보다 더욱 불행하게 되었다. 그 이유를 둘 들 수 있다. 첫째 유럽의 근대문학을 일본을 통해 간접적으로 받아들여야 하는 탓에 이해가 깊을 수 없었다. 둘째 일본은 식민지 통치를 합리화하는 정신적 우위를 확보하지 못하고 파시즘으로 기울어지는 무단통치를 강행해 언론과 사상의 자유를 전면 부인하는 폭압을 일삼았다.

첫째 조건이 표면상으로는 회복하기 어려운 불행이었다. 비평적인 논의를 보면 근대문학의 간접적 이식 때문에 생긴 차질이 심각했다. 그러나 실제 창작에서는 작가들이 스스로 의식하지 못하면서도, 민족문학의 전통을 계승하고 근대문학의 자생적인 원천을 활용하는 방법으로 문제를 해결해 제3세계에 널리 모범이 된다고 할 수 있는 민족문학을 이룩했다.

둘째 조건 때문에 일제에 정면으로 항거할 수는 없었다. 일본 자체에서 생겨나자 바로 압살된 프롤레타리아문학을 식민지에서 할 수 있다고 여긴 것은 잘못이었다. 투쟁의 구호는 내세우지 않고 오직 내실만 소중하게 여기면서, 암시, 상징, 풍자 등의 방법으로 식민지통치를 비판하고 민족해방의 의지를 다지는 문학을 하는 것이 마땅한 대응책이었다. 문학이 스스로 표방하지 않으면서 민족을 이끄는 사명을 맡아 깊은 신뢰를 얻어냈다.

시의 양상을 보면 표면의 혼란이 내면의 깊은 층위까지 이르지 않는다. 한편에서는 시조를 부흥하자고 하고, 다른 쪽에서는 일본의 전례에 따라 자유시를 써야 한다고 할 때, 그 어느 쪽에도 기울어지지 않은 시인들이 있어 전통적 율격을 변형시켜 계승하면서 일제에 항거하는 민족의 의지를 고도의 시적 표현을 갖추어 나타냈다. 이상화·한용운·김소월이 그 선두에 서서 남긴 뛰어난 작품이 널리 애송되고 민족문학의 자랑스러운 유산으로 평가되는 것은 일본이나 중국에서는 볼 수 없는 일이다.

일제 통치 말기에 옥사한 이육사와 윤동주는 정치적인 시인이 되고자 하지 않았다. 민족주의 이념의 시를 써서 민족의 시인이 된 것도 아니다. 고결한 마음씨를 가지고 시대의 어둠에 휩쓸리지 않고 진실하게 살고자 하는 염원을 소박한 서정시로 나타냈을 따름인데, 일제가 체포하고 감금해 생명을 잃도록 만들어 민족해방투쟁을 위해 순교한 지사의 반열에 올려놓았다. 문학은 정치노선이니 민족의식이니 하는 명분보다 월등하게 높은 위치에 있다는 것을 입증했다.

근대소설을 확립한 염상섭은 「삼대」(1931)에서 시대 변화와 함께 나타난 사고방식의 차이와 노선 투쟁의 심각한 양상을 어느 한쪽에 서지 않으려고 하면서 다면적으로 그렸다. 강경애는 「인간문제」(1934)에서 지주의 수탈에 견디다 못한 소작인이 도시로 나가 공장노동자가 되어 공장주를 상대로 더욱 거세게 싸우지 않을 수 없게 되는, 식민지하에서 전개된 무산계급 해방투쟁의 전형적인 과정을, 연약한 여성을 주인공으로 하고 섬세한 감수성을 보여주는 문체로 그려나갔다. 채만식은 「탁류」(1937)에서 마음씨가 선량한 탓에 험악한 현실에 바로 대처하지 못하는 가련한 여인의 운명을 그리면서 의식이 깨어날 것을 암시하는 작업을, 판소리를 계승하면서 전개했다.

식민지통치에서 해방된 뒤에는 남북이 분단되고, 양쪽의 작가들이 서로 교류하지 못한 채 각기 다른 문학을 했다. 남쪽에서는 유럽문명권 문학의 새로운 사조를 받아들여야 한다는 비평가들이 커다란 영향력을 행사하고, 북쪽에서는 사회주의적 사실주의를 창작의 지침으로 삼았다. 그러면서도 민족사의 전개를 서사시나 역사소설에 담아 기념비적 작품을 이룩하고자 한 것은 서로 같다. 그런 작품인 북쪽의 조기천의 「백두산」과 이기영의 「두만강」이, 남쪽의 신동엽의 「금강」과 박경리의 「토지」가 높이 평가되고 많은 독자의 호응을 얻었다.

위에서 든 세 가지 사실은 한국문학사가 기존의 편견을 넘어서 세계문학사를 실상대로 깊이 이해하는 데 크게 도움이 되는 구체적인 증거이다. 세 가지 사실을 한국의 경우와 대등한 증거력을 가지고 하나씩 갖춘 개별문학은 많이 있다. 그러나 셋을 구비한 곳은 한국뿐이다. 한국문학을 제대로 알아야 세계문학을 올바르게 이해할 수 있다고 주장해도 좋다.

그렇다고 해서 한국문학은 우수하다고 말하지 말아야 한다. 문학에서 우열을 다투는 것은 그릇된 사고방식이다. 문학의 가치는 상대적이다. 역사적인 단계나 상황에 따라, 관점에 따라 달라진다. 상황이 달라지면 새로운 관점을 택해 문학사를 다시 쓰는 것이 당연하다. 내가 한 작업은 그런 제한성과 특징을 가지면서 당면하고 있는 역사적 과업 수행에 기여하고자 한다.

한국문학에 세계문학사 전개를 새롭게 이해하는 데 필요한 소중한 증거가 있다고 할 수 있는 이유를 간추려 정리해보자. (1) 다른 여러 곳에서도 널리 갖추고 있다가 중간에 상실한 유산을 한국에서는 비교적 잘 보존하고 있다. 구비서사시가 이에 해당한다. (2) 문명권의 중심부나 주변부에서는 없는 특징을 중간부에서 지녀 문명권의 구조와 변천을 잘 이해할 수 있게 한다. 공동문어문학과 민족어문학의 관계는 이에 해당한다. (3) 식민지 통치를 겪으면서 당한 격심한 불행이 보람 있는 창조의 원천이 되었다. 근대문학은 이에 해당한다.

(3)은 민족분단의 고통을 넘어서 통일을 바람직하게 성취하는 데 문학이 큰 기여를 한다고 믿을 근거가 된다. (2)는 불필요한 갈등을 넘어서서 동아시아 여러 나라가 동일 문명권의 결속을 다시 다지는 데 한국이 주도적인 구실을 해야 하는 이유가 된다. (1)은 문자생활을 제대로 하지 못해 구비문학을 소중한 유산으로 삼아 미래를 창조하고자 하는 많은 민족의 동지 노릇을 하는 임무가 한국인에게 부여되어 있다고 말해준다.

자각의 방향

험한 세상에서 우리 민족은 어떻게 살아가야 하는가? 이에 관해 단점 고치기 처방이 오랫동안 유행했다. 일본을 암묵적인 비교대상으로 삼고, 그쪽보다 못한 단점을 고쳐야 한다는 주장이 이광수의 「민족개조론」 이래로 계속 나왔다.

그러나 단점은 고치기 어렵고, 설사 가능하다고 해도 비교대상이 되는 쪽보다 앞서지는 못하므로 2등이 되는 것을 최대의 목표로 삼아야 한다. 이제 세계화시대가 되어 어느 분야에서라도 1등이 되어야 경쟁력을 가진다. 단점 고치기 처방을 따르면 노력을 낭비하고 기회를 놓치고 만다. 이제 단점 고치기를 버리고 장점 살리기를 새로운 방안으로 삼아야 한다. 장점은 살리기 쉽고 얻는 효과가 크다.

우리는 일본인과 다른 어떤 특징이 있는지 오랫동안 궁리하다가, 일본에 가서 연구하고 강의하는 동안에 결론을 얻었다. 일본보다 앞설 수 있는 우리의 장점은 셋이다. 하나는 음식이고, 하나는 철학이고, 하나는 공연예술이다. 이에 관해 『인문학문의 사명』(서울: 서울대학교출판부, 1997)에서 고찰한 내용을 간추리고 새로운 생각을 보탠다.

일본에서는 식품을 그냥 드는 것을 으뜸가는 음식으로 삼는다. 지금은 공해 때문에 사정이 달라져 조리하는 과정을 거쳐야 하고 양념이 필요하다. 우리는 출처가 상이한 여러 재료를 다채로운 양념과 배합해 빚어내는 오묘한 맛을 즐긴다. 김치와 비빔밥을 그 좋은 본보기로 삼아 세계에 내놓는다. 일본이 부러워해서 따르려고 하는 것을 경계하면서 멀찍이 앞서 나가야 한다.

철학은 어떤가? 『우리 학문의 길』(서울: 지식산업사, 1993)의 한 대목 「일본 철학사가 있는가」에서 따져본 바와 같이, 일본에는 일본철학사라는 서적도, 학문 분야도 없다. 철학사를 꾸릴 만한 유산이 부족하고, 철학은 서양에서 수입해야 한다고 생각하는 두 가지 이유가 겹쳤기 때문이다. 우리는 조상 대대로 철학에 많은 노력을 기울였다. 공리공론에 몰두하다가 나라를 잃었다는 비난을 이제 반대로 돌려야 한다. 수입학을 넘어서는 창조학을 이룩해 세계 학문 발전에 남다르게 기여할 가능성이 철학하는 능력에서 보장된다. 상생이 상극이고 상극이 상생이라고 하는 생극론이 가장 큰 힘을 발휘한다.

우리는 공연예술에 남다른 열성이 있었다. 옛적 중국 역사서에서 우리 민족은 "길을 가면서 밤낮으로 늙은이든 젊은이든 모두 노래 부른다", "백성들이 노래 부르고 춤추기를 즐긴다"고 했다. 그런 전통이 살아 있어 노래 부르고 춤추는 것을 일상생활로 삼다시피 하고 뛰어나게 잘 한다. 중국이나 일본에서는 시각적인 조형물을 크게 만들고 정교하게 꾸미지만, 우리는 많은 사람이 함께 즐기는 공연예술을 자랑으로 삼는다.

우리 공연예술의 특징은 역동성이다. 일본 전통극을 연구하는 학자가 우리 탈춤을 보고 놀라울 정도로 활기가 넘치고 몸놀림이 빨라 큰 충격을 받았다고 했다. 자기네 탈춤은 움직임을 감지하기 어려울 정도로 느리게 진행되는 것과 너무나도 달라, 왜 그런지 두고두고 연구한다고 했다. 연원뿐만 아니라 환경도 달랐다. 민중의 연극이 상층문화의 침해를 받지 않고 상업화되지도 않으면서 순수성을 그대로 보존한 것이 우리에게만 있었던 일이다.

풍물을 치고, 탈춤을 추며 하는 신명풀이가 면면히 이어져왔다. 신명풀이란 마음속에 맺히고 얽혀 있는 것들을 시원스럽게 털어놓는 즐거움이다. 대등한 자격을 가지고 자발적으로 참여하는 여러 사람이 싸움이 화해이고 화해가 싸움임을 함께 확인하면서 그렇게 한다. 그것은 다른 나라 연극과 구별되는 탈춤의 원리이면서 한국문화 전반의 특성이다. 삶의 활력을 얻고 보람된 창조를 이룩할 수 있게 하는 비결이다.

탈춤이 보여주는 그런 모습을 『탈춤의 역사와 원리』(서울: 홍성사, 1979)에서 다각도로 고찰했다. 『카타르시스 · 라사 · 신명풀이』(서울: 지식산업사, 1997)에서는 우리 공연예술의 원리를 다른 두 가지 원리와 비교해 고찰했다. 그 두 책을 합치고 다른 내용을 보탠 『탈춤의 원리 신명풀이』(서울: 지식산업사, 2006)에서 고찰의 범위를 확대했다. 생극론에 관한 탐구는 『한국의 철학사와 문학사』(서울: 지식산업사, 1997), 『철학사와 문학사 둘인가 하나인가』(서울: 지식산업사, 2000) 등에서 더욱 진전시켰다.

여기까지가 한류의 연원에 관한 논의이다. 지금 창작되는 방송극, 영화, 대중가요 등의 공연예술이 밖으로 나가 아시아 이웃 나라 사람들에게 크게 환영받는 한류 현상은 공연예술의 오랜 전통에 연원을 둔다. 이에 대한 깊은 연구가 없이 흐름을 말하는 것은 잘못이다. 연원은 고갈시키고 흐름을 크게 만들려는 것은 어리석다.

공연예술에서 확인되는 연원은 다른 두 가지 장점과 밀접하게 관련되어 있다. 대등한 자격을 가지고 자발적으로 참여하는 여러 사람이 싸움이 화해이고 화해가 싸움임을 함께 확인하는 신명풀이의 원리가 김치나 비빔밥 같은 음식 만들기에도 나타난다. 생극론은 싸움이 화해이고 화해가 싸움임을 상생과 상극이라는 용어를 사용해 논의하는 신명풀이 철학이다. 개개의 것들이 각기 살아 있으면서 하나를 이루는 것이 공통된 원리이다. 그것은 사회의 구성과 발전을 바람직하게 하는 방법이기도 하다. 이 모든 것들에 대한 다각적이고 종합적인 연구를 깊이 있게, 철저하게 해야 한다. 수입학문은 무력하고, 사회과학의 여러 분야는 장님 같다. 주체적이고 창조적인 인문학이 큰일을 맡아야 한다.

한류의 흐름이 막히지 않고 더욱 세차고 풍부하게 하도록 하겠다는 노력은 이미 많이 하고 있어 더 하라고 할 것은 아니고 제대로 하라고 해야 한다. 연원에 대한 연구와 인식이 소중하다는 것은 아무리 강조해도 지나침이 없다. 역동적인 신명풀이라고 일컬을 수 있는 창조의 원리를 탐구하고 체득하고 활용해야 한다. 대중문화로 만족하지 않고, 고급

문화로 나아가야 한다. 생극론 철학의 전통을 다각도로 활용하는 학문 이론이 커다란 목표이다. 우리 이익을 취하는 데 급급해 반발을 사지 말고, 세계 문화의 새로운 발전을 선도해 널리 도움을 주어야 한다. 진정한 의미의 문화대국을 만든다는 국정 목표가 분명해야 그럴 수 있다.

제3의 길

우리는 지금 어디로 가야 하는가를 두고 심각한 의견 대립이 있다. 제1세계에 진입하기 위해서 온갖 힘을 기울여야 한다고 한다. 지금이라도 늦지 않았으니 제2세계의 길에 들어서야 한다고도 한다. 그러면서 각기 그런 방식의 통일을 구상한다. 한편에서는 남쪽이 서독처럼 부강한 제1세계 국가가 되어 북쪽을 흡수하는 통일을 해야 한다고 생각한다. 한편에서는 남쪽의 자본주의가 파탄에 빠지고 북쪽의 사회주의는 더욱 강력해져서 월남에서 한 것과 같은 통일을 이룩해야 한다고 믿는다.

그런데 두 가지 주장 가운데 어느 쪽에 기꺼이 동의하는 사람은 많지 않다. 주장하는 대로 실현될 수 있는가도 의문이지만, 과연 바람직한 방향을 제시했다고 할 수 있는가 따져보지 않을 수 없기 때문이다. 제1세계에 뒤늦게 진입해 선진국이 되었다고 한들, 말석을 면하지 못하는 위치에서 선두를 추종하기나 할 것이니 자랑스러울 것이 없다. 일본의 전례를 따라 경제대국이 되지는 못하면서 자기비하를 일삼는 문화소국의 폐단부터 빚어낼 염려가 있다. 제2세계는 사회주의를 지키기 위해서 시장경제를 받아들여 빈부차이를 벌리고 분배의 정의를 희생시켜 사회주의를 스스로 유린해야 하는 상황이다. 중국에서 겪고 있는 시련을 되풀이해야 할 이유는 없다.

제1세계든 제2세계든, 그 어느 쪽으로 가도 막차를 타는 불행을 자초한다. 우리가 택해야 할 진로는 제1세계도 아니고 제2세계도 아니고 제3세계이다. 제3세계의 길을 스스로 찾아나서는 것 외에 마땅한 대안이 없다. 제1세계 안에서 제3의 길 운운하는 데 현혹되지 말고, 제3세계의 광대한 영역에서 이루어지고 있는 역사창조를 선도하는 방향을 찾아야 한다. 민족통일을 바람직하게 이룩하고, 세계를 위해 널리 기여하는 최상의 방안이 거기 있다.

제3세계의 길이 어디 있는가? 이에 내해서는 정해진 해답이 없다. 제3세계 다른 나라의 전례를 따르면 되는 것은 아니다. 제1세계의 노선과 제2세계의 이념을 둘 다 받아들이면서 넘어서서 인류 역사를 새롭게 창조하는 제3세계의 길은 제3세계 여러 민족이 각기 자기 역량을 발휘해서 스스로 모색하고, 연구하고, 실현하는 데 동참해 그 성과를 확대해야 한다. 아직까지 뚜렷한 성과가 없고, 실패를 거듭한다고 하는 이유에서 물러설 수 없다.

제3세계 여러 나라에서 실제로 하고 있는 작업의 총체가 제3세계의 길인 것은 아니다. 제1·2세계의 잘못을 시정하고 세계사의 미래를 바람직하게 창조하려는 소망은 모자라지 않으나, 방향을 제시하고 방법을 마련하는 성과는 뚜렷하지 않다. 부분적이고 단편적인 시도가 있을 따름이고 총괄에는 이르지 못했다. 제3세계의 길이라는 말은 불만스러운 현황을 의미해 동의를 얻기 어려운 점이 있으므로, 미래의 가능성을 지칭하기 위해 제3의 길이라는 말을 사용하는 것이 좋다.

우리는 제1세계 또는 제2세계의 말석을 차지할 후보라고 착각해 스스로를 격하하지 말고, 제3세계의 선두임을 자각하고 세계사의 새로운 창조를 주도하는 임무를 수행하는 것이 마땅하다. 우리가 제3세계라는 것은 의식의 지향에서 특히 중요한 의의를 가진다. 제3의 길을 찾고 실현하는 데 우리가 지닌 학문의 전통, 경제적이고 사회적인 역량을 적극 활용하는 것이 인류를 위해 봉사하는 길이다.

제3의 길로 나아갈 주체는 누구인가? 기업인인가? 아니다. 제1세계는 기업인이 주도하지만, 제3세계는 그럴 수 없다. 정치인인가? 아니다. 제2세계는 정치인이 움직이고 있지만, 제3세계는 그렇지 않아야 한다. 제3의 길로 나아가기 위해서는 문화창조가 앞서야 산다. 문화창조자가 나서서 바람직한 미래를 구상하는 총체적인 설계도를 마련해 기업인이나 정치인이 해야 할 일까지 알려주어야 한다.

제1세계나 제2세계도 태동기부터 기업인이나 정치인의 독무대였던 것은 아니다. 문화창조자들이 역사의 방향을 찾고, 새로운 사회구성을 염원했다. 막연한 공상이거나 무리한 주장이라고 생각되던 것들이 구체화되어 역사가 바뀌었다. 설계를 위해 진력한 문화창조자는 시공단계에 이르자 뒤로 밀려나고, 기업인이나 정치인이 전면에 나서서 실권을 잡았다. 그 때문에 제1세계나 제2세계에서는 학문을 하거나 작품을 창작하는 사람들은 무력하기만 하다.

그러나 이제 문화창조자가 다시 나서야 할 때가 되었다. 제3세계가 제1세계나 제2세계와는 다른 방향으로 나아가 세계사를 새롭게 여는 지침서를 마련하는 작업은 문화창조자의 임무이다. 그렇게 하기 위해 정신을 차리자. 인류 역사는 종말에 이르렀다고 하는 거짓말에 현혹되지 말자. 공산주의 사회의 도래가 희망찬 미래라는 예언이 빗나가서 생긴 당혹감에 말려들지 말자. 세계사를 꿰뚫어보는 새로운 통찰력을 가지고, 불행한 시대인 근대를 극복하고 다음 시대를 맞이하는 데 제3

세계 문화창조자가 앞장서야 한다.

그처럼 거대한 임무를 온통 감당할 초인이 따로 있지 않으니 목 놓아 부를 것은 아니다. 학문을 하거나 작품을 창작하는 우리 모두가 지구를 돌리는 역군임을 자각하자. 지금 하고 있는 일의 세계사적 의의를 깊이 자각하고 더욱 절실하게 구현하면, 세상 사람들이 미처 모르고 있는 가장 내밀한 영역에서부터 시작해서 신천지가 전개된다.

그 작업의 일부를 내 나름대로 맡아서, 제3세계학문에 관한 서론을 쓰면서, 제1·2세계학문과 제3세계학문의 기본관계부터 문제 삼는다. 제3세계의 학문은 제1세계와 제2세계의 학문과는 별개로 이루어질 수 있는 것이 아니다. 그 둘에 대한 비판적 대안이 제3의 길로 나아가는 학문이다. 그 둘을 가져와 버릴 것을 버리는 대안을, 받아들여야 할 것을 개조해 만드는 작업을 해야 제3의 길을 실현하는 학문이 이루어진다. 그런 내용의 학문론을 이룩하려고 책을 여러 권 쓰고 있다.

제1세계의 학문은 조화로운 생성을 뜻하는 상생에 치우쳐 있다. 제2세계의 학문은 투쟁을 통한 발전을 뜻하는 상극에 치우쳐 있다. 그래서 둘 다 버려야 하는 것은 아니고, 둘을 합쳐서 넘어서야 한다. 상생에 치우친 결함은 상극으로 시정하고, 상극으로 해결책을 삼기만 하는 편향성을 상생의 실현을 통해서 바로잡아, 상생과 상극을 둘 다 온전하게 하는 생극을 이룩해야 한다. 생극론의 학문철학을 이룩하면서 구체적인 연구를 추진한다.

최근에 한 작업은 소설사의 이론을 세계적인 범위에서 다시 마련하는 것이다. 제1세계와 제2세계에서 각기 이룩한 선행연구에 그 나름대로의 의의와 한계가 있으므로, 받아들여 이용하면서 넘어서야 한다. 제1세계는 '소설'에 치우치고, 제2세계는 '사' 쪽으로 뻗은 것을 한데 합치고 바로잡아 '소설사'를 제대로 파악하는 것이 제3의 길로 나아가는 학문의 임무이다.

제1세계의 전례를 가져와서 소설을 논하면 작품의 세부를 정밀하게 파악할 수 있는 이점을, 전체의 시야를 상실하고 표면에 나타난 현상을 산만하게 살펴 논리를 저버리는 폐단을 시정하면서 살려야 한다. 제2세계에서 사회사와 문학사를 연결시키는 역사적 인식을 확보한 성과는, 역사관의 이념화 때문에 생긴 경직된 사고를 비판하면서 활용해야 한다.

그러나 제1세계와 제2세계의 학문을 함께 받아들여 서로 부딪쳐 잘못을 시정하는 것은 한 단계 작업이다. 양쪽이 함께 지닌 결함을 알아차리고 크게 넘어서는 더 큰 작업을 해야 그 다음 단계로 나아간다. 제1세계와 제2세계가 공유하고 있는 유럽문명권중심주의와 근대지상주의를 시정하고, 여러 문명권에서 이룩한 다양한 창조를 근대 다음의 시대를 설계하는 원천으로 사용하는 것이 한층 차원 높은 작업이다.

제1세계에서 소설을 평면적으로, 미시적으로, 부분적으로 이해하는 것은 그쪽의 소설이 우연하게 나타나는 개인적 관심사를 다루는 데 그치면서, 사회적인 갈등이나 구성상의 긴장을 해체했기 때문이다. 소설에서 역사의식이 빠져나갔으므로 소설의 역사를 이해하는 이론이 사라졌다. 제2세계에서는 지도적인 이념을 실현하기 위해 분투하는 긍정적인 주인공의 전형적인 모습을 그리는 데 힘써야 하므로, 소설사의 전개를 둘러싼 심각한 논란이 단순화된다. 그러나 제3세계소설에서는 개인과 집단, 우연과 필연, 조화와 갈등의 복잡한 관계를 아무런 정형 없이 마구 파헤치면서, 역사의 방향에 대한 치열한 공방전을 펼친다.

제1세계의 중심지 유럽의 소설은 죽었다고 그쪽에서 먼저 말하고 있다. 제2세계의 지도국가 러시아의 소설은 살아 있어 대안을 제시한다는 주장은 설득력을 잃고 물러났다. 지금 한창 살아 있어 세계문학사의 미래를 창조하는 소설은 제3세계소설이다. 아프리카의 작가들이 그 점을 특히 선명하게 인식해 놀라운 작품을 내놓으면서 인류 전체를 위한 선지자 노릇을 하고 있다. 거기에 우리도 함께 가야 할 넓게 열린 길이 있다.

소설에 관한 논의를 두 차례 했다. 『한국소설의 이론』(서울: 지식산업사, 1977)에서는 이른 시기 우리 소설 연구에서 일반이론 정립을 위한 길을 열고자 했다. 20여 년에 걸친 후속 작업을 한 결과 『소설의 사회사 비교론』 전 3권(서울: 지식산업사, 2001)을 다시 써서 위와 같은 논의를 전개하는 근거를 마련했다. 세계 전역의 소설을 시대를 통괄해 고찰하는 작업에서 세계 인식을 바로잡는 데 이르렀다. 생극론을 방법으로 삼아 그 보편적인 의의를 입증하는 데 한 걸음 더 나아갔다.

소설을 두고 내가 한 작업은 제3의 길로 나아가는 학문의 한 본보기에 지나지 않는다. 제3의 길을 찾아 실현하고자 하는 인류의 소망을 작은 범위 안에서 구체화해보았을 따름이다. 이런 연구가 여러 분야의 학문에서 널리, 다양하게 이루어져 성과를 합쳐야 미래를 창조하는 설계도를 제대로 마련하고, 실천력을 조금씩 확보해 나갈 수 있다. 생극론에 입각한 연구를 다방면에서 활발하게 진행하면서 성과를 집적하고, 현실 문제 해결에 적극 활용하는 것이 진전을 위해 특히 유효한 방안이다.

연구의 진행 방법에서도 새로운 방안을 마련할 필요가 있다. 제1세계에서는 연구를 개인의 작업으로, 업적을 사유재산으로만 여기고 저작권을 극도로 보호한다. 남들과 구태여 다른 말을 해야 행세하도록 한다. 제2세계에서는 일정한 계획에 따라 진행되는 집체연구를 바람직한 방법으로 삼고 얻은 성과를 공유재산으로 삼고자 한다. 개인의 창의력은 존중되기 어렵다. 우리는 양쪽이 각기 지닌 폐단을 시정하는 제3의 길로 나아가야 한다.

각자의 창의력으로 연구를 진행하면서 토론을 통해 협동하는 것이 마땅하다. 아직 의심스러운 성과는 사유재산으로 남겨두고, 토론 결과 함께 인정할 수 있다고 판정되는 것은 공유재산으로 축적해 함께 이용하는 것이 최상의 방안이다. 생극론은 원천이나 기본 발상이 이미 공유재산이다. 생극론으로 문학이론을 마련하고, 문학 · 역사 · 철학사를 아우른 총체적인 역사관을 마련해 미래를 설계하고자 하는 작업에도 사유재산을 넘어서서 공유재산으로 평가될 것들이 있어 동참자들이 함께 이용하고 함께 분투할 수 있기를 바란다.

토론

❑ **문** : 생극을 '生剋'이라고 하지 않고 '生克'이라고 하는 것은 무슨 까닭인가?

❑ **답** : 옛 사람들도 '生克'이라고 했다. '克'이면 그만인데, '刀'를 공연히 붙였다. 칼로 이기면 된다고 옹졸하게 생각하지 말아야 하므로 '刀'가 없는 '克'을 사용하는 것이 마땅하다.

❑ **문** : 서사민요를 조사하고 연구하기 시작할 때 결과를 어느 정도 예상했는가?

❑ **답** : 막연한 예상이 적중해 기대 이상의 결과를 얻었다.

❏ 문 : 어떻게 하면 그럴 수 있는가? 누구나 따를 수 있는 요령을 제공해주기 바란다.

❏ 답 : 생각을 많이 하면서 적합한 연구 대상을 선택하는 것이 요령이다.

❏ 문 : 생각이 많으면 위태롭다고 하지 않았는가?

❏ 답 : 대상과의 관계를 가지고 생각하고, 생각한 바를 대상을 통해 나타내면 위태롭지 않다. 여러 곳의 많은 경치를 보면서 마음에 오래 간직한 그림을 특징의 경치를 화폭에 옮겨놓으면서 드러내는 것과 같다. 마음에 없는 그림은 그릴 수 없다. 그리는 대상이 없으면 마음의 그림이 나오지 않는다. 경치가 좋으면 누구나 그림을 잘 그릴 수 있는 것은 아니다. 그림을 잘 그리는 사람은 그리는 대상이 무엇이든 상관이 없는 것도 아니다. 서사민요는 마음의 그림이 나오게 하는 좋은 대상이었다.

❏ 문 : 한국문학의 보편적 의의에 관한 인식이 왜 이제야 이루어지는가? 동질성 확인을 위한 비교 대상을 만나지 못한 데 이유가 있는 것이 아닌가?

❏ 답 : 그렇다. 처음에는 중국문학, 다음에는 일본문학과 유럽의 근대문학을 평가의 척도로 삼아 한국문학의 특수성이 비정상이라고 한 것이 크게 잘못되었다. 주체성 고양으로 반론을 제기하려고 하지 말고, 세계문학을 널리 살피면서 비교연구를 정상화해야 한다. 구비문학을 소중한 유산으로 삼는 많은 민족과 함께 한국의 경우를 고찰해, 구비문학에서 기록문학이 생겨나고 자라난 과정에 대한 일반론을 정립해야 한다. 터키계 여러 민족과의 비교가 특히 긴요하다. 한국이

문명권의 중간부여서 중심부의 중국이나 주변부의 일본과 상이한 문학을 이룩해온 내력을 중간부들끼리 비교해 보편적 양상을 확인해야 한다. 같은 문명권에 속하는 또 하나의 중간부 월남의 경우를 힘써 연구해야 한다. 근대문학은 유럽근대문학의 이식이라고 하는 잘못에서 벗어나, 제국주의 침략에 맞서는 지혜를 자기 전통의 혁신에서 찾아낸 성과를 세계적인 범위에서 살피는 작업의 하나로 우리의 경우를 다루어야 한다. 아랍문학에 대한 이해가 특히 긴요하다. 방향 전환의 필요성을 역설하고, 예비적인 고찰을 하는 것이 내가 해온 일이다. 노력을 기울였어도 능력과 시간이 함께 모자라 성과가 크지 못하다. 더욱 넓고 깊은 연구를 위한 후진의 분발을 기대한다.

❑ **문** : 일본에는 철학이 결핍된 이유가 무엇인가?

❑ **답** : 세 가지로 말할 수 있다. (가) 공허하다고 여기는 철학은 돌보지 않고 실질적이고 실용적인 것을 중요시하는 기풍이 일본만이 아닌, 문명권 주변부의 전반적인 특징이다. (나) 철학은 공동문어인 한문으로 하게 마련인데, 일본에는 한문을 하는 사람이 적고, 작문보다 독해에 힘썼으며, 자기 학문을 스스로 하는 재야의 선비가 없었다. (다) 일본인은 치밀하고 정확한 것을 장기로 삼고 세공을 일삼느라고, 커다란 문제에 대한 대담한 발상을 하기 어려웠다.

한국은 어떤가? (가) 문명권 중심부에서 가져온 철학을 중심부보다 더 오랫동안 열심히 하고 다시 만드는 중간부의 작업에 한국도 몰두하면서 실질적이고 실용적인 것은 등한하게 여겼다. (나) 한국에는 한문을 하는 선비가 지나치다고 할 만큼 많았으며, 독해는 대강 하고 작문을 전공으로 삼으면서 이치의 근본을 논하는 것을 행세 거리로 삼았다.

(다) 한국인은 치밀하지도 정확하지도 못한 폐단이 심각한 반면에 커다란 문제에 대한 대담한 발상을 하는 데 장기가 있었다.

일본의 木佛과 한국의 石佛을 살피면 가시적인 비교가 구체화된다. 일본에서 목불을 만들면서 하늘거리는 옷자락까지 실감 나게 새겨놓은 기교의 극치가 첫 눈에 놀랍다. 한국에 흔히 있는 석불은 가까이서 관찰하면 거칠고 투박해 솜씨가 모자란다고 하지 않을 수 없으나, 멀리서 보면 반대가 되는 말을 하게 된다. 일본 목불의 전체 모습은 무섭다고 하지 않을 수 없으며 괴이하기조차 하다. 한국의 석불은 뒤로 물러나 한참 보아야 자비스러운 미소를 은근하게 머금고 있는 줄 알게 된다.

우열을 가리려는 것은 잘못이다. 장점이 단점이고, 단점이 장점이다. 아무리 노력해도 양쪽 다 상대방과 같아질 수 없다. 각기 장기를 살려 서로 돕고, 더 나아가서 합작을 하는 것이 마땅하다. 이에 관해서 제1권 제12강에서 길게 말했으니 참고하기 바라면서, 근래 있었던 일을 하나 들어 보충자료로 삼는다.

내 책 『동아시아문학사비교론』을 일본어로 번역하고 있는 豊福健二 교수가 원본의 잘못을 샅샅이 찾아내 바로잡은 교정본을 보내면서, 책의 내용은 거듭 읽고 더욱 높이 평가한다고 했다. 특별한 수고를 한 덕분에 일본어본은 원본의 잘못을 시정해 더 훌륭한 책이 되는 것을 깊이 감사하고, 원본을 개정해 다시 낼 때는 잘못을 고칠 수 있게 되어 큰 다행이라고 회신했다. 제9권 『학자의 생애』를 보냈더니 내 학문이 넓고 깊은 것을 더 잘 알게 되었다고 했다. 우리 두 사람의 능력이 정반대라는 사실을 절감했다. 번역을 통해 이루어진 두 나라 학문의 합작이 공동연구를 진행하고 공저를 내는 데까지 발전하는 것이 바람직하다.

제7강 말과 글에 관한 논란

말머리 삼아

이제부터 말과 글에 관한 논란을 검토하려고 한다. 어문 문제에 대한 견해 제시라고 해도 좋다. 내 학문을 되돌아보는 작업에서 이 부분이 왜 필요한지 의문일 수 있으므로, 몇 가지 대답을 하는 서두가 필요하다.

말과 글의 문제에 대한 견해는 내가 학문을 해온 방식이며, 연구해 밝힌 성과이기도 하다. 서로 대립된 주장 가운데 타당한 쪽을 택하거나 찾아내 거점으로 삼고 연구를 진행했다. 얻은 결과를 가지고 문제 해결의 수준을 높일 수 있게 된 데 학문하는 보람이 있다.

말과 글은 어학의 소관이라고 하는 것이 예사이지만, 어학은 그 내부를 고찰하는 데 몰두하고 외부와의 관련으로 관심을 돌리지 못한다. 말과 글을 학문연구, 문화창조, 일상생활 등의 여러 영역에서 어떻게 사용해야 하는가 하는 문제가 역사적으로 제기되고, 오늘날 심각한 논란을 일으키는 것을 그대로 두고 볼 수 없어, 문학에서 출발해서 관심을 줄곧 확대한 내가 맡아나서는 모험을 감행하기로 했다.

한자 혼용이냐 한글 전용인가 하는 다툼에 관해서는 그 어느 쪽에도 치우치지 않고 글의 내용과 독자에 따라 혼용도 하고 전용도 하는 병용을 택했다. 한문이 우리에게 무엇인가는 더욱 문제여서 오랜 기간에 걸쳐 많은 연구를 해야 했다. 영어 때문에 벌어지는 혼란을 해결하는 것이 심각한 과제라고 판단하고 『영어를 공용어로 하자는 망상』(서울: 나남출판사, 2001)을 써냈다. 부제를 "민족문화가 경쟁력이다"라고 한 책이다. 이 모든 문제는 서로 연결되어 있어 다각도의 재론이 필요하다.

한문문명의 재평가

한문은 익히기 어렵다는 이유에서 규탄의 대상이 된다. 열등한 문자인 한자를 버리고 우수한 문자인 한글을 쓰자고 한다. 그러나 한자는 한문을 위한 문자이다. 익히기 어려워 열등한 문자라고 하는 이유에서 한문의 가치를 부정하는 것은 잘못이다. 한문은 버리고 한글만 알면 문명 계승이 중단된다. 산스크리트・아랍어・라틴어문명의 계승자들보다 무식해진다.

글자와 글을 혼동하지 말아야 한다. 익히기 쉬운 글자로 쓴 라틴어 글은 누구나 읽을 수 있어도 뜻은 알지 못한다. 한문은 글자 알기와 글 알기가 직결되고, 라틴어의 경우에는 글자 알기와 글 알기가 전혀 다른 과정이다. 뜻을 알기 어려운 것은 한문만이 아니고, 다른 문명권의 공동문어 라틴어・산스크리트・아랍어도 마찬가지이다.

한국이 한문문명권의 일원이 된 것은 슬기로운 선택이었다. 한자문명권이라고 하지 말고 한문문명권이라는 용어를 확립해 혼란을 막자. 글자는 문명권 소속을 판정하는 기준이 아니다. 인도네시아나 월남이 라틴문자를 채택해 라틴어문명권이 되었다고 하지 않는다. 한문문명권이 마땅하지 않다면 산스크리트를, 아니면 아랍어나 라틴어를 공동문어로 삼아 그 문명권에 들어가야 중세화에 동참할 수 있었다.

공동문어를 함께 사용하는 문명권은 중세에 생겼다. 고대에는 없던 공동문어가 중세에 생겨난 덕분에 문자생활이 확대되고 기록문학이 널리 퍼진 것이 세계사의 커다란 전환이다. 공동문어가 보편종교의 경전어 노릇을 하면서 규범화된 사고를 정착시키고 국제간의 교류를 담당해 문명권의 동질성을 보장해주었다.

공동문어를 받아들이지 않고서 민족어 글쓰기를 이룩하고, 민족어를 근대의 국어로 발전시킨 곳은 하나도 없다. 우리만 예외였기를 바라는 것은 무리이다. 공동문어와 민족어가 양층언어의 관계를 가지고 함께 쓰이면서 상호작용하는 과정을 대부분의 지역이 함께 겪었다. 그러면서 그 구체적인 양상은 문명권에서 차지하는 위치에 따라, 시대에 따라 달랐다.

중세문명이 먼저 이루어진 곳과 나중에 전해진 곳은 사정이 달라 중심부・중간부・주변부가 구분되었다. 중국은 중심부, 한국은 중간부, 일본은 주변부의 특징을 보여주는 좋은 본보기이다. 이에 대한 인식을 비교연구와 상호이해의 필수적인 기초로 삼아 평면적인 우열론에서 벗어나야 한다. 주변부 외곽의 아이누민족이나 필리핀 군도의 여러 주민은 공동문어권에 들어가지 않고 그 나름대로의 고대에 머무르고 있다가 중세 이후의 역량을 갖춘 외세 때문에 피해자가 된 것도 함께 알아야 한다.

중심부・중간부・주변부의 특징이 어느 문명권에서나 기본적으로 동일하다는 사실이 문학사에서 잘 나타난다. 중심부에서는 공동문어문학이 오래 지속되고, 주변부에서는 민족어문학이 일찍 생겨났으며,

중간부에서는 그 둘이 공존하면서 근접되었다. 민족의 개성보다, 중심부·중간부·주변부의 특징을 더욱 긴요한 관심사로 삼고, 문명권 비교 일반론을 마련해야 한다. 이 작업을 내 학문의 가장 긴요한 과제로 삼아왔다.

공동문어문학을 중심부에서 마련해 창작의 규범과 함께 다른 곳들로 전한 과정을 중국의 경우를 들어 밝힐 수 있다. 한국과 같은 중간부에서는 그 성과를 충실하게 받아들여 구비문학의 전통과 결합시켜 재창조하고, 둘이 하나이게 하는 민족어문학을 일으켰다. 주변부는 공동문어문학을 힘써 창작하려고 하지 않고, 문자사용과 글쓰기 방식을 배우는 데 적극 활용해 민족어문학을 일찍부터 이룬 성과를 일본이 잘 보여준다. 문학에서 알아낸 중심부·중간부·주변부의 특징이 역사나 철학에서도 확인된다.

중심부에서는 자기네의 우월감을 보편적 원리로 삼아 문명권 전체에 적용되는 공동문어 역사서 서술 방식을 규범화했다. 이에 대해 자기중심주의로 맞서고, 역사와 문학의 중간물을 민족어로 써서 흥미로운 읽을거리로 삼은 것이 주변부의 선택이었다. 중간부는 공동문어 역사서의 규범에 근접되는 자국사를 써서, 문명권 전체의 공통된 이념을 독자적으로 구현한 과정을 서술하고 보편주의와 민족주의를 함께 구현하려고 했다.

철학에 관한 논란은 문학이나 역사보다 복잡하다. 사실 인식보다 가치 평가가 앞서고, 과거와 현재가 바로 연결된다. 한국철학이라는 것은 중국철학이거나 그 연장이라고 하고, 일본에서는 일찍부터 고유사상을 발전시켰는데 한국은 중국에 매달리는 잘못을 저질렀다고 분개하는 논자들이 적지 않다. 과연 그런지 검토하자면 이미 사용한 개념만으로는 부족하고 공유재산과 사유재산이라는 용어가 필요하다.

철학은 문명권의 공유재산으로 성장했다. 어느 문명권이든 문학에서는 양층언어를 사용하는 동안에도 철학은 공동문어의 전유물이었다. 고전은 물론 한문을 공동문어로 삼아 후대에 이룩한 철학도 동아시아 문명의 공유재산이다. 공유재산을 독자적으로 활용하고 발전시킨 성과는 사유재산의 성격도 지니지만 공유재산에서 분리되지는 않았다.

일본은 주변부답게 공유재산보다 자기네 고유문화를 더욱 높이 평가하면서 사유재산 늘리기에 힘썼으며, 사상과 관련된 논의에 민족어를 사용하기도 했다. 그래서 중세에 미련을 가지지 않고 근대로 전환하는 데 이웃 나라들보다 앞설 수 있었다고 하겠으나, 유럽의 근대학문을 추종하는 데 머물렀다. 사유재산의 특수성을 자랑하는 사고 수준으로는 보편적 이치 논란에 참여하지 못한다. 성공사례라고 생각되던 것이 실패사례로 판명되었다.

중간부인 한국은 공유재산을 활용하고 발전시키는 데 몰두하고 그 과정에서 사유재산이 축적되는 것은 의식하지 않았다. 그런데 근대 일본의 선택을 오판의 근거로 삼아, 공유재산을 스스로 이룩해 사유재산이기도 한 것들까지도 모두 중국의 사유재산이라고 여겨 넘겨주어야 한다고 한다. 유럽 각국이 공유재산의 적극적 활용을 사유재산으로 삼아 부자 노릇을 하는 것과 많이 다르다.

고유문화만 가지고 유럽문명권과 경쟁할 수 없다. 특수성으로는 보편성을 이겨내지 못해 추종자가 되고 만다는 교훈을 일본에서 얻어야 한다. 한문문명의 보편적 가치를 힘써 되찾아 새롭게 활용해야 유럽과 대등한 위치에서 선의의 경쟁을 하는 학문을 할 수 있다. 공유재산으로 사유재산을 만들고, 사유재산이 공유재산이게 하는 작업을 민족문화의 활력을 살려 적극적으로 진행해야 한다. 이것이 우리 학문을 세계화해 인류를 위해 기여하는 길이다.

이제는 순수한 우리말로 학문을 해야 한다는 주장이 있다. 유럽철학 용어를 한자어가 아닌 순우리말로 번역해 일본의 영향에서 벗어나는 것이 먼저 할 일이라고 한다. 그러나 일본의 잘못은 유럽철학의 번역과 수용을 지상의 과제라고 여기고 동아시아철학을 새로운 창조의 원천으로 삼아 유럽과 경쟁하려고 하지 않은 데 있다. 번역어가 한자어이냐 고유어이냐 하는 사소한 시비에서 벗어나 학문하는 방향을 크게 돌려놓아야 한다. 수입학에 미련을 가지지 말고 창조학으로 나아가야 한다.

유럽철학이 인류의 공유재산이 된 것은 중세문명의 공유재산이었던 라틴어철학을 민족어철학으로 이어받아 재창조하는 과정을 오래 겪었기 때문이다. 라틴어를 사용하다가 민족어로 철학을 하면서, 라틴어 용어를 그대로 노출하던 단계를 거쳐 민족어로 받아들여 용해하는 데 이르렀다. 한문철학을 민족어철학으로 이어받아 재창조하는 작업을 같은 과정을 거쳐 수행해야 동아시아의 공유재산을 인류의 공유재산으로 키울 수 있다.

우리 말과 글의 당면 문제

인류가 사용하는 말은 대강 헤아려 5천 개쯤 된다. 그 가운데 9할이 21세기 동안 소멸할 것이라는 비관적인 예측이 있다. 영어의 세력이 나날이 확대되고 있는 것이 특히 중요한 이유라고 한다. 영어를 공용어로 사용해야 뒤떨어지지 않으니 우리말을 지키려고 하지 말고 우리도 영어 사용국이 되자고 하는 주장이 있다.

그렇게 말하는 데 대해서 몇 가지 해명이 필요하다. 소수언어의 소멸이 필연적 추세는 아니다. 인류문화의 다양성을 지키는 것이 생물의 종이 줄어들지 않게 하고 환경을 보존하는 과제 못지않게 긴요하다는 자각이 나날이 확대되고 있다. 자기 언어를 지키기 위한 투쟁이 세계 도처에서 격렬하게 전개되고 있다. 영국에 병합된 지 7백 년이나 되는 웨일스 사람들이 그 선두에 서고 있다. 프랑스 브르타뉴의 민족문화 운동도 격렬하다.

세계의 수많은 언어를 모국어로 사용하는 사람들의 수를 헤아려 순번을 매기면 우리 한국어는 12위이다. 『영어를 공용어로 하자는 망상』을 쓸 때 이용한 자료를 가져온다. 사용자 수를 백만 단위로 적는다. 표준중국어 885, 스페인어 332, 영어 322, 벵골어 189, 힌디어 182, 포르투갈어 170, 러시아어 170, 일본어 125, 독일어 98, 중국 吳語 77.1, 자바어 75.5, 한국어 75가 제1위에서 제12위까지이다. 프랑스어 72, 월남어 67.6, 텔레구어 66.3이 그 다음 순위이다.

영어를 모국어로 사용하는 사람들은 중국표준어, 스페인어 다음의 제3위이다. 영어를 국제적으로 통용되는 언어로 삼는 추세에 가담하면서 자기 언어가 없어지도록 하는 것은 아니다. 영어가 세계를 휩쓸어 세계를 단일화하리라고 하는 관측은 사실에 근거를 두지 않았다. 네덜란드, 덴마크, 스웨덴 등지의 사람들은 영어를 아주 잘 하지만 그 때문에 자기네 언어를 위축시키지 않았다. 영어를 잘하기 위해 우리말을 버려야 한다는 것은 전혀 잘못된 판단이다.

우리말은 사용자 수에서 12위나 되는데 존속이 어렵다고 그릇되게 판단해 자살을 택할 수는 없다. 만약 그런 일이 일어난다면 인류 전체의 대참사이다. 상상하기도 어려운데 불가피한 듯이 말하는 사람들이 있어 혼란을 일으킨다. 근거 없는 비관주의를 떨쳐버리고 전후의 상황을 다시 인식하자.

우리는 위기에 처한 소수언어 사용자가 아니다. 역사를 보거나 현재의 처지에서나 민족문화 건설의 모범생이다. 분단의 고통을 겪고 있는 것을 포함해 다소 어려운 점이 있더라도 우리말을 튼튼하게 지키고 잘 가꾸어 세계에 널리 도움을 주어야 한다. 사용자 수가 너무 적어 걱정인 쪽에서도 용기를 가질 수 있게 해야 한다.

말을 지키고 가꾸려면 어떻게 해야 하는가? 이런 의문에 대한 해답을 흔히 어휘에서 찾는다. 우리말에 한자어가 너무 많이 들어와 있으니 몰아내고 고유어로 대치해야 한다고 역설한다. 고유어가 잊히고 있으면 찾아 써야 하는 것은 물론이다. 그렇다고 해서 한자어를 버리거나 줄여야 하는 것은 아니다. 한자어는 문화 이해와 창조가 확대된 증거이고 성과이다. 고유어와 한자어의 총량이 우리 문화의 폭이다.

한자어 가운데 우리 선조들이 만든 것들도 있다. '野談'이 좋은 본보기이다. '野史'나 '野乘'을 중국이나 일본과 함께 쓰면서 그 둘과 구별되는 새로운 창조물을 지칭하기 위해서 필요한 말을 만들어냈다. 중국어나 일본어 사전은 아무리 자세한 것에도 '野談'이라는 말이 없는 것이 당연하다. 다른 나라와 공유한 한자어를 우리 나름대로 특별한 의미를 부여해 사용한 것들도 적지 않다. 임성주가 '生意'를, 최한기는 '神氣'를 자기 사상의 핵심용어로 사용한 것을 주목하고 평가해야 한다.

한자어는 모두 중국에서 왔으니 몰아내야 한다는 것은 민족문화 파괴 운동이다. 대개는 동아시아 공유재산이고, 더러는 우리 개인재산인 방대한 문화유산을 모두 중국에다 넘겨주고 가난뱅이가 되겠다고 하는 어리석은 책동이다. 중국이 우리 역사를 차지한다고 분개하기 전에 선조들이 피땀 흘려 가꾼 문화 창조물을 중국이 바라지도 않는데 그쪽의 사유재산으로 등기를 내주는 잘못을 저지르지 말아야 한다.

국어사전의 미비는 아무리 소리 높여 규탄해도 지나치지 않는다. 일본사전을 베껴 근래 일본에서 만든 잡다한 한자어나 잔뜩 넣어 분량을 자랑하는 폐단이 사전을 거듭 만들어도 시정되지 않고 있다. 미천하다고 여겨 돌보지 않는 설화나 무가 자료까지 활용해 고유어를 더 찾아내는 것이 긴요한 과제이다. 표준어인가 방언인가 하는 이분법을 버리고 어느 어휘는 어느 지방에서 주로 사용되었는지 구체적으로 밝혀야 한다.

한정된 지역에서 통용되던 말이라도 글을 쓸 때 받아들여 적극 활용하는 것이 마땅하다. 경상북도 북부지방에서 자라면서 자주 들은 말에 "대가심"이 있다. 아들이 아버지보다 잘 나 다음 대가 더 훌륭하게 된 것을 말한다. "최치원의 아버지는 아들을 중국에 보내면서 대가심하기를 바랐다"고 하면 많은 뜻이 함축된다. 그런데 『한국문학통사』를 쓰면서 용기가 모자라기도 하지만, 말뜻을 설명하는 주석을 달 수 없는 것이 더 큰 이유여서 이렇게까지 하지 못했다. 사전에 "대가심"을 올려놓으면 주저하지 않고 쓸 수 있다.

사전을 다시 만들어 한자어는 소종래를 세분해서 적어야 한다. 전통시대 한자어인가 근래 일본에서 가져온 것인가 구분해서 설명해야 한다. 전통시대 한자어는 중국에서 들어와 그대로 쓰인 것인지, 새로운 뜻을 부여한 것인지, 우리가 만든 것인지 명시하고, 의미 변화의 과정을 밝혀야 한다. 나는 '小說'이라는 어휘의 내력과 의미 변화를 중국 및 일본의 경우와 비교해서 자세하게 고찰하는 논문을 쓴 적이 있다.

근래 일본에서 받아들인 일본식 한자어는 버려야 한다는 주장이 드세다. 나도 동의하는 바이지만, 몇 가지 검토 사항이 있다. 일본에서 만든 것 같지만 사실은 중국 고전에서 유래한 말은 문제 삼지 말아야 한다. '英雄'은 그런 것인데 추방해야 한다는 사람들이 있다. 일본의 산물이라도 한자의 용법이나 뜻을 잘 따른 것은 그대로 둘 일이다. '文法'이 이에 해당한다. 일본어로 훈독하는 한자어는 궤도를 이탈했으니 버려야 한다. '役割' 대신에 '구실'을 쓰는 것이 마땅하다.

오늘날 서양말을 가져다 쓰는 말의 범람은 많은 사람이 지적하고 있는 바와 같이 우려할 만한 수준에 이르렀다. 외국어와 외래어를 구별해 외국어가 우리밀에 섞이지 않게 하고, 외래이로 받아들일 것은 엄격하게 심사해야 하고 그 결과를 널리 알려야 한다. 언어 생활의 전반적인 영역을 살펴보면 경계해야 할 일이 더 많다. 인터넷에서 사용하는 기이한 어법이나 문제 삼지 말고, 그 반대의 영역도 살펴야 한다. 대학 강의에서 우리말은 토와 어미로나 쓰고 개념을 나타내는 말은 대부분 영어인 것이 더욱 걱정스럽다.

그렇다고 해서 어휘를 엄선하고 정화해 수를 줄이는 것이 능사일 수는 없다. 생활이 복잡해지고 문화교류가 확대되므로 어휘가 계속 늘어나야 한다. 어휘 수가 문화의 부피고 역량이다. 영어는 어휘가 특히 많은 언어이다. 가까이 있으면서 서로 경쟁하는 불어보다 그 점에서 훨씬 앞선다. 프랑스에서는 불어의 순수성을 더욱 존중하고, 영어 사용자들이 한층 개방적인 자세를 지닌 것이 이유이다.

오늘날의 학문적 저작은 어휘를 늘이지 않고 줄인다. 특히 어학자들의 글을 보면 사용하는 어휘가 얼마 되지 않아 가난이 심각하다. 어휘 확대를 작가의 임무로 맡겨두기만 할 것은 아니다. 언론이나 학문도 힘을 써야 한다. 『한국문학통사』를 쓰면서 나는 조상 전래의 어휘를 되도록 많이 물려받고, 문형이나 어법도 다양하게 활용하고자 했다. 사전을 편찬하는 분들이 어휘와 어법 조사용 참고문헌으로 이용해주는 영광을 누리기를 바랐다.

말의 핵심은 어휘가 아니고 문법이다. 문법에서 혼란이 생기지 않게 하는 것이 선결 과제이다. 어휘는 시대가 달라지면 새로 만들어 쓰게 마련이다. 문화 교류가 활발해지면 외래어가 늘어나는 것이 당연하다. 그러나 문법은 그렇지 않다. 많은 시간이 경과해도 완만한 변화를 보일 따름이고, 외래의 영향 때문에 쉽게 굴절되지 않는다.

그런데 지금 문법이 뒤틀리고 있다. 서양말을 숭상해 모국어의 문법을 그 비슷하게 바꾸려고 하는 탓이다. 그런 자해행위의 사례를 우선 용언에서 몇 들어본다. "했었다"는 "했다"와 어떻게 다른가? "공부를 열심히 했었다"는 지금은 열심히 하지 않는다는 뜻이고, "공부를 열심히 했다"는 지금은 어떤가에 관한 판단은 유보한 말이다. 그런데 문법서에서 "했었다"는 서양어의 대과거와 같다고, 과거보다 먼저 과거라고 잘못 설명했었다. 그러나 문법서에서 무어라고 해도 말이 달라지지는 않았다. 그릇된 설명 때문에 심각한 피해가 생기지 않고 있다가 마침내 문법서가 정상화되었다.

"하더라"와 "했다"는 같은 말이라고 하면서 "하더라"는 버리고 "했다"만 쓰자고 한 것은 경솔한 판단이다. 일본에서 일본어 문어체 대신에 구어체를 쓰자고 하는 운동을 보고 우리도 그렇게 해야 한다고 여겨, 뜻한 바와는 다르게 구어체로서 훌륭한 구실을 하고 있는 "하더라"를 버리고 "했다"만 써서 새로운 문어체를 만들었다. 문법 학자들이 논의에 참가할 겨를을 가지지 않는 동안에 그릇된 제안이 널리 채택되어, 표현 영역을 좁히고 종결어미를 단조롭게 했다.

지금 가장 심각한 사태가 벌어지고 있는 쪽은 삼인칭 대명사이다. 자연스러운 우리말에서는 삼인칭 대명사가 따로 없고 "관형사+명사" 형이 그 대신 쓰인다. "그 이", "그 사람", "그 녀석"이 그런 것이다. 대명사를 사용하지 않고 명사를 되풀이하기도 한다. 고전소설은 물론 현대소설이라도 우리말을 제대로 알고 쓴 것은 그 점에서 다르지 않다.

"그"가 삼인칭 대명사로 등장하면서 파탄이 일어났다. 서양어 특히 영어의 어법을 받아들여야 한다면서 관형사이기만 한 "그"를 대명사로 쓰는 것이 서사어에서 일어난 변괴이다. 구두어에는 "그"를 대명사로 쓰지 않는다. "그가 오는가?"라고 하는 것은 우리말이 아니다. "그" 때문에 구두어와 서사어가 갈라졌다. 서사어가 그 나름대로 굳어져 문어체가 되는 변화가 나타났다. 한국인은 구두어의 밑천이 든든해 흔들리지 않지만 우리말을 배우는 외국인은 혼란을 겪는다.

口頭語는 입말이고, 書寫語는 글말이다. 양쪽 용어 가운데 한자어를 쓰는 것은 의미가 더욱 분명하기 때문이다. 서사어가 구두어와 다르게 고정된 것은 문어라고 해서 구어와 구별한다. 지금 우리말에서는 문어와 구어는 그리 큰 문제가 되지 않고, 서사어와 구두어의 관계가 관심거리이다.

"그"는 서사어로서도 쓰임새가 적다. 신문에서는 "그"를 찾기 어렵다. 우리말의 어법을 살려나가고 있는 증거이다. 글을 제대로 쓰려는 작가들도 부자연스러운 짓을 하지 않는다. 신식 문장을 서양의 방식대로 만들어 보이려는 쪽에서 "그"를 애용한다. 나는 그런 글에 혐오감을 느낀다. 학생들의 작문이나 논문을 볼 때에 나무라기를 잊지 않으나 역부족이다. 혼자라도 죄를 짓지 않으려고 "그"를 대명사로 쓰는 것을 완강하게 거부한다. 교정보는 과정에서 잘못 끼어들까봐 신경을 곤두

세우고 감시한다.

"그"의 기득권을 취소하기 어렵다. 남북의 사전에 버젓이 올라 있다. "그이"의 준말이라고 하면 존재 이유가 없는 것은 아니다. 다만 사용 빈도를 줄이자는 정도의 타협안을 내는 선으로 물러나지 않을 수 없다. 혼란의 여지가 없으면 주어나 목적어를 생략하는 것이 자연스러우므로 "그"뿐만 아니라 "나"의 되풀이도 되도록 줄여야 한다.

"그"보다 더 곤란한 것이 "그녀"이다. 영어에서 "he"와 "she"를 구분하는 것을 보고 "she"에 상응하는 말을 만들어 "그녀"가 출현했다. 중국이나 일본에서도 그 비슷한 처사를 하는데 우리말만 잘못되었다고 나무라지 말라고 할 것은 아니다. "그녀"는 남녀 구분을 여성에게 불리하게 한다. "그녀"는 "그 女"를 합친 말이라고 할 수 있으나, 구두어에서는 용인되지 않는 설명이다. "그 女"가 아닌 "그 년"의 준말일 수밖에 없어 여성을 비하하고, 어감마저도 좋지 못하다. 남북한의 국어사전에서 모두 "그녀"를 받아들이지 않다가, 근래 나온 국립국어연구원의 『표준국어대사전』에서 변칙을 저질렀다.

나라에서 만든 사전에서 "그녀"가 영어의 "she"와 같은 뜻을 지녔다고 설명한 것은 실수이다. 그 설명을 그대로 믿고 한국어를 말하는 외국인이 있으면 자기도 모르게 실수하게 된다. "시골에 계신 할머니 그녀 잘 계신가요?"라고 하면 말이 되는가? 문법은 틀리지 않았을지 모르나 어법이 아주 그릇되었다.

"그녀"가 실제로 어떻게 쓰이는가 보자. 구두어에는 없다. "그녀"라고 하면 "그년"이라고 이해되므로 누구나 조심한다. 서사어에서도 "그녀"를 널리 쓰지 않는다. 번역서, 번역서처럼 보이고자 하는 설익은 저술에서나 더러 보이는 특별한 말이다. 방송에서도 이따금 들을 수 있다. 뉴스나 시사해설, 고전과 관련된 방송 시간에는 없는 말이 여성의 삶을 가볍게 다룰 때 나온다. 별난 경력이나 업적을 자랑하면서 잘난 체하는 여성을 다소 비꼬는 것처럼 들리는 어조로 소개할 때 "그녀"를 필요 이상 되풀이한다.

우리말에는 인칭대명사가 없다고 분명하게 해야 한다. "그"는 관형사로 하고 거기다 명사를 연결시켜 쓰는 어법을 굳게 지켜야 한다. 규범문법에서는 다른 것은 인정하지 않아야 한다. 문체상의 변이가 필요하거나 특수한 표현을 하고자 할 때 "그"를 대명사로 쓰는 것을 허용하자. "그녀"를 쓰는 것은 일반적으로는 용인할 수 없는 특수용법이라고 해야 마땅하다. 그런 범위를 넘어서서 그 두 말을 남용하면 문법을 해쳐 의사소통을 방해한다. "그녀"는 남북의 이질화를 확대하기까지 한다.

우리말의 문법을 모범이 되게 갖춘 고전소설은 문장이 아주 길게 이어져도 뒤틀리지 않고 혼란이 없었다. 복문을 길게 만드는 적절한 장치가 여럿 있었다. 우선 대강 말한 사실에 "...하니"를 붙이고, 다시 한층 세부의 사항을 말하는 방식을 거듭 쓰는 것이 그 가운데 하나이다. 이런 장치를 잃어버려 복문을 만들기 어렵다. 서양말의 관계대명사 어법 같은 것을 가져오려고 하는 시도는 도움이 되지 않고 글을 망친다.

지금은 생각의 호흡도 급박해져서 글을 짧게 쓰는 것이 마땅하다. 간명하고 함축적인 표현은 한문의 전통과 연결되어 그 나름대로 정통성이 있다. 그러나 장황하게 펼쳐내야 할 사연도 있어 다각도의 훈련이 필요하다.

남북의 말이 서로 달라지는 것을 우려해야 한다. 학자들이나 다른 전문가들이 자주 만나 협의하고, 간행물을 서로 교환해 이질화를 막아야 한다. 남북이 모두 상대방의 독자를 의식해 글을 쓰는 데 더욱 관심을 가진다면 더 멀어지지 않고 가까워질 수 있다.

남북의 말이 서로 달라지는 이유를 말할 때 북쪽에서 정치사상과 관련된 어휘와 표현을 많이 쓰는 것을 먼저 든다. 말하고자 하는 바가 남쪽 사람들에게 생소해 이해하기 힘들다고 할 수 있다. 그러나 그런 말은 얼마 되지 않는다. 어느 정도의 예비지식을 갖추면 알아차리는 데 어려움이 없다.

남쪽에서 만들어내는 이질화는 성격이 다르다. 중국의 연변대학에 처음 갔을 때 그곳의 조선족 교수들이 말했다. 남조선 학자들이 쓴 책은 무슨 말인지 알 수 없는 것이 많다고 했다. 나도 알기 어려우니 당연한 일이라고 했다. 모호하게 뒤틀린 생각을 우리말답지 않은 어법으로 나타내서 그렇게 되었다. 그런 책은 애써 읽어도 도움이 되지 않으니 무시하라고 했다.

북쪽 사람들을 만나서 이야기를 해보면 서사어와 구두어의 차이가 거의 없다. 구두어 훈련을 서사어에 맞추어 했음을 알 수 있다. 말을 글로 써서 왼 것처럼 해서 차질이나 더듬거림이 없다. 언어의 통일과 정화가 잘 이루어진 것은 평가할 일이지만 구두어의 다양성이 많이 줄어들어 유감이다.

그 반면에 남쪽 사람들은 공식적인 자리에서 말하는 훈련이 되어 있지 않다. 각기 자기 나름대로 말하고 글도 서로 다르게 쓴다. 개성이 살아 있어 좋다고 하겠으나 공적인 활동을 책임 있게 하는 데 차질이 생긴다. 국정을 맡고 나라를 대표하는 사람이 다른 고장 사람들은 알아듣기 어려운 방언을 쓰는 것은 크게 잘못된 일이다.

일본에 갔을 때 들은 말이다. 대학에서 한국어를 가르치는 일본인이 평소에 한국어에 웬만큼 자신이 있다고 여겼는데 한국의 어느 대통령이 와서 연설하는 것을 듣고 절망했다고 했다. 한국 사람도 잘 못 알아듣는 이가 적지 않으니 염려하지 말라고 할 수밖에 없었다. 그렇게 말하고 나니 낯이 뜨거웠다.

우리말은 중국 연변에서, 중앙아시아에서도 쓴다. 그밖에 다른 곳에 이주한 동포들도 우리말을 잊지 말고 계속 사용하기를 바라는데 그렇지 못해 염려된다. 우리말은 멀리서 각기 쓰는 동안에 남북의 이질화보다 더 차이가 벌어졌다. 카자흐스탄에 갔을 때 환영 나와 안내하는 교민이 하는 우리말을 절반 정도밖에 알아듣지 못해 어려움을 겪었다.

다른 한편으로는 세계 많은 대학에서 우리말을 공부하고, 그 수가 계속 늘어난다. 우리말을 아는 사람이면 가르칠 수 있다고 안이하게 생각하지 말자. 어떤 말을 어떻게 가르쳐야 하고, 무슨 글을 읽혀야 할지 진지하게 고민하지 않을 수 없게 되었다.

남쪽만의 우리말에서 남북의 우리말로, 한반도 안의 우리말에서 해외 교민과 함께 쓰는 말로, 다시 세계의 한국어로 관심을 넓혀야 한다. 우리말을 잘 가꾸기 위해 다단계의 대책이 필요하다. 문법을 정리하고 사용법을 표준화해서 중핵을 잘 만들고서, 그 외연을 넓혀 다양한 표현을 풍부하게 하도록 힘써야 한다.

외국어 공부 다시 하자

문화관광부에 초청되어 영어 공용화 문제에 대한 강연을 했다. 2005년 12월 22일에 있었던 일이다. 『영어를 공용어로 하자는 망상』에서 한 말을 들려달라고 했다. 불러주어 고맙다고 하자, 영어 공용화 찬성론자의 강연을 먼저 듣고 반대론자의 주장과 비교해 정책 수립에 참고로 한다고 했다.

영어를 공용어로 하자고 주장하는 논자는 무어라고 하더냐고 물으니, 두 가지 지론을 펴더라고 했다. 영어를 공용어로 하면 우리말은 저절로 없어지니 염려할 것 없다고 하더라고 했다. 온 세계가 어차피 영어만 쓰게 되는 추세이니 우리가 자진해서 먼저 변하는 것이 유익하다고 하더라고 했다. 이에 대해서 반론을 제기하면서 내 말을 시작했다. 그때 한 말을 다듬고 보태 지금의 논의를 전개한다.

영어를 공용어로 해도 우리말은 없어지지 않는다. 국권을 잃은 시기에 일제가 강요해도 일본어 사용자는 2할을 조금 넘는 데 그쳤다. 일제의 식민지 통치가 몇 백 년 지속되었어도 우리말은 없어지지 않고, 민족 항쟁의 기치 노릇을 했을 것이다. 너무 낭만적인 소리를 한다고 나무랄지 모르니, 사실에 입각해 논의를 계속하기로 하자.

영국의 일부를 이루고 있는 웨일스를 보자. 7백 년 전에 잉글랜드에 합병되었으면서 자기 언어를 지키고 있다. 아이들이 학교에서 자기 말을 사용하면 그 사실을 알리는 패찰을 목에 걸어 창피를 주어도 웨일스어는 죽지 않았다. 그 방법을 일본이 배워다 썼다. 웨일스어 사용자는 늘어나 언어 사멸에 대한 우려를 부인하는 증거가 된다. 영국 공영방송(BBC)에서 웨일스어 방송을 하고 있다.

우리말을 버리고 영어만 쓰라고 더 큰 힘으로 강요하는 것은 가능하지 않고, 설사 가능하다고 해도 말이 바뀌지 않는다. 이치가 이처럼 명백해도 결론이 난 것은 아니다. 영어를 공용어로 하면 경제에서 이득이 되니, 다른 것들은 희생시켜도 그만이라는 주장이 계속 들린다. 정부의 경제부처 쪽에서 영어 공용화를 밀고나가려고 하고 있어 난감하다고 고백했다. 국어 정책 주무부처가 영어 공용화론에 공연히 관심을 가진다고 나무라려고 하다가 지원하지 않을 수 없는 사태임을 알아차렸다.

나도 경제 논리를 택해 토론을 계속하기로 한다. 경제부처의 관료들도 알아들을 수 있는 수준으로 말해야 하기 때문이다. 영어 공용화에 드는 비용과 얻을 수 있는 수익을 비교하기로 하자. 지금보다 훨씬 많이 필요한 원어민 영어교사가 세계 전체에서 품귀여서 확보하려면 엄청난 비용이 든다. 공용어는 법률 · 판결문 · 공문서에서 사용하는 언어이다. 상당한 기간 동안 전문가들을 밖에서 데려와야 한다. 적임자를 어디서 구하며, 비용은 얼마나 들고, 손익이 어떨지 계산해 보았는지 묻고 싶다.

법률을 만드는 국회의원, 판결문을 작성하는 법관, 공문서를 내보내는 공무원이 외국인인 나라가 나라인가. 거기까지 가지 않고 소동이 끝날 것이다. 영어 공용화는 아무리 애써도 끝내 이루어지지 않고, 예산 낭비, 가치관 혼란, 사회 갈등 격화 등의 부작용만 남긴다. 보장되지 않은 가상의 이익을 노리고 자해소동을 벌이는 어리석은 짓에 이보다 더 큰 것이 없다.

영어를 공용어로 하는 나라는 언어가 여럿이어서 자국민들 사이에 말이 통하지 않고, 영미의 식민지일 때 영어 교육을 강요받은 두 가지 조건을 갖춘 곳들뿐이다. 둘째 조건을 인위적으로 조성한다고 해도 첫째 조건에 맞지 않아 우리도 영어를 공용어로 하는 것은 불가능하다. 두 조건이 겹쳐 영어를 공용어로 하지 않을 수 없는 나라에서는 언어가 사회 양극화를 부추긴다. 영어를 제대로 한다는 소수가 엉터리 영어를 대강 하면서 각자의 모국어를 버리지 않는 다수를 지배한다.

싱가포르를 영어 공용어로 하는 모범 국가로 드는 것이 예사인데, 실상을 알아보면 문제가 심각하다. 영어 사용자 다수가 자기 식의 싱글리쉬(Singlish)를 쓰고 있어 영어를 제대로 한다고 자부하는 소수도 감염된다. 수상이 나서서 싱글리쉬를 버리고 표준 영어를 쓰라고 강력하게 요구하면서 싱글리쉬로 진행되는 방송 연예물을 신랄하게 비판한 연설에도 싱글리쉬가 섞여 있었다. 구두어는 변하게 마련이다. 영미에서 변한 구두영어는 표준이고, 다른 곳에서 변한 구두영어는 잘못되었다고 하는 부당한 차별을 받아들여 고통을 겪으니 어리석다고 하지 않을 수 없다.

영어는 말이 서로 통하지 않는 사람들끼리 의사소통을 하는 데 필요한 교통어의 하나이다. 인류 역사에는 언제나 교통어가 있어왔다. 지금에 와서는 다른 몇 가지 교통어는 세력을 잃고 영어만 널리 쓰여, 영어를 잘 배워 능숙하게 활용하는 것을 세계 모든 나라가 목표로 삼고 있다. 이런 의미에서는 영어가 세계어(global language)라고 하는 것은 인정할 수 있다.

영어가 세계어이려면 표준화되어 있고 변하지 않아야 한다. 어느 곳의 구두어가 아니어야 그럴 수 있다. 유럽 각국 지식인들이 함께 사용하는 유럽영어(Euro-English)가 그런 조건을 갖추고 있다. 스웨덴에서 개최한 학술회의에 참가해 스칸디나비아 학자들을 상대로 발표하고 토론할 때 영어가 잘 통해 기분이 좋고 동질성을 느꼈다. 미국 사람 발표자는 혀를 빨리 굴리면서 모호하게 지껄이는 것이 一魚濁水와 같았다.

나는 외국에 유학한 적이 없고, 영어를 원어민에게 배우지도 않았다. 학교에서 영어 시간에 가르쳐준 대로 공부하고 스스로 노력해, 학문을 하는 데 필요한 영어는 듣고 말하고 쓰지만, 길거리 영어는 거의 불통이다. 수많은 나라에 가서 강연이나 연구발표를 하면서 영어를 사용했다. 그렇게 하기 위해 쓴 글을 모아 *Interrelated Issues of Korean, East Asian and World Literary Histories*(Seoul: Jimoondang, 2006)라는 책을 냈다. 한국·동아시아·세계 문학의 관련양상을 광범위하게 다룬 내용이다.

책의 내용은 한국어, 한문, 중국어, 일본어, 영어, 프랑스어, 독일어 등 여러 언어를 활용해 마련했다. 영어만 알아서는 될 일이 아니다. 외국에서 발표하는 논문을 한문으로도, 프랑스어로도 썼다. 일본어와 중국어를 말하지 못하고, 러시아어는 입문조차 하지 못한 것이 한탄스럽다.

영어를 잘해야 하지만, 영어만 잘하면 되는 것은 아니다. 이제 상품에서뿐만 아니라 문화에서도 수입보다 수출에 더욱 힘쓰기 위해 영어를 해야 한다. 수출품을 잘 만들려면 우리말로 이루어진 유산을 철저하게 활용하는 것이 선결 과제이고, 또한 많은 외국어를 알아 우리 것을 남들과 널리 비교해야 한다. 세계적인 의의가 있는 일반론을 이룩하는 데 앞서야 한다.

미국 대통령이 2006년 1월 5일에 '국가안보외국어구상'(NSLI, The National Security Language Initiative)이라는 것을 발표했다. 외국어 경시가 미국의 안보에 해로우므로, 러시아어, 중국어, 힌디어, 이란어, 아랍어, 한국어, 일본어 등의 여러 언어를 힘써 공부하도록 방침을 바꾸고 대폭 지원하기로 결정했다는 내용이다. 안보제일주의가 미국의 한계이지만, 한쪽밖에 보지 못한다는 점에서 한국의 경제제일주의와 그리 다르지 않으니 나무랄 처지가 아니다.

미국의 몰락을 염려하는 말이 이따금 들린다. 세계 제일의 초강대국이라는 자만심에 들떠 자기반성을 하지 않는 병폐가 그 이유이다. 영어가 세계를 지배한다고 믿고 외국어를 우습게 여기는 것이 심각한 증세의 하나이다. 안보를 이유로 해서라도 반성하기 시작한 것은 다행한 일이다. 미국의 장래를 걱정하는 것은 분에 넘치는 일일 수 있다. 우리 한국은 선진국이 되려다가 실패하고 미끄러질지 모른다는 우려를 떨치지 못하고 있다. 영어만 잘 하면 경제 발전이 가속화된다고 여겨 외골수로 나아가고, 전반적인 역량 강화를 위해 다각적인 노력을 하지 않다가 실패를 자초한다.

미국은 방침을 바꾸어 한국어를 포함한 여러 국어를 열심히 공부하겠다는데, 한국에서는 영어만 섬기면 얼마나 우스운가? 외국어 공부를 다변화하고 강화하는 것이 선진화의 길이다. 제1외국어니 제2외국어니 구별하지 말고 여러 외국어를 열심히 배워 잘 해야 한다. 외국어고등학교를 더 만들어 적극 지원하고, 진로 제한을 두지 말아야 한다.

외국어는 다방면의 가치를 가진다. 위에서 지적하지 않은 점을 보충해서 말하기로 한다. 남들을 이해하려면 그쪽에서 하는 말을 알아야 한다. 노동시간이 줄어들면서 계속 늘어나는 여가시간을 가장 보람 있게 사용하는 방안이 외국어 공부이다. 영어만 그럴 수 있는 것은 아니다. 산스크리트, 싱할리, 스와힐리, 마오리 등이 모두 그렇다.

학문을 하는 언어

국제 경쟁력을 갖춘 세계화시대의 학문을 하려면 우리말을 버리고 영어를 사용해야 한다는 주장이 있다. 가능성과 득실을 가리기 위해 다른 나라의 선례를 참고로 삼자. 인도학자들은 영어로 학문을 하면서 잘 나가는 것 같다. 우리도 인도처럼 해야 할 것인가?

인도 학문의 실상을 들여다보면, 산스크리트로 축적해온 사고를 영어로 옮기려고 하다가 긴요한 내용이 빠진다. 소중한 유산을 자부심의 근거로 삼으면서 선조보다 못한 후손 노릇을 한다. 고전과 바로 이어지는 자기네 언어로 논란을 전개하지 않아 오늘날 필요한 가치를 공동의 경험을 살려 재창조하는 데 차질이 있다.

사태가 더욱 악화되어 인도 학자들이 산스크리트는 모르고 영어만 알게 되면 함량 미달의 저작이나 내고 말아 경쟁력을 상실한다. 모국어가 영어인 곳들에서 오랜 내력을 살려 내놓는 업적을 서툴게 흉내내다가 패퇴되고 말 것이다. 우리는 영어로 하는 학문을 더 잘 해 실패하지 않을 수 있는가? 근거 없는 망상은 버리자.

학문의 언어를 순수한 우리말로 하고 한자어는 버려야 한다는 정반대의 주장도 있다. 서양철학을 번역해서 받아들이는 방법부터 바꾸어 일본식 한자어를 고유어로 대치해야 한다고 역설한다. 고유어는 주체성을 살리고 창조력이 발현되게 한다고 주장한다. 이것은 일본과의 결별인 것 같지만 사실은 새삼스러운 추종이다.

일본은 수입학을 일삼으면서 번역을 가장 중요한 과제로 삼아왔다. 일본식 한자어라고 우리가 지적하는 것들이 가능한 최상의 일본어이다. 서양학문을 일본어로 옮기기 위해 대단한 노력을 기울인 것을 평가해야 한다. 전에 없던 말을 만들어내면서 한자에 의거하고 순수한 일본어를 사용하지 않은 것이 잘못되었다고 나무랄 수는 없다.

순수한 일본어로 조어를 하면 이해하기 어렵고, 일본 특유의 신비적 사고가 끼어들어 보편적 개념을 나타내기 어렵다. 순수한 일본어가 지닌 결함이 순수한 한국어에는 있을 수 없다고 여기는 것은 무리이다.

일본의 국수주의가 지닌 폐해를 시정하는 대안이 한국의 국수주의라는 착각은 버려야 한다.

문제는 다른 곳에 있다. 수입학에 몰두해 창조학은 하지 않아 일본학문은 어느 수준을 넘어서지 못한다. 일본식 한자어 배격을 대단한 일거리로 여기지 말고, 일본 방식의 수입학에서 벗어나 독자 노선의 창조학을 이룩하기 위해 힘써야 한다. 산스크리트와 대등한 공동문어인 한문으로 이룩하고 축적해온 학문의 풍부한 유산을 오늘날의 말로 옮겨놓는 것이 그 출발점이다.

중국에서 하고 있는 작업을 함께 하면 된다고 할 수 있을 것 같으나 그렇지 않다. 중국학자들은 述而不作을 이념과 체제의 제약과 충돌하지 않는 소극적인 방책으로 삼고 있다. 한문과 백화는 거의 같아 자료와 논술이 동어반복의 관계를 가지는 것이 예사이다. 우리는 자유롭게 생각하면서 각자 다른 말을 얼마든지 할 수 있다. 한문과 한국어는 거리가 멀어 한문의 유산을 다시 고찰하는 것이 창조의 시발이다.

우리말 글쓰기를 어떻게 해야 하는가? 주요 용어는 한문에서 가져온 것을 그냥 쓰면서 누구나 이해하는 일상어가 되도록 하자. 生克·相生·相克을 고유어로 바꿀 수 없다. 얼마 동안은 한자를 노출시키다가 생극·상생·상극으로 적으면 된다. 명사 용어가 아닌 서술어는 생동하는 구어에서 받아들이는 것이 마땅하다.

"상생이 상극이고 상극이 상생이다." "상극은 상극이면서 상생이고, 상생은 상생이면서 상극이다." "상생은 상생이므로 상극이고, 상극은 상극이므로 상생이다." 서로 관련되면서 다른 명제를 이렇게 구분할 수 있다. 오랜 내력을 가진 한자어가 널리 쓰이는 고유어와 만나 이치 따지기를 정확하고 정밀하게 할 수 있다.

이런 말을 써서 이룩한 연구 성과를 영어로 옮기는 것은 아주 어렵다. '생극'을 'becoming-overcoming'이라고 하고 있는데 어느 정도 납득하는지 의심스럽다. 일본어나 중국어에서는 生克 · 相生 · 相克을 그대로 사용할 수 있어 다행이지만 서술어 부분까지 그대로 전달하려면 상당한 고심이 필요하다.

외국어로 말해도 이해 가능한 학문만 하자고 할 수는 없다. 우리 기술로 만든 국산품은 아무리 우수해도 세계화시대가 요구하는 국제 경쟁력을 갖추지 못했다고 할 사람은 없다. 상품뿐만 아니라 학문도 수출에 힘써야 하지만, 독자적인 발상과 남다른 창조력으로 세계 최상품을 만드는 것이 선결 과제이다.

토론

❑ 문 : 지금도 영어를 공용어로 하자는 주장이 있는가?

❑ 답 : 들리지 않는 것 같다.

❑ 문 : 무슨 까닭인가?

❑ 답 : 내 책이 적절한 작용을 했다고 생각한다. 내 책에 대한 반론을 제기하기 어려워 논의가 일단락나지 않았는가 한다. 영어를 공용어로 하자는 주장은 먹혀들지 않으니 영어를 상용화하자고 한다.

❑ 문 : 영어를 상용화하자는 것은 어떻게 평가해야 하는가?

❑ 답 : 우리말을 없애지 않고 우리말과 함께 영어를 항상 쓰자는 것인데, 누구를 상대로 쓰는가가 문제이다. 내국인끼리 영어를 쓰는 것은 도움이 되지 않아 강요해도 되지 않는다. 영어를 이해하는 외국인들을 상대로 영어를 상용화하는 것은 당연히 해야 할 일이다. 영어뿐만

아니라 다른 외국어도 잘 익혀 적극 활용해야 한다고 나도 주장한다.

❑ **문** : 대학 강의를 영어로 하는 것은 어떤가?

❑ **답** : 영어를 익히기 위한 강의는 영어로 하는 것이 바람직하다. 영어로 논문을 써서 발표하고 토론하는 훈련도 해야 하고, 박사과정 수준에서 절실하게 필요하다. 그러나 다른 과목에서는 영어 강의가 수준을 낮춘다. 우리가 이해·적용·개발·창조한 지식은 영어로 전달하면 원본이 아닌 사본이 되어 내실이 손상된다. 영어로 어떻게 번역할 것인가 고민하는 것은 그 다음의 과제이다. 영문학 강의는 영어로 해야 하듯이, 한국문학 강의는 국내뿐만 아니라 세계 어느 곳의 대학에서도 한국어로 하는 것이 최상이다.

❑ **문** : 요즈음 행세하는 글을 보면 외국어 용어가 많다. 어떻게 해야 하는가? 번역해 써야 하는가?

❑ **답** : 어려움이 적지 않지만, 외국어 용어를 번역해 정착시키기 위해 계속 노력해야 한다. 필요한 용어를 우리말을 사용해 스스로 마련하는 것이 더욱 긴요한 작업이다. 자기 용어를 정립해야 이론을 만들 수 있다.

❑ **문** : 문법에 어긋난 글이 흔한 것을 어떻게 해야 하는가?

❑ **답** : 문법 공부에 더욱 힘써야 하지만, 문법을 재검토하는 것이 더욱 긴요하다. 문법의 규칙을 지나칠 정도로 엄격하게 제한하지 말고, 서로 다른 말을 널리 포괄할 수 있게 확대해야 한다.

❏ **문** : "그"나 "그녀"의 사용을 나무란 것과 배치되는 지론이 아닌가?

❏ **답** : 우리말이 자연스럽게 갖춘 다양성은 폭넓게 받아들이고, 외국어의 작용으로 비뚤어지는 폭은 좁히자는 말이다.

❏ **문** : 허용의 범위를 넓히면 문법이라고 할 것이 없어지지 않는가?

❏ **답** : 문법에 두 차원이 있다고 해야 한다. 표준어 문법이 있고, 또한 국내외 · 남북 · 지방에 따른 다양성을 모두 보여주는 우리말 전체의 문법이 있다. 누구나 표준어와 자기 고장의 말, 이 두 언어를 사용하는 것이 마땅하다고 공식화해야 한다. 표준어 문법은 자기 고장의 말이 서로 다른 사람들이 의사소통을 원활하게 하기 위해 규범화한 것이지만, 폐쇄되어 빈약해지지 않고 개방되어 풍부해지는 방향으로 나아가야 한다. 작가뿐만 아니라 학자도 말을 풍부하게 사용해 다양성 확대에 기여하는 것이 마땅하다.

제8강 최근에 다시 한 시도

자료 소개

최근에 다시 한 시도가 무엇인지 알리기 위해 글 세 편을 제시한다. 모두 학술회의에서 발표하기 위해 썼다. 주최 측의 요청을 받아들여 포괄적인 내용을 다루거나 논의의 범위를 넓혔다. 오랫동안 해온 개별적인 연구를 종합해 총괄론을 펴는 기회를 얻어 다행이다. 연륜에 상응하는 대우를 받으면서 마무리를 착실하게 하고 있는 셈이다.

세 편을 다 실으니 분량이 너무 많다. 그러나 셋은 내용이나 성격이 달라 모두 필요하고, 줄일 수도 없어 그대로 두기로 한다. 다만 셋 다 부록에 해당하는 내용이 있는 것은 생략하고 옮기지 않아 길이를 조금 줄인다. 어느 기회에 발표한 논문인가 밝히고, 전문이 어디 수록되어 있는지 알려 찾아볼 수 있게 한다.

「한국고전의 새로운 이해」는 2007년 5월 15일 대구에서 계명대학교 한국학연구원이 주최한 "한국학 고전자료의 해외 번역: 현황과 과제"라는 국제학술회의 기조발표였다. 원래의 제목 「한국의 고전에서 무엇을 찾을 것인가」로 『한국학 고전자료의 해외 번역: 현황과 과제』(대구:

계명대학교출판부, 2008) 서두에 수록되어 있다. 한국문학번역원의 번역 권장 도서 목록이 잘못되었다고 비판한 내용이 부기되어 있는데 옮기지 않는다.

「웃음문화의 전통」은 2008년 4월 24일 춘천에서 열린 "김유정 탄생 100주년 기념 학술회의: 한국의 웃음문화"의 기조발표였다. 원래의 제목 「한국 웃음문화의 전통」으로 『한국의 웃음문화』(서울: 소명출판, 2008) 서두에 수록되어 있다. 토론에 대한 소견이 부기되어 있는데 생략한다.

「두 연극의 기본원리 비교」는 2008년 9월 28일 일본 東京에서 열린 일본학사원과 한국학술원 합동 국제학술회의에서 발표했다. 두 나라 민속극에 관한 일본 쪽의 발표에 짝을 맞추기 위해 준비하고 비교연구의 전반적인 문제에 관해 논의를 폈다. 발표할 때의 토론과 그 뒤에 보완한 내용이 더 있는데 옮기지 않고, 제목도 바꾸었다. 전문이 『대한민국학술원 논문집 인문·사회과학편 제48집 1호』(서울: 대한민국학술원, 2009)에 수록된다.

한국고전의 재발견

고전에 대한 새로운 이해

고전이란 무엇인가? '古典'은 '고'와 '전'의 두 가지 특징을 가진 저작이다. '고'는 오래 되었다는 뜻이다. '전'은 모범이 된다는 뜻이다. 오래 되고 모범이 되는 두 가지 조건을 함께 갖춘 저작이 고전이다.

모범이 된다는 것은 지속적인 가치를 가진다는 말이다. 시대의 한계를 넘어서서 계속 평가되어야 고전이다. 평가되는 기간이 오랠수록, 평가가 높을수록 상위의 고전이다. 그러나 그 과정은 단순하지 않다. 시대가 바뀌면 평가가 달라질 수 있다. 모르고 있던 것을 찾아내 대단하게 여길 수도 있다.

한국의 고전에는 어떤 것들이 있으며, 무엇을 높이 평가해야 하는가? 이 질문에 대한 대답은 어느 시기의 평가를 들어 말하는가에 따라 달라진다. 19세기까지는 한문 저작이라야 고전일 수 있고, 한문 글쓰기를 동아시아의 보편적인 규범에 맞게 잘 한 작품이 높은 평가를 얻었다. 국문 작품도 평가해야 한다는 주장은 받아들여지지 않았다.

20세기에는 고전을 평가하는 기준을 동아시아의 보편주의에서 한국의 민족주의로 바꾸었다. 한문 저작은 글쓰기 수법이 아닌 내용으로 평가해, 민족의 삶이 훌륭했다고 하는 것들이라야 고전으로 지속될 수 있다고 했다. 국문으로 쓴 글은 모두 민족문화의 발전을 입증하는 의의가 있다고 하면서 언어 표현이 뛰어난 것들을 우선적으로 평가했다.

20세기 말에 모색한 바를 구체화하고 발전시켜 이제 21세기에는 고전 평가에 새로운 기준이 필요하다. 고전일 수 있는 범위를 확대하고, 지향하는 가치를 다시 설정해야 한다. 이 두 가지 전환을 거쳐 한국 고전 재평가를 적극적으로 시도해야 한다. 20세기까지의 기준에 의해 평가한 고전을 현대화하고 외국어로 번역하는 데서 한국은 이웃 나라들보다 뒤떨어졌다. 그렇기 때문에 방향 전환에서 앞설 수 있다.

고전의 범위를 넓히자. 고전일 수 있는 저작이 종이에다 글을 쓴 책이기만 한 것은 아니다. 종이를 사용하지 않은 금석문, 글을 사용하지 않은 구비전승도 고전일 수 있다. 구비전승을 행위전승과 함께 이해하고 평가하는 것이 마땅하다.

지향하는 가치를 다시 설정하자. 한국의 민족문화가 그 자체로 소중하다고 여기는 데 머무르지 말고, 동아시아 또는 세계 전체의 보편주의 가치관을 이룩하는 데 기여하는 바를 소중하게 여기자. 누구나 소망하는 바람직한 미래를 이룩하는 구체적인 방법을 찾아내는 것을 소중한 과업으로 삼자.

기존 목록 재검토

한국 고전 해제본과 출간본을 들면 다음과 같은 것들이 있다.

(가) 동아일보사 편, 『한국의 古典百選』(서울: 동아일보사, 1969)

(나) 고려대학교 교양학부 편, 『한국의 고전』(서울: 일신사, 1970)

(다) 독서신문사 편, 『한국 고전에의 초대』(서울: 독서신문사, 1972)

(라) 『한국의 사상 대전집』(서울: 동화출판공사, 1972)

(마) 『한국명저대전집』(서울: 대양서적, 1972-1973)

(바) 『한국고전문학전집』(서울: 고려대학교 민족문화연구원, 1993-)

(사) 성균관대학교 인문과학연구소 편, 『교양고전 100선 해제』(서울: 성균관대학교출판부, 1995)

다룬 수를 보면, (가) 100편, (나) 14편, (다) 49편, (라) 24권 (마) 35권, (바) 36권, (사) 세계 전체의 100편 가운데 한국 것이 24편이다. (라)·(마)·(바)에는 한 권에 몇 편씩 들어간 것도 있다. (바)는 계속 간행된다.

(가)는 표준으로 삼을 만하지만, 계속 통용될 수 없다. 새로운 자료가 발견되고, 시대가 달라지고 관점이 바뀌어 다시 선정할 필요가 있다.

(가)에서 (사)까지에 있는 것들을 62편 택하고, 38편은 다시 선정해 100편의 명단을 다시 작성한다. 그 가운데 다시 선정해 추가할 것에 관해 먼저 고찰하면서 새로운 발견과 평가의 의의를 말한다.

추가할 것들

「廣開土大王陵碑」, 眞興王 巡狩碑 「黃草嶺碑」 外, 「聖德大王神鐘銘」: 이런 금석문도 고전에 포함해야 한다. 모두 당대 최고의 명문이며, 사실을 말해주는 데 그치지 않고 사상을 나타내는 데 커다란 의의가 있다. 현실의 어려움을 넘어서서 커다란 조화를 이룩하고자 하는 보편적인 이상을 말한 것을 재평가해야 한다.

金克己 「作品集」, 權韠 「作品集」, 李鈺 「作品集」, 金鑢 「作品集」: 이들 작가의 한문학 작품이 높이 평가되고 있다. 민중의 삶에 대해 깊은 관심을 가지고 생동하는 표현을 한 것이 공통된 특징이다. 李鈺과 金鑢는 한문학을 혁신해 현실인식을 나타냈다.

柳麟錫 「宇宙問答」, 柳寅植 「大東史」 및 「大東詩史」: 일제 침략에 맞서서 민족을 수호하고 문명을 재인식한 저작이다. 앞의 것은 사상, 뒤의 것은 역사에서 각성의 근거를 찾았다.

羅萬甲 「丙子錄」, 劉在建 「里鄉見聞錄」, 金河洛 「陣中日記」: 역사의 증언, 사실의 기록 가운데 이런 것들을 높이 평가해야 한다. 나만갑은 병자호란의 경과를 증언했다. 유재건은 지체 낮은 사람들의 삶을 정리

했다. 김하락은 항일의병의 투쟁을 기록했다.

崔溥「錦南漂海錄」, 洪大容「乙丙燕行錄」, 金仁謙「日東壯遊歌」: 대외관계를 여러 측면에서 고찰한 저작이다. 홍대용은 국문을 사용해 중국 기행문을 썼다. 홍대용의 저작은 성격이 아주 달라 둘 들어간다. 김인겸은 일본을 다녀온 경험을 국문 가사를 지어 나타냈다.

金淨「濟州風土錄」, 朴淙「白頭山游錄」外, 柳義養「남해문견록」및「북관노정록」: 국내 기행문 가운데 이런 것들이 특히 중요하다. 유의양은 국문을 사용했다.

均如「普賢十願歌」,「月印千江之曲」,「樂章歌詞」, 李運永 부자의 가사「순창가」외, 具康의 가사「북새곡」外, 漢山居士「漢陽歌」, 李世輔 시조집「風雅」外, 金中建「笑來集」: 국문시가 가운데 추가해야 할 것들이다. 이운영, 구강, 이세보의 작품은 새로 발견되었다. 김중건은 시대비판과 항일의 주제를 담은 새로운 작품을 창작했다.

「青邱野談」,「玉樓夢」,「泉水石」,「報恩奇遇錄」,「玩月會盟宴」: 국문 산문 가운데 추가해야 할 것들이다.「완월회맹연」은 180책이나 되는 장편이다.

南平曺氏「丙子日記」, 韓山李氏「고행록」, 廣州李氏「閨恨錄」: 여성이 국문으로 쓴 실기이다. 처음 것은 병자호란 때 고난을 겪은 내력을 다루었다. 뒤의 둘은 일생 회고이다.

蔡無易(1537-1594) 아내 順天金氏 무덤에서 나온 편지, 郭澍(1569-1617) 아내 晉州河氏 무덤에서 나온 편지: 여성이 쓴 편지가 무덤에서 나왔다. 어문생활의 실상을 보여주는 소중한 자료이다.

제주도 당본풀이 「송당본향당본풀이」 外, 탈춤 「봉산탈춤」 外: 구비전승에도 고전이 있다. 대표적인 것을 둘 든다.

古典百選, 다시 선정한 목록

지금까지의 논의에서 얻은 목록을 성격에 따라 분류한다. (가) 한문본 고전, (나) 국문본 고전, (다) 구전 고전으로 나눈다. 한문본과 국문본이 다 있는 것은 국문본에 넣는다. (가)는 (가1) 금석문, 역사서, 실기, (가2) 철학, 사상, (가3) 실용서, (가4) 문학으로 나눈다. (나)는 (나1) 실기, 편지, (나2) 시가문학, (나3) 서사문학으로 나눈다. 동일 학문 안에 들어가는 저작은 시대순으로 배열한다.

(가) 한문본

(가1) 금석문, 역사서, 기행, 실기 : 「廣開土大王陵碑」, 眞興王巡狩碑 「黃草嶺碑」 外, 「聖德大王神鐘銘」, 慧超 「往五天竺國傳」, 金富軾 「三國史記」, 一然 「三國遺事」, 申叔舟 「海東諸國記」, 崔溥 「錦南漂海錄」, 金淨 「濟州風土錄」, 李舜臣 「亂中日記」, 柳成龍 「懲毖錄」, 姜沆 「看羊錄」, 羅萬甲 「丙子錄」, 韓致奫 「海東繹史」, 柳得恭 「京都雜誌」, 洪錫模 「東國歲時記」, 朴淙 「白頭山游錄」 外, 劉在建 「里鄉見聞錄」, 金

河洛 「陣中日記」, 柳寅植 「大東史」 및 「大東詩史」, 朴殷植 「韓國痛史」

(가2) 철학, 사상 : 元曉 「金剛三昧經論」, 義湘 「華嚴一乘法界圖」, 知訥 「修心訣」, 鄭道傳 「朝鮮經國典」 外, 徐敬德 「論說選」, 李滉 · 奇大升 「論四端七情書」, 李珥 「論說選」, 休靜 「禪家龜鑑」, 鄭齊斗 「論說選」, 柳馨遠 「磻溪隧錄」, 李瀷 「星湖僿說」, 任聖周 「論說選」, 洪大容 「論說選」, 朴齊家 「北學議」, 丁若鏞 「牧民心書」 外, 崔漢綺 「氣學」 外, 崔濟愚 「東經大全」, 柳麟錫 「宇宙問答」

(가3) 실용서 : 世宗 「訓民正音」, 成俔 「樂學軌範」, 許俊 「東醫寶鑑」, 洪萬選 「山林經濟」, 李重煥 「擇里志」, 正祖 命撰 「武藝圖譜通誌」, 成周悳 「書雲觀志」, 朴一源 「秋官志」, 柳僖 「諺文誌」, 徐有矩 「林園十六志」, 趙斗淳 「大典會通」, 李濟馬 「東醫壽世保元」

(가4) 문학 : 崔致遠 「作品集」, 李奎報 「作品集」, 金克己 「作品集」, 冲止 「作品集」, 李穡 「作品集」, 李齊賢 「作品集」, 金時習 「金鰲新話」 外, 權韠 「作品集」, 朴趾源 「熱河日記」, 李鈺 「作品集」, 金鑪 「作品集」, 申緯 「作品集」

(나) 국문본

(나1) 편지, 실기, 역사 : 蔡無易 아내 順天金氏 무덤에서 나온 편지, 郭澍 아내 晉州河氏 무덤에서 나온 편지, 南平曺氏 「丙子日記」,

韓山李氏「苦行錄」, 惠慶宮 洪氏「閑中錄」, 柳義養「남해문견록」 및 「북관노정록」, 洪大容「乙丙燕行錄」, 廣州李氏「閨恨錄」, 申采浩「朝鮮上古史」, 金九「白凡逸志」

(나2) 시가문학 : 均如「普賢十願歌」, 鄭麟趾 外「龍飛御天歌」, 世宗「月印千江之曲」,「樂章歌詞」,鄭澈「松江歌辭」, 尹善道 時調, 金天澤「青丘永言」, 金仁謙「日東壯遊歌」, 李運永 부자의 가사「순창가」外, 具康 가사「북새곡」外, 漢山居士「漢陽歌」, 李世輔 시조집「風雅」, 金中建「笑來集」

(나3) 서사문학 : 許筠「洪吉童傳」外, 金萬重「九雲夢」,「彰善感義錄」,「趙雄傳」,「沈淸傳」,「春香傳」,「興夫傳」,「青邱野談」, 南永魯「玉樓夢」,「泉水石」,「報恩奇遇錄」,「玩月會盟宴」

(다) 구전 : 제주도 당본풀이「송당본향당본풀이」外, 탈춤「봉산탈춤」外

논의의 심화

위의 목록에 있는 100편의 고전 가운데 다음 10편을 택해 서두에서 말한 새로운 가치를 어떻게 발견하고 평가할지 논의하기로 한다. 균형을 고려한 선택이지만, 새로 발견된 것들이 많이 들어간다.

「聖德大王神鐘銘」, 一然「三國遺事」, 朴淙「白頭山游錄」外, 崔漢綺「氣學」外, 郭澍 아내 晉州河氏 무덤에서 나온 편지, 具康 가사「북새곡」外, 李世輔 시조집「風雅」, 金中建「笑來集」,「報恩奇遇錄」, 제주도 당본풀이「송당본향당본풀이」外

「聖德大王神鐘銘」: 현재 국립경주박물관에 있는 聖德大王神鐘(771)은 널리 알려지고 높이 평가되고 있다. 기술과 미술 양면에서 뛰어난 가치를 가진다고 밝히는 연구가 거듭 이루어졌다. 종에 새겨놓은 명문이 또 하나의 소중한 문화재이고 최고의 문학작품이라는 사실은 무시되어 재인식이 요망된다. 신라가 삼국통일을 이룩한 자부심을 드높여 바람직한 질서를 구현하고자 하는 이상을 나타낸 말이 오늘날의 상황에서 새삼스러운 의의를 가진다.

산문으로 쓴 序에서는 눈으로 볼 수 있고 귀로 들을 수 있는 것들의 한계를 넘어서 있는 궁극의 진리를 깨닫게 하려고 종소리를 듣게 한다고 했다. 보이고 들리는 세계에서는 설사 대립과 갈등이 심각하다고 해도 궁극의 질서는 온전하다고 했다. 네 자씩 짝을 맞추어 율문을 만든 銘에서는 자랑스럽기 이를 데 없는 나라가 "合爲一鄕"해서 더욱 빛난다고 했다. 신라가 백제와 고구려를 아우른 것이 정복이 아니고 통일임을 분명하게 하고, 통일된 조국의 미래를 위해 필요한 각오와 다짐을 말했다. 나라 구석까지 성스러운 교화를 펴 모든 것이 새롭게 뻗어나가게 하고, 다시는 흔들리지 않을 질서를 기반으로 만대의 번영을 누리자고 했다.

글을 지었다고 밝혀 놓은 金弼奧는 육두품이다. 최대의 포부를 갖추어 국가 이념을 다시 선포하는 문장을 최고관직의 진골이 아닌 하위직의 전문가가 맡아 짓도록 했다. 그런데도 이름을 새겨놓아 시대가 달라진 것을 보여준다. 종의 내력에 관한 전설도 있다. 종을 만드니 시주하라고 다니는 승려에게, 혼자 사는 가난한 여인이 아무 것도 없으니 자기 딸 봉덕이나 줄까 하고 농담했다. 종을 몇 번 만들어도 울리지 않아 그 탓이라고 했다. 딸을 데려가 쇳물 가마에 넣고 다시 만들었더니 소리가 났다고 한다. 국가에서 만든 종, 육두품 문인이 쓴 문장, 민중이 지어낸 전설이 각기 그것대로 소중한 의의를 지니고 상극하면서 상생하는 관계를 가졌다.

한문은 산스크리트, 아랍어, 라틴어 등과 함께 중세문명의 공동문어였다. 공동문어를 이용해 자국의 위업을 자랑하는 금석문은 어느 문명권에나 있었다. 산스크리트 문명권의 크메르와 함께 한문문명권의 한국이 최상의 본보기를 보여주었다. 국가의 위업을 자랑하는 금석문을 중국보다 먼저 한국에서 더욱 풍부하고 다채롭게 이룩했다. 「廣開土大王陵碑」, 眞興王 巡狩碑, 「성덕대왕신종명」, 이 세 대표작에서 사실 위주의 비문에서 상징을 중요시하는 비문으로 이행한 과정을 확인할 수 있다. 사실은 그 자체로 소중할 따름이고, 상징은 시대를 넘어선다.

一然 「三國遺事」: 일연(1206-1289)의 「삼국유사」에 관해서는 이미 많은 논의가 있었으나 새로운 이해가 필요하다. 「삼국유사」의 기본특징은 정통사서인 「三國史記」에 맞선 代案史書라고 규정하는 것이 마땅하다. 유교사관을 불교사관으로 바꾸어놓았다고 하고 말 것은 아니다. 역사 이해의 기본 개념을 道義에서 神異로 바꾸어 민족의식과 민중사상을 존중하는 새로운 보편주의를 추구했다고 평가해야 마땅하다. 도의는 행동을 제약하고 변화를 거부한다. 신이는 생각을 열어주고 비약

을 마련한다.

동아시아 다른 나라에서도 대안사서라고 할 것들을 이룩했으나, 「삼국유사」처럼 수준 높은 원리를 갖추지는 못했다. 神奇한 사건에 관심을 가진 것들은 역사서로 평가하기 어렵다. 불교사서는 불교의 연원과 직접 연결되어 자국의 국왕이 神聖하다고 하는 것이 상례인데, 「삼국유사」는 견해가 다르다. 기독교의 자국사도 비교 대상으로 삼은 결과, 보편주의와 민족주의를 함께 갖추는 작업은 문명권 중간부에서 할 수 있었음을 확인했다. 그런 과업을 「삼국유사」에서 수행한 방법과 그 특성이 관심의 초점이 된다.

보편종교 이전의 민족사와 그 이후의 문명사를 연결시켜 이해하는 것이 비교 대상으로 삼은 여러 역사서의 공통된 과업이고 고민이었다. 민족사의 독자적인 위업과 문명사의 보편적 가치를 어느 한쪽으로 치우치는 관점에서 합치려고 하거나 병존시키는 것이 예사인데, 「삼국유사」는 한 걸음 더 나아갔다. 민족문화의 자랑인 신이가 보편종교에서 추구하는 이상과 둘이면서 하나이고 하나이면서 둘이라고 하는 논리를 마련했다.

국가의 내력을 다룬 역사서는 모두 통치자의 행적을 칭송했다. 보편종교 신앙이 더욱 빛나는 위업을 이룩하게 해주었다는 것이 흔한 주장이다. 오직 「삼국유사」만은 통치자가 아닌 사람들도 다수 등장시키고, 정치의 범위에서 벗어나 삶의 의미를 다양하게 살폈다. 이른 시기의 위대한 군주뿐만 아니라 무명의 승려나 하층 민중도 신이를 발현할 수 있어 새로운 가능성을 가진다고 했다. 누구나 자기에게 잠재되어 있는 신이를 알아차리고 각성의 주체가 될 수 있다고 하는 보편적인 원리를 제시했다.

朴淙「白頭山游錄」外: 기행문은 국토 인식의 확대와 정신사의 변모를 함께 말해준다. 한국인은 산을 숭앙하고, 명산을 찾아 정신의 고향으로 삼아왔다. 고려 후기에는 금강산에, 조선 전기 영남의 사림파는 지리산에 특별한 애착을 가졌다. 그러나 백두산은 멀고 험한 산이어서 가기 어려웠다. 멀리서 바라보면서 글을 짓는 것이 예사였다.

申光河의 「白頭錄」처럼 산에 올라 지은 기행시도 있었다. 백두산에 올라갔다 와서 지은 기행문은 시만큼 많지 않다. 1712년(숙종 38)에 청나라와의 경계비를 세우는 일에 참가한 朴權은 「北征日記」에서 백두산 일대를 둘러본 소견을 적었다. 백두산에 오른 유람 기행문은 徐命膺의 「遊白頭山記」에서 비롯했다.

박종(1735-1793)이 쓴 「백두산유록」은 백두산 기행문 가운데 특히 풍부한 내용을 갖추었다. 1764년(영조 40)에 백두산에 열두 번이나 올랐다는 사람의 안내를 받고, 험준한 길을 개척하는 벅찬 모험을 되풀이한 끝에 마침내 정상에 올라 天池를 굽어보는 기백을 자랑했다. 백두산 일대에서 사는 주민의 생활상을 파악한 것이 또한 특기할 사실이다.

지체 높은 유람객이 찾아오면 시달리기만 하는 탓에 산중 백성들은 삶을 개척하는 비경을 공개하지 않으려고 했는데, 작자는 쉽게 물러나지 않는 성미여서 깊숙이 들어갔다. 산 밑 곳곳에서 농사짓고 사냥하며 장사도 하는 백성들이 관가의 수탈에 찌들지 않고 꿋꿋한 자세로 오지를 개척하는 모습을 보았다. 원시림을 헤치고 길을 내며 장사꾼들은 강 건너 오랑캐 땅으로까지 왕래하는 것을 알았다.

박종은 3년 뒤에 칠보산을 찾아 「七寶山遊錄」을 지었다. 그 다음 해에는 경주를 찾아간 내력을 「東京遊錄」에다 기록했다. 함경도에서 동해안을 거쳐 경주까지 39일 동안 걸어가면서 곳곳의 명승지를 소개했다. 경주에 이르러서 고적에 따라 항목을 나누어 관찰하고 고증한 바를 서술하면서, 국토를 사랑하는 마음에다 역사의 자취를 찾는 깊은 회고의 정을 보탰다. 귀로에는 조령을 넘으면서 임진왜란 때의 패전을 탄식하고, 충주 忠烈祠에 이르러 林慶業을 간절하게 사모하는 뜻을 나타냈다. 그 뒤에 다시 74일 동안 영남지방 각 고을을 순방하고 「淸凉山遊錄」을 짓기도 했다.

박종은 함경도 선비였다. 변방에 밀려나 있어 진출이 막힌 울울한 소회를 여행으로 풀고자 했다. 국토 곳곳을 찾아다니면서 기행문을 거듭 짓는 데 한문을 익힌 실력을 썼다. 기행문 작가라고 할 수 있는 사람이 출현해 18세기 한국의 모습을 소상하게 보여주면서 많은 것을 이야기했다.

崔漢綺 「氣學」 外: 최한기(1803-1877)는 젊어서 쓴 「氣測體義」에서 전개한 논의를 만년에 「氣學」에서 재론하면서 학문하는 방법을 다양하게 고찰을 했다. 「氣學」은 나중에 발견되어 최한기에 관한 초기의 연구에 등장하지 못했으므로 보완이 요망된다. 글을 어떻게 읽고 쓸 것인가 하는 교육과 학문의 근본 문제를 해결하는 지침을 발견할 수 있어 크게 도움이 된다. 철학은 난해하다는 선입견을 떨치고 필요한 논의를 쉽게 펼 수 있게 해서 더욱 반갑다.

최한기는 말했다. 옛 사람의 책을 읽는 것은 지금 살아가고 학문을 하는 데 도움을 얻고자 하기 때문이다. 빠지면서 읽으면서 그대로 받아들이지 말고 따지면서 읽으면서 타당성을 검증해야 한다. 독서보다 체험이 진실을 판정하는 더욱 확실한 근거이다. 체험에서 얻은 진실을 가다듬고 되돌아보며, 시비하고 일반화하기 위해 독서라는 수단이 필요하다.

옛 사람이 말한 바가 자기 체험과 합치되면 그 내용을 자기 것으로 한다. 소유주가 따로 없는 보편적 진실을 체험의 내용과 의미를 확고하게 인식하면서, 보충하고 비판하는 데 쓴다. 체험한 바와 어긋나 납득할 수 없으면 버려야 한다고 했다. 이것이 따지면서 읽기이다. 따지면서 읽기는 쓰면서 읽기로 이어진다.

기존의 저술을 토론의 대상으로 삼고 쓰면서 읽기를 하면서 새로운 저술을 하는 것이 더욱 적극적인 방법이다. 독서를 하면서 마음속으로 토론을 진행해 대안을 찾고, 독서를 마치고서 또는 중단하고서 자기 글을 실제로 쓰는 것이 마땅하다. 미흡하면 보충하고, 잘못되었으면 바로잡는 데 그치지 않고 새 시대 학문의 이론을 다시 만드는 데까지 나아가자는 것이 더 큰 목표이다.

세 경우에 독서하는 시간이 다르다. 빠지면서 읽기는 책이 요구하는 시간에 맞추어 진행해야 한다. 단숨에 다 읽었다는 것이 최상의 독서이다. 따지면서 읽기를 할 때에는 완급을 독서하는 사람이 조절한다. 그냥 따라가지 말고, 따질 것이 있으면 독서 속도를 늦춘다. 책을 덮어두고 길게 시비할 수도 있다. 쓰면서 읽기는 어떻게 하는가? 마음속으로 쓰던 것을 실제로 쓰기 위해 시간을 많이 가질 수 있다. 쓸 것이 벅찰 정도로 다가오면 읽기를 그만두어도 된다.

독서는 고금의 관계에서 이루어진다. 고금의 관계에 흔히 세 가지 잘못이 있다. 옛 사람이 말한 이치가 불변이라고 여겨 섬기는 것이 상등 잘못이다. 옛날은 어땠는지 돌아다보지 않고 지금의 상황에 이끌려 임기응변을 둘러대는 것이 중등 잘못이다. 불변도 변화도 생각하지 않고 글만 잘 쓰려고 하는 것이 하등 잘못이다. 잘못의 등급이 높을수록 피해가 더 크다.

이런 잘못은 모두 불변과 변화, 이치와 글쓰기의 관계를 잘못 알아서 생긴다. 근본이 되는 이치는 불변일 수 없고 현실에 입각한 변화에서 새로운 가치를 발휘한다. 근본이 되는 이치가 변화에서 가치를 발휘하는 모습을 생동하게 보여주는 것이 마땅한 글쓰기이다.

글읽기는 모두 같지 않고 각기 다르다고 한 것이 논의의 핵심이다. 빠지면서 읽기, 따지면서 읽기, 쓰면서 읽기가 있다고 했다. 뒤에 든 것일수록 더 나은 방법이라고 했다. 글읽기는 글쓰기를 도달점으로 해야 한다고 했다. 최한기 덕분에 글읽기와 글쓰기에 관한 오랜 의문을 바람직하게 해결할 수 있다.

郭澍 아내 晉州河氏 무덤에서 나온 편지: 근래 옛 무덤을 이장할 때 안에 넣어둔 국문 편지가 거듭 발견된 것이 특기할 일이다. 무덤의 주인은 여성이다. 자기 자신이나 주위 사람들이 평소에 주고받은 편지를 간직하거나 베껴 애독하다가 무덤에 넣으라고 하는 풍속이 있었다. 무덤이 특수한 조건을 갖추어 묻은 것들이 썩지 않고, 이장하려고 여는 두 가지 조건이 갖추어지면 시신이나 의복 등과 함께 편지가 나온다.

무덤에서 나온 국문 편지는 여성이 국문을 사랑한 생생한 증거이고, 어떻게 살고 무엇을 생각했는지 소상하게 말해주는 작품이다. 그런 것들 가운데 특히 주목할 만한 것이 대구광역시 달성군 현풍에서 나왔다. 곽주(1569-1617)의 아내 진주하씨의 무덤을 이장할 때 발견된 편지는 149통이나 된다. 수신자와 발신자가 다양한 가족 관계를 가지면서 서로 다른 사연을 전했다. 백두현, 『현풍곽씨 언간 주해』(서울: 태학사, 2003)에서 자료를 모두 수록하고 주해해서 이용하기 쉽다.

1602년(선조 35)에 곽주가 장모에게 써 보낸 편지에서 시작해서, 1646년(인조 24)에 넷째 아들 형창이 어머니 하씨에게 보낸 편지에 이르기까지 40여 년 동안 그 집안에서 오고간 편지를 고스란히 간직하고 있다가 무덤에 넣었다. 발신자와 수신자의 관계가 다양하고, 편지 종류가 문안지, 平信, 사돈지, 慰狀, 賀狀 등으로 다양하게 갖추어져 언간 연구의 좋은 자료가 된다.

곽주가 1612년(광해군 4)에 장모에게 보낸 문안지를 하나 보자. 심부름 시킬 종이 없어 편지 보내지 못한 사연을 말하고, 자식들이 갔으니 언문을 가르쳐달라고 하기도 하고, 자기도 모심기하고 타작하면 가서 뵙겠다고 했다. 장모와 사위가 아주 가깝게 지낸 것을 확인할 수 있으며, 편지하고, 아이들에게 글 가르치고, 농사짓고 하는 생활방식이 드러난다.

具康의 가사 「북새곡」 외: 가사는 새로운 작가와 작품이 계속 발견된다. 具康(1757-1832)의 가사가 나타난 것은 놀라운 사건이다. 생애를 보면 평범한 사람이다. 일찍 문과에 급제하고 여러 곳의 지방관장 및 암행어사를 역임하고 공조참의·대사간에까지 승진했으며, 특별한 시련이 있었던 것은 아니다. 그런데 남긴 가사 14편이 참신한 발상과 다채로운 표현을 갖추고 있어, 작가의 삶에는 표면과 이면이 따로 있다는 것을 실감하게 한다.

18세 때의 첫 작품 「황계별곡」에서 시작해 75세에 「기수가」를 지을 때까지 평생토록 가사 창작에 힘썼다. 작품 창작 시기가 모두 밝혀져 있어 삶의 중요한 고비마다 경험하고 생각한 바를 가사로 나타냈음을 알 수 있게 한다. 자기 심경을 술회하는 데 머무르지 않고 당대 사회의 갈등을 심각하게 인식하는 데까지 나아갔고 주제에 따라 서로 다른 표현을 썼다. 36세 때에 지은 「제석탄」을 보면, 시간을 "자네"라고 지칭해 의인화하고서 세상일이 뜻대로 되지 않는데 시간만 흐른다는 한탄을 아주 묘미 있게 나타냈다.

57세 때의 「북새곡」은 함경도 암행어사가 되어 겪은 바를 다룬 장편 가사이다. 자기 행색을 나타내지 못하고 일반 백성의 차림을 한 채 누구나 겪는 고생을 하면서 추위를 견디고 험준한 산을 넘어야 했다. 낯선 고장의 기이한 풍속에 관심을 가지는 데 그치지 않고 백성들이 실제로 어떻게 살아가고 무슨 이유로 어려움을 겪는지 살피면서 문제를 해결해야 하는 책임을 통감해야 했다. 어사 노릇을 못하겠다고 한탄했다. 고생도 견디기 어렵지만 출도를 해서 어느 관원을 처벌하면 자기 자손에게 화가 미칠 수 있다고 염려하면서 주저앉고 말았다. 평생토록 가사 창작에 힘쓴 시인이 어사 노릇을 제대로 못한 것은 그리 애석한 일이 아니다. 어려운 현실을 소상하게 그린 풍속도를 남긴 공적을 평가해야 마땅하다.

64세 때 淮陽 부사로 부임해 관내의 금강산을 돌아본 풍류를 자랑하고 경치를 칭송한 가사 「금강곡」·「총석사」·「교주별곡」을 거듭 지었다. 그 가운데 「교주별곡」에서는 그 고장 백성들이 어렵게 살아가는 모습을 그리고, 자기 책임이 막중하다고 했다. 금강산 때문에 다른 데는 없는 폐단이 생겨, 지체 높은 유람객을 모시느라고 교군들은 어깨를 쉴 사이가 없고 걸핏하면 매질을 당한다고 했다.

같은 해에 지은 다른 작품 「진희곡」에서는, 지난날을 회고하고 여생을 생각하는 쓸쓸한 심정을 아내와 함께 나누며 말을 주고받았다. 남존여비·부부유별을 표방한 조선시대 사대부의 문학에서 찾아보기 어려운 이면의 진실을 허식 없이 전해 충격을 준다. 마지막 작품 「기수가」는 자기를 찾아온 농사꾼과의 대화로 전개했다. 과거에 급제해 벼슬살이를 한 생애를 농사지으며 산 것과 견주어보면 높고 낮은 구분이 있을 수 없다고 했다. 농사일을 아주 생동하게 그려 실감을 돋우며 전원 동경의 관념과는 상당한 거리를 두었다.

李世輔 시조집 「風雅」 외: 李世輔(1832-1895)는 왕족이고 철종과 6촌 사이였으나, 영화를 누릴 처지는 전혀 아니었다. 안동김씨 세도정권의 미움을 사서 수난을 겪었다. 고종이 즉위하는 1863년까지 3년 동안은 귀양살이를 하다가, 벼슬길에 올라 공조·형조판서를 역임했다. 근래에 개인 시조집 「風雅」 및 그 초고와 이본이 발견되어, 남긴 작품이 무려 459수임이 판명되었다. 진동혁이 『주석 이세보 시조집』(서울: 정음사, 1985)을 냈다.

이세보의 시조는 작품 수에서 누구도 따를 수 없는 우뚝한 위치를 차지할 뿐만 아니라, 경향이 다양해서 더욱 주목된다. 말을 다듬지 않고 쉽게 써서 다작할 수 있었다. 형식을 제대로 갖춘 경우에는 으레 맨 마지막 토막을 생략하는 것을 보면 시조창을 전제로 해서 창작을 했다. 젊은 시절에 시조창을 하는 사람들과 어울려 놀면서 익힌 수법을 다채롭게 활용했다 하겠다.

애정시조는 기녀들과 가까이 하면서 서로 주고받던 사연이라고 할 수 있다. 청나라에 다녀오고 국내 여행도 해서 소재를 얻은 기행시조는 새로운 영역을 개척했다고 평가할 만하다. 그 정도에 머물렀더라면 풍류남아 소리나 듣는 범속한 작가로 기록되었을 것이다. 그런데 귀양살이를 해야 하는 수난이 닥쳐왔다. 남해 고도에서의 귀양살이를 하는 쓰라림을 「薪島日錄」을 국문으로 써서 전하면서 시조를 삽입했다.

사회의 최상층에서 밑바닥으로 밀려나 시달리며 번민을 하다가 세상을 새롭게 인식하는 시조를 짓게 되었다. 세도정권이 나라의 기강을 마구 무너뜨려 지방 수령은 수탈만 일삼고 백성은 목숨을 부지하기 어렵게 된 사정을 자기 일인 양 여기는 전환을 겪고, 전에 볼 수 없던 작품세계를 이룩했다. 하층민의 삶을 다루는 시조를 처음 이룩했다.

"우리 생애 들어보소. 산에 올라 산전 파고,/ 들에 내려 수답 갈아 풍한서습 지은 농사/ 지금의 동증리증 무슨 일고." 이런 작품에서는 농민의 어려움을 하소연했다. 산에 올라 山田을 파고, 들에 내려와 水畓을 갈아 바람・추위・더위・습기를 다 견디어내며 농사를 지었다는 데서는 씩씩한 기상이 나타나 있다. 風寒暑濕이라는 한자어가 그런 효과를 내기 위해서 적절하게 사용되었다. 그런데 농사를 다 지어놓고 나니 洞徵이니 里徵이니 하면서 마을 단위로 모조리 거두어가겠다고 하니 그럴 수 있겠느냐고 한 항변이다.

金中建 「笑來集」: 김중건(1899-1933)은 일제의 침략에 항거한 애국투사이다. 자기 나름대로 독자 노선을 개척하고 남다른 노래를 지었다. 고향 함경도 영흥에서 구국의 방책을 찾으려고 애쓰다가 상경해서 천도교에 투신했으나 만족하지 못하고, 그 원리를 독자적으로 활용해 스스로 새로운 도리를 깨달았다고 했다. 1910년에 저술한 「天機大經」에 입각한 새로운 종교 元宗을 1912년에 창선하고 1913년에 선포했다.

경전을 보고 공감해 모여드는 사람이 많지 않아 원종은 종교로 정착하는 데 실패했다. 일제통치하에서 항일운동의 종교를 키우는 것은 가능하지 않았다. 만주로 옮겨가서 경전 대신에 노래를 짓는 또 한

가지 방법에 더욱 열을 올렸다. 1908년부터 만년까지 지은 수많은 노래 가운데 87편 800여 수가 남아 「소래집」이라는 저작에 수록되어 있다. 그 형식은 갖가지 고전시가의 복합판이다. 가사 형식으로 지으면서 민요처럼 여음을 달고 번호를 붙여 연을 나누어놓았다. 한 연을 한 수로 보면 800여 수에 이른다.

노래에 나타난 사상을 보면, 억압과 살육의 시대를 만나 잃어버린 낙원을 되찾자고 하면서, 자연・농업・여성을 존중해 모든 갈등에서 벗어나자는 극단적인 평화주의를 주장했다. 그런 이상을 실현하려면 적극적인 투쟁을 해야 한다고 했다. 일제의 침략을 격퇴하는 데 그치지 않고 인류를 억압하는 모든 세력을 파괴해야 한다고 역설했다. 「농부불평가」에서는 "시대 형편은 가까운 장래에 우리 세상이 될 것이라"고 하면서, 고통을 견디지 못해 해방을 쟁취하는 농민의 투쟁이 반드시 성공할 것이라고 하는 낙관론을 폈다. 투쟁의 기치를 높이 든 노래로 「長劍歌」를 들 수 있다. 일제의 수탈에서 벗어나고자 하는 해방투쟁이 전 세계 피압박민족의 염원과 일치한다고 노래했다.

만주에서 항일투쟁을 하다가 1927년에는 일제에게 잡힌 포로가 되어 고국으로 끌려와 옥살이를 하고 가까스로 풀려났다. 그 때의 감회를 노래한 「百八節」은 현실인식이 잘 드러나 있는 문제작이다. 모두 108장이나 되는 장편으로 식민지 통치를 받으면서 타락하고 변질된 서울의 모습을 절실하게 그려 동시대 어느 현대시도 따를 수 없는 박진감을 갖추었다.

「報恩奇遇錄」: 작자와 창작 연대 미상의 고전소설에 「報恩奇遇錄」이라는 것이 있다. 18책 분량에서 아버지와 아들 사이의 긴박한 대결을 전개했다. 아버지가 보수적이며 아들이 진보적이지 않고 그 반대인 점부터 예사롭지 않다. 아버지는 벗어부치고 일하며 장사에 힘쓰고 고리대금도 해서 돈을 모았다. 하늘의 도리니 인륜의 명분이니 하는 것들은 우습게 여기고 오직 금전의 이익만 존중했다. 놀부와 상통하는 성격이 더욱 강하게 나타나 있으며 돈벌이의 과정이 구체화되었다. 그런데 흥부보다도 더 선량한 아들이 영웅소설의 주인공으로 온통 미화되어 있으며, 성현의 가르침을 돈독하게 따르며 실현하는 데 힘썼다.

아버지는 자기를 따르지 않는 아들을 가까스로 설득해 꾸어준 돈을 받는 일을 시키는 훈련을 하려고 멀리 보냈는데, 아들은 생각이 달랐다. 강산풍월을 찾아 여행을 하지 않고 장사꾼이나 가게주인을 만나 재물을 거두는 수전노가 되었으니 비참한 신세라고 했다. 맡은 일을 버리고 도망쳐, 자기가 하고 싶은 대로 글공부나 하고 시나 지어 인정받고 입신하는 길로 갔다. 아버지는 이익을, 아들은 도리를 강경하게 주장하며 조금도 양보를 하지 않아 충돌이 계속되다가 아버지가 아들을 죽이려고 하는 데까지 이르렀다. 이익을 추구하는 상인과 도리를 숭상하는 선비가 현실주의냐 이상주의냐 하면서 벌이는 싸움이 현실주의가 승리하는 방향으로 진행되다가 결말에서 역전되었다. 아버지가 첩의 모해 때문에 죽을 고비를 겪고 아들의 효심에 감동해 선인으로 바뀌고, 아들이 벼슬한 덕분에 천한 일에서 벗어났다고 해서 기울어진 사태를 역전시켰다.

이 작품은 기본설정이 일본 井原西鶴의 「好色一代男」, 독일 괴테의 「빌헬름 마이스터의 수업시대」와 일치한다. 돈벌이를 잘 하는 아버지가 아들도 돈벌이를 잘 하도록 가르치려고 미수금을 받아오라고 멀리 보냈더니, 아들은 아버지 말을 듣지 않고 딴 짓을 하면서 자기 길을 갔다. 일본에서는 '町人', 독일에서는 'Bürger', 한국에서는 委巷人으로 일컬어지던 초창기의 市民의 화폐경제활동이 순조롭지 않았음을 아들의 반발을 통해 나타냈다. 아들이 「보은기우록」에서는 한시 창작, 「호색일대남」에서는 色情, 「빌헤름 마이스터의 수업시대」에서는 연극을 택해 보수적인 관습이 서로 다른 양상을 보여주었다.

제주도 당본풀이 「송당본향당본풀이」 외: 제주도에는 마을 신당에서 섬기는 신의 내력을 신방이라고 하는 무당이 노래한다. 당본풀이라고 하는 이런 노래가 오랜 내력을 가진 구비서사시이다. 그 가운데 탐라국 건국서사시라고 할 것도 있다. 耽羅를 건국한 내력이 「高麗史」에 기록되어 있는 것을 구전과 비교해보자.

기록에서는 高乙那·良乙那·夫乙那가 땅에서 솟아나 사냥을 하면서 살고 있다가, 일본국 공주라고 하는 세 처녀가 바다를 건너와 부부가 되었다. 우마와 곡식의 씨앗을 가지고 와서 농사를 지을 줄 알게 되었다. 세 부부가 땅을 나누어 가지고 후손을 퍼뜨렸다고 했다. 「송당본향당본풀이」 같은 당본풀이에는 전후에 다른 내용이 더 있다. 여성시조도 남성시조처럼 땅에서 솟아났으며, 자기 스스로 판단해 제주도에 와서 배필을 구했다고 했다. 태어난 아들이 아버지의 미움을 사서 버림받아 무쇠상자에 실려 바다를 표류하게 되었다. 그 시련을 이겨내고 커다란 전공을 세우고 귀환해 도망친 아버지의 통치권을 장악했다고 한다.

구전이 고형이고 완형이며, 기록은 축약이고 개작이다. 세 여자가 일본국 공주이고, 아버지의 분부가 있어 오게 되었다고 하는 것은 고대인의 사고를 이해하지 못하는 후대 사람들이 납득할 수 있게 고친 내용일 것이다. 후반부는 너무 허황되다고 여겨 기록에 올리지 않았다고 생각된다. 부모의 만남에 이어서 자식의 출생을 말하는 것은 고조선이나 부여·고구려계 건국신화와 공통된 설정이다. 자식을 버릴 때 상자에 넣어 바다에 떠내려 보낸 것은 脫解의 경우와 일치한다. 고대국가의 창업주를 기리는 영웅서사시의 전형적인 모습을 국내외의 어느 자료보다도 더 잘 보여주고 있다.

세계를 두루 돌아보아도 고대 영웅의 일생을 말하는 서사단락을 그만큼 온전하게 갖추고 있는 유산을 찾아내기 어렵다. 탐라국은 작은 나라이지만 필요한 과정을 제대로 밟아 이루어진 증거를 분명하게 남겼다. 탐라국이 망한 것을 원통하게 여긴 제주도민은 고대문학의 보고를 자랑스럽게 지켜왔다. 세계적인 비교연구를 위해 소중한 기여를 할 수 있는 유산을 간직하고 있다.

마치는 말

고전은 낡았다. 고전은 난해하다. 이렇게 생각되는 것은 죽은 고전이다. 이해 가능한 표현으로 되살려 새로운 독자와 만나야 산 고전일 수 있다. 고전은 죽지 않고 살아 있어야 한다. 한문을 국문으로 번역하고, 고문을 현대어로 옮기는 일을 잘 하면 이렇게 되는 것은 아니다. 새로운 의미를 찾아내 오늘날의 것으로 만들 수 있어야 한다. 내용 재검토가 우선 과제이고, 말을 옮기는 것은 그 다음 일이다.

고전으로 존중되어온 모든 저작을 되살릴 수는 없다. 과거에 머무를 수밖에 없고 현재의 생명을 획득하기는 어려운 것들이 적지 않다. 이런 것들은 고전 명단에서 제외하고 자료로 보존하면서 별도의 평가를 해야 마땅하다. 지금까지 고전으로 인정되지 않던 것들을 발굴하고 해석해 고전의 구성을 바꾸는 데 힘써야 한다. 고전의 교체나 순위의 변동이 연구의 긴요한 과제이다. 연구 결과를 출판과 교육을 통해 널리 알려야 한다.

한국의 고전은 특수해서 생소하다거나, 한국 연구 전문가가 아니라면 돌아볼 필요가 없다고 생각하는 것은 잘못이다. 고전에 대한 인식과 평가를 바로잡아야 한다. 한국의 고전은 한국인이 아니라도 즐겨 읽고 감명을 받는 세계의 고전일 수 있다. 이렇게 평가될 수 있는 것들이라야 살아 있는 고전이다. 다시 읽고 새롭게 탐구해 가치를 발견하고 평가해야 한다. 국내외의 한국학 연구자들이 이 일을 함께 하면서 깊은 교류와 활발한 토론을 계속해서 할 것을 기대한다.

한국의 고전을 외국어로 번역하는 것은 한국의 특수성을 알려주는 자료를 제공하려는 것이 아니다. 이 글 서두에서 말했다. 한국의 민족문화가 그 자체로 소중하다고 여기는 데 머무르지 말고, 동아시아 또는 세계 전체의 보편적 가치를 추구하는 데 기여하는 바를 소중하게 여기자. 과연 그럴 수 있는지, 몇 가지 사례를 구체적으로 고찰하면서 검증했다. 다른 고전에 대해서도 같은 정도의 논의를 해야 하는데 지면 제한으로 미완의 과제로 남겨둔다.

웃음문화의 전통

웃음의 세 측면

사람은 웃는 동물이다. 웃을 줄 아는 것이 사람이 다른 동물과 구별되는 특징이다. 사람은 누구나 웃으면서 산다. 웃음이 삶의 일부이다. 그러면서 웃음을 앎의 대상으로 한다. 웃음이 무엇이며 어떤 의의를 가지는지 알려고 한다. 이에 관해 여러 학문에서 많은 연구를 해왔지만 새로운 논의가 필요하다.

웃음이 무엇인지 알려고 하면 생리·심리·문화 측면의 고찰이 필요하다. 웃음의 생리는 어느 사람이든지 같다. 體와 用이라는 오랜 용어를 가져와 본체와 활용이라고 일컬으면서 논의를 더욱 분명하게 하는 데 사용해보자. 웃음의 생리에서는 본체와 활용이 일치해 활용 또한 상이하지 않다. 웃음의 심리나 웃음의 문화는 그렇지 않아, 본체는 동일하지만 활용이 상이할 수 있으며 둘 사이의 비중이 달라진다. 웃음의 심리에서는 동일한 본체와 상이한 활용이 대등한 비중을 가지고, 웃음의 문화에서는 동일한 본체보다 상이한 활용이 더욱 중요시된다고 할 수 있다.

한국인의 웃음을 연구 대상으로 두고 생각해보자. 한국인이 웃는 생리는 다른 나라 사람들의 경우와 같아 함께 연구하는 것이 마땅하다. 한국인의 웃음에 어떤 심리 작용이 있는가는 다른 나라 사람들의 경우와 같기도 하고 다르기도 해서 양면의 연구가 필요하다. 한국인의 웃음이 어떤 문화적 특징과 의의를 가지는가 하는 의문을 풀기 위해서도 다른 나라 사람들의 웃음과 같은 면에 대한 최소한의 논의는 있어야 한다. 그러나 다른 점을 찾아내는 비교고찰이 더욱 긴요한 작업이다.

웃음의 문화적 측면을 '웃음문화'라고 줄여 일컫기로 한다. 한국인의 웃음문화는 다른 나라 사람들의 경우와 구별되는 특징이 있다. 이 특징이 오랜 기간 지속되어 독자적인 전통을 이루었다. 웃음문화의 전통에서 이룩한 창조의 성과를 평가하고 이어받아야 한다. 이 세 명제로 나타낸 사실에 대한 구체적인 해명을 하고자 한다.

특수성을 찾는 것이 도달점은 아니다. 한국인의 웃음문화는 인류문명의 다채로운 발전에 남다르게 기여할 수 있는 자산이고 능력인 줄 알아, 특수성에서 보편성으로 나아가야 한다. 웃음문화에 대한 고찰에서 일반이론을 새롭게 이룩해 널리 적용할 수 있게 하는 것이 마땅하다.

미적 범주에서 본 웃음

누구에게나 동일한 웃음의 본체는 생리나 심리의 측면에서 고찰하면 된다고 미룰 일이 아니다. 문화의 측면에 관한 연구에서도 웃음 일반론을 마련해 웃음문화의 상이한 양상에 대한 구체적인 논의의 출발점으로 삼아야 한다. 다음 표로 나타낸 미적 범주가 이 작업을 가능하게 하는 틀이다.

숭고	비장
우아	골계

미적 범주는 예술에서 구현하는 아름다움이 나누어져 있는 기본양상이다. 미적 범주들 사이의 관계에 대한 수많은 논의를 이 표에다 간명하게 정리할 수 있다. 여기서 웃음 일반론의 단서를 마련해 예술의 범위를 넘어서서 문화 전반에 확대해 적용할 수 있다.

위의 표에 나타나 있는 숭고・비장・우아・골계는 두 가지 기준에서 구분된다. 위의 둘 숭고와 비장은 '있어야 할 것'에 치우치고, 아래 둘 우아와 골계는 '있는 것'에 치우쳐 있다. '있어야 할 것'과 '있는 것'이 왼쪽의 둘 숭고와 우아에서는 하나로 '합치'되고, 오른쪽 둘 비장과 골계에서는 서로 '부정'한다. '있어야 할 것'에다 '있는 것'을 합치면 숭고가 이루어진다. '있는 것'에다 '있어야 할 것'을 합치면 우아가 이루어진다. '있어야 할 것'이 '있는 것'을 부정하면 비장이 이루어진다. '있는 것'이 '있어야 할 것'을 부정하면 골계가 이루어진다.

이 넷 가운데 골계가 웃음이다. 말은 달라도 뜻은 같다. 다른 세 범주 숭고・우아・비장도 웃음에 상응하는 말로 일컬으면 이해하기 쉽지만 마땅한 방책이 없다. 비장은 울음이라고 하면 될 것 같으나 단서가 필요하다. 예사 울음이 아닌 비통한 울음이라야 비장이다. 비장을 느끼면서 울음을 참을 수도 있다. 숭고와 우아는 "숭고하다", "우아하다"는 말로 흔히 쓰는데 비장과 골계는 그렇지 못해 불균형이 있는 것도 불만이다. 용어 등장의 유래를 캐서 잘못을 시정하면 차질을 없앨 수 있는 것이 아니다. 말을 모두 다시 지어내 가지런하게 하고 싶지만 가능하지 않다. 말은 그대로 두고 이해를 잘 할 수밖에 없다.

숭고・우아・비장・골계의 기본적인 성격이나 상호관계는 언제나 동일한 불변의 본체이다. 그런데 넷 가운데 어느 것을 택하고 다른 것들과 어떤 관계를 가지는가 하는 활용 양상은 경우에 따라서 다르다. 활용 양상의 문화적 내용과 의의를 고찰하는 작업을 광범위하게 전개할 수 있다. 그러나 많이 늘어놓는 것을 능사로 삼지 않고 핵심을 가려내기로 한다.

연구사를 찾고 기존 연구를 검토하는 과정은 생략하고 본론에 바로 들어간다. 새로운 작업의 방법과 대상을 분명하게 한다. 한국문화에 관해 무한히 늘어날 수 있는 논의 가운데 가장 긴요한 것들을 선택하고 반드시 필요한 최소한의 비교연구를 한다. 말을 줄이고 함축하는 내용은 늘어나게 한다.

깨달음의 웃음

종교란 무엇인가? 일상생활의 우아에 매몰되어 있기만 하지 말고 "저 높은 곳을 향해" 초월적이고 영원한 영역의 숭고로 나아가자는 노력이나 운동이라고 할 수 있다. 종교를 일으킨 교조가 초월적이고 영원한 영역의 숭고에 관해 가르친 바를 믿고 따라야 한다는 것이 공통된 교리이다.

숭고와 함께 비장이 등장하기도 한다. 영원한 영역에 속한다고 알려진 신들도 사실은 그렇지 못해 죽음을 피하지 못한다는 종교도 있어 숭고가 비장이게 한다. 신들과 함께 초월적인 능력을 지니지 못한다고 한탄하고 그 때문에 희생되는 인간의 운명을 비장하게 인식하기도 한다.

숭고가 비장이게 하는 것이 기독교의 경우에는 흔히 볼 수 있는 방식을 넘어선다. 신의 아들이 이 세상에 태어나 살해되고 부활했다고 해서 신의 초월성과 세상의 불의를 극단적으로 대조해 보여주었다. 숭고를 내세우기만 해서는 일상적인 우아의 껍질을 깨기에는 역부족이라고 여겨 강도 높은 비장을 택했다고 할 수 있다.

어느 종교의 교리든 일단 이루어진 다음 오래 두고 숭상하면 굳어져 생동하는 의의를 잃게 마련이다. 숭고에 대한 인식이 관습화해서 우아를 넘어설 수 있는 힘이 없어진다. 교조가 다시 나타나 종교를 거듭 창건하는 경우도 있지만, 교조 대신 성자가 등장해 활성화의 사명을 수행한다. 진리를 남다르게 추구하기 위해 고행을 하고 이적을 보여 널리 숭앙되는 성직자 또는 일반신자가 성자이다. 여러 성자가 남긴 갖가지 이야기가 구전되고 기록되기도 한 것을 성자전이라고 총칭한다.

성자전은 성자가 숭고를 추구한 행적을 납득할 수 있게 전달해 숭앙하고 따르면서 우아에 머무르는 삶을 반성하도록 하는 것이 예사이다. 숭고가 비장이게 해서 충격을 확대하는 것도 흔히 볼 수 있다. 기독교에 흔하고 이슬람교에도 있는 순교자 이야기는 비장한 성자전의 좋은 본보기이다. 고행이 상상 이상이라고 하는 성자전도 비장을 갖춘다.

성자는 고고하게 놀지 않고 민중과 더불어 허름하게 살아가는 것을 높은 경지에 이른 증거로 삼기도 한다. 숭고를 향해 나아갔다가 우아로 되돌아와 우아가 숭고임을 말해주기도 하고, 숭고에 대한 헛된 집착을 골계로 깨기도 한다. 이런 성자전이 불교에 많다. 중국 고승전에 보이는 기이한 승려들은 파격적인 언동으로 골계를 빚어냈다.

지금까지의 논의를 한국 고승들의 행적에 적용해보자. 『삼국유사』의 한 대목을 보면 동해안에 보살이 나타나 찾아가 만났다는 이야기가 승려에 따라 다르게 전한다. 義湘이 바라본 보살은 아득한 저쪽에 있고 용의 무리가 옹위하고 수많은 보배로 장식되어 있어 모습이 쉽사리 드러나지 않았다. 元曉가 만난 보살은 벼를 베거나 개짐을 씻고 있는 여자여서 장난짓거리 말을 나누었다. 梵日이 찾아낸 보살은 시골 아낙네의 철없는 아들놈이 동무삼아 노는 상대였다. 의상은 숭고에서, 원효는 골계에서, 범일은 우아에서 진리를 찾았다.

『삼국유사』는 예사 고승전이 아니다. 불교의 진리가 고고한 데 있다고 하지 않고 미친한 사람들의 삶에서 찾아야 마땅하다고 하는 파격적인 지론을 폈다. 의상이 추구한 것 같은 숭고보다 범일이 본보기를 보인 우아의 발견에 더욱 관심을 가졌다. 원효처럼 파격적인 승려들이 숭고도 우아도 함께 부정하는 골계스러운 언동을 다채롭게 보여주는 것을 책의 기본 내용으로 삼고, 고답적인 불교에서 벗어나 민중에게 다가가 발랄한 삶을 긍정해 마땅하다고 깨우쳐주었다.

惠空은 남의 집에서 고용살이를 하는 노파의 아들이며 아버지가 누구라는 말은 없다. 여러 가지 이적을 보이고, 미친 듯이 취해서는 부개를 짊어지고 거리에서 노래 부르고 춤추기를 일삼았다고 한다. 부개는 물건을 운반할 때 쓰는 삼태기 따위이다. 일하면서 사는 삶을 떠나서는 불법이 없다는 생각에서 자기 절 이름을 순우리말로 부개절이라고 했다.

혜공이 만년에 머무르고 있던 절을 元曉가 거듭 찾아가 경전을 풀이하다가 의심나는 곳을 물었다고 했다. 두 사람이 시냇가에서 물고기와 새우를 잡아먹고 돌바닥 위에 대변을 보고, 혜공이 "너의 똥이 내 물고기이다"고 했다. 이것이 무슨 말인가? 너와 나, 삶과 죽음, 깨끗한 것과 더러운 것이 둘이 아니고 하나임이 경전에서 말한 근본이치라고 일깨워주었음을 알아차려야 한다. 이름이 吾魚寺로 바뀐 그 절이 지금도 있어 수수께끼 풀이를 깨달음의 단서로 삼게 한다.

「眞身供養」이라는 대목을 보자. 신라 효소왕이 692년에 望德寺를 창건해 당나라를 위해 복을 빌고자 했다. 경덕왕 때인 755년에 망덕사 탑이 흔들리더니 安史의 난이 일어났다. 절을 다 지어 낙성연을 열 때 누추한 승려가 나타나 동참을 허락해달라고 했다. 효소왕은 비웃는 말로 거처를 묻고 "국왕이 친히 공양하는 재에 갔었다고 말하지 말라"

고 했다. 누추한 승려는 "眞身 釋迦를 공양했다고 말하지 마십시오"라고 하면서 몸을 솟구쳐 공중에 떠서 갔다. 왕이 사람을 시켜 찾게 하니 지팡이와 바리때만 발견되었다. 그 승려가 거처한다는 곳, 그리고 지팡이와 바리때가 발견된 곳에 각기 절을 세웠다.

저자 一然은 이에 이어서 『智論』이라는 경전에 있는 이야기를 들었다. 계빈(카슈미르)에서 있었던 일이다. 고매한 승려가 큰 모임이 열리는 절에 들어가려고 하니 의복이 남루하다고 거절당했다. 좋은 옷으로 바꾸어 입고 참석을 허락받고는, 옷 덕분에 받은 음식이니 옷에 먼저 드려야 한다고 했다. 유사한 사례를 들었는데 상당한 차이가 있다.

당나라에 의존하려고 한 것은 어리석다, 당나라가 흔들리는데 어떻게 한단 말인가 하고 말했다. 국왕이 멸시하는 누추한 승려가 진신 석가여래라고 하는 충격적인 역설로 이중의 무지를 깨우쳤다. 승려는 국왕에게 부하가 아니고 스승이다. 누추하고 미천한 백성이 가장 훌륭하다. 불교 경전에서 비슷한 것을 찾아내, 자기가 기록한 이야기가 독자적인 창조물임을 알게 했다. 중국 당나라, 인도 카슈미르까지 연관시켜 이해하는 넓은 시야를 갖추고, 신라가 어째서 자랑스러운지 밝혀냈다.

깨달음의 웃음은 어느 종교에도 있을 수 있고, 불교에서는 상당한 정도로 중요시하는데, 한국에서는 진리 추구를 위한 핵심적인 방법으로 삼았다. 승려들의 사상에 민중의식이 보태져 마련된 이런 전승을 일연이 『삼국유사』를 지을 때 적극 수용했다. 상하·승속 합작의 전통이 면면히 이어지게 하는 중간 거점을 마련했다.

놀이의 웃음

연극의 갈래는 미적 범주를 기준으로 구분하는 것이 관례이다. 비극은 비장을, 희극은 골계를 보여주는 연극이다. 연극을 이 둘로 양분하고, 품격에서 비극이 높고 희극은 낮다고 하는 견해가 널리 유포되어 있다. 고대그리스연극이 지닌 이런 특징을 17세기 이후 유럽에서 이으면서 연극 일반론을 마련하는 논거로 삼았기 때문이다.

그러나 비극과 희극 양분론은 보편적인 것은 아니다. 여러 미적 범주를 함께 지닌 연극도 흔히 있다. 중세 인도의 산스크리트극은 숭고를 기본으로 하고 비장·골계·우아도 함께 지닌 연극의 좋은 본보기로 잘 알려져 있다. 인도네시아의 그림자극, 元代의 雜劇에서 오늘날의 京劇에 이르는 중국 연극 또한 대체로 같은 특징을 지닌다.

비장이나 숭고를 내세우는 연극은 '있어야 할 것'을 추구한다. 이와는 반대로 '있어야 할 것'을 거부하고 '있는 것'을 긍정하는 연극이 적지 않다. 우아만 가지고는 부족하므로 골계를 적극 활용해 반론의 강도를 높인다. 이런 연극을 희극이라고 일컫는 것은 타당하지만, 비극과 희극의 양분법을 넘어서서 희극의 정의를 다시 내려야 한다. 희극의 골계가 비장에 대한 반론이기만 하지 않고 숭고에 대한 반론이기도 하다는 점을 분명하게 해야 한다.

비극과 희극이 양분되는 경우에는 비극이 우세하고 희극이 열세인 것이 예사이다. 그러나 비장과 숭고에 대한 반론을 함께 제기하는 희극은 광범위한 지지 기반을 가지고 한 사회를 온통 뒤흔드는 힘을 발휘할 수 있다. 중세 유럽의 바보굿(feast of fools), 남부 인도의 타마사(tamasha)나 인도네시아의 루드르크(ludruk) 같은 것들이 이런 놀이이고 연극이다. 한국의 탈춤 또한 같은 특성을 지니면서, 비장이나 숭고를 나타내는 연극이 따로 없기 때문에 직접적인 표적을 넘어서서 다른 모든 영역에서 추구하는 '있어야 할 것'에 반론을 제기한다.

고대그리스의 비극은 아리스토텔레스가 말한 '카타르시스'를 구현한다고 한다. 중세 인도의 숭고극의 원리인 '라사'에 대해서는 한층 심오한 해명이 이루어져 있다. 한국의 탈춤과 같은 연극에는 이 둘과 대비될 수 있는 또 하나의 원리가 있어, '신명풀이'라고 일컫는 것이 마땅하다. 새롭게 등장한 개념이 다른 둘과 대등한 수준의 연구를 갖추도록 하려면 각별한 노력이 필요하다. 비교고찰을 방법으로 하고, 셋의 관계를 밝히는 이론 정립을 목표로 한다면 격차를 쉽게 줄이고 앞서 나갈 수 있다.

카타르시스·라사·신명풀이는 어떻게 다른지 밝히는 비교고찰을 두 가지 의문에 대한 해답을 들어 할 수 있다. 神이 사람 밖에 있는가 아니면 사람 안에 있는가? 사람들 사이의 관계는 상극인가 상생인가? 카타르시스연극에서는 신이 밖에만 있어 사람들은 상극의 관계를 가지기만 한다. 라사연극에서는 밖에 있는 신이 안에도 있다는 것을 깨달아 사람들 사이에서 상생이 이루어진다. 신명풀이연극에서는 안에 있는 신이 발현되면서 사람들은 상극이 상생이고 상생이 상극인 생극의 관계를 가진다.

신명풀이연극의 유래는 오래 된다. 우리 민족은 노래 부르고 춤추기를 즐긴다고 중국 역대 역사서에서 거듭 기록했다. 원효는 광대에게 배운 바가지 탈춤을 추면서 천촌만락을 돌아다니면서 놀이를 깨달음의 길로 삼았다. 풍물을 치고, 탈춤을 추며 노는 기층문화의 전통이 한문문명을 높은 수준으로 이룩하고 유교도덕의 규제가 광범위하게 자리 잡은 조건에서도 면면하게 이어져왔다.

풍물패를 앞세우고 마을 사람들이 사방 돌아다니면서 함께 노는 행사가 탈춤의 기원이고 바탕이다. 놀이패가 한 곳에 자리를 잡아 길놀이가 마당놀이로 바뀌고, 누구든지 참여하는 앞놀이를 한참 하다가 탈꾼들이 특별한 배역을 맡는 탈놀이로 넘어간다. 탈놀이의 등장인물 노장과 먹중, 양반과 말뚝이, 영감과 할미로 나타난 억압자와 피해자는 적대적인 관계에서 다투면서 우호적인 관계를 확인하는 화합에 이를 수 있다. 관념적 허위, 신분적 특권, 남성의 횡포라고 일컬을 수 있는 세 가지 잘못을 비판하고 삶의 현실을 함께 긍정하는 대등한 인간관계를 회복하는 운동을 등장인물과 관중이 함께 진행한다. 탈놀이가 끝나면 모두 함께 어울려 춤을 추는 뒷놀이가 시작된다.

진행의 요체는 싸움이 화해이고 화해가 싸움임을 확인하는 것이다. 앞놀이에서 탈놀이로 넘어가면서 화해가 싸움이라고 하고, 탈놀이가 끝나고 뒷놀이가 시작되면서 싸움이 화해라고 한다. 탈놀이가 진행되는 동안에도 적대적인 관계를 보여주는 연기대목과 모두 어울려 함께 즐거워하는 춤대목이 교체되어 싸움이 화해이고 화해가 싸움이게 한다. 연기 대목에서도 억압자가 거는 싸움을 피해자가 되받아 화해를 만들어낸다. 억압자는 무엇이 어떻게 돌아가지는 몰라 패배하지 않을 수 없고, 피해자는 관중의 지지를 받아 승리를 구가한다.

화해에서 싸움으로 넘어갈 때 긴장하다가 싸움이 화해로 바뀌자 웃음이 터진다. 긴장하면서 싸울 때에는 등장인물과 관중, 등장인물과 등장인물이 둘이 되다가 웃으면서 화해할 때에는 등장인물과 관중, 등장인물과 등장인물이 하나가 된다. 탈춤에 참여하는 것 자체가 억눌려 있던 신명을 살려내는 신명풀이이다. 싸움이 화해가 되고, 둘이 하나가 될 때 신명풀이가 더욱 고조된다. 뒷놀이에서 가장 큰 해방감을 누린다.

신명이란 사람의 氣 가운데 흥으로 발현되는 것이라고 규정할 수 있다. 崔漢綺의 용어를 들어 해명하면, 천지만물과 함께 사람도 수행하는 活動運化의 주체가 되는 氣인 神氣가 바로 신명이다. 안에 간직한 신기가 밖으로 뻗어나서 어떤 행위나 표현 형태를 이루는 것을 두고 "신명을 푼다"고 한다. 신명풀이란 바로 神氣發現이다. 사람은 누구나 신기 또는 신명을 지니고 살아가지만, 천지만물과의 부딪힘을 격렬하게 겪어 심각한 격동을 누적시키면 그대로 덮어두지 못해 신기를 발현하고 신명을 풀지 않을 수 없는 지경에 이른다.

신명풀이의 웃음은 오늘날 세 가지로 계승된다. 신극 공연에서 희극이 환영받고, 창작극 가운데 볼만 한 것은 풍자극이다. 탈춤을 이어받고 마당극을 만들어내고, 마당극을 사회운동의 방법으로 삼는다. 연극의 범위를 넘어서서 문화의 특성으로 지속되고 창조력의 원천 노릇을 하는 것을 더욱 주목하고 평가해야 한다. 이 모든 현상을 함께 파악하기 위해서 포괄적인 이론이 필요하다. 전통으로 인식하는 데 그치지 않고 이어받는 방향과 방법에 대해서도 탐구해야 한다.

각자의 자발성과 주체성에서 창조가 발현된다는 것을 신명풀이가 일깨워준다. 각자의 창조가 서로 만나 싸우고 모아져서, 대립이 조화이고 조화가 대립이며, 싸움이 화해이고 화해가 싸움임을 구현하는 것 자체가 창조이다. 예술창조, 철학사상, 사회조직, 생산활동 등의 여러 영역에서 그런 원리를 구현해야 한다. 그런 원리는 그 모든 영역에서 서로 같으면서 서로 다르다. 서로 같으므로 함께 논해야 하고, 서로 다르므로 분야에 따라서 각기 다르게 처리해야 한다.

이야기의 웃음

설화가 신화 · 전설 · 민담으로 나누어지고, 민담에 소화가 있는 것은 어디서나 확인되는 공통된 현상이다. 신화 · 전설 · 민담이 무엇이고 민담은 어떤 특징을 가지는가 하는 의문에 대한 대답도 상통한다. 그러나 소화가 차지하는 비중이나 소화의 구체적인 내용은 나라에 따라 다르다.

비중과 내용 가운데 비중은 고찰하기 더 쉽다. 설화를 기록에 올리면서 소화를 특히 중요시한 것이 한국의 특별한 점이다. 앞에서 『삼국유사』에 수록된 고승전을 다룰 때 이미 말한 것처럼, 고승의 모습을 비속하게 그려 깨달음의 웃음으로 골계전의 선구적인 형태를 만들었다고 할 수 있는 것이 예사롭지 않은 일이다.

조선초기 문인들이 즐겨 지은 본격적인 골계전에서는 비속한 언행 자체를 흥미롭게 이야기해서 이념의 규제에서 벗어나고자 했다. 국사를 통괄해 『東國通鑑』을 짓고, 한문학 작품을 집성해 『東文選』을 편찬하는 등으로 조선왕조의 문화사업을 주도한 徐居正이 「太平閑話滑稽傳」을 지어 골계전의 모형을 마련했다. 서문에서 사람은 늘 긴장을 하고 지낼 수는 없으니 웃음을 찾아 마음을 이완시키고, 세상 근심과 무료함을 없앨 필요가 있다고 했다.

무슨 이야기를 했는지 한 예를 들어보자. 어떤 대장이 아내를 호되게 무서워했다. 그래서 어느 날 부하 장졸들에게 아내를 무서워하지 않는 사람이 있으면 따로 세운 기 앞에 서라고 했더니, 한 사람뿐이었다. 어째서 그런 용기를 가졌는가 하고 칭찬을 하자, 자기 아내가 늘 사람 많이 모이는 데로 가면 여색에 관한 말이나 하니 조심하라고 해서 사람이 없는 쪽에 가 섰다고 한다. 그저 웃어넘길 것은 아니다. 부부는 군신이나 부자와 같이 서차가 분명해야 한다고 거듭 강조하던 시대에 그와는 반대가 되는 내막을, 다른 누구도 아닌 용맹스러운 대장을 내세워 폭로해 충격을 준다.

서거정은 어느 정도 품위를 유지했으나, 姜希孟은 「村談解頤」를 엮으면서 음담패설을 서슴지 않고 넣었다. 책 이름에서 시골에서 하는 이야기가 턱이 빠질 정도로 우습다고 하고, 성행위에 대한 금기를 깨면서 상층의 위엄을 뒤집어엎는 이야기를 즐겨 했다.

어떤 양반이 아름다운 첩을 친정에 보낼 때 염려되는 바가 있어, 여자 玉門이 미간에 있는 줄 아는 멍청이 하인을 뽑아서 동행하게 했다. 그래도 미심쩍어 몰래 뒤따라가 보니, 둘이서 즐기고 있는 것이 아닌가. 하인은 얼른 알아차리고, 물을 건너다가 아씨가 넘어져서 어디 다친 데가 없는지 살피다가 배꼽 밑에 구멍이 나 있는 것을 발견하고 꿰매려고 했다고 했다. 선비는 그 말을 듣고 안심을 하고, 본래부터 있던 구멍이니 염려할 것이 없다고 했다.

거칠다고 하겠지만, 자세하게 살피면 상당한 묘미가 있다. 선비는 어리석은 하인을 속이려고 하다가 자기가 속았는데 그런 줄도 모르고 안심하고 있었다는 것이다. 어리석어 쉽게 속는다고 가장하는 것이 가장 큰 지혜임을 일러준다. 상전에게 정면으로 맞설 수 없는 하인은 그렇게 해야 상전을 골탕 먹일 수 있었다.

宋世琳의 「禦眠楯」, 成汝學의 「續禦眠楯」 등이 이어져 나와 골계전이 일대 유행이 되었다. 모두 한 데 모아 『古今笑叢』이라고 한 것이 널리 읽혔다. 오늘날에도 학식이나 지위가 상당한 사람들이 모여 앉으면 신판 고금소총을 이야기하는 풍조가 있다.

이야기로 전하는 웃음의 격을 높이고 효용을 확대한 것이 풍자문학이다. 풍자문학의 유산은 풍부하다. 한문학 작품이 다양하고, 판소리나 판소리계 소설까지 들면 더 많다. 그러나 여러 풍자문학의 작가 가운데 朴趾源이 특히 우뚝해 집중적인 고찰을 하기로 한다.

박지원은 명문에서 태어났으나 글공부를 제대로 하지 않고 있다가 열다섯에 장가든 뒤에 장인과 처삼촌에게서 대강 배운 다음 바로 자기 나름대로 글을 지었다. 문장으로 이름이 났으나 과거 급제를 원하지 않았다. 마지못해 과거장에 가서는 답안을 다 작성하지 않고 내기도 하고, 이상한 그림을 그리면서 딴전을 부리기도 했다. 아들이 자기 아버지 생애를 기록한 「過庭錄」에 있는 말이다.

정해진 순서에 따라 격식에 맞는 글을 배우고 익혀 과거에 급제하는 과정을 거부하고 자기 세계를 개척해 문학과 사상 양면에서 놀라운 혁신을 했다. 落拓해서 불우하게 된 형편에 세상의 잘못을 따지고 진실을 추구하자면 문학 창작에 힘쓰는 것이 가장 보람 있는 일이라고 여기면서, 영달을 위한 문학과는 다른 비판의 문학을 마련했다.

法古創新을 표방하고 古文을 쓴다 하면서, 옛것을 야유의 대상으로 삼아 뒤집어엎었다. 잘 알려진 고전이나 명문의 한 대목을 가져와 풀이하는 것처럼 보이도록 해서 반발을 가질 필요가 없게 하고, 기발한 착상으로 논의를 바꾸어 독자를 당황하게 하다가, 비근한 사물이나 일상의 경험을 증거로 대서, 원래의 주장을 반대의 것으로 대치하는 데 이르렀다. 오랜 권위를 누리던 고정관념을 깨고 사물을 새롭게 인식하고, 이념의 구속에서 벗어나 자유로운 탐구자가 되도록 하는 데 필요한 감각 훈련을 했다.

말썽이 일어난 것은 당연한 일이다. 당시에 이미 燕巖體라고 일컬어진 박지원의 문장은 정통에서 벗어난 稗官雜書 수준에 머무른다고 폄하되는가 하면, 文風을 어지럽히고 질서를 혼란시킨다는 점을 우려한 정조가 이른바 文體反正을 일으켜 금지하고자 했다. 그러자 불우해진 탓에 자포자기에 빠져 以文爲戱하고, 문장을 빌려 不平之氣를 나타내기나 했으니 반성해 마땅하다고 했다.

변명을 이렇게 한 이면에 주목할 만한 주장이 숨겨져 있다. 이문위희는 以文爲敎를 내세워 글로 교화를 베풀겠다는 데 대한 반발이다. 풍자와 익살로 위엄을 무너뜨리고 격식을 파괴하는 것을 일삼고, 하층 예술의 새로운 동향과 연합전선을 폈다. 그것은 작전 기밀이어서 널리 공개할 수 없었다.

『燕巖集』의 「放璚閣外傳」이라는 대목에다 특이한 인물의 전 아홉 편을 실은 것이 소설로 평가된다. 아홉 편 가운데 제목만 전하는 두 편은 비판의 정도가 너무 심해 내놓을 수 없었던 것 같고, 나머지도 기발한 설정에다 허위에 반발하는 주제를 숨겨놓은 작품이 상상의 범위를 넘어선다. 그 가운데 하나인 「閔翁傳」에서는 자기가 젊어서 병이 들었을 때 우습고 기이하고 놀라운 이야기를 들려주는 늙은이가 있었다고 말해, 사회 병폐에 대한 대응책으로 소설이 필요하다는 생각을 아주 흥미롭게 구체화했다.

민옹은 내란이 났을 때 출전해서 무관직을 얻고는 계속 불우하게 지냈다. 그 점에서 이언진이나 김홍기와 상통하는 바 있다. 이언진이 시를 지어 재능을 발휘하고, 김홍기는 신선의 도를 익혔다고 했듯이, 민옹은 익살맞은 이야기로 장기를 삼았다. 익살맞은 이야기란 누가 알아주지 않을 것이지만, 자기가 17・8세 때 우울증에 걸려 세상에서 좋다는 것들을 다 찾아도 소용이 없었는데 민옹을 만나자 마음이 상쾌

해졌다고 했다.

민옹에게 신선을 보았느냐고 물으니, 신선은 가난한 사람이라고 했다. 부자는 세상에 연연하지만 가난한 사람은 세상을 싫어한다 하고, 세상을 싫어하는 사람이 바로 신선이라고 했다. 다시 불사약에 관해 물으니, 매일 먹고 잘 지내는 밥이 불사약이라고 했다. 종로 거리에 곡식이나 축내는 蝗蟲이 가득하다는 말로 지위나 재산을 뽐내는 무리를 나무랐다.

"기이하고 놀랍고, 반갑고 얄미운" 민옹이 풍자와 골계에 가탁해서 세상을 불공스럽게 희롱하는 이야기가 사회의 병폐를 고치는 데서 과거의 다른 어떤 문학보다 뛰어난 효과를 가진다고 말하고자 했다. 신분과 나이의 차이를 넘어서서 이루어진 민옹과 서술자의 우정은 이야기꾼과 이야기를 듣는 사람, 소설가와 독자의 관계를 암시한다고 이해할 수 있다. 그러고 보면 소설론을 소설로 쓴 작품이다.

내용뿐만 아니라 문장 때문에 거듭 논의의 대상이 되어온 『熱河日記』는 여느 연행록과는 구별되는 구조와 표현을 갖추었다. 사실과 허구를 적절하게 배합하면서 서술시점을 다양화해서 기존의 관념을 타파하고 현실을 재인식할 수 있게 한 수법이 놀라워 奇文이라고 일컬어져왔다. 한 예를 들어보자. 伯夷·叔齊의 사당을 지날 때 그 두 사람이 은나라를 위해 충절을 지키느라고 산에 들어가 고사리만 먹었다는 것을 기념하기 위해서 사신 일행도 고사리를 먹던 일을 아주 기발하게 서술한 데 다각적인 풍자가 들어 있다.

자기는 고사리를 먹고 배탈이 났다고 하면서 빈정대기 시작하더니, 그전에 고사리를 준비하지 않아 담당 관원이 매를 맞고 "백이·숙제야, 나하고 무슨 원수냐!" 하고 외친 일이 있었다고 했다. 오래 된 옛 기억을 다시 더듬어, 초라한 행색을 한 어느 시골 훈장이 학동들을 거느리고 명나라 마지막 황제가 죽은 날 宋時烈을 모신 곳을 찾아 참배하고 서쪽을 향해 "되놈!" 하고 외치면서 삿대질했다고 했다.

생각이 아주 막힌 독자가 아니라면 백이·숙제에서부터 연원을 찾는 春秋大義라는 것이 얼마나 허망하고 사람 죽일 노릇인가 알아차릴 수 있다. 송시열이 주장한 北伐論이 공허하고 시대착오적인 이념임을 적절한 방법을 택해 설득력 있게 보여주었다. 그렇지만 전후의 수작이 모두 대수롭지 않은 잡담처럼 열거되어 있어 말썽이나 일으킬 위인은 자기도 모르는 사이에 풍자 대상에 포함되기 알맞았다.

풍자문학의 전통이 오늘날 제대로 계승된다고 하기 어렵다. 신문학을 이식문학으로 하면서 전통을 망각한 작가가 대부분이다. 그런 가운데 김유정과 채만식이 이야기의 웃음을 새로운 시대의 상황에 맞게 재창조한 것은 특히 평가해야 한다.

하나인 전통

깨달음의 웃음, 놀이의 웃음, 이야기의 웃음을 갈라 논했으나 사실은 하나이다. 기본 원리가 같고 표현방식 또한 공통된다. 깨달음의 웃음이 놀이의 웃음이나 이야기의 웃음으로 나타났다. 놀이의 웃음이나 이야기의 웃음은 깨달음의 웃음으로 이해해야 할 깊은 의미를 지녔다.

지금까지의 논의에서 거론한 원효·박지원·최한기는 한국사상사의 최고봉이다. 웃음에 관한 탐구에 힘써 커다란 성과를 이룩했다. 웃음의 표현 형태에 대한 연구를 사상사의 유산 계승과 함께 해야 더 많은 것을 얻어낼 수 있다. 포괄하는 범위가 넓으면서 깊은 논의를 갖춘 총체적인 웃음학이 필요하다.

그래서 한국문화에 대한 탐구를 획기적으로 발전시키자고 하는 것만은 아니다. 인류문명에 대한 새로운 고찰을 한국에서 시작해 다음 시대의 학문이 나아갈 방향을 제시하는 데까지 이르는 것이 마땅하다. 사람이 살아가는 데 그리 긴요하지 않다고 할 웃음의 가치에 대한 온전한 평가가 학풍 혁신을 위해 관건이 되는 과제이다.

두 연극의 기본원리 비교

문제 제기

비교문화에는 위험이 따른다. 지식의 불균형 탓에 논의가 부실해질 수 있다. 일방적인 기준으로 정상과 비정상을 판가름하려고 할 수 있다. 필요한 논증을 거치지 않고 결론을 앞세워 인기를 끌려고 할 수 있다. 바람직하지 않은 사태가 누적되어 학문을 무력화하는 데까지 이를 염려까지 있다.

한국과 일본 두 나라 문화의 비교는 쌍방의 긴요한 관심사이고 이미 많이 진행되고 있으나, 이러한 위험에서 벗어나 있지 않다. 감각적인 문체로 인상비평을 늘어놓은 대중 출판물이 적지 않아 시비를 가리기도 어렵다. 내용보다 시각이나 방법을 더욱 중요시해야 한다는 대안을 제시하고, 비교문화를 학문으로 연구하기 위해 함께 노력하는 것이 마땅하다. 비교문화학에 대한 원론적인 토론이 선결 과제이다.

비교 대상의 공통점과 차이점을 사실 그대로 정리하면 논의가 정상화되는 것은 아니다. 사실의 이면에 대한 역사적인 또는 원리적인 해명을 시도해야 한다. 비교 대상을 포함한 더 넓은 영역에 대한 총괄적인 이해를 다시 하려고 힘쓰면서 비교연구에서 일반이론 정립으로 나아가는 것이 바람직하다. 작업의 어려움을 인정하고 신중하게 접근하고 깊이 있는 반성을 하면서 할 일을 해야 한다.

추상적인 원론을 길게 전개하는 것은 마땅하지 않아, 한·일문화 비교론을 두 나라 학자들이 만나 전개한 체험에서 구체적인 논의의 단서를 마련한다. 일본 能(노오)의 幽玄(유겐)과 한국 탈춤의 신명풀이를 예증으로 삼아 비교연구의 시각과 방법을 가다듬고자 한다. 그 결과 한·일문화의 상호이해를 심화하는 데 그치지 않고, 세계적인 범위에서 비교문화학의 새로운 경지를 개척하는 전망을 얻는 것까지 기대한다.

能와 탈춤은 假面舞劇이라는 공통점이 있으나 아주 다르다. 能의 幽玄과 탈춤의 신명풀이는 거의 반대가 되는 원리이다. 그러나 각기 자기 것의 연구에 몰두하면서 거리를 멀리하고 말 것은 아니다. 차이점을 공동의 관심사로 삼고, 역사적·이론적 해명을 함께 하는 비교연구를 하려고 고민해야 하는 시기에 이르렀다. 이 둘은 동일한 문화형태의 상이한 발전인가, 연극미학에서 상보적인 관계를 가지는가 하는 문제를 제기하고 가능한 해답을 찾는 것이 마땅하다.

논의의 시발점

한국과 일본 사이에서 불행한 일이 일어난 지 4백 년이 된 1992년에 '92한국문화통신사'라는 행사가 일본에서 열렸다. 전쟁의 상처를 극복하고 두 나라가 우호적인 관계를 회복한 전례를 되살려 오늘날 더욱 가까워지는 길을 찾고자 했다. 절차의 하나로 '한일문화포럼'이라는 학술회의가 1992년 7월 2일 東京에서 열렸다.

"한국문화와 일본문화: 그 동질성과 이질성"을 공동 주제로 삼고, 두 나라 학자 5인씩 모두 10인의 발표가 있었다. 발표마다 두 나라 학자 2·3인이 토론했다. 그 결과를 정리한 두 언어 단행본이 각기 출판되었다. (『한·일문화의 동질성과 이질성』, 서울: 신구미디어, 1993; 『韓國文化と日本文化』, 東京: 韓國文化院, 1993)

그 모임에서 나는 「한·일문학 특질론 비교」라는 발표를 했다. 두 나라 문학의 특질에 대한 논의의 내력을 살피고 특질 비교의 방향을 제시한 내용이다. 긴요한 사항을 간추려 재론하고 그 뒤에 한 작업을 추가해 새로운 논의의 출발점으로 삼고자 한다.

일본문학 특질에 관한 논의를 두 책에서 찾았다. 加藤周一의 『日本文學序說』(1975)에서는 문화의 양상과 관련을 가지고 일본문학은 네 가지 특질이 있다고 했다. 철학이 발달하지 않아 문학이 철학을 대신하고, 새 것이 낡은 것에 첨가되고, 시 형식이 단형이고, 자기 신분층의 생활만 집중해서 다루는 특징이 있다고 했다. 小西甚一는 『日本文藝史』(1985-)에서 "일본문예의 특질을 체계적으로 파악하는 것이 문학사 서술의 종착점"이라고 하면서, 짧은 형식을 좋아하고, 대립이 첨예하지 않으며, 主情的이고 內向的이어서 비극이 없는 것을 들었다.

두 사람이 든 일본문학의 특질은 재론의 여지가 없는 것으로 보인다. 그러나 加藤周一가 일본의 시 형식이 단형인 것은 존비법이 발달된 언어를 사용했기 때문이라고 한 것은 수긍할 수 없다. 한국어 또한 존비법이 발달했지만 시형이 일본처럼 단형인 것은 아니기 때문이다. 이러한 사실에서 한 나라의 사정만 들어 언어와 문학의 관계를 해명할 수 없으며, 비교연구가 반드시 필요하다는 증거를 발견할 수 있다.

小西甚一는 일본문학의 특질을 한국문학과 비교하면서 살폈다. 일본문학은 短型이고 서양문학은 長型이며, 한국문학은 中間型이라고 했다. 한국어문학은 일본문학처럼 主情的이고 內向的이며, 한국한문학은 중국문학의 영향을 받아 主意的이고 主智的이라고 했다. 이것은 한국문학은 일본문학과 다른 먼 곳의 문학 사이의 중간형일 것이라고 여기는 사고의 틀에서 나온 견해라고 할 수 있고 사실과 부합되지 않는다. 한국문학은 몇 천 행이나 되는 시, 백 책 이상의 소설이 있어 아주 長型인 편이다. 구비문학・국문문학・한문학이 근접된 관계를 가지고 서로 얽힌 것이 또 하나의 특징이며, 그 때문에 어느 것이든지 주정적이면서 주의적이고, 내향적이면서 주지적이다.

두 논자가 말한 일본문학의 특질은 한국문학의 경우와 상당한 거리가 있다. 한국문학에서는 철학과 문학이 밀접한 관련을 가져 문학이 철학이고 철학이 문학이라고 할 수 있다. 길고 복잡한 구조를 가진 작품에서 여러 신분층의 상이한 주장을 겉 다르고 속 다른 방식으로 나타내는 것을 흔히 볼 수 있다. 두 나라 문학의 특질 파악을 하기 위해 상호조명이 필요하며, 특질이 생긴 이유를 알아내려면 문화나 역사 전반에 관한 비교가 요망된다.

위치의 차이

한국에서는 한국문학의 특질에 관한 관심이 적은 것이 일본과 다르다. 한국문학사를 서술하면서 특질론을 곁들이지는 않는다. 1994년 2월 10일 일본 京都에 있는 國際日本文化研究센터에서 小西甚一와 함께 문학사학에 관해 논의할 때 이런 학풍의 차이를 실감했다. 小西甚一는 일본문학사에서 일본문학의 특질을 밝히고자 한다고 하고, 나는 한국문학사를 출발점으로 삼아 문학사 전개의 보편적인 원리를 찾겠다고 했다.

小西甚一는 일본에서 고대는 일본 고유의 시대이고, 중세는 中國化의 시대이고, 근대는 西洋化의 시대라고 했다. 이런 견해가 한국문학사에는 적용되지 않는가 하는 질문이 있어, 나는 "그렇다면 중국의 중세도 중국화의 시대이고, 서양의 근대도 서양화의 시대인가?"하고 되물었다. 한국문학사에서 얻은 나의 견해, 중세는 공동문어의 시대여서 그 이전의 고대, 그 이후의 근대와 다르다는 것은 일본·중국·서양에서 널리 타당하다고 했다.

나는 『한국문학통사』(1982-1988)에서 한국문학의 전개를 그 자체로 이해해 얻은 성과를 동아시아문학에 적용해 『동아시아문학사비교론』(1993), 『하나이면서 여럿인 동아시아문학』(1999)을 이룩했다. 동아시아문학을 다른 여러 문명권의 문학과 비교하는 작업을 『공동문어문학과 민족어문학』(1999), 『문명권의 동질성과 이질성』(1999), 『철학사와 문학사 둘인가 하나인가』(2000) 등의 여러 저서에서 다각도로 진행하고 『세계문학사의 전개』(2001)를 결론으로 내놓는 데까지 이르렀다. 이런 일련의 연구에서 정립한 문학사 전개의 보편적인 이론을 비교연구를 새롭게 하는 데 이용하고, 한·일문학 특질 이해에 적용했다.

공동문어 이전의 고대에서 공동문어와 민족어를 이중으로 사용하는 중세로 나아갔다가, 민족어를 공용어와 하는 근대에 이른 것이 세계사 또는 세계문학사 전개의 공통된 과정이다. 중세에 공동문어를 함께 사용한 곳이 동일문명권을 이루어, 한문·산스크리트·아랍어·라틴어문명권이 병립했다. 그러면서 어느 문명권에나 중심부・중간부・주변부가 있어 공동문어와 민족어의 관계 양상이 달랐다. 중심부에서는 공동문어의 위세가 민족어의 성장을 막았고, 주변부에서는 공동문어보다 민족어가 더욱 애호되었으며, 중간부에서는 공동문어와 민족어가 근접되어 우열이 표리에서 엇갈렸다.

동아시아문명권에서 중국은 중심부이고, 한국은 중간부이고, 일본은 주변부였다. 공동문어문학은 중국・한국・일본, 민족어문학은 일본・한국・중국 순서로 발달했다. 중국은 한문학의 발달을 선도한 본고장이어서 白話詩의 등장이 가장 뒤떨어졌다. 일본에서 철학보다 문학이 우세한 것은 민족어 글쓰기를 일찍부터 발전시킨 결과이다. 한국문학에서는 여러 신분층의 상이한 주장이 뒤섞이고, 복잡한 구조를 가진 긴 작품이 흔한 것은 공동문어와 민족어가 부딪친 자취이다.

문명권의 중심부・중간부・주변부는 시대에 따라 변했다. 중세의 주변부에서 근대화를 선도해, 후진이 선진임을 입증했다. 중세에는 후진의 징표였던 민족어문학이 근대에는 민족정신의 원천으로 평가되고, 공동문어문학에 집착하는 것을 후진이라고 폄하하는 역전이 일어났다. 유럽에서는 영국이, 동아시아에서는 일본이 이렇게 하는 데 앞장섰다. 근대가 역사의 종말은 아니다. 커다란 변화를 다시 겪고 다음 시대에 들어선다고 보는 것이 마땅하다. 중세의 평가를 근대가 뒤집는 것과 같은 일이 또 일어날 것이다.

한・일문화 특질 비교론이 학문적 근거를 제대로 갖추려면 거시적인 관점을 가지고 다면적인 고찰을 해야 한다. 두 나라 사이에 시빗거리가 있다는 생각을 버리고 세계문명사의 광범위한 이해에 근거를 둔 이론적인 시각을 갖추는 것이 바람직하다. 어느 문명권에나 중심부・

중간부·주변부가 있어 기본 특질이 일치한다는 것을 알면, 두 나라가 각기 지닌 특수성이 인류문명사의 보편성으로 인식될 수 있다.

두 연극의 거리

能와 탈춤의 비교를 구체화하기 위해 1992년도의 모임으로 되돌아가자. 나의 발표에 이어서 松岡心平가 「能의 상상력」에 관해 말했다. 일본의 가면무극 能의 특질을 해명하면서 서두에서 한국과의 비교를 했다. 그런데 비교 대상은 논자가 직접 구경하고 충격을 받은 農樂의 사물놀이만이고, 탈춤은 다루지 않았다.

사물놀이는 탈춤에서 사용하는 음악이고 무용일 수 있지만 연극은 아니다. 그래서 비교가 미비하다. 能와 사물놀이를 비교해서 한 말을 간추려 옮기고, 탈춤을 대상으로 해서 추가할 수 있는 말을 적어 보충하기로 한다. 幽玄에 관한 논의는 하지 않았으므로 추가한다.

能	탈춤
靜	動
內心	活力
몸을 수평으로 움직인다.	몸을 수직으로도 움직인다.
신체의 움직임을 억제한다.	신체의 움직임을 활성화한다.
안목 있는 사람만 알아본다.	누구나 함께 즐긴다.
관중은 조용히 음미한다.	관중이 진행에 개입한다.
幽玄	신명풀이

위에서 든 몇 가지 차이점을 집약한 개념이 幽玄과 신명풀이이다. 幽玄은 내심에서 얻어지는 그윽하고 격조 높은 조화의 아름다움이다. 몸을 조금씩 수평으로만 움직여야 한다. 신명풀이는 여럿이 함께 활력 있게 움직이면서 즐거움을 한껏 누리는 행위이다. 몸의 움직임을 활성화해야 한다.

이러한 차이점이 어떻게 해서 생겼는가? 이에 관한 松岡心平가 제시한 견해를 간추린다. 能 이전 3백 년간 일본을 대표하는 예능이었던 田樂는 한국의 농악과 이름조차 같으며 활력 있게 신체를 움직이는 점에서도 다르지 않았다. 能도 처음에는 같은 방식으로 공연을 하다가 나중에 지금과 같이 되었다.

能의 제1대 명인 觀阿彌는 50대에 작고할 때 몸을 조심스럽게 움직이는 연기를 했다. 아들인 제2대의 명인 世阿彌는 젊어서 활달하게 놀다가 50대가 되자 아버지처럼 놀았다. 이것은 "나이가 들어감에 따라 육체가 노쇠하기 시작한 연기자가 마지못해서 선택하는 소극적인 억제연기"였다. (松岡心平, 「能의 상상력」, 『한·일문화의 동질성과 이질성』, 200면) 만년의 선택이 격조가 높아 훌륭하다는 것을 『風姿花傳』 등의 저술에서 한자어나 불교의 용어를 많이 들어 설명해 能의 이론이 되게 했다. "田樂 단계에서는 일본인이 여전히 갖고 있던 도약적 신체가 能를 중심으로 하는 허리 예능의 규제력에 의해서 억압되어 마침내 일본인은 농악적 신체를 지닐 수 없게 되고 말았다"고 했다.(207면) 이것이 후대의 能에 그대로 이어졌다.

松岡心平는 다른 글에서 能의 모체가 되는 선행예능은 실크로드에서 당나라를 거쳐 들어온 猿樂라고 했다. (松岡心平, 「能の 歷史」, 松岡心平 編, 『能って, 何?』, 東京: 新書館, 2000, 190면) 田樂를 내세우는 재래설과 猿樂를 드는 외래설이 함께 등장해 판가름하지 못하고 있다고 할 수 있다. 그러나 선행예능과 能의 관계에 관한 견해는 흔들리지 않는다. 단순한 형태의 빠른 놀이를 복잡한 구성을 갖추고 느리게 진행되는 공연물로 만들면서 世阿彌가 "젊은이의 예술을 늙은이의 예술로 전환"한 것은 일본예능사에서 비상하게 큰 사건임을 다시 말했다. (193면)

상층문화와 하층문화

논의를 더 진행하기 위해서 한국의 탈춤에 대한 나의 연구를 소개할 필요가 있다. 『탈춤의 역사와 원리』(1979)에 이르는 일련의 논저에서는 탈춤을 그 자체로 고찰했다. 『카타르시스 · 라사 · 신명풀이』(1997)에서는 한국 탈춤의 원리 신명풀이를 고대그리스연극, 중세인도연극과 비교해 고찰하면서 연극미학 일반론을 새롭게 이룩했다. 두 저작을 합치고 보완해 『탈춤의 원리 신명풀이』(2006)를 냈다.

내가 연구한 바를 보태서, 두 나라 가면무극 형성 과정을 비교해보자. 일본의 田樂와 한국의 農樂은 빠르게 진행되는 농민 놀이라는 공통점이 있다. 이런 것들을 모체로 해서 가면무극이 이루어진 점도 서로 같다. 그런데 농민 놀이의 진행 속도를 일본에서는 최대한 늦추어 能를, 한국에서는 더욱 빠르게 해서 탈춤을 만들었다.

느리고 빠른 것은 상층과 하층의 취향이다. 能와 탈춤의 차이점을 위에서 여럿 들었지만, 가장 긴요한 것이 상층연극과 하층연극이라는 데 있다. 상층은 느릿느릿 하면서 내심을 드러내고, 하층은 빠르게 움직이면서 활력을 나타내는 표현 형태를 원했다. 일본에는 상층연극만 있어 앞의 것을, 한국에는 하층연극만 있어 뒤의 것을 보여주었다고 보아 마땅하다.

연극과 함께 사용된 또 하나의 표현 형태는 노래이다. 노래는 연극에 포함되어 있기도 하지만, 독립된 것이 본래의 영역이다. 독립된 노래를 비교해보자. 한국의 상층은 연극이 없어 한시라는 노래를, 일본의 하층 또한 연극이 없어 민요라는 노래를 자기네 의식 표현의 형태로 삼았다. 연극과 노래를 함께 다루어 다음과 같은 표를 만들 수 있다.

	일본	한국
상층	상층연극 能	상층노래 漢詩
하층	하층노래 민요	하층연극 탈춤

能의 향유자 武士는 전대의 貴族이 가꾼 상층노래 漢詩를 이어받기에는 역부족이어서 전문화된 배우가 제공하는 상층연극을 즐겼다고 생각된다. 상층문화의 이상을 연극에서 구현하고자 해서 幽玄이라고 이름 지은 미의식을 선호했다. 비참하게 죽은 무사의 혼령이 神佛의 도움으로 편안해지는 오묘한 조화가 그 내역 형성에서 특히 긴요한 구실을 했다. (Chifumi Shimazaki, *Warrior Ghost Plays from Japanese Noh Theatre, Parallel Translations with Running Commentary*, Ithaca: East Asia Program Cornell University, 1993)

언어 사용에서 能는 민족어문학이다. 문명권의 주변부에서는 공동문어문학에서 민족어문학으로 이행하는 변화가 일찍 나타난 것이 상례이다. 그렇다고 해서 상층이 하층에 가까워진 것은 아니었다. 민족어문학에서 상층의식을 나타내면서 공동문어문학의 전통을 이어 하층에 대한 우위를 확고하게 하고자 했다.

일본에서 武士가 국권을 장악할 때 한국에서도 지배층의 변동이 일어나 士大夫가 등장했다. 武士와 士大夫는 그 전까지의 지배자 귀족 하위의 제2위 신분이며 지방에 근거를 두고 있다가, 제1위로 올라서서 중앙정계를 장악한 공통점이 있다. 한국의 士大夫는 상층노래인 한시 창작에서 귀족보다 더욱 진전된 성과를 보여주면서 하층의 민족어 전승을 받아들여 대립을 넘어서서 조화로움을 얻는 길을 찾았다. 이것은 문명권의 주변부와 중간부의 차이점이라고 할 수 있다.

世阿彌(1333-1384)가 幽玄에 착안할 때 한국에서 李穡(1328-1396)은 사람이 자기를 잃고 만물과 합치되어 "物我一心"의 경지에 이르는 것이 바람직하다고 했다. (제5권 253면) 物我一心을 一心이라고 줄여 말하기로 하자. 幽玄과 一心은 대립과 갈등을 넘어서서 얻게 되는 궁극적 조화라는 공통점이 있다. 대립과 갈등이 사람들 사이에서 생긴다고 여긴 것은 같다. 조화가 世阿彌는 초월적인 존재와의 만남에서 가능하다고 하고, 李穡은 사람과 만물이 하나여서 인정된다고 하는 것은 다르다. 만물과 一心이어야 한다는 지론은 관념을 버리고 현실을 받아들이고, 하층민의 삶에 대해 깊은 관심을 가지자는 주장을 내포했다.

田樂가 能로 발전해 크게 평가되고 위세를 떨쳐, 하층연극은 나타나지 못한 것이 일본의 사정이다. 일본의 하층연극에 대해서 알고자 했으나 뜻을 이루지 못했다. 田樂에서 뛰어난 기능을 보인 '田樂師'를 본받아 觀阿彌가 能를 만들었다고 하고, '地方藝能'이 별도로 전승되었다고 한다. (梅若猶彦, 『能樂への招待』, 東京: 岩波書店, 2003, 79·81면) 이 정도의 말을 발견했을 따름이고, 자세한 고찰을 한 논저를 발견하지 못했다. 오늘날까지 공연되는 지방의 하층연극이 있는지도 의문이다.

한국에는 상층연극이 나타나지 않고 상층예술이 한시여서, 하층연극 탈춤이 상층에서 오는 제약이나 타격도 받지 않고 전승되고 성장했다. 상층이 관심을 가지지 않아 묵인되는 영역이거나, 구태여 다스릴 필요가 없다고 여긴 일종의 치외법권 지대였다고 할 수 있다. 하회탈춤은 고려시대에 만들었다는 가면을 간직하고 있다. 조선전기 탈춤에 관해서도 단편적인 언급은 있다. 하층민중의 의식이 각성되고 세력이 성장한 18 · 19세기에 이르러 여러 지방에서 탈춤이 크게 발전한 것으로 보아 마땅하다. 그러나 문헌 기록을 찾아 연극사를 쓰는 것은 가능하지 않다.

탈춤 공연자들은 신명풀이의 원리라고 할 것을 스스로 마련하고 키워왔다. 신명풀이가 무엇인지 알려면 신명에 대한 고찰부터 할 필요가 있다. 신명은 한자로 적으면 神明이라고 할 수 있다. 한자의 뜻을 들어 풀이하면, '神'은 鬼神의 神이기도 하고 精神의 神이기도 하다. '明'은 깨어 있어 밖으로 드러난다는 것이다. 19세기 氣철학자 崔漢綺가 神氣라고 한 것이 신명이다. 신명이라는 말은 이제 한자어 어원을 의식하지 않고 사용하는 말이 되었고 한글로 적는 것이 마땅하다.

살아가노라면 신명이 축적되어 풀어내지 않을 수 없게 된다. 신명은 興이기도 하고 恨이기도 해서 흥도 풀고 한도 풀어야 한다. 신명은 여럿이 함께 어울려야 제대로 푼다. 신명은 같기도 어긋나기도 한다. 어긋나서 서로 다투고, 같아서 함께 즐거워한다. 싸움이 화합이고 화합이 싸움임을 격렬한 놀이에서 확인하면 신명풀이가 고조된다. 적대적인 관계를 싸움으로 표출해 싸움이 화해이고 화해가 싸움이게 하는 사회 비판과 개조의 행위가 탈춤에서 하는 신명풀이이다.

싸움이 화해이고 화해가 싸움이다. 相克이 相生이고 상생이 상극이다. 이렇게 말할 수 있는 원리는 幽玄이나 一心에도 있다. 그러나 싸움이 화해가 되고 상극이 상생인 것이 幽玄에서는 초월적 능력의 개입으로 가능하고, 一心에서는 아무런 조건이나 절차 없이 주어지지만, 신명풀이에서는 싸움을 격렬하게 하고 상극을 심각하게 겪어 얻는 결과이다.

雅와 俗이라는 용어를 사용하면서 논의를 진전시키자. 幽玄이나 一心은 공동문어문명의 규범을 구현한 雅이고, 신명풀이는 하층이 전승하는 민속문화의 발랄함을 보여주는 俗이다. 雅·俗의 관계는 동아시아 문명의 공통된 특질과 각국에서의 변이 양상을 밝히는 데 관건이 되는 개념이다.

雅를 구현하는 상층연극이 일본에는 있고, 한국에는 없는 것은 우연이 아니고 주변부와 중간부의 차이라고 이해하는 것이 가능하다. 雅의 영역인 한시가 약화된 것이 주변부의 상황이어서 연극이 치밀어 올라가 그 구실을 대신했다면, 중간부에서는 한시가 雅를 강화하면서 俗의 관심사까지 끌어들이자 俗에서의 반격이 거세게 일어나 雅에 타격을 주었다고 할 수 있다. 문명권의 중심부인 중국에서는 雅의 한시가 자기 영역을 지키면서 영향력은 줄어들고 있어 俗의 연극이 서서히 상승했다고 할 수 있다.

한시사와 연극사는 전혀 별개의 영역으로 취급되어왔지만 깊이 얽혀 있는 것이 발견되었다. 어느 한쪽의 결격 사유를 다른 쪽에서 보충하면서 총체적인 문화사가 전개되었다. 이런 관점에서 살피면 서로 다르기만 한 것들이 그럴 만한 이유가 있다. 비교연구의 범위를 확대하고 방법을 새롭게 해야 한다는 것을 더욱 분명하게 할 수 있다.

기본원리의 상관관계

연극미학의 기본원리가 고대그리스연극에서 유래한 카타르시스(catharsis)라고만 하는 것은 유럽문명권중심주의의 횡포이다. 카타르시스 이론의 독주를 비판하고 중세인도 산스크리트극의 라사(rasa) 또한 보편적인 의의를 가진다고 인도 학자들은 주장하고 있다. 한국 탈춤의 신명풀이는 그 둘과 다른 또 하나의 기본원리를 이룬다고 나는 밝혀 논했다. 셋을 비교해 얻은 성과를 간추리면 다음과 같다.

카타르시스	라사 · 신명풀이
파탄에 이르는 결말	원만한 결말
라사	카타르시스 · 신명풀이
우호적인 관계의 차질	적대적인 관계의 승패
신명풀이	카타르시스 · 라사
미완성의 열린 구조	완성되어 닫힌 구조

이렇게 정리된 카타르시스 · 라사 · 신명풀이는 연극미학의 세 가지 기본원리라고 할 수 있다. 대등한 위치에서 서로 맞물려 있어 네 번째 이하 원리의 존재를 부인한다. 세 기본원리 가운데 어느 것이 시대에 따라 특히 긴요한 구실을 한 자취가 확인된다. 카타르시스는 고대, 라사는 중세, 신명풀이는 중세에서 근대로의 이행기의 사고형태를 집약해 보여주었다.

神人 관계가 시대를 검증할 수 있게 하는 징표이다. 종교적인 이상주의가 정착하기 전인 고대에 신이 인간의 운명을 부당하게 좌우해 생긴 神人不合의 파탄에서 카타르시스가 연유한다. 적대적인 관계에서 벌어지는 승패 다툼이 神人不合 때문에 파탄에 이르는 전개가 연극에서는 그리스의 것만 남아 있으나 서사시에서는 널리 발견되어 보편성이 입증된다.

중세에는 종교적인 이상주의가 일반화되어 연극에서도 神人合一을 구현했다. 숨은 진실을 알자 대립과 갈등이 우호적인 관계에서 생긴 차질임이 밝혀져 원만한 결말에 이르는 것을 공식으로 삼았다. 인도의 산스크리트극뿐만 아니라, 네팔이나 티베트의 무용극, 인도네시아의 그림자극, 중국 원대의 雜劇, 월남의 창극, 더 나아가서 중세 유럽의 종교극도 유사한 특징을 지녔다고 할 수 있다.

중세에서 근대로의 이행기에는 종교적 이상주의에 대한 불신이 일어나 사고형태가 달라진다. 사람 마음속에나 있을 神이 밖으로 뻗어나가 적대적인 관계의 승패를 나누는 연극에 관중이 참여해 모두 함께 즐거움을 나누는 원만한 결말에 이르렀다. 한국의 탈춤만 이렇다고 할 수 있는 것은 아니다. 인도의 타마사(tamasa), 인도네시아의 루드루크(ludruk), 유럽의 코메디아 델 아르테(commedia dell'arte), 그리고 세계 도처에 있는 거리굿 형태의 연극이 모두 상통하는 것들이다.

한국의 탈춤을 본보기로 들어 신명풀이연극의 특성을 분석한 것은 가까이 있어 잘 알 수 있고, 신명풀이의 모습을 선명하게 간직하고 있는 두 가지 이유가 있기 때문이다. 첫째 이유는 상대적이지만 둘째 이유는 절대적이다. 인도, 인도네시아, 유럽 등 다른 곳의 신명풀이연극은 상층의 라사연극이 위세를 부려 독자적인 특징을 분명하게 하는 데 지장이 있었으나 한국은 그렇지 않아 탈춤이 신명풀이연극의 전형적인 모습을 보여준다.

이런 견해에 입각해 다시 살피면, 일본의 能는 라사연극의 한 형태이다. 幽玄은 라사에 해당하는 일본어이다. 비참한 처지를 심각하게 다루다가 원만한 결말에 이르는 이유가 종교적 이상주의에 있다. 그러면서 저승과 이승, 귀신과 사람을 연결시키는 구실을 승려가 맡아서 하고, 초월적인 세계를 직접 나타내 神人合一을 구현하지는 않는 특징이 있다. 이념 구현이 그리 분명하지 않다고 할 수 있으나, 공연을 다른 어느 경우보다도 엄숙하게 진행한다.

라사연극인 能에 곁들여 신명풀이연극인 狂言을 보여주는 것은 다른 어디에도 없는 특이한 방식이지만 납득할 수 있는 이유가 있다. 지나치게 엄숙하면 부담이 되니 풀어주는 절차가 있어야 한다. 그러나 能의 라사는 강력하고, 狂言의 신명풀이는 미약해 균형을 이루는 것과는 거리가 멀다. 미약한 상태에서 제대로 뻗어나지 못하는 신명풀이는 해방감을 누리지 못해 불만을 초래할 수 있다.

能는 위세가 너무 커서 후대의 다른 연극까지 지배하다시피 했다. 文樂나 歌舞伎는 무사의 연극이 아니고 町人을 위한 市井의 공연물이므로 신명풀이를 원리로 하는 것이 당연하지만, 能를 이어야 하는 부담에서 벗어나지 못했다. 能에서 형성된 연극의 원리를 속화해 보여주면서 위신을 차리고 흥행에 성공하고자 했다. 그것은 현명한 선택이었다고 할 수 있으나, 한국의 탈춤처럼 신명풀이를 온전하게 하지 못하는 대가를 치러야 했다.

무엇을 얻었는가

지금까지 거론한 고전 · 웃음문화 · 민속극은 각기 독립된 대상이지만, 밀접한 관련을 가진 것으로 정리할 수 있다. 한국문화 속에 웃음문화가 있고, 웃음문화의 유산 가운데 하나가 민속극이다. 고찰의 방식도 달랐지만, 서로 연결되고 합쳐질 수 있는 성과를 얻었다.

고전은 영역을 다시 파악하고 대표적인 사례를 검토하는 방식으로 고찰하고 한국에 대한 재인식을 촉구했다. 웃음문화는 일정한 순서에 따라 논의를 전개하는 과정에서 다른 여러 나라와의 비교고찰을 조금씩 곁들여 특색을 찾았다. 민속극은 일본과의 비교를 다각적으로 시도하면서 논의의 범위를 넓혔다.

이러한 작업은 분야의 구분을 넘어서서 총체적이고 다면적인 고찰을 시도한 공통점이 있다. 한국문화의 특성과 보편적인 의의를 밝히고자 한 것도 일치한다. 전통의 재해석을 거쳐 계승과 재창조의 방향을 찾고자 하는 것을 일관된 목표로 삼았다. 무엇을 어떻게 연구해야 하는가 하는 의문에 대한 대답이 최종적인 성과라고 할 수 있다.

토론

❑ **문** : 고전백선에 구전자료는 둘만 넣었는데 너무 적지 않는가?

❑ **답** : 그렇다. 너무 적다. 여럿이 함께 논의하기 위한 초안을 조심스럽게 만들다가 그렇게 되었는데, 공동작업이 이루어지지 않았다.

❑ **문** : 영원한 고전은 없는가?

❑ **답** : 영원한 고전이라고 정해놓은 것은 있을 수 없다. 새로운 관점

에서 계속 다시 선정되고 재평가되는 고전이 있을 따름이다.

❑ 문 : 고등학교 교과서에 鄭澈의 「關東別曲」은 계속 실리면서 평가의 주안점이 달라진다. 지금은 자연과의 교감을 평가하자고 한다. 가사문학사에서 차지하는 위치는 말하지 않으니 적절하다고 할 수 있는가?

❑ 답 : 새롭게 평가될 수 있는 다양성을 지닌 작품이라야 고전으로 계속 다시 인정된다. 가사문학사에서 차지하는 위치나 언어 구사가 특기할 만하다고 하던 「關東別曲」을 두고 지금은 자연과의 교감을 평가하는 것은 바람직한 전환이다. 인식과 형상의 복합체인 문학을 형상의 측면에서만 고찰하는 편향성을 시정하고 인식의 측면을 또한 중요시하게 되었다고 볼 수 있다. 다음의 어느 시기에는 이 작품을 금강산 일대를 그린 그림과 견주어살피면서 형상과 인식이 미술과 문학에서 각기 어떤 관계를 가지는지 탐구하는 데 힘쓸 만하다. 이런 논의를 외국의 유사한 사례들로까지 확대하면 얻는 바가 훨씬 클 것이다.

❑ 문 : 고전 선정을 타당하게 하는 기준이 무엇인가?

❑ 답 : 민족문화에 대한 내부적인 평가에 머무르지 말고 인류문명의 유산으로 평가될 가치를 적극적으로 발견하는 것이라고 간추려 말할 수 있다. 지금까지 돌보지 않고 있는 『報恩奇遇錄』을 대단하게 여기는 이유를 다시 말하겠다. 대두하는 시민의 새로운 사고방식이 전통적인 가치관과 충돌해서 빚어지는 시대 전환을 유사한 설정을 갖춘 동서 다른 나라의 작품들보다 더욱 치열하고 핍진하게 보여주었다. 귀족의 이상주의와 시민의 현실주의가 표리의 관계를 가지고 공존하는 모습을 충격을 줄 만큼 생동하게 보여준 루벤스(Rubens)의 그림과 함께

고찰한다면 그 의의가 더 커진다.

❑ **문** : 근대 이후의 작품은 고전이 아닌가? 추가해 선정해야 할 것이 아닌가?

❑ **답** : 추가해 선정해야 하는데 미처 하지 못했다. 선정의 기준은 계속 인류문명의 유산으로 평가될 수 있는 보편적 가치여야 한다. 제1세계 추종을 자랑으로 삼으려고 하지 말고, 제3세계문학의 모범 사례를 제시해야 한다. 뒤따르고 있으니 알아달라고 하지 말고, 앞서고 있는 것을 보여주어야 한다.

❑ **문** : 고전을 잘 선정해도 번역을 통해 외국에 알리는 데는 어려움이 많지 않은가? 보편적 가치라고 하는 것이 제대로 전달될 수 있는가?

❑ **답** : 국내용 출판이 더욱 긴요하다. 보편적 가치는 외국에 알리기 위해 찾는 것이 아니다. 국내의 독자가 인류문명의 소중함을 우리 고전에서 절실하게 인식해 세계인이 될 수 있게 하는 데 더욱 힘써야 한다. 이것은 지금까지 생각해보지도 못한 획기적인 전환이다.

번역은 두 가지로 해야 한다. 원문에 충실한 학술적인 번역도 있어야 하지만, 능력 있는 작가가 참여해 재창조하는 번역이 더욱 값지다. 원문에 충실한 번역을 하다가 불가피하게 잃은 것을 재창조하는 번역에서 다른 방식으로 보충해야 가치가 살아난다. 이런 번역을 러시아에서 이룩해서 『구운몽』, 『춘향전』, 『시조집』 같은 것들이 많이 팔렸다고 한다.

문학작품뿐만 아니라 학술서적에서도 재창조가 긴요하다. 『한국문학통사』를 원문 그대로 번역하면 생소하고 난삽해 받아들여지기 어렵다. 수고한 보람을 찾지 못하고 가치가 훼손된다. 프랑스 학자 다니엘 부셰(Daniel Bouchez)가 공저자가 되어, 그쪽의 관점에서 축약하고 재집필해 불문판을 만들었다. 살릴 수 있는 가치는 더 잘 살릴 수 있게 했다.

❑ 문 : 탈춤을 能와 비교한 것이 타당한가? 유사한 점을 더 많이 지니고 있는 歌舞伎를 비교 대상으로 삼아야 하지 않은가?

❑ **답** : 能과 탈춤의 비교는 이질성이 아주 큰 것들에서 감추어져 있는 동질성을 발견해 이질성이 생긴 이유를 밝히는 작업이어서 힘써 할 만했다. 歌舞伎와 탈춤은 동질성과 이질성 둘 다 나타나 있어, 비교한다면서 현상이나 지적하고 말 수 있다.

❑ 문 : 그 논문을 일본에서 발표하니 이해하던가?

❑ **답** : 발표 시간은 충분하지 않았으나 전문 일역이 배부되어 이해를 기대했는데, 그렇지 못해 토론에서 혼선이 빚어졌다. 미세한 사실 고증에 몰두해 큰 문제는 생각하지 않는 그쪽의 학풍과 내 연구가 맞지 않았다. 그래서 갈라서자고 할 수는 없으며, 공동작업의 필요성을 더욱 절감했다.

제9강 서평에서 보여준 호응

서평을 고르면서

학문은 독백이 아니고 대화이고 토론이므로 연구해 내면 호응이 있어야 한다. 서평이 최상의 호응이다. 책을 내자 서평이 많이 나왔다. 서평에서 호응의 정도를 확인하고, 문제점에 관한 논란을 경청하고, 책 쓴 보람을 찾았다. 서평을 쓰는 사람은 원래 전문학자이다. 그러나 책을 소개하는 기자의 글에도 서평이라고 할 것들이 있다.

지금은 누구나 서평을 쓴다. 인터넷서점에 올려놓은 책에 독자 서평을 쓰는 것이 새로운 관례이다. 누가 썼는지 밝히지 않고, 쓴 날짜와 시간만 적혀 있는 것이 예사이다. 여기저기 흩어져 있어 목록을 작성할 수 없다. 어쩌다가 만나 읽어본다. 그런데 놀라운 것이 적지 않다. 전문가를 무색하게 하고, 저자를 긴장하게 한다. 학문하는 보람을 누리게 한다.

많은 서평 가운데 일부를 골라 여기 제시한다. 전문학자의 서평과 독자의 서평을 함께 들면서 뒤의 것에 더 많은 비중을 둔다. 원문 그대로 제시하면서 최소한의 교정을 한다.

『서사민요연구』

이 책은 대구 계명대학출판부에서 1970년에 나온 첫 저서이다. 김열규, 「구비문학의 문예과학적 분석 시도」, 『독서생활』 1979년 1월호(서울: 삼성출판사)에서 한 서평을 든다.

『서사민요연구』는 연구 대상이 되는 자료를 현지답사에서 구하고 있다. 따라서 정보 수집 방법과 과정이 精細하고도 과학적이어서 제시된 자료들이 신뢰성을 갖추고 있는 것으로 전제되어야 한다. 그런 점에서 본 연구는 믿을 만한 자료를 믿을 만한 방법으로 수집했고 믿을 만한 태도로 제시하고 있다.

"이미 문헌에 기록되어 있거나 채록 보고된 자료는 원문과 어긋날 경우가 많고, 원문에 충실한 기록이라고 해도 구비문학으로서의 생명이 이미 끝난 화석화된 자료에 불과하기 때문이다. 그러니 현지조사는 구비문학의 작품을 살아 있는 그대로 관찰·기술·이해할 수 있도록, 엄밀하고 정확하게 진행되어야 주어진 목적을 효과적으로 수행할 수 있으며, 산발적인 수집에 그칠 수는 없다."(31면)는 저자의 언급에서 볼 수 있듯이, 살아서 움직이고 있는 상태를 포착코자 하여 생물학의 민속학을 향해 크게 접근하고 있다.

『서사민요연구』는 서론의 한 절(총 31면), 자료편의 두 절(「조사부락개관」, 「唱者에 관한 조사」, 총 30면)을 이른바 '정보 수집에 관한 정보, 정보 제공자에 관한 정보, 정보 수집 현황'에 관한 정보 등에 할애하면서, 필자가 현지조사의 과학화, 자료의 '生物化' 등에 힘쓴 것을 보여주고 있다. 특히 「창자에 관한 조사」 절은 다시 (1) 성명, (2) 성별 및 연령 (1970년 현재 만), (3) 직업, (4) 거주지, 생장지 및 부락 내의 위치, (5) 성격 및 歌唱의 특징, (6) 노래한 일자 및 장소, (7) 부른 各篇, (8) 제공한 서사민요 이외의 자료 등 8부로 나누어져 있어, 채록된 정보에 대한 신빙도를 극대화하고 자료들의 구체적인 생활환경의 재현을 가능하게 해주고 있다. 이런 점에서 이 자료는 가장 믿을 만한 아카이브(archives)의 하나인 것이다.

다음으로 『서사민요연구』는 그 방법론에 있어서 민간구술전승의 문학적 연구를 지향하고 있음을 지적할 수 있다. 이것은 구술전승의 인류학적 내지 민속학적 연구와 대립된다. 민요들을 民俗材(folk-lore)으로 의식하기보다 문학으로서 의식하고 있다.

"구비문학은 문학이다. 문자로 기록되지 않았다는 사실은 구비문학이 문학이 아니라는 증거가 될 수 없다... 한국문학이란 한국어에 의한 언어예술이다. 문자로 기록되었다가 구전되든, 문자로 기록되지 않고 구전되든, 문학의 본질에는 변함이 없고, 차이가 있다면 전혀 부차적인 것이다."

여기서 저자는 "구비문학은 문학"이라는 하나의 등식을 강력하게 주장하고 있다. 그리하여 특히 스콜로프의 명제를 원용하여 민속문학과 창작문학 내지 예술문학의 구별을 궁극적으로 지양하고 있다. 이처럼 구비문학은 문학이라는 등식 하에서 민속문학의 문예과학적인 분석을 시도하고 있다.

저자의 문학적 연구는 구체적으로 장르론, 유형론, 문체론, 전승론 등에 걸쳐 있다. 이 가운데 유형론은 민속문학 내에서 이미 월터 앤더슨에 의해 시도되었고, 근자에 뤼티(Max Lüthi)에 의해 재검토된 바 있는 원형(archtype) 내지 규범형태(Normalform)에 관한 논의에 속하는 것이 된다. 그리고 전승론은 워낙 민속학의 핵심적인 영역이 되는 것이다. 이렇게 볼 때 『서사민요연구』 가운데 문학적 연구의 본령은 장르론과 문체론에 있게 된다.

민속문학의 장르 구분에 있어서의 내용 위주의 방법 -가령 아르네와 톰슨 류의- 대신에 민속학적 작품의 형식적 總一性 즉 구조의 총일성에 대한 분석 및 평가를 통한 새로운 방법론이 서구학계에서 모색되고 있다. 특히 스타노브스키(Stanovsky)의 설화 소재 분류에 있어서의 중요한 요소로서의 형식 원리는 전형적인 예이다. 유형 특징에 의한 서사시, 희곡, 서정시 등의 구분과 기능 특징에 의한 祭典的 유형과 비제전적 유형의 구분 외에도 표출 방법의 기준인 기교 특징 또는 문체 특징 등에 의한 구분 등이 실제로 가능한 것으로 볼 수 있다. 『서사민요연구』도 이런 방법론적 전환을 십분 의식하고 있다.

특정의 내용과 특수한 형식을 지니고 역사적으로 이룩된 총일체로서의 장르를 모색하는 장르론이 기도됨으로 민속문학의 문학적 양식을 총괄하려는 노력이 견지되고 있는 것이다. 본서에서 역시 문체의 문제는 (1) 서사민요의 율격(prosody), (2) 구비문학으로서의 문체상의 특징이 무엇이며 어떤 구실을 하는가 등의 문제로 다루고 있으며, 민속생활 속에서의 작품의 기능, 내용, 인물(성격), 사건구조, 심지어 작품의 정서적 분위기가 지닌 미학적 범주 등에 걸쳐 그가 설정한 서사민요라는 장르 정립에 힘을 기울이고 있다.

『한국소설의 이론』

서울 지식산업사에서 1977년에 나온 이 책은 초기의 주저이며, 서평이 아주 많이 나왔다. 이복규 서평, 『어문생활』 2008년 10월호에 나온 것을 든다.

조동일 님의 『韓國小說의 理論』은 내게 특별한 책이다. 대학원 석사과정에 다니던 70년대 후반, 강의시간에 이 책 이야기를 듣고 지금은 사라진 광화문의 어떤 서점에 가서 샀다. 좋아하던 누나와 함께 갔는데, 책을 선물해 주겠다기에, 망설이지 않고 이 책을 사달래서 가진 책이라 더욱 애틋하다. 제목만 봐서는 '한국소설'만 다룬 책 같으나, 국문학의 숙제 중의 하나인 갈래 문제도 함께 해결하기 위해 작심하고 쓴 책이었다. 내 공부가 짧아 거기서 언급한 理氣哲學이며, 갈래 이론을 세세히 이해할 수는 없었으나, 우리 소설을, 서구의 갈래 이론이 아니라, 우리 소설이 등장해서 향유되었던 조선시대의 철학인 이기철학의 바탕 위에서 해명하려는 주체적이고도 독자적인 패기와 열정을 그냥 느낄 수 있었다.

그때 이후로 지금까지, 내 손때가 가장 많이 묻은 책이 이 책이다. 공자는 「周易」책을 하도 愛讀한 나머지 韋編三絶했다지만 나는 그 정도는 아니나, 여러 번 들춰봐서, 겉표지의 책등 부분은 아예 떨어져 나갔고 책배 부분도 손때로 거무스름하며 안에도 군데군데 메모가 많이 되어 있다. 과거의 용어로는 이런 책을 手澤本이라고 한다는데, 세상에 태어나서 내게도 이런 책이 있다는 게 다행이고 자랑스럽기만 하다.

이 책은 진정한 연구가 무엇인지 계속 일깨워 준다. 소설의 갈래를 해명하기 위해, 저자는 소설의 상위개념인 문학 일반의 갈래 문제까지 깊이 있게 천착해 학계의 쟁점을 해결하고 있는데, 특수한 주제를 다루더라도 항상 일반이론을 의식해야 한다는 사실을 깨우쳐준다. 이기철학의 관점에서, 국문학 연구사, 갈래 문제, 영웅소설의 변모 등을 일관되게 설명할 수 있다는 데서 학문의 진면목을 본다. 자료학의 학풍인 나이지만, 국문소설의 형성과정과 관련하여, 내 나름으로는 일반 이론의 확장에 기여하는 약간의 성과도 얻었는데 이 책 덕분이다.

이 책은 서양문학 이론은 물론 우리의 文史哲에 대한 해박한 지식과 구체적인 연구와 사색을 바탕으로 뽑아낸 명주실과도 같은 내용이라 그런지, 읽다 보면 여러 가지 영감을 불러일으킨다. 문학을 넘어 세상을 보는 눈까지 열어주곤 한다. 군말이 부질없다. 읽으면서 밑줄 그은 대목을 보임으로써 그 사실을 함께 확인하며 공유하고 싶다.

"對立은 잘못된 무엇이 아니고 萬物이 存在하고 運動·發展하는 근거이다. 대립의 논리는 認識의 방법이기 전에 對象 자체의 것이다."

"흔히 소설은 인생의 眞實된 모습을 그린다고 하나, 소설을 이런 각도에서 규정하려면 차라리, '소설은 인생의 眞實性을 追究한다'고 해야 할 것이다. 진실성은 이미 알려진 것도 아니고 일정한 모습으로 고정되어 있는 것도 아니고 계속 추구되는 것이다."

『문학연구방법』

서울 지식산업사에서 1980년에 나온 이 책은 번다한 논증을 피하고 내 생각을 바로 나타낸 점에서 특별한 의의가 있다. 누군지 모를 독자가 인터넷에 올린 글을 든다.

문학을 학문적으로 접근하려 할 때, 우리는 수많은 개설서와 입문서를 뒤적거리게 된다. 그 개설서 혹은 입문서들이란 그 한계가 너무도 뻔하다. 영미권이나 프랑스, 독일 등에서 통용되고 있는 이론들을 소박하게 정리해 소개하는 것도 학문적 결함을 갖고 있지만 그보다 본질적인 문제는 서구의 문예학에 대한 일방적인 추종과 추수이다. 이런 태도는 우리의 자생이론에 대한 창발력을 둔화시키고 문학 원론에 대한 왜곡된 관념을 만들어 낼 수 있다.

조동일 교수의 초기 저작인 이 책은 이러한 문제들을 극복하려는 노력의 산물이다. 지금껏 읽어온 어떤 문학연구 입문서보다 근본적인 문제들을 다루는 데 있어 탁월하다고 평가할 수 있겠다. 책의 서술방법도, 지식의 단순한 전달이나 나열에 머무르지 않고 탐구욕을 자극하는 방식을 취하고 있다. 우리의 국학인 국문학에서 출발해서 문학의 일반이론을 도출해낼 수 있다는 자신감과 주체의식은 지금까지의 조동일 교수의 업적으로 증명해낸 셈이다.

이 책은 조동일 교수의 지난 연구가 어떻게 해서 이루어졌는가를 짐작할 수 있게 해 준다. 학문은 시류를 따르면서도 시류를 초월하는 역설적인 것임을 다시금 느낄 수 있다. 저자의 학문적 업적들은 오랜 시간 동안의 계획에 따라 차분하게 이루어진 것임을 알 수 있다. 문학연구를 왜 해야 하는지, 또한 문학연구가 가능하기는 한 것인지, 그것이 가능하다면 어떻게 가능한지를 명료하고 간결한 문체로 풀어내고 있는데, 이는 이 책이 문학 입문서로의 요건을 제대로 갖추고 있음을 의미한다.

『한국문학통사』

이 책은 서울 지식산업사에서 제1판이 1982-1988년에, 제4판이 2005년에 나왔으며 본문이 5권 별책부록 1권 도합 6권이다. 한국문학의 전개를 통괄해서 고찰한 내용이다. 서평이 아주 많이 나왔으나, "입실새"라고 한 독자가 인터넷에 올린 서평을 옮긴다.

고등학생 시절 입시과목 언어영역-문학편을 공부하며 저절로 쌓여졌던 문학에 대한 느낌은 지겨움과 찝찝함을 동반한 것이었다. 즐겁지 않고 열심히 해도 허전하여 채워지지 않는다. 물론 내 자신의 무지와, 무지를 확대 재생산한 나태함이 지겨움과 찝찝함을 문학에 연결 짓게 만든 주요한 원인이었을 수 있지만, 학생의 수동적 태도를 개선할 여지가 적었던 교사의 나열적인 수업 방식과 단편적 요약 위주의 교재도 한 몫을 담당했다고 본다. 10년의 세월이 지났건만, 아직도 별반 달라지지 않은 상황이기도 하고 현실적 제약으로 인해 바뀌기 힘든 것이기도 하다. 인생을 바꿀 수 있는 문학의 가치는 시대 안에서 고민하는 사람과 밀착함에 있는데, 수험대비 수업과 교재안의 문학은 그 점을 결여하고 있다.

대학교용 교과서 『한국문학통사』는 고등학교 문학 수업의 그

찝찝함과 지겨움을 제거할 만한 대단한 책이다. 시간과 공간을 아우르는 구조 안에서 문학과 철학을 연결시켜, 생각하고 고민하며 문학을 그려나갈 수 있다. 쉬운 문장과 분명한 표현 덕분에 쉽게 읽히는 장점까지 있으니 찌라시 같은 입시용 교재 탓에 문학에 대한 반감만 높아가는 열의 있는 고등학생들에게 더욱더 권하고 싶다. 오히려 『한국문학통사』가 입시용 교재보다 문학에 대한 접근을 쉽게 해줄 것이다.

『우리 학문의 길』

서울 지식산업사에서 1993년에 나온 책이다. 찬반론을 전개한 서평이 빈번하게 발표되어 화제를 일으켰다. 논란이 지난 지 한참 후에 다시 쓴 정효구 서평을 『충북대신문』 2004년 4월 12일자에서 가져온다.

조동일 교수는 그동안 30여 권의 단독저서를 출간함으로써 이미 국문학계의 주목할 만한 석학으로서 확고한 자리를 굳힌 학자이다. 그런 그가 이번에는 『우리 학문의 길』이라는 제목으로 단독저서를 출간하여 그가 속해 있는 국문학계에서는 물론 우리 학계 전반으로부터 비상한 관심을 끌고 있다. 굳이 이름을 붙인다면 조동일 교수가 이번에 출간한 저서 『우리 학문의 길』은 이른바 '학문학'의 한 영역을 앞선 자리에서 개척했다고 말하는 것이 타당할 것이다. 그것은 이 저서야말로 어느 학문의 전 영역을 대상으로 삼아 말하고 있기 때문이다.

조동일 교수의 이 저서는 이미 그의 저술활동을 관심 깊게 살펴온 사람들이나 특히 그가 최근에 발간한 역저『한국문학과 세계문학』,『제3세계문학입문』,『동아시아문학사비교론』등을 대해온 사람들에게는 전혀 낯설거나 의외의 작업이라고 여겨지지 않을 것이다. 그 까닭은 조동일 교수야말로『우리 학문의 길』의 바람직한 길을 당위론적인 차원에서만 역설한 것이 아니라 오래 전부터 앞에서 제시한 것과 같은 그의 저술 작업과 학회활동을 통하여 실제적인 차원에서 모범적으로 실천해온 사람이기 때문이다. 그가 이번의 저서『우리 학문의 길』에서 주장하는 내용의 핵심은 우리 학문의 자존심을 회복하고 나아가서 그 자존심을 바탕으로 하여 인류의 보편사를 이끌어 나아갈 수 있는 이른바 보편이론의 탐구와 개발에 우리가 주체적인 존재로 나서자는 것이다.

조동일 교수는 이와 같은 원대한 목표에 도달하기 위하여 이 땅의 학자들은 첫째, 그동안 해왔던 구미이론의 수입상이나 하청업자와 같은 자신들의 역할을 비판적으로 직시하고 둘째, 우리의 전통적인 학문적 역량과 그 기풍을 다시 살펴서 한민족으로서의 학문적 정체성을 회복하고 셋째, 동아시아문화권 내지는 제3세계문화권의 일원으로서 이들 사이에 내재하는 공통성과 이들만의 새로운 시각을 확보하여 넷째, 우리가 속해 있는 제3세계권의 시각으로서 세계보편사를 투시하고 이끌어 나아갈 자세를 갖추어야 한다고 말한다. 이런 전제하에 조동일 교수는 이 나라의 학자들은 이와 같은 원대한 학문적 탐구를 "해야만 하고", "할 수 있고", "하고 있다"고 주장한다. (여기서 현재 그러한 작업을 하고 있는 실제적인 한 예가 바로 조동일 교수 자신이라고 말한다)

이렇듯 희망적이고 고무적인 조동일 교수의 주장 앞에서 실질적으로 많은 학자들이나 예비학자들은 엄격한 자기비판과 새로운 각오를 하게 될 것임이 분명하다. 실제로, 지금까지의 우리 학문은, 특히나 20세기의 엄청난 역사적 사회적 변화와 내외적 억압에 의하여 지나치게 구미 중심적이었으며 주변국가적인 한계를 고스란히 드러냈던 것이 사실이다. 말하자면, 수직적인 차원에서의 민족적 정체성을 확보하지 못하였고 수평적인 차원에서조차도 세계사의 중심적 위치에 우리를 당당히 올려놓지 못하였던 것이 사실이다. 물론 이런 점들은 학문분야에서 뿐만 아니라 우리나라의 영향을 받으며 그것들과 불가분의 관계하에서 나타났던 것임을 부인할 수 없다. 그럼에도 불구하고 이와 같은 현실에 대한 책임은 이 나라의 최고 지식집단이라고 할 수 있는 대학과 학문계에 더욱더 큰 무게로 돌아갈 수밖에 없고 그런 점에서 우선 필자 자신은 물론 대학과 학계는 크게 반성할 필요가 있다. 그렇다고 하여 국가이기주의나 민족이기주의에 입각한 학문을 요구하는 것은 결코 아니다.

조동일 교수도 이 점을 분명히 하고 있거니와, 우리에게 필요한 것은 국가적 혹은 민족적 정체성을 지키며 그로부터 학문적 출발을 해 나아가되, 항상 인류공동체를 생각하면서 그 속의 중심적인 일원으로 참여하여, 이른바 인류 보편사의 바람직한 미래를 기대하고 그에 걸맞는 학문을 전개하는 것이기 때문이다. 더욱이 이제 바야흐로 국경 없는 지구세계가 아니라 우주세계로까지 삶의 영역이 확대되어 나아가는 이 시점의 우리들에게는 민족의 정체성과 지구의 정체성을 살리는 것은 물론 우주사의 바람직한 보편사까지도 염두에 두는 학문적 탐구가 이루어져야 할 것이다.

『한국민요의 전통과 시가율격』

서울 지식산업사에서 1996년에 나온 책이다. 김병국, 「현대시도 알고 보면 전통 리듬으로 노래」가 『문화일보』 1997년 1월 15자에 게재된 것을 옮긴다.

조동일 교수의 저서 『한국민요의 전통과 시가율격』이 추구하고 있는 내용은 다음 세 가지라 할 수 있다. 첫째 한국 전통시가의 형식적 기원을 상정한 것이고, 둘째 한국시가 형식의 핵심인 한국 시가 율격의 본질을 밝히고자 한 것이고, 셋째 율격론을 예증으로 한 한국 전통시가의 현대적 연속성을 모색한 것이다.

한국 시가사 연구에서 꾸준한 화제가 되고 있는 것은 향가, 속악가사, 경기체가, 시조, 가사 등이 어떻게 발생했는가 하는 것이다. 먼저 중국 한시의 변형이거나 중국에서 유래하여 한국에서 정착된 것이라는 주장이 제기되었다. 그러나 이런 주장으로는 우리 문학의 독자성을 설명할 도리가 없다. 다음으로는 진화론적으로 연속하는 일직선을 상상하는 것인데, 가령 홑 연으로 되었던 향가가 여러 연으로 된 속악가사의 형태로, 그리고 다시 속악가사의 어떤 요소가 시조 형식으로 발전하였다고 하는 식이다. 그러나 이런 주장으로는 애초의 향가의 성립에 대해서는 말하기가 곤란하다.

그런데 조동일 교수는 한국 전통시가의 기원에 대한 의문을 민요의 담화 방식에서 찾아 풀어나가고 있다. 민요는 부르는 사람들이 두 패로 나뉘어 사설을 주고받는 교환창으로 부르거나, 앞소리꾼이 사설을 부르고 뒷소리꾼은 여음만 되풀이하는 선후창으로 부르거나, 혼자서 계속 사설을 잇는 독창으로 부른다. 조동일 교수에 의하면 이 세 가지 방식에 따라서 형식이 일단 결정된다. 교환창은 '짧은 형식'으로서 향가나 시조 형태의 기본형, 선후창은 '여음이 삽입되는 형식'으로서 속악가사나 경기체가 형태의 기본형, 독창은 제한 없이 이어지는 '긴 형식'으로서 가사형태의 기본형이 된다.

이상 한국 시가 기원과 민요 형식과의 역동적 관계는 이 책의 글 「민요의 실상 파악을 위한 현지조사」에서 구체적으로 예시되고 있고, 「민요의 형식을 통해 본 시가사」에서 거시적으로 고찰되고 있다. 「민요의 실상 파악을 위한 현지조사」는 대부분의 현지조사 자료가 단지 민속적 자료로서 제공되고 있는 현실을 감안하면, 민요의 기능에 따라 각기 다른 시적 담화의 방식을 체계적으로 분류 설명하고 있으니 대단히 놀라운 성과라 아니할 수 없다. 또 「민요의 형식을 통해서 본 시가사」는 그의 역저 『한국문학통사』에서 시가사를 다루는 거시적 체계가 되고 있으니 대단히 중요한 글이다.

시가의 율문 형식은 그 형태가 행 구분을 전제로 한다. 따라서 한 행이 몇 마디를 이루어 반복하는가, 또 그 마디를 이루게 하는 기본적인 자질이 무엇인가 하는 문제를 밝혀야 비로소 시가 형식론이 완성될 수 있을 것이다. 즉 시가 형식론은 율격론에서 완성된다. 가령 속악가사는 한 행이 세 마디로 이루어졌고, 시조나 가사는 한 행이 네 마디로 이루어졌다. 이와 같이 행을 이루고 있는 마디를 조동일 교수는 '율격적 토막'이라고 하는데, 이것은 일반적으로 우리가 '음보'라고 하는 것이 그것이다. 그런데 그 각 시행을 수적으로 동일하게 반복시키는 한국시가 공통의 변별적 자질은 무엇인가.

우리는 한때 이 문제를 순수 음절률이나 음운의 장단, 고저, 강약 개념에서 천착한 적이 있다. 그러나 작금에는 통사적 구조를 중심으로 한 율격적 그룹 단위의 관점에서 긍정적인 성과가 있는 중이다. 이른바 '음보율'의 개념이 그것이다. 그래서 조동일 교수도, "한국 시가의 율격은 모두 모음의 강약, 고저, 장단 같은 것이 고려되지 않는 음보율로 존재하고, 한 음보를 이루는 음절수는 변할 수 있다"고 단정한다. 이 책에 수록된 글 「시조의 율격과 변형규칙」을 통해 조동일 교수는 한국 시가의 율격 체계를 구체적으로 정립하고 있다. 그런데 율격 체계의 정립은 율격의 질서를 찾는 것인데, 실제로는 율격적으로 질서정연한 것도 있고 질서정연한 것을 거부하는 것도 있게 마련이다.

그래서 조동일 교수는 이 글에서 기본형과 변형의 규칙을 따져서 율격론을 이해함으로써 한국시가 형식의 변화와 지속을 아울러 살필 수 있는 논리적 틀을 마련하고 있는 것이다. 그의 말대로 "변화는 고대에도 있었고, 지속은 현대까지 이르는 것이다" 이런 의미에서 이 책에 수록된 마지막 글, 「현대시에 나타난 전통적 율격의 계승」은 조동일 교수 율격론의 가능성 여부에 대한 하나의 시금석이 될 것이다.

끝으로 말을 덧붙이기로 한다. 이 책은 저자도 밝혔듯이 그에 의해 이미 발표된 바 있는 논저 『경북민요』(1977)와 『한국시가의 전통과 율격』(1982)을 합쳐 그 편차를 다시 구성한 것이다. 발표 당시 그가 제시한 문제제기와 방법론적 참신성과 논리적 타당성이 아직도 그대로 새로운 채로 남아 있는데, 이미 절판되어 구할 수 없게 된 것이 우리 국문학도들의 아쉬움이었는데 이렇게 새로운 모습으로 학계에 부활한 것이다. 이제 그의 거시적 이론 체계를 미시적 체계로까지 발전시킬 의무가 저자 자신에게도 있고 우리들 일반 국문학도에게도 있다.

『한국의 문학사와 철학사』

서울 지식산업사에서 1996년에 나온 책이다. 서평이 여럿 있지만, 이름을 밝히지 않은 독자가 인터넷에 올린 서평을 들고, 다른 독자가 올린 글을 첨부한다.

이 책은 내가 논문을 쓰는데 결정적인 자료가 되었던 「생극론의 역사철학 정립을 위한 기본 구상」이라는 글 때문에 사서 읽게 되었다.

그런데 제법 두꺼운 분량의 책이지만 너무 재미있게 속독해 버렸다. 기존에 『한국문학사상사시론』에서 전개했던 논의들을 보다 정교하게 가다듬은 내용들도 보이고 다른 곳에서 보았던 글들도 실려 있었는데, 특히 「근대극복의 과제와 한·일학문」은 잠을 설칠 정도로 감동을 받았다. 일본의 부당한 근대논리를 식민지 체험의 악감정으로 몰아붙이지 않고, 차분하고 단호하게 그들의 모순을 지적하면서 나아가야 할 방향까지 제시해 주는 그 글은 대승적 학문의 참 면모를 보여주고 있다. 그 글을 일본 본토의 학술대회에서 발표했다고 하니 얼마나 자랑스러운지 모르겠다.

방대한 양으로 씌어진 「18세기 인성론의 혁신과 문학의 사명」은 중세 후기의 인물성동이논쟁이 호론과 낙론으로 나뉘어 격렬한 논박을 벌이다가 임성주, 홍대용, 박지원에 의해 일원론적 주기론으로 혁신되는 과정을 중세에서 근대로의 과도기적 담론으로 해석하여 설명하고 있다. 이때 철학의 혁신은 그러한 내용을 담아낼 수 있는 표현(글쓰기)의 혁신과 함께 이루어진다. 이 글을 읽으면서 『문학연구방법』이라는 조동일의 저서가 우리 선인들의 문체에서 상당부분 영향 받고 있다는 생각을 해 보았다. (특히 문답법과 도설)

읽기와 쓰기를 함께 고려한 「최한기의 글쓰기 이론」도 많은 가르침을 주었다. 비판적인 독서는 곧바로 그 비판을 넘어서는 글쓰기를 통해 완성될 수 있다는 읽기와 쓰기의 변증법. 그 외의 여러 논문들도 다른 저작들에서 다루었던 내용들을 좀 더 보완하고 가다듬어서 정리해 보다 깊이 있는 이해를 도와주었다.

조동일의 작업은 고전(전통)을 다시 봄으로써 현실의 새로운 논리를 얻고자 하는 것이다. 그 전통의 중심은 최한기로까지 이어진 '일원론적 주기론'이다. 조동일은 중세에서 근대로의 이행기까지 이어진 우리의 사상 혁신이 근대를 완성하지 못하고 만 것을 한탄만 하지 않고 자신의 학문적 작업을 통해 성취하려고 한다. 그 작업은 이제 어느 정도 윤곽을 드러냈다고도 생각된다. 그의 세계문학사론은 그런 의미를 담고 있는 것이다.

『한국의 문학사와 철학사』에 실린 「근대극복의 과제와 한일 학문」을 읽고 가슴이 너무 벅차 잠을 이루지 못했습니다. 일본에 대한 식민지 체험을 콤플렉스로 여기고 감정적인 억설로 질타를 하는 사람들의 심정이야 충분히 이해하지만, 자기가 선 자리에서 식민지 체험의 상처를 차분하게 극복해 나가야 한다는 것을 다시 한 번 가슴에 새길 수 있었습니다. 또한 훌륭한 문학작품을 읽었을 때의 감동을 학문적 글 읽기를 통해서도 느낄 수 있다는 것을 되새겨 봅니다.

아직 새벽녘의 흥분이 채 가시지 않아 쓸데없는 말을 써 놓을까 두렵지만 이 말은 꼭 해야겠습니다. 정말 존경한다는 말, 말입니다. 꼭 한 번 찾아뵙고 인사를 드리고 싶은데 저는 지금 부산에서 학교를 다니고 있으니 참 안타깝습니다. 언젠가 서울에 올라가서 꼭 인사를 드리고 싶습니다. 크고 많은 배움을 얻으면서, 더구나 동시대를 살면서 선생님을 직접 만나지 못한다는 것은 두고두고 후회할 일이라고 생각합니다. 혹 부산에 강연이 있다면 꼭 쫓아가서 경청하도록 하겠습니다. 말이 길었습니다. 건강하십시오.

『인문학문의 사명』

서울 서울대학교출판부에서 1997년에 낸 책이며, 서평이 많이 나왔다. 지한득이라는 독자가 인터넷에 올린 것을 든다.

인문학도들이여 당신들은 진정 꿈을 포기하였는가? 고등학교를 다니면서부터 인문학에 푹 빠져들었고 내가 선택한 인문학이라는 길에 대해서 한 번도 후회해본 적이 없다. 하지만 인문학을 공부하면서 단 한 번도 마음 편할 날이 없었다. 도대체 그런 걸 왜 공부하느냐하는 소리만 수백 번 들어야 했다. 그들을 설득하고자 오늘도 노력하고 있지만 인문학문에 대한 사람들의 불신과 몰인식의 골은 너무나 깊은 것 같다.

인문학이 이 지경이 될 때까지 여러 가지 요인들이 복합적으로 작용했다고 할 수 있다. 우선 인문학 연구자들의 안이한 연구자세, 남의 것을 들여와서 은근슬쩍 현학적인 말로 포장해서 내놓았던 그동안의 행태들, 교육자들 역시 인문학을 제대로 알리고 가르치려는 노력이 너무나도 부족했다. 전세계적으로 인문학이 위기에 처해있긴 하지만 방법이 없는 것은 아니다. 그 방법을 찾지 못한 것일 뿐.

조동일 교수는 자신이 선택한 인문학에 대해서 성실한 자세로 사명감을 가지고 학문에 임했다. 그의 성과는 결실을 맺었고 재판에 재판을 거듭한 그의 전작 저서들, 우리 국문학의 연구수준을 한 차원 높인 조 교수의 연구 성과라고 조동일 교수는 말한다. 대중성을 조금은 놓치더라도 인문학의 수준을 높이고 지속성을 위해서 어렵더라도 자신의 길을 가겠노라고. 조동일 교수님의 연작 저서의 발표와 그의 출판이 곧 대중성을 향해서 당신이 기여하는 것이다.

인문학을 공부하면서 항상 기죽어 왔던 사람들에게 저자는 인문학의 당위성을 설득력 있게 설명하고 있고, 인문학은 과학과 엄연히 구분되며 나름의 독자성을 가지고 발전해 왔고 앞으로도 그 독자성을 지속 발전시켜야 한다고 말하고 있다. '통찰의 학문'

인문학. 인문학을 공부하는 사람들에게 자신감을 가지게 하는 저작이다. 그러나 한편으로 책을 읽어가면서 우리 인문학의 형편에 대해서 저자가 지적하는 것을 보면서 여전히 한숨을 거둘 수가 없다.

인문학도들이여 용기를 가지고 이 책을 읽어보라. 새로운 가능성을 조금이라도 얻었으면 한다.

『영어를 공용어로 하자는 망상』

서울 나남출판사에서 2001년에 낸 책이다. 전문적인 서평은 나오지 않고, 이름을 밝히지 않은 독자가 인터넷에 다음과 같은 글을 올렸다.

우리나라는 외국어가 영어에 너무 치중되어 있다. 왜 필요도 없는 사람에게 영어를 강요하고 우리 것을 심어주어야 할 기회에 영어를 가르쳐야 하는지 혼란스러운 차에 이 책을 보니 답답했던 마음이 풀어지는 것 같다.

저자는 세계화=영어화라는 논리를 반박하고 있다. 영어란 다른 모국어를 가진 사람들간의 교통어라고, 영어가 우상의 자리에서 내려와 제 위치를 찾아야함을 강조하고 있다.

말을 잘하는 것보다 무엇을 말하는가가 중요하며 영어를 이용해 전달해야 하는 최상의 내용은 민족문화를 이어받아 인류전체를 위해 내놓는 창조물임을 밝히고 있다.

영어를 목적화하는 현 사회의 분위기에 영어가 도구임을 영어를 이용해 무엇을 어떻게 공부할 것인가를 깨닫게 해준다.

영국 등 영어를 사용하는 나라에서는 영어시간에 문화를 가르친다는 말에 우리는 어떤가 궁금해졌다. 문화를 가르치는 것을 실패하고 미국은 영어를 도구과목으로 가르치기 시작했다. 읽기, 쓰기, 말하기 등을 연마하는 시간이 된 것이다. 우리나라 국어교과서가 그렇게 개편된 것 같은데...

문명의 다양성은 생태계의 다양성 못지않게 중요하기에 다양한 언어와 문화를 존중해주어야 한다는 논리가 가슴에 와 닿는다. 영어를 공용어로 하자는 주장에 대한 반박과 공용어로 쓰는 나라들의 그렇게 할 수밖에 없는 상황과 문제점 등이 자세하게 나와 있다.

요즘은 유행처럼 말하기의 중요성을 외치고 있다. 모국어가 아닌 영어는 외국어이므로 모국어와는 다르게 배워야 한다. 어린 아이처럼 배울 수는 없는 것이다. 언어는 말하기, 듣기, 쓰기, 읽기가 고루 배워져야한다. 생활영어란 없다는 말이 맞는 것 같다.

서로 다른 언어로 이루어진 문화를 서로 소중히 여기고 인정해야 하며 이것이 외국어를 습득하는 기반이 되어야할 것이다. 현재의 무분별하고 기능적인 영어돌풍이 수그러지고 올바른 외국어학습이 자리를 잡았으면 좋겠다.

영어 가르칠 준비를 하며 영어란 것이 어떻게 우리나라 사람에게 다가가야 하는지 고민하며 읽어본 책이다. 영어선생님들이 꼭 읽어보았으면 좋겠다.

『세계문학사의 허실』

서울 지식산업사에서 1996년에 낸 책이며, 여러 사람의 서평에서 논의가 계속되었다. 이름을 밝히지 않은 독자가 인터넷에 올린 아래의 글을 읽고 격려를 받았다.

> 가슴 벅차게 읽은 책이다. 지금까지 조동일 교수가 10여 권이 넘는 저술활동을 통해 보여주었던 세계문학사의 각론을 이 한 권의 책으로 요약하고 있다. 제1세계와 제2세계를 넘어 제3세계의 전망을 통해 새 시대의 세계문학사의 판도를 조망하고 있다. 이런 논리를 뒷받침하는 것은 "선진이 후진이고, 후진이 선진이 되는" 생극론의 원리이다.
>
> 제1세계와 2세계의 문학사 기술에 의해 왜곡되어온 문학사의 실상을 공정성을 되찾아 차분하게 서술했다. 『한국문학통사』에서 찾아낸 문학사의 시대구분을 세계문학사에도 그대로 적용시켜 논리적 일관성을 얻고, 각 시대의 특징을 사회사와 철학, 문학의 갈래, 문학 향유층, 창작 언어에 기준을 두어 세계문학사의 전개를 보여준다.
>
> 이 책은 요약본인 만큼 논리적 비약이 결점이다. 서구의 포스트모던 담론을 단 몇 문장으로 비판해 버리는 것이 그렇고, 우리 문학을 논하는 자리에서 카프문학에 대해 온당한 평가를 내리고 있는가가 의심스럽다. 그러나 이 저서는 아무나 할 수 없는 일을 저자의 탁월한 능력과 노력을 통해 일궈낸 우리 학문의 자랑이자 커다란 성과이다. 저자의 말대로 근대에서 근대 이후로 가는 이행기 학문의 전범을 마련했다.

문학 작품이 주는 감동만큼이나 큰 감동을 작품들의 역사인 문학사를 읽고 그대로 느끼는 행복을 누릴 수 있었다. 또한 세계문학사에서 한국문학이 자리한 지점과 나아가야 할 방향을 점검해 볼 수 있었다. 두고두고 재독 삼독해볼 만한 책이다.

『학문에 바친 나날 되돌아보며』

서울 지식산업사에서 2004년에 나온 교수 생활 회고록이며, 75인의 제자와 함께 썼다. "나귀"라고 한 독자가 인터넷에 올린 글을 몇 대목 생략하고 옮겨 적는다.

차마 팬이라고 자처하기엔 좀 민망한 생각이 들지만, 하여간 나는 조동일 선생의 열성 독자 축에 드는 사람이다. 제자면 제자고, 독자면 독자지, 축은 또 뭐냐고 비난받을 수 있으니, 겸연쩍은 변명을 하자면 요 근래에는 이런저런 사정으로 인해 선생의 책을 별로 읽은 것이 없어서이다. 하지만 2000년 이전에 나온 선생의 저서는 대부분 읽었고, 초창기에 나와 절판된 책은 헌책방을 뒤져서라도 대부분 갖춰 놓았을 정도니, 이 정도면 축에는 들 수 있지 않느냐는 것이 내 생각이다.

불행인지 다행인지 선생을 직접 눈으로 뵙고 이야기를 나눌 기회는 이전에도 없었고, 아마 앞으로도 없지 않을까 싶다. 솔직히 우유부단한 내 성격에, 이런 괄괄한 스승을 만난다면, 적어도 다이어트 하나만큼은 효과가 있지 않을까 싶다. 다만 그동안 여러모로 궁금했던 점을 어느 정도나마 속 시원히 풀어주는 이 책이

나와서, 정말 한 문장도 빼놓지 않고 맛나게 읽어치웠다.

사실 나는 이 책이 나오기 전에 그 원고를 이미 다운받아 읽어 보았다. 작년 초엔가, 우연히 인터넷을 헤매다가 선생의 홈페이지에 난생 처음 들어가 보게 되었는데, 마침 선생이 이 회고록의 초고 파일을 웹에 올려놓고 제자들로 하여금 수정 · 보충하라는 숙제를 내 주시던 참이었던 것이다. 나야 제자는 아니지만, 마침 그 원고가 모두에게 공개되어 있기에 호기심을 이기지 못하고 염치불구 다운받아 본 것이었다. 그 숙제 통지서가 훗날 출간된 이 책에 머리말 대신으로 실려 있다.

그때 읽은 선생의 글은 초고임에도 불구하고 상당히 흥미진진한 내용이었다. 이후에 출간된 책에는 제자들이 해온 숙제 즉 선생과 인연이 있었던 제자들의 스승에 대한 회고담이 함께 수록되어 있는데, 선생 스스로의 입으로는 결코 들을 수 없는 흥미로운 다른 이야기들이, 가령 대식가이자 미식가인 선생의 면모라든지, 엄하기 그지없어서 제자들이 그 앞에만 서면 벌벌 떨었다는 일화라든지, 일분일초도 허비하지 않고 연구에 몰두하기 위해 제자들에게 타자기를 사고 타자학원에 다니라고 엄명했다는 일화라든지, 강의실 앞뒤 문을 꼭꼭 잠가 늦게 오는 학생들은 아예 들어오지 못하게 했다는 약간의 결벽증적인 면모까지도 추가된 셈이라서 더욱 반가웠다. 비교적 업적 위주로 간략하게 정리한 선생의 글과 달리, 선생의 인간적인 면모까지 엿보게 해 준 제자들의 회고 덕분에 오히려 선생의 학문에 바친 36년간의 여정이 어떠한 것이었을지 좀 더 실감나게 이해할 수 있었다.

우리나라 학계에는 회갑이다 정년이다 고희다 하여 무슨 때마다 제자들이 추렴한 글과 돈을 가지고 비매품 기념논총을 만들어 내는 기묘한 습관이 있다. 최근 주위의 누군가가 그런 책을 하나 만든다기에, 우연히 거기 실릴 글의 원고를 몇 개 읽어보았는데, 그야말로 가관이었다. 맞춤법은 그렇다 치고, 문장의 앞뒤도 맞지 않는 이상한 글들을 가져다가 논문이라고 주장하며 스승을 기리는 책에 싣겠다니, 그러고도 자칭 제자들이고, 기념논총인지. 참으로 어이가 없었다. 그런 엉터리 자칭 논문들을 보자 한심하다는 생각이 들면서, 문득 조동일 선생이 회갑 때인가 무슨 기념논총이니 회갑연 대신 본인 저서의 출판기념회 겸 세미나를 열었다는 몇 년 전의 일화가 떠올랐다.

선생의 실용적이면서도 합리적인, 그러나 다른 한편으로는 그토록 외골수이면서 딱 부러지는 성격이 아닌 사람이라면 결코 엄두도 내지 못할, 용기가 필요한 일이 아니었을까 하고 다시 한 번 생각했다. 왜, 선생의 회갑연이 조촐했다면, 솔직히 두고두고 욕먹는 것은 그 제자들이기 때문에, 제자들도 울며 겨자 먹기로 그 짓을 한다고들 하니 말이다. 하여간 선생의 행적은 이처럼 특이하면서도, 솔직히 나 같은 사람으로선 후련하다 혹은 말 참 잘 했다는 동감을 불러일으킬 만한 일의 연속이 아니었을까?

하긴 그것도 참으로 특이한 일이다 싶어서 신문에서 기사화했으니 망정이지, 그렇지 않았다면 학계와는 무관한 나 같은 사람이 어찌 알고 있었겠는가. 점잖은 표현은 아니지만 이것도 어딘가 튀는 선생의 행적 때문은 아닐까. 아울러 국문학은 물론이고, 선생이 추구하는 세계문학에 대해서도 문외한에 불과한 대중에게까지 선생의 이름이 알려진 것 또한 분명 언론의 공이 (혹은 "과"인지도) 크다 할 수 있다.

나로선 그 전에도 호기심 삼아 읽던 국문학 관련 논문집이나, 『한국문학통사』를 통해 선생의 글을 접해보긴 했지만, 특별히 그 이상의 관심을 보이지는 않았던 것이다. 나중에 『우리 학문의 길』을 읽고 무척이나 감동하여 주위의 친구와 선후배에게 (모두에게는 아니었고, 이걸 읽고 이해할 만한 사람들에게만) 적극 추천했던 일이 기억에 생생하다. 그러고 보면 내가 선생에 대해 관심을 가졌던 시기는, 선생이 국문학 (구비문학에서 한국문학사까지)의 범위를 벗어나 세계문학사의 방법론을 탐구하면서 이른바 학문론에 대한 구상을 피력하던 시기와 비슷하고, 그렇기 때문에 솔직히 나로선 선생을 생각할 때 대뜸 『우리 학문의 길』만이 떠오르는 것도 사실이다. 솔직히 국문학사나, 혹은 앞으로 세계문학사에서 선생의 업적이 어떻게 평가될 것인지에 대한 예상은 내 능력의 범위를 넘어서는 것이리라.

어쩌면 『우리 학문의 길』은 선생의 역작이라고는 할 수 있어도, 주저나 대표작이라고 할 수는 없을지 모른다. 하지만 이 책이야말로 내가 보기에는 선생의 가장 솔직하면서도 절실한 주장을 담고 있는 작품이 아닐까 싶다. 가령 이전이나 이후의 어떤 책보다도 뜨거운 주장, 그리고 호소력 있는 문장이 이 책에는 담겨 있기 때문이다.

"대학원에 진학한다는 것은 관중이 아니라 선수가 되겠다는 뜻"이라는 대목을 읽고 충격을 받아 결국 더 이상 공부할 생각을 접었기 때문에, 이 책을 결코 잊을 수가 없기도 하다. 당시의 생각으로는 정말 취직하기도 애매해서 그냥 학교에 남으려고 대학원에 진학하는 선배나 동기들을 보며 별로 좋은 인상을 받지 못했고, 다른 한편으로는 말이 석사고 박사지, 지식수준으로 따지면 결코 넓거나 깊지도 못한 사이비 학자 지망생들을 경멸했기 때문이기도 했다.

솔직히 나라고 해서 그들보다 딱히 더 잘난 것은 없겠으나, 10여 년이 지난 지금 와서 생각해 보니, 차라리 그때 더 이상 공부를 하지 않겠다고 결심한 것이 옳았다는 생각뿐이다. 솔직히 공부라는 것이, 혹은 지식을 추구한다는 것이, 반드시 어느 울타리 안에서만 할 수 있는 것은 아니지 않은가? 더군다나 지금처럼 어떤 울타리에 들어간다는 것이 정작 공부를 위해서라기보다는 일종의 자격증이나 기득권을 위해서인 상황에서는, 즉 책 한 권을 읽기보다는 영향력 있는 선생 밑에서 눈치나 보면서 개인적인 심부름만 열심히 하고 잘 보이는 것이 더욱 유리한 개떡 같은 현실 속에서는 굳이 자기 자신을 속이면서까지 발발 기는 척할 필요가 없다는 것이다. 하여간 그리하여 나로선 조동일 선생이라 하면 번뜩 떠오르는 것이 『우리 학문의 길』인 것이다.

하여간 지금껏 선생의 책을 읽으면서 가장 궁금했던 점은 불문과를 졸업하고 나서 국문과를 졸업했다는 약간은 특이해 보이는 방향 전환과 함께, 민속극에서 민담으로, 다시 소설에서 문학사로, 더 나아가 학문 일반론에서 세계문학사 이론으로까지 점점 확장되는 선생의 그칠 줄 모르는 학문 탐구열이었다. 도대체 이 사람이 누구이길래 이런 어마어마한 작업을 혼자서 해낼 수 있는 것일까? 이에 대한 대답이 비록 전부는 아니지만 일부나마 바로 선생의 이 회고록에 담겨 있으니, 나로선 10여 년 넘게 갖고 있었던 의문이 어지간히 해소되는 기분이었다.

다만 이 책이 30여 년에 걸친 선생의 강단기만을 다룬 것이기 때문에, 그 이전 대학 시절의 활약상은 김지하 시인의 회고록을 통해서만 부분적으로나마 알 수 있다. 선생의 바람처럼 언젠가 이 앞부분의 이야기까지도 모두 합쳐서 결정판 회고록이 나온다면 정말 다행이겠다. 학문적인 엄격함과 실용적인 순발력을 모두 겸비한, 아울러 경상도 사람 특유의 괄괄한 성질과 까탈스러운 기벽, 그리고 기상천외한 유머감각을 지닌 선생이니, 아직 미처 활자화되지 않은 일화도 많으리라 기대한다.

마지막으로 이 책에서 읽은 선생에 얽힌 제자들의 회고담을 통해 어렴풋이 깨달은 것이 있었다. 다름 아닌 학문하는 사람의 고독이랄까, 어떤 외로움을 말이다. 선생 자신은 참으로 불세출의 인재로서 그토록 혁혁한 자취를 국문학사에 영원히 남기게 되겠지만, 30여 년에 걸친 선생의 학문 여정의 동반자는 명예나 업적이 아닌 바로 고독이었겠구나 하는 생각이 불현듯 머리를 스쳤다.

아니, 어쩌면 기고만장하달까, 탐욕스러울 정도로 자신만의 싸움을 위해 학문에 뛰어든 선생의 저돌적이고도 의기충천했던 모습과는 달리, 제자들의 회고에서는 하나같이 "대단한 스승, 훌륭한 스승, 탁월한 스승을 뛰어넘지 못해 아쉽다"는 푸념 아닌 항복 선언이 들려왔기 때문이다. 선생 자신도 제자들에게 지나칠 정도로 엄격하게 대하고 많은 것을 강요한 것이 잘못이었다고 시인하기는 했지만, 아무리 뛰어난 학자라도 모든 면에서 완벽을 기할 수는 없는 것이니, 책을 덮으며 어쩌면 그 학문하는 자의 고독은 선생의 숙명이었는지도 모르겠다는 그리 설득력은 없는 생각도해 보았다.

『의식 각성의 현장』

서울 학고재에서 2007년에 낸 책이다. 이의성이라는 독자가 「『의식 각성의 현장』을 읽고」라는 제목으로 다음과 같은 시를 써서 인터넷에 올린 것을 보고 감격했다.

1. 처음 읽고

이를테면
市井에 나도는 요즘의 책들은
화학조미료에 찌든 음식이라고 비유한다면,
그 와중에도 신영복 선생 등의 글들은
천연재료로 그 조미를 대신하였다고 할 수 있고,
조동일 선생의 글은
그 천연조미마저도 거부한 채
그저 갓 취한 채마밭의 채소를 데쳐서
참기름도 없이
간략한 소금간만으로 버무린
음식이라 하겠다.

신영복과 조동일의 글을 두고
누구의 것이 더 낫다고 평하기 전에

두 글 모두
초절정 고수의 포스가 시종일관함을
핍진하게 느낄 수 있다.

조동일...
그의 피부는
이처럼 포스가 느껴지고,
한편 그의 뼈는
뼛속까지 영남 사대부다.

아,
그의 정치 성향이 견딜 수 없이 궁금하다.

2. 읽는 중간에

수록된 글들이
간디의 식단을 마주대한 듯하다.

3. 다 읽고

수식 없음은 차치하고
경쾌한 문장이 짧기도 짧다.
그러면서도 깊다.
이대로 가다간

단어 몇 개만 남을 것 같다.
깊이는 있으나 형태는 없는
원시의 찬란한 사상이여.

4. 두 번째 읽기

이색과 김종직은
훌륭한 경치를 보면서 천지만물의 이치를 깨닫는다고 하였다고 한다.
조동일의 글은
그 내용을 전하는 뜻보다
그의
양념 없는 정직한 문체만으로
크나큰 감동을 준다.

감동적인 문체

토론

❑ **문** : 전문학자들의 서평에 특별한 내용이 없는 것은 무슨 까닭인가?

❑ **답** : 심판 노릇을 하면서 후한 점수를 주니 고맙기는 하지만, 선수로 나서서 시합을 하려고 하지는 않아 서운하다. 선수끼리의 시합에 견줄 수 있는 토론을 자세한 내용을 갖추어 전개하는 서평이 많이 나오고, 연구업적으로 평가되는 시기가 빨리 오기를 바란다.

❑ 문 : 일반독자들의 서평은 어떤가?

❑ 답 : 열띤 관중의 함성이라고 할 수 있어 긴장되게 한다.

❑ 문 : 모두 그런가? 어떤 기준에서 골랐는가?

❑ 답 : 깊은 이해에서 나온 함성이면서 글이 잘 된 것들을 골랐다. 내용만 보면 더 좋은 것들도 있으나 글을 다듬는 것은 월권이라 고를 수 없었다. 서평을 한 일반독자 가운데 훌륭한 선수가 될 수 있는 인재이면서 관중에 머무르는 사람이 적지 않다. 학문을 하다가 말았다는 말도 이따금 해서 어떤 사연이 있었는지 궁금하다. 학계의 편협성이 문제이지만, 편협성을 깰 만한 용기와 지혜를 갖추지 못한 것이 안타깝다.

❑ 문 : 이러저런 서평이 아주 많이 나와 복 받은 것이 아닌가? 만족스러운가?

❑ 답 : 관심의 대상으로 부각되는 것은 행운이기만 하지 않고 불운일 수도 있다. 중간 어디쯤에서 산을 올라갈 때에는 말이 많더니 내 학문의 정점이라고 할 수 있는 『소설의 사회사 비교론』에 관해서는 일반독자가 더러 언급하기나 했다. 지금 하고 있는 강의를 펴내는 『세계・지방화시대의 한국학』은 이미 아홉 권이나 되는데 어디서든지 아무 반응도 없다.

❑ 문 : 그래서 섭섭한가?

❑ 답 : 아니다. 有名稅를 타는 것은 불행인데 길게 이어지면 폐해가 커진다. 많은 사람의 시야에서 벗어나 정상에 오르고 하산을 하고 있어 즐겁다.

제10강 논란의 대상이 되어

『국문학연구 50년』에서

이화여자대학교 한국문화연구원 편, 『국문학연구 50년』(서울: 혜안, 2003)은 연구사를 여러 분야로 나누어 총괄한 업적이다. 색인에 의하면 조동일에 관한 논의가 28면에서 이루어지고 있다. 다음으로 많은 조윤제 19면, 정병욱 12면, 김윤식 11면, 서대석 10면과 상당한 차이가 있다. 조동일에 관한 논의가 길게 이어진 것이 적지 않아 모두 소개하기는 어렵다. 몇 개만 들어본다. 일부 줄이고, 주는 생략한다.

김종철, 「총론」에서: 일반이론 수립은 조동일이 주장하고 실천한 것이다. 한국문학이 서구문학 이론 적용의 한 사례에 불과한 것이 아니고 그 자체에서 세계문학 전반에 두루 적용될 수 있는 보편이론을 도출할 수 있다는 기치를 내걸고 『서사민요연구』(1970)에서 출발하여 『세계문학사의 전개』(2002)에 이르기까지 일반이론을 도출하고 그것을 확대 적용하는 대장정을 펼쳤다. 그의 일반이론의 기본축은 『한국소설의 이론』에서 개진한 바, 이기철학에서 도출한 소설 갈래의 본질

즉 “자아와 세계가 상호우위에 입각한 대결을 하여 양쪽에 통용되는 진실성을 추구하는 것”에서 “생성이 극복이고 극복이 생성”인 生克論으로 이어지는 것이라고 할 수 있다. 이 기본축은 대립적 관계에 있는 두 주체가 상호운동을 하는 것을 기본으로 하는데, “자아와 세계의 대립적 관계”는 보편적 갈래 이론으로 정립된 것이며, 생극론은 세계문학사 내지 인류역사의 일반이론으로 정립된 것이다.

현실사회주의의 붕괴 이후 거대이론이 퇴조하고 있는 오늘날의 상황에서 문학연구를 통해서 하나의 거대한 문명이론을 수립하는 데 이르렀다고 할 수 있다. 그의 일반론은 한국문학연구사에서 초유의 것이면서, 한국문학사, 문명권의 문학사, 세계문학사로 나아가는 각 단계에서 확인하고 발전시킨 것이어서 그 의의가 크지만, 앞으로 세계문학과 세계문화에 대한 다양한 연구가 심화되면 활발한 논쟁이 제기될 가능성이 높은 것이기도 하다.

심경호, 「한국한문학 연구의 성과와 향후 연구방향」에서: 조동일, 『한국문학통사』 1-5 (지식산업사, 1982-1988)는 한국문학사를 통시적으로 서술한 기념비적 작업이다. 더구나 이 문학사는 문학사를 기술할 때 장르실재론의 관점과 역사주의적 관점을 조화시켜 4분법의 갈래 아래에 하위 양식을 배열하는 방식을 한문학 작품에까지 확대하여, 한문학을 민족문학사의 발전 과정 속에 온당하게 자리 잡도록 하였다. 민족문학의 흐름을 살필 때 4분법의 이념형 아래에 역사적 갈래를 나누어 설명하는 것이 매우 편리할 뿐만 아니라, 문학사를 계통적으로 설정할 수 있는 강점마저 지니고 있다.

박일용, 「해방 후 고소설 연구의 흐름과 쟁점」: 조동일은 영웅소설을 분석하기 위한 선행작업으로 이기철학의 음양 대립의 원리를 빌려와 4분법적 문학의 갈래체계를 설정한 뒤, 다시 서사 장르 내에서 신화·전설·민담과 구분되는 소설의 장르적 성격을 자아와 세계의 상호우위에 입각한 대결을 보이는 장르라고 규정하였다. 그리고 소설을 이기철학과 관련시켜 기의 대립을 중시하는 일원론적 주기론 철학에 입각한 소설과 기의 대립을 중시하지만 이의 존재를 설정한 이원론적 주기론의 철학에 입각한 소설로 나누어, 전자를 김시습, 『홍길동전』 등 초기 사실주의 소설로, 후자를 영웅소설로 파악하였다. 한편 영웅소설이 신화시대 이후 영웅의 삶을 형상화한 서사문학에 공통적으로 등장하는 영웅의 일생 구조를 구현하는 것이라 해석하여, 그 영웅의 일생 구조가 구현되는 방식에 따라 영웅소설사의 편년을 작성하였다.

그리고 이처럼 이원론적 주기론 철학사상과 대응되는 구조를 지닌 영웅소설이 몰락하였으면서도 상승을 꿈꾸는 몰락양반의 세계관, 그리고 점차 위기를 느끼는 시전상인들을 중심으로 하는 소설 독자층의 소망과 대응되는 것이라고 해석하였다. 조동일의 이러한 해석은 단순한 권선징악적 주제를 표현한 작품 정도로 이해되어오던 이들 작품의 구조 및 사상, 작자층과 독자층을 중심으로 한 사회적 성격 등을 총체적으로 구명하려 했다는 점에서 "천고의 의문을 풀었다"고 할 만큼 획기적인 성과를 이룬 것이라고 할 수 있다.

물론 그가 창안한 이론이 영웅소설사의 실상에 얼마나 적실하게 대응되는가 하는 점에서는 많은 문제점이 지적되었다. 그럼에도 불구하고 이러한 성과는 고소설 연구를 이론적 차원으로 끌어올린 획기적 계기를 마련한 것으로 평가될 수 있다. 그리고 그의 작업은 영웅소설

해석에서보다 그것을 수행하기 위한 예비적 작업으로 행한 장르론에서 더욱 빛을 보여 고전문학 연구의 수준을 한 단계 올려놓았다.

이동하, 「현대소설 연구 50년」에서: 이제부터 개척해야 할 과제로 단연 맨 먼저 지목해야 할 것은 서양 문학이론에 대한 지나친 의존으로부터 벗어나 독창적이면서도 한국문학의 실정에 보다 적절하게 부합되는 소설이론의 체계를 개발하고 구체적으로 적용하는 일이라는 결론이 자연스럽게 나온다.

조동일이 이러한 작업의 모범을 상당히 높은 수준에서 이미 보여준 바 있다. 그가 2001년 지식산업사에서 세 권의 방대한 분량으로 한꺼번에 출간한 『소설의 사회사 비교론』을 보면 이러한 판단이 금방 도출된다. 조동일이 『소설의 사회사 비교론』에서 제시한 소설이론의 체계가 얼마나 독창적인 것이며 또한 한국문학을 논하는 자리에서나 세계문학을 논하는 자리에서나 공통되게 강한 설득력을 발휘할 만한 것인가 하는 점은 이 책의 어떤 대목을 펼쳐 보아도 어렵지 않게 확인된다.…

보는 사람의 시각에 따라서는 조동일의 이론에 대해서도 다양한 이의 제기가 가능할 것이다. 나 자신만 하더라도 20세기 서양소설의 성과를 대하는 태도를 비롯한 여러 문제, 여러 측면에서 조동일의 이론 체계에 대한 분명한 —그리고 광범위한— 이의를 가지고 있다.

그렇기는 하지만, 『소설의 사회사 비교론』에서 종합적으로 제시된 조동일의 소설이론 체계가 한국의 문학연구자에 의하여 지금까지 제출된 소설이론 중 최고의 수준을 과시한 것이며 세계적인 차원에서 볼 때에도 소중한 자산으로서의 의의를 인정받을 만한 것이라는 사실 자체는 결코 부정될 수 없다고 생각한다... 아직 머리가 굳지 아니한 젊은 학도의 입장에서 조동일의 『소설의 사회사 비교론』을 정독하는 행운을 가진 젊은 세대가 앞으로 성장하여 학계의 주역으로 되는 날이 하루 빨리 오기를 기다리게 되는 것도 『소설의 사회사 비교론』이 그만큼 특출한 가치를 지니고 있기 때문이다.

분야를 넘어서서

내 연구에 대해서 여러 학문 분야에서 관심을 보이고 있다. 먼저 들어야 할 분야는 문헌정보학이다. 내 책 『동학 성립과 이야기』에 대해서 부산대학교 문헌정보학과 김정근 교수가 『부산일보』 1984년 12월 1일자에 서평을 쓰고, 현지조사의 방법이 적극적인 의의를 가져 "전편의 전개가 서술의 명증성과 생동감으로 꽉 차 있"으며, "저자의 역사적 상상력이 번뜩인다"고 평가했다.

김정근 · 이용재, 「한국문헌정보학 연구와 문화기술적 방법」, 『도서관학논집』 24집 (1996, 여름)에서 문화기술적 연구 방법의 의의를 평가하면서 『동학 성립과 이야기』가 전문 수록된 『민중영웅이야기』를 근거로 들었다. 긴요한 대목을 들어본다.

> 이 책은 크게 문헌연구와 현장연구라는 두 가지 기법을 사용하고 있다. 저자 조동일은 문헌연구, 다시 말해 문헌자료에 나타난 사실들을 가지고 연구를 하는데 그치지 않고, 실제로 민중영웅이야기가 떠도는 현장을 찾아가 사람들의 이야기를 채록하는 방식으로 연구를 수행하였다. 이러한 작업을 통해, 그는 문헌연구에 나타난 통설을 보충하기도 하고 때로는 통설을 뒤집는 성과를

얻을 수 있었다. 특히 그는 문헌 속에 감금되어 있었던 최제우를 민중의 영웅으로 복원시켰다. 동학문헌에서의 최제우는 개벽 후 오만 년만에 처음으로 한울님을 만나 아무도 상상할 수 없었던 도를 깨닫게 된 대신사 또는 제세주로 소개되어 있다.

김정근 교수가 재직하는 학과 대학원생들도 논의에 참가했다. 『학기 논고집』 제5집(1995)에 이영빈, 「동학 연구 문헌들 속에 나타난 자료와 연구 방법에 대하여: 특히 조동일의 [동학 성립과 이야기]를 중심으로」, 『학기논고집』 제8집(1998)에 김순화, 「문헌정보학을 함에서 조동일은 무엇인가」가 발표되어 있다. 앞의 글에서는 "문헌정보학 연구가 통계 자료와 설문지에 의한 양적 자료에 의존하지 않고 연구자가 직접 나서서 자료를 채집하고, 면담하고, 기록하고, 이들 자료를 근거로 한 연구 풍토가 이루어졌으면 하는 바람이다"고 했다. "우리의 전통학문과 학자의 사상을 이어받아 우리 실정에 맞는 창조적인 이론을 개발하고 구체적인 작업을 해나가는 한편, 인문학문 · 사회학문 · 자연학문을 총괄하는 작업에서 국내외의 다양한 자료를 활용한다"고 한 것을 주목해야 한다고 했다.

송방송 교수의 『한국음악통사』(서울: 일조각, 1984)는 『한국문학통사』와 직접 관련된 업적이다. 문학사처럼 음악사도 일관된 원리를 찾아 통괄해 서술하고자 했다. 김춘미는 『한국 음악학의 사회사적 구조』(서울: 시공사, 1999)에서 조동일의 연구방법이 음악학에 끼친 영향을 말하고, 『한국예술학으로 가는 길』(서울: 시공사, 1998)에서는 여러 이론을 평가하고 수용했다. 김세중(서울대 동양음악연구소 전임연구원)은 「문명사 모델의 한국음악사 적용 가능성: 중세성을 중심으로」(난계학술세

미나 발표논문, 2000. 9. 23)에서 고대, 중세, 중세에서 근대로의 이행기, 근대로 나눈 나의 시대구분을 음악사에 적용했다. 고대의 자기중심주의, 근대의 민족주의와 구별되는 중세의 보편주의가 雅樂에서 구현된 양상 이해를 특히 중요한 성과로 삼았다.

천세영 교수(충남대학교 교육학)는 내 학문에 대해서 깊은 관심을 가지고 여러 차례 논의했다. 인터넷에 올라 있는 「천세영 교육칼럼」을 보자. 「조동일 교수의 책읽기와 교육학」(1999. 4. 12)에서 다음과 같이 말했다.

> 서울대 국문학과 조동일 교수는 교육학을 가장 깊이 있게 하는 분으로 여겨진다. 연전에 발표했던 『우리 학문의 길』에서는 우리 교육의 아픈 모습을 정말 잘 지적하였다. 최근에 그의 수상집을 다시 읽는다. 서울대학교 출판부가 찍어낸 『독서 · 학문 · 문화』라는 책이 그것이다. 틈틈이 그의 글을 소개하면서 교육학을 업으로 삼지 않고 삶으로 삼는 사람들의 진솔한 얘기를 같이 들어보기로 한다. 오늘과 내일, 조동일 교수가 말하는 '따지면서 읽는 방법'과 '빠지면서 읽는 방법'에 대해서 생각하고자 한다.…
>
> 따지면서 읽을 때에는 독자가 저자와 키가 같거나 독자가 더 클 수도 있다고 전제한다. 그래서 저자가 하는 말을 그냥 받아들이지 않고, 타당성을 검증하고, 반론을 제기하면서 독서를 한다. 저자의 설득력에 감탄하지 않고, 문제점을 찾아내 논란을 하는 것을 보람으로 삼는다. 허점이 많아 치열한 논란을 벌이지 않을 수 없게 하는 책이 훌륭하다고 여긴다. 독자가 자기 생각을 개발하게 되는 것을 독자의 도달점으로 삼는다.

불교학자 고영섭(동국대학교 교수)은 내 강의를 듣고 도움을 얻었다고 한다. 「나는 왜 불교학을 하는가」(불교신문 2100호/ 2005년 1월 28일자)에서 다음과 같이 말했다.

> 박사과정 수료 뒤 동국대 국문과 박사과정에 특별 개설된 서울대 조동일 선생님의 특강은 오랫동안 탐색해왔던 문사철 전반의 시선을 열어주었다. 조동일 교수의 강의는 당신의 저서 30여 권을 한 주 세 번에 걸쳐 하루 2권씩을 독파하면서 이루어졌다. 인간학과 고전학을 통섭한 인문학의 정수로서 불교학이 나아갈 길을 시사 받았다.

철학과의 관련은 더욱 넓다. 홍윤기(동국대학교 철학교수)와 『한국일보』 2000년 10월 7일자에서, 이기상(외국어대학교 철학교수)과 『조선일보』 2002년 4월 10일자에서 윤평중(한신대학교 철학교수)과 『문화일보』 2004년 1월 1일자에서 대담했다. 종교철학계의 중진인 황필호 교수는 강남대학교 교수로 재직할 때 「조동일의 인문학문론」을 썼다. 처음에 『강남대학교논문집』 37(2001)에 내고, 증보해서 자기 저서 『인문학 · 과학 에세이』(서울: 철학과현실사, 2002)에 수록했다. 이에 대해서 제2권 제5강에서 다루었으므로 재론하지 않는다.

김석수, 『현실 속의 철학, 철학 속의 현실』(서울: 책세상, 2001)은 앞에서 다루지 않았던 책이다. 「박종홍 철학에 대한 또 하나의 해석」이라는 부제를 붙이고 박종홍을 논한 내용이다. 박종홍에 관한 나의 논의를 길게 거론하면서 자기 논지를 보완했다. 한 대목을 들어본다.

박종홍이나 조동일 모두 우리의 전통, 우리의 현실을 통해 보편적인 철학을 구축하고자 했다는 점에서 입장을 같이 하고 있다. 하지만 조동일은 박종홍의 철학에서는 창조학의 목적이 분명히 설정되어 있음에도 불구하고 수입학의 문제점이나 창조학 제1방향 즉 비교연구를 통해 남의 학문을 넘어서려고 할 때 발생하는 한계선을 넘어서지 못하고 있다고 본다. 조동일에 의하면 박종홍은 자기 이론 전개보다 남의 이론 전개에 너무 많은 논의가 집중됨으로써 자기주장이 모호하게 되었으며, 수많은 견해를 종합하는 열거주의와 절충주의를 넘어서지 못했다는 것이다. 또한 이런 종합의 과정에서 박종홍의 철학은 너무나 전문적인 형태를 띠게 됨으로써 철학이 대중에게 외면당했다는 것이다. 특히 그렇게 강조를 했음에도 불구하고, 박종홍의 이런 학문관은 문제의식과 대결정신, 창조를 잃어버렸다는 것이 조동일의 주장이다. 결국 조동일에 의하면 박종홍은 "역사창조의 획기적인 성과를 이룩하고자 하는 의욕에 찬 탐구를 토론거리에서 제외해 철학무용론을 자초했다."(186-187면)

신학에서 벌인 논의도 몇 가지 있다. 감리교신학대학 종교철학 교수 이경재는 『해석학적 신학』(서울: 다산글방, 2002)에서 탈식민 신학을 말하면서 "조동일의 다음의 말은 경청해야 할 자성의 소리이다"라고 하고, "유럽문명권에서 수입한 학문에서 헤어나지 못하면서 그 내부의 불평을 되뇌고, 포스트모더니즘이라는 이름의 허무주의를 새로운 우상으로 삼기나 해서는 타개책이 생기지 않는다"고 한 전후의 말을 "유럽 근대학문에서 일방적으로 설정한 보편주의를 검토의 대상으로 삼아 그 결합을 시정하는 진정한 보편주의에 이르는 것이 우리 학문의 목표이고, 세계학문이 나아갈 길이다"라고 하는 데까지 인용했다. 이에 붙여 자기 지론을 "이러한 탈식민지담론의 학문은 신학이 앞장서야 한다. 왜냐하면 그것은 다른 학문에 비하여 신학의 손이 그만큼 식민주의로 혼탁하기 때문이다"라고 폈다.

이정희, 「인간학에서 육체학(somatics)으로? : 상승인가 추락인가」라고 하는 논문은 인터넷에서 발견했다. 내게 관한 언급이 있는 대목을 옮긴다.

> 오늘의 [인문] 학문이 경계 확장과 세분화에 따른 갈등과 위기를 넘어 참으로 현실의 산 힘이기 위한 설자리와 길 찾기를 모색하고 있는 조동일은 종교학을 성찰의 대상으로 삼고 있다. 조동일은 지금까지의 종교학은 특정 종교에 치우거나 편파적이지 않으려고 종교를 종교답지 않게 다루는가 하면, 학문의 객관성과 논리적 타당성을 갖추는 대가로 종교문제의 심각성에서 멀어지고 있다고 본다. 그러기에 각 종교가 다른 종교들과 함께 주체성을 가질 수 있는 관계의 논리를 찾아내고 투쟁과 화합이 둘이 아니고 하나임을 밝혀야 근대 학문을 넘어설 수 있다는 것이다. 나의 주체성 때문에 남의 주체성을 부인한다는 것도, 서로 공존하기 위해 다른점은 덮어두고 공통점만 부각시키거나 투쟁은 그만두고 화합하는 관계를 가져야 한다는 것도 부당하다고 본다.
>
> 투쟁이 화합이고 화합이 투쟁이고, 생성이 극복이고 극복이 생성임을 방법과 실천에서 밝혀 논하는 生克論으로 그 두 가지

잘못을 한꺼번에 시정해야 한다. 새로운 종교학을 일으키면서 종교학의 연구대상을 엄밀하게 규정하고, 종교학이 다른 학문과 구별되는 독자적인 영역을 분명하게 하는 어리석은 짓은 하지 말아야 한다. 독자적인 연구방법을 갖추어 숭상하는 것은 더욱 경계할 일이다. 종교는 문화의 다른 영역과 서로 구별될 수 없게 얽혀 있고, 역사적으로 형성되어 사회적인 기능을 한다는 사실을 바로 알아야 연구할 수 있다. 종교학이 곧 역사학이고, 종교학이 곧 정치학이어야 한다. 인문학문의 종교학이 사회학문의 종교학으로 바뀌어야 한다.(『인문학문의 사명』, 서울대학교출판부, 1997, 270-272면)

이런 논리에 대해 신학을 종교학 내지 역사학이나 사회학·정치학으로 환원하려는 것이냐, 내 경계 안의 것에 네가 무슨 전문가라도 되느냐, 네 것이나 잘 지켜라 성토할 수 있다. 그러한 경계 지키기를 방관하거나 강화할 때 신학은 현실의 산 힘으로 動能化(energizing)할 수 없다. 오늘 신학의 한계는 역사적 상상력의 결핍에 따른 것이다. 결핍의 원인은 기독교사 혹은 교회사를 울타리쳐버리거나 온 세계를 선교 이데올로기로 기독교화(타자를 부정하는 자기 동일성 확대재생산) 하는 데만 몰두함으로써, 현실 역사 속에서 기독교가 걸어 온 살림의 힘 혹은 죽임의 마성적 권력을 투명하게 바라보기를 거부한 데 있다.

김영명, 『우리 눈으로 본 세계화와 민족주의』(서울: 오름, 2002)는 정치학자가 쓴 책이다. 세계화와 민족주의가 어떤 관계를 가지는지

고찰하면서 민족이 무엇인가 하는 문제를 심각하게 다루었다. 나의 견해에 관해 "약소국의 특수성과 '세계화'가 지닌 특수한 민족주의적 성격을 강조하는 우리의 목적에 부합되게, 조동일 교수가 현대 민족주의의 유형들을 잘 정리하였다"고 하고, 『영어를 공용어로 하자는 망상』(서울: 나남출판, 2001)에서 한 말을 길게 인용했다. (54면)

서강포럼에서

서강포럼이라는 연구 모임과 인터넷에서 만났다. 2004년 1월 13일자의 안내를 보자. "'서강포럼'은 '철학학교 아고라' 내에 위치한 철학연구 포럼입니다. 서강포럼은 회원제로 운영되며, 회원가입은 누구나 자유롭게 하실 수 있습니다. 서강포럼에서는 공동의 연구와 세미나가 진행되고, 철학의 다양한 자료 및 정보를 확인하실 수 있습니다." 이렇게 말했다. "연구 강의동 안내"라고 한 곳에서는 참여자들의 홈페이지를 소개했다. 찾아 들어가 보면 대부분 현직 철학교수들이다.

내 책 『인문학문의 사명』을 읽고 토론을 벌인 글이 길게 올라 있다. 김영건이라는 분이 올린 글에 대해서 심승보라는 분이 반론을 제기한 것이 특히 긴요한 내용이다. 그 가운데 한 대목을 옮긴다.

> 제가 생각하기에 조동일 교수가 말하는 사학팔방론의 비판 대상은 분명 학문에 대한 태도에 해당하는 것이며, 그것은 구체적으로 사대주의 혹은 학문의 수동성과 기생성을 가리키는 것입니다. 특정 개개인의 차원을 떠나 우리 학문의 전체적 풍토를 놓고 견주어 본다면, 조동일 교수가 말하는 수입학과 시비학에 대한 비판은

더할 나위 없이 적절한 것이 아닐 수 없습니다. 그런 수입학과 시비학만이 가장 고귀하고 보편타당한 진리라고, 그것도 남의 지식에 기대어 거드름 피우는 것을 능사로 삼는 소인배 지식인들이 우리 주변에 얼마나 많습니까. 덧붙여 조동일이 주장하고자 하는 것은 학문 선진국에 버금가는 수입학과 시비학의 내실을 갖추고, 나아가 수입대상이 되는 원전들의 수준에 도달하는 또 다른 원전을 창출하는 창조학을 시도하자는 것이 아닐까요.

물론 이것이 과연 지금 우리 수준에서 가능하겠느냐, 말로만은 누가 못하겠느냐 하는 반론이 거셀 것입니다. 가장 먼저 이러한 꿈같은 주장을 하는 조동일 자신은 창조학의 예시로서 과연 어떤 작업들을 이룩했느냐 하는 질문이 나올 수 있을 것입니다. 제가 함께 논의하고자 하는 바가 바로 이 대목입니다. 이것이 선생님과 함께, 나아가 이 땅의 많은 학도들과 밤새 토론하고픈 주제입니다. 결론부터 말하자면 저는 조동일 교수가 자신이 주장하는 창조학의 결실을 이미 여럿 낳았다고 하는 것입니다. 오해를 줄이고자 부연설명을 좀 더 하자면, 그 결과들 중 제가 인정하고 높이 평가하고자 하는 것은, 많은 이들과 또한 선생님께서도 깊은 의심을 품고 있는 미완의 생극론이 아닙니다. 저 역시 뚜렷한 이론체계로 파악할 수 없는 생극론에 대해서는 내심 깊은 회의를 품고 있습니다. 그렇지만 최소한 창조학 제1방향, 즉 비교연구로 넘어서기의 측면에서라도 이미 조동일 교수는 자신의 호기찬 주장에 부응하는 실제적 성과물을 다수 내놓았다고 생각합니다. 대표적으로 『세계문학사의 전개』가 그 중 가장 빛나는 최종적 성과물이라고 할 수 있겠습니다.

흔히 오해 받듯이 조동일 교수가 기껏해야 협애한 국수주의적 학문 수준에 머무르는 정도에 지나지 않는다면 다음과 같은 사실들은 어떻게 설명되어야 할까요. 유럽문명권 중심주의의 기존 세계문학사 서술의 관점을 극복하고자 그가 새롭게 완성한 『세계문학사의 전개』는 그냥 대강 우리 문학도 뛰어나니 끼워주십시오 하고 동네잔치 격으로 쓴 책이 아닙니다. 그 선행작업으로 당시까지 출간된 세계 여러 곳의, 여덟 가지 언어로 된 37종의 세계문학사를 한 자리에 모아 치밀하게 그 공과를 논한 분량만 450쪽이 넘습니다. 그 결과물의 제목이 1996년에 간행된 『세계문학사의 허실』입니다. 본인 자신이 한 · 중 · 일 · 영 · 독 · 불 6개국어를 직접 소화하고 러시아어 · 이탈리아어로 쓰인 저작은 번역서나 주변의 도움을 얻어 일일이 한 권 한 권 그 체제와 기본시각의 문제점, 세부적 내용의 미비점들까지 미주알고주알 펼쳐놓은 것이 그 내용입니다. 그밖의 수많은 저작들이 하나같이 그가 말하는 창조학의 결과물들로서 논의해 볼 가치가 충분한 것들입니다.

물론 조동일 교수의 주전공 분야가 문학이기 때문에 그가 생산해 낸 창조학의 결실들은 대개 문학(사)에 집중되어 있습니다. 제가 언급한 이와 같은 책들을 막상 이곳에 들려 주로 글을 읽게 될, 김영건 선생님을 비롯한 철학하는 분들이 일일이 구해 읽어 본다는 것은 쉽지 않은 일일 것입니다. 그럼 좀 더 쉬운 제안을 하나 하겠습니다. 지금 우리가 읽고 논의하고 있는 학문일반론에 관한 저서 『인문학문의 사명』에 실려 있는 「국사를 넘어서는 역사 이해의 열린 시야」라는 짤막한 글이라도 가볍게 일독해 보는 게 어떨까요. 그것만으로도 제가 말하고자 하는 바가 충분히 전달될 것이라고 기대합니다. 이 글 역시 비교연구로 넘어서기에 충분히 부합하는 작은 창조학이라고 할 수 있습니다.

신문에서 보인 관심

내가 하는 학문 활동에 대해서 신문에서 관심을 가지고 논평을 하는 것이 자주 있는 일이었다. 목록을 작성할 준비는 되어 있지 않고, 경과를 살피는 것도 부질없는 일이다. 그 가운데 특별한 의의가 있는 것들 몇 건만 소개한다.

1993년 6월 28일에서 7월 14일까지 중국 연변대학에 가서 겸직교수 발령을 받고, 모두 10회의 집중강의를 했다. 그 때까지 낸 저서 가운데 10종을 골라 한 회 강의에 한 권씩 다룬 내용이다. 여러 교수와 관심 있는 학자들이 청강했다. 기자들이 찾아와 『길림신문』 7월 8일자, 『연변일보』 7월 13일자에 인터뷰 기사를 실었다. 앞의 것을 원래의 표기 그대로 옮긴다.

"자랑스럽고 신기한 고장", 서울대학교 조동일 교수 토로

문학사, 문학리론, 비교문학 연구에서 조예가 깊은 서울대학교 조동일교수와의 상봉은 지난 7월 1일 연변대학에서였다. 그때 그는 연변의 학자들에게 문학강의를 하고 있었다. 1939년에 경북에서 출생한 조교수는 1966년에 서울대학교 국어국문학과를 졸업한 뒤 문학 석사, 박사 과정을 마치고 계명대학, 영남대학, 한국정신문화연구원에서 교수로 있다가 1987년부터 서울대학교에서

전문 한국문학사, 문학리론과 비교문학을 가르치고 있다. 이미 32권이나 되는 저서를 펴낸 조교수는 이번에 특별행차로 연변에 나와 강의를 하게 되었다. 그는 10일간 『한국문학통사』, 『동아시아문학사비교론』 등 12권의 저서를 간추려 강의, 저서는 연변대학 조문학부에 기증한다.

연변에 대한 인상을 물었더니 조교수는 "이곳은 자랑스럽고 신기한 고장"이라는 속셈을 털었다. 조선말로 강의할 수 있는 곳은 전세계에서 이곳뿐, 여기의 학자들도 열심히 일하고 있어 아주 기껍다고 했다. 그러면서 조선학국제학술토론회에 왔을 때보다 변화가 많다면서 연변의 보다 거세찬 발전을 바랐다.

해당일군의 소개에 따르면 외국인교수가 연변대학에 와서 전문강의를 하는 것은 처음이라고 했다. 그뿐 아니라 조교수는 외국인으로서는 처음으로 연변대학으로부터 "겸직교수"칭호를 받았다.

조동일 교수는 지난 6월 28일부터 시작하여 7월 14일까지 10일간 강의하게 되는데 연변대학, 연변문학예술연구소 등 부문의 교수, 학자들이 청취하게 된다.

2004년 9월부터 계명대학교에서 강의를 하게 된 것을 환영하고 기대하는 바가 크다는 소리를 대구에서 발행되는 지방신문이 전했다. 앞의 것 「기대되는 한국학 공개강의」는 『매일신문』 2004년 9월 6일자에 실린 최종성 논설위원의 글이다. 뒤의 것 「프로만이 살아남는다」는 『대구일보』 2005년 6월 1일자에 실려 있는 「이상헌과 함께 하는 세상」이다.

기대되는 한국학 공개강의

세계화와 지방화는 서로 상반되는 개념이다. 세계화가 지역성을 부정하고 허무는 것이라면 지방화는 지역성을 긍정하고 지키는 것이다. 대체로 이 둘의 관계를 '가장 지역적인 것이 가장 세계적인 것'이라고 하거나, 세방화(glocalization)라고 표현해 모순이 없는 것처럼 이해하지만 실제 삶이나 국제관계 현장에선 충돌이 심각하다.

세계무역기구(WTO) 같은 조직은 세계화가 아프리카 등 가난한 지역의 빈곤을 해결할 수 있는 길이라며 자유무역을 강조하지만, '무기대신 먹을 것을'(food not bomb) 등 세계화 반대 그룹들은 자유무역이 오히려 빈곤을 심화시킬 뿐이라고 반대한다. 시애틀, 도하, 칸쿤 자유무역회의나 G8정상회담 때 세계화 반대 단체들이 목숨을 걸고 시위를 벌이는 것도 다 이 때문이며, 우리 농업의 현안인 쌀시장 개방 문제도 세계화와 지방의 충돌에 다름이 아니다.

조동일 계명대 석좌교수가 내일부터 소속 대학서 여는 '세계·지방화 시대의 한국학' 강의는 이 둘의 관계를 명쾌하게 답해줄 것으로 기대된다. 지방화와 세계화의 관계가 역사적으로 어떻게 충돌했으며, 앞으로 어떻게 해야 상생의 관계로 진전될지를 이론화해 보여줄 것이기 때문이다. 그는 이미 文·史·哲을 아우르는 독창적 문학 연구방법으로 세계문학사를 새롭게 정립, 인류가 나아갈 방향과 우리가 지향해야 할 길을 생극론의 원리로 제시한 바 있다.

조 교수는 "이번 강의는 대학 강단이라는 제약에서 벗어나 자유롭게 각 지방의 문화와 역사를 다양하게 연구해 지방의 발전에 구체적으로 기여하는 방안을 제시한다"고 밝혔다. 각 지방의 개별 문화와 역사가 한국학, 나아가 총체적인 세계학과 어떤 관계에 있는지 새로운 착상과 통찰력으로 제시하겠다는 뜻이 아닐까 싶어 여간 반가운 일이 아닐 수 없다.

조 교수의 강의방법은 강의를 저술활동과 연결시키는 것으로도 유명하다. 자신이 연구한 내용을 강의함으로써 학생들과 묻고 배우고 토론하며 타당성을 검증한 후 책으로 낸다. 이번에는 일반인들에게도 공개해 타당성과 공감의 폭을 한층 넓혔다. 화·목요일 격주로 5년간 계속되는 강의가 한국학 붐을 다시 일으키고, 학문의 정도가 어떤 것임을 보여줄 것이다.

프로만이 살아남는다

묘지 앞에 말없이 서 있는 비석은 영원히 잠든 주인공이 어떻게 살아왔는가를 일목요연하게 보여주는데 비석에는 그를 지칭하여 學生府君 아무개라고 한다. 살아서 뿐만 아니라 죽어서까지 공부를 한다는 뜻이다. 학문에는 끝이 없어 연마에 연마를 하며 완성해 나가는 것이고 보면 평생 학생으로 살아가는 것이 필요하다.

서울대에서 정년퇴임한 국문학자 조동일 교수는 작년 9월 이후 계명대학교 석좌교수로 '세계·지방화시대의 한국학'을 강의하고 있다. 40여 년 학문의 외길을 걸어온 그는 평생 학교 보직은 말할 것도 없고 학회임원까지 사양하면서 오로지 연구에만 매달려 살아왔지만 학문의 길에는 마침표가 없는 것이다. 그는 자신의 강의 원고를 인터넷에 올리고 학기가 끝나면 책으로 출간하게 되는데 앞으로 5년간 10학기 동안 10권을 낼 계획이다. 그의 홈페이지를 보면 10월 인도 뉴델리 네루대, 11월 중국 베이징대 발표 등 국내외 학술발표 일정이 빼곡히 적혀 있는데 수험생이 공부하는 것과는 비교 안 될 정도로 강행군이다. 누구의 평가를 받기 위해서가 아니라 즐거워서 하는 것이다.

"19세기 실학자 혜강 최한기가 나이별로 중요한 과업을 말한 '공부론'이 지금도 가장 중요한 출발점이어서 갓 박사학위를 받은 30대는 자리가 없다고 한탄 말고 독한 마음을 먹고 공부해야 합니다. 혜강의 공부론은 20대엔 무엇이든지 탐색하고 30대는 버릴 것은 버리고 취할 것은 취하며 40대는 세계에서 얻은 바를 자아화하고 다시 세계화하는 절차를 밟아야 하고 50대 이후에는 새롭게 개척하지 말고 이미 이룬 바를 간추려야 한다고 했습니다. 40대 이후에도 별다른 업적이 없는 사람은 20대에 공부를 넓게 하지 않았기 때문이지요. 연구는 반드시 좁은 데서 시작해야 공부에 머무르지 않고 한 단계 비약할 수 있습니다."

이 얘기는 학문의 길에 들어선 이들뿐 아니라 이제 일생의 길을 설계하려는 모든 사람에게 필요한 말이다. 넓은 데서 놀기나 하고 좁은 데 들어오지 않으면 구경꾼이 될 뿐 학자는 될 수 없다는 그는 기존 연구를 답습만 하거나 선행 연구를 무조건 치받는 태도에도 일침을 놓는다. "어리석은 쪽에 치우쳐 있으면 기존 연구를 따르면서 더 보태려고 하죠. 똑똑하기만 하면 기존 연구를 우습게 여기고 마구 나무라는데 둘 다 잘못된 것이며, 처음에는 어리석게 보이다가 똑똑하다는 것을 차차 보여줘야 합니다."

토론

❑ **문** : 젊어서 비평활동을 한 자취는 정리하지 않는가?

❑ **답** : 기억에서 사라진 것이 많고, 자료가 남아 있지 않다. 창작품은 수습해 엮어내고자 했는데 결락이 있다. 생겨난 것은 없어지게 마련이므로 아쉽게 여기지 않는다. 연구의 길에 들어서서 발표한 논문은 있는 대로 모아 책을 만들 만하지만, 조금 시도하다가 그만두었다. 지금 하고 있는 강의의 원고를 더 잘 쓰고 다듬는 데 가능한 노력을 모두 바치는 것이 마땅하기 때문이다. 지금 하고 있는 일을 끝내고 과거로 돌아갈 필요는 없다. 끝은 끝이어야 한다. 시작이 있으면 끝이 있어야 한다.

❑ **문** : 『소설의 사회사 비교론』에 대한 서평은 나오지 않았다고 했는데, 이동하 교수의 논의가 서평 이상의 것이 아닌가?

❑ **답** : 책을 알리고 중요성을 일깨운 것은 고맙지만, 안으로 들어가서 토론을 전개하지는 않았다. 심판 노릇을 하기나 하고 선수로 나선 것은 아니다.

❑ **문** : 국문학 전공자들의 논의는 모두 그렇지 않는가? 다른 분야 참견자들과 상당한 차이가 있는 것을 어떻게 이해하는가?

❑ **답** : 다른 분야 참견자들은 멀리서 자기 작업을 하고 있다가 예상하지 않던 논란거리를 만났으므로 심판이나 관중일 수 없고 선수로

나서서 시합을 걸어야 했다. 신학에서까지 시비를 벌여 충격을 준다.

❑ 문 : 서평이 연구업적으로 인정되어야 한다고 했다. 번역은 어떤가?

❑ 답 : 해설과 주를 충실하게 갖춘 학술적인 번역은 훌륭한 업적이므로 연구와 대등한 평가를 해야 한다. 이런 주장을 흔히 하면서 실행은 미루는데, 지금은 업적 평가의 기준을 단과대학 나름대로 정할 수 있다. 외국문학 전공자들은 연구보다 역주에 더욱 힘쓰는 것이 마땅하다. 『삼국지연의』의 원본 역주는 없고, 여러 작가의 개작본만 있는 것은 개탄할 일이다. 개작본을 보고 원본을 읽었다고 여기는 착각이 시정되지 않는다. 텔레비전의 사극을 보고 역사를 공부한다고 하는 것과 같다.

❑ 문 : 사극을 만드는 것이 잘못인가?

❑ 답 : 만드는 것은 잘못이 아니지만, 방법이 문제이다. 역사소설이든 사극이든 가공의 인물을 등장시켜 창작의 자유를 누리는 것이 마땅한데, 실제인물이 겪은 사건을 보여준다고 하면서 역사를 왜곡한다. 사실 불일치만 지적하는 것은 아니다. 역사를 싸움의 과정으로만 다루어 흥미를 끌다가 진정한 이해를 방해하는 것이 더 큰 왜곡이다.

❑ 문 : 진정한 이해란 무엇인가?

❑ 답 : 民主와 民本이라는 말을 들어 고찰해보자. 民이 민주에서는 주체이고, 민본에서는 대상이다. 民이 官을 만드는 것이 민주라면, 官이 民을 위해 일하는 것은 민본이다. 우리 전통사회는 동시대 다른 곳들보다 민본의 이념과 실현에서 앞섰다. 이 소중한 유산을 알아서 이으려고 하지 않고, 민주만 일방적으로 존중해 극도로 평가하면서 민주를 표방한 싸움을, 사극에서 볼 수 있는 것들보다 더한 방식으로 격렬하게

하기나 한다. 일 잘 하기 위한 상생의 경쟁은 하지 않고, 욕 잘 하는 것을 능사로 삼아 상극으로 치닫는다.

제11강 주고받은 생각의 갈피

어디로 가는가

이 대목에서는 좌담의 기록을 다룬다. 사람들이 마주 앉아 말을 주고받는 좌담은 의사소통의 기본 방법의 하나이다. 일상생활에서 늘 하는 좌담을 일정한 주제를 선정해 격식에 맞게 하도록 하고 주고받은 말을 기록해 널리 알리는 일이 이따금 있다.

좌담에 참가해 관심사를 교환하면서 문답하고 토론하는 것이 학문을 하는 데 유익하다. 학문 안팎을 연결시키는 기회로서는 더 나은 방법을 찾기 어렵다. 학계 밖의 간행물에서 좌담을 주최하고, 기록한 말을 널리 알리는 것이 예사이기 때문이다.

학문을 해온 자취가 좌담에 참가한 내력이라고 해도 그리 잘못 되지 않았다. 글쓰기보다는 말하기가 쉬워 좌담을 하라면 쉽게 응낙했다. 상대방과 생각이 다르면서 호흡이 잘 맞으면 성과 있는 토론을 할 수 있어, 혼자 모색하고 주장한 바가 타당하고 유용하다는 것을 확인하고, 내 자신을 되돌아보는 데 도움이 되었다.

좌담의 기록을 다 모은다면 너무 많은 분량이어서 여기서 감당할 수 없다. 좌담집을 다섯 권이나 내서 칠순에 이르기까지의 활동을 총정리한 분도 있으나, 나는 조금만 골라 보이고자 한다. 대담한 상대가 다양하다는 것을 말해주는 대표적인 사례를 골랐다. 다른 분야의 학자이면서 사회운동가, 신문기자, 제자, 외국인 학자와의 대담이 하나씩이다. 그 분들 덕분에 내 학문에 대한 점검을 여러 측면에서 다양하게 할 수 있게 된 것을 감사한다.

김호기와 함께

「조동일과 생극론」이라는 제목으로 『참여사회』 96/ 9 · 10 (참여연대, 1996)에 실린 글을 문장을 조금 다듬어 내놓는다. 김호기(연세대 사회학과 교수, 『참여사회』 주간)가 묻고 정리했다.

편집자 주: 『참여사회』는 20세기 말 현재 우리 사회의 시대정신은 무엇이고, 그것을 이끌어갈 대안적 사상은 무엇인지에 대한 길 찾기에 나섰다. 이는 주제 넘는 공부와 고민을 요구하는 난해한 여정이 될 것이다. 그럼에도 불구하고 이 연재를 시작하지 않을 수 없는 것은 이 시대의 좌표를 찾는 우리 시민사회의 목마름이 그만큼 강렬하기 때문이다. 연재 첫 회로 국문학연구로부터 출발해 '생극론'이라는 대안적 철학사상으로까지 나아가고 있는 조동일 교수(서울대 국문과)를 만났다.

국문학을 전공하지 않는 사람이라도 웬만큼 먹물을 먹었다면 조동일 교수의 『한국문학통사』라는 방대한 저서를 모르지는 않을 것이다.

이 저서는 4월혁명 이후 도도한 물줄기로 자리 잡기 시작한 민족·민중적 학문의 뿌듯한 성과로 기억되고 있으며, 조 교수의 이름은 그 저서만으로도 기림 받을 만하다. 하지만 선생의 학문에 대한 열정은 그 책이 출간된 이후 멈출 바를 몰라 게으른 후학들을 끊임없이 질타하고 있다. 최근에는 『우리 학문의 길』이라는 저서를 통해 부박한 우리 학문의 풍토를 꾸짖었으며, 서구식 학문 틀에 대한 근본적 대안으로 '생극론'을 제시하기까지 하고 있다. 흔히 저널리스틱한 '풍문'들에만 의지하고 있는 세인의 머릿속에서 생극론은 아직 낯설기만 하다. 그것이 바로 우리의 오랜 학문적 전통에서 나온 것임에도 불구하고...

그래서 본지는 조 교수와의 대담을 통해 생극론의 겉핥기라도 시도해 보고자 한다. 선생의 연구실은, 아니나 다를까, 위압적인 분량의 책들로 찾는 사람들을 압도하고 있었다. 조 교수는 반갑게 맞이하며 녹차 한 잔을 내놓았다. 그윽한 녹차 향에 편안함을 느끼면서 대화를 시작했다.

김호기: 『참여사회』는 우리 사회에서 독창적이고 주체적인 사상을 모색하는 선생님들의 생각을 들어보는 자리를 마련하여 조동일 선생님을 찾아뵙게 됐습니다. 먼저 선생님은 어떤 경로로 공부를 해오셨는지 여쭤보고 싶습니다. 처음에는 불문학을 시작하셨다가 국문학으로 전공을 바꾸신 것으로 알고 있는데요.

조동일: 불문학을 택했던 당시의 희망은 문학창작이었어요. 그래서 문학에 대한 광범위한 이해를 하는 데 불문학이 좋겠다고 생각했는데, 문학창작에서 문학평론으로 관심이 바뀌고, 다시 문학연구로 돌아섰습니다. 문학연구에 뜻을 두게 되자 불문학을 하는 것은 대단히 힘든 일이자 노력의 낭비라고 생각해 국문학으로 전공을 바꾸게 됐습니다.

대학 3학년 때의 4.19가 준 충격으로 우리 것을 발견하고 주체적인 생각을 가지고 학문을 해야 한다고 깨닫게 되었어요. 불문학과 대학원까지 진학한 다음 국문학과 3학년에 편입했어요.

지금 생각해보면 그렇게 한 것이 다행이었습니다. 불문학을 통해 독서의 폭을 넓힐 수 있었고, 세계문학을 연구하는 데 그 때의 공부가 도움이 됩니다. 제도 때문에 3학년부터 다시 다닌 덕에 국문학을 철저하게 공부할 수 있었죠. 국문학과 박사과정을 마칠 때까지 13년 동안 서울대를 다녔어요. 유학을 간 사람들은 자기네만 공부를 많이 했다고 하는데, 국내에서 오랫동안 학교의 요구에 매이지 않고 자유롭게 하고 싶은 공부를 여러 분야에 걸쳐 한 '국내유학'이 상당히 유효했다고 생각합니다.

학문이란 우리 것과 외국 것, 동양 것과 서양 것을 결국 합쳐야 합니다. 어떻게 합쳐야 하는지, 어느 관점에서 합쳐야 하는지 문제입니다. 1층에 우리 것을, 2층에 동아시아 것을, 3층에 제3세계의 것을, 4층에 유럽을 비롯한 서양 것을 놓는 집을 지으면 우리학문도 세계학문도 제대로 하는 것이 아닌가 생각합니다.

김호기: 선생님 책이 인문과학계뿐만 아니라 사회과학계에서도 널리 읽히는 것을 아시는지요? 선생님 책 가운데 가장 대중적이기도 하고, 특히 주목받는 것이 『우리 학문의 길』입니다. 이 책에 학문에 대한 선생님의 생각이 잘 정리되어 있는 것 같은데, 독자에게 전하려고 했던 메시지를 간단히 말씀해주십시오.

조동일: 학문하는 태도가 넷 있다고 생각해요. 첫째는 외래품이라면 숭배하는 사람들이 있습니다. 둘째는 외래품을 나무라면서 쓰는 사람

들이 있습니다. '비판적 독서'를 주장하는 경우예요. 진보적이라고 자처하는 사람들 가운데 많이 있습니다. 셋째는 질이야 어쨌든 국산을 만들자는 것입니다. 질이 좋지 않아도 국산이니까 애정을 가지고 쓰자. 대개의 국학은 이 정도에 머무르고 있어요. 학문의 일반적인 문제에는 대응하지 않고 오직 방어적인 자세를 취하고 있어요. 기존의 학계는 이 셋으로 정리된다고 생각합니다. 이 셋에 머무르지 않고 새로운 학문을 해야 합니다. 우리 학문의 전통, 문제의식, 우리의 역량을 가지고 동아시아 것과 제3세계의 것을 아우르면서 유럽학문과 논쟁해서 보편적인 원리를 재정립해야 합니다. 이것이 넷째 학문입니다.

유럽문명권은 미래를 창조하는 진보적인 역량을 상실했기 때문에 포스트모더니즘 같은 헛소리나 유행하고 총체성이니 역사적 가치니 하는 것들을 웃음거리로 만드는 판국이므로 우리가 나서야 합니다. 이런 제1세계의 학문에 대한 제2세계 학문의 비판이 진보적이라는 데는 동의하지만, 대안 제시에서는 실패했습니다. 제2세계가 하려고 하다가 하지 못한 과업을 수행해야 할 책임이 우리에게 넘어왔습니다. 이런 제반 사정을 총괄해 근대의 학문과는 다른 학문, 근대를 넘어서는 다음 시대의 학문을 이룩하는 것이 우리가 할 일입니다.

이 과업은 통일과 직결됩니다. 제1세계의 학문과 제2세계의 학문을 둘 다 넘어서지 못하면 진정한 통일을 이루지 못하고, 통일 후의 사회를 바람직하게 설계하지 못합니다. 제1·2세계의 이념 갈등을 넘어서지 않을 수 없는 것이 우리에게 주어진 운명입니다. 우리는 운명을 감당하고 진로를 개척할 역량이 있습니다. 우리 사회만큼 문제의식이 치열하고 토론이 활발한 곳을 더 찾을 수 없을 것입니다. 출판을 봅시다. 제1세계에서는 출판업이 번영을 누리기 때문에, 제2세계에서는 국가가 통제하는 탓에, 이유는 반대가 되지만 결과는 같아서 양쪽 모두 기존의 학문에 대해 전면적인 비판을 하는 책은 나올 수 없거나 서점에 꽂히지 못합니다.

『우리 학문의 길』처럼 반역을 획책하는 저작이 쓰자마자 출판되고 곧 1만 부 이상 팔리는 것은 다른 데서 찾을 수 없는 일입니다. 우연히 된 것은 결코 아닙니다. 선조 대대로 이치의 근본을 따지면서 이론을 만들어온 기풍이 오늘날의 치열한 문제의식과 맞닿아 가능한 일이라고 생각합니다.

김호기: 선생님의 핵심사상 생극론을 좀 쉽게 설명해주시죠.

조동일: 한국 전통사상은 처음인 원효와 끝인 최한기가 가장 훌륭해요. 처음부터 끝까지 사상을 만들고 이론을 정립해온 역사가 살아 움직여 오늘에 이어지는데, 핵심이 무엇이냐 하면 조화와 모순, 생성과 극복, 하나와 둘의 관계입니다. 이것은 세계관의 근본 문제여서 보편적인 의의를 가집니다. 제1세계에서는 조화·생성·하나를 택해 이상주의 관념론을 마련하고 계급협조론을 내세워 현실적으로 존재하는 수많은 다툼을 은폐합니다. 제2세계에서는 모순·극복·둘을 택해 이룩한 유물변증법을 이념으로 삼고, 모순은 사물의 본질이고 투쟁은 발전의 길이라고 합니다. 한국 전통사상에서 이어받은 생극론은 양쪽의 잘못을 함께 시정해 조화와 모순, 생성과 극복이 둘이면서 하나이고 하나이면서 둘이라고 합니다.

근래에 낸 『소설의 사회사 비교론』 서두의 논의에서 생극론에 대한 새로운 해명을 하면서 모택동의 「모순론」과 토론을 했습니다. 모택동은 모순은 처음부터 있었고 중간에 생겨나지 않았다고 했습니다. 모순

뿐만 아니라 조화 또한 처음부터 있었고 중간에 생겨난 것은 아닙니다. 조화와 모순, 생성과 극복은 하나이면서 둘이고 둘이면서 하나이므로, 어떤 경우에는 조화나 생성 쪽이, 다른 경우에는 모순이나 극복 쪽이 더욱 중요시됩니다. 계급모순과 민족모순은 이 점에서 다릅니다. 모택동은 「모순론」에서 계급모순을 비롯한 갖가지 모순을 열거하고 상이한 모순은 상이한 방법으로 해결해야 한다고 하면서 민족모순은 말하지 않았습니다. 오늘날 중국을 어렵게 하고 세계 도처에서 피를 흘리게 하는 것은 민족모순입니다.

계급모순은 투쟁으로 해결해야 한다는 지론을 민족모순에도 적용할 수는 없습니다. 민족모순은 화합으로 해결해야 합니다. 둘은 다르기만 한 것이 아니므로, 다시 투쟁에서 화합으로, 화합에서 투쟁으로 나아가야 합니다. 이에 대해 바른 이해와 해결 방안을 정치적 강령으로 삼으려면 생극론에 입각해야 합니다. 그러나 나는 정치를 하려고 하지는 않고, 생극론을 역사철학으로 삼고 학문방법론으로 발전시키는 과업을 맡습니다.

김호기: 저는 79년에 대학에 입학해 격동의 80년대에 커다란 세례를 받은 세대에 속합니다. 비판적 사회과학을 공부하면서 우리 사회의 여러 문제를 두고 고민해왔는데, 최근 90년대에는 비판적 사회과학이 위기에 처한 것 같습니다.

조동일: 7·80년대를 겪은 것을 과대포장해서 이야기할 때 나는 속으로 냉소해왔어요. 나는 이것이냐 저것이냐 하면서 양자택일을 위해 고민하지도 않고, 여기서 저기로 급선회를 하지도 않았습니다. 수십 년 학문을 하면서 중도의 진실을 찾으려고 애써왔어요. 마르크스주의

를 액면 그대로 받아들이다가 극에서 극으로 선회하는 것은 둘 다 경박한 일입니다. 마르크스주의는 없었던 것으로 할 수 없고, 양자택일을 결말로 삼을 수도 없습니다. 마르크스주의의 충격을 받아들이면서 넘어서는 길이 생극론에 있습니다. 생극론은 중도의 사상입니다.

김호기: 최근 우리 학계의 일각에서는 타자의 시선이 아니라 자신의 시선으로 자신의 현실을 들여다보자는 탈식민주의 담론에 대한 관심이 높아지고 있습니다. 하지만 이런 탈식민주의 담론의 기저에는 서구의 방법론이 놓여 있다는 기묘한 역설이 있는 것 같습니다. 이에 대해서 어떻게 생각하시는지요?

조동일: 외래품을 숭배하지 않고 나무라면서 쓰는 사람들이 하는 짓입니다. 한 가지 예를 월남전 이해에서 들어보지요. 월남전을 미국의 오른쪽 눈으로 보는가 아니면 왼쪽 눈으로 보는가를 두고 싸워왔습니다. 누구도 월남 사람들 자신의 이야기는 들어보지 않았으니 개탄할 일입니다. 월남은 동아시아문명권의 일원이고, 제3세계의 선두 주자여서 이중으로 중요한 위치를 차지하고 있습니다. 그런데 월남의 역사와 문화를 제대로 알려고 하지 않고 미국의 이해관계에 결부시켜 우리도 관심을 가집니다. 무지를 깨야 합니다. 동아시아학문, 제3세계의 학문을 제대로 하려는 노력이 있어야 합니다. 탈식민주의 학문을 철저한 논리를 갖추어 세계적인 범위에서 정립하는 것이 우리의 사명입니다.

김호기: 그래서 생극론에 대해서 더욱 관심을 가지게 됩니다. 어떤 학문체계라도 방법론이나 인식론을 기반으로 삼아야 하는데, 생극론의 경우는 어떻습니까?

조동일: 방법론이나 인식론보다 더욱 중요한 것이 체험이지요. 방법론을 지나치게 숭앙하는 것이 제1세계에서 수입되는 학문의 커다란 폐단이지요. 남의 방법론에 맞추어 억지 공부를 하면 우리 문화 체험이 왜곡되고 빈약해집니다. 왜 주체적인 시각이 생기지 않는가 하면 우리 문화와 전통을 이해하는 폭이 너무 좁아 창조를 가능하게 하는 밑천이 없기 때문입니다. 한국인인가를 가리는 데는 첫째 한국어가 모국어인가, 둘째 김치가 맛이 있는가, 셋째 판소리를 들으면 즐거운가, 넷째 학문을 하다가 생기는 고민을 우리 선인들과 마음속에서 상의하는가 하는 네 가지 관문이 있습니다. 첫째 또는 둘째 관문까지만 통과하면 한국인이라는 사실이 학문을 하는 데 그리 도움이 되지 않고 도리어 원망스러울 수 있습니다. 셋째에 들어서야 문화전통과 깊이 만나 힘써 해명할 것이 있어 신명이 납니다. 넷째의 경지에서는 학문을 하는 방법론이나 인식론을 일반론의 차원에서 쇄신해 널리 내놓을 능력을 얻을 수 있습니다. 나는 최한기, 홍대용, 원효 등을 불러와 고금합작의 이론을 만들어 남다른 경쟁력을 확보하자고 합니다.

김호기: 과연 생극론은 구체적으로 우리 사회의 어떤 문제를 분석하는 데 얼마나 정치한 틀을 제공할 수 있을까요?

조동일: 아직 정치하지 못해요. 나는 최초의 발제자에 지나지 않고 많은 일을 하지는 못합니다. 문학사에 관한 부분은 내가 정치하게 다룰 테니까 그밖의 과업은 다른 사람들이 맡으라고 합니다. 학문을 하는 방식에서도 제1·2세계와 제3세계는 달라야 한다고 여러 차례 말했습니다. 제1세계라면 학문은 개인이 한다고 하고, 저작권을 지나치게 존중합니다. 생극론은 조동일의 사유재산이므로 다른 사람들은 나무

라기나 하는 것이 당연합니다. 제2세계에서는 당에서 하라는 학문을 공유재산으로 삼아야 합니다. 생극론을 하겠다고 함부로 나설 수 없습니다. 학문을 하는 제3의 방식은 공유재산과 사유재산을 함께 인정하자는 것입니다.

생극론을 조동일이 먼저 말했더라도 타당하다고 인정되면 공유재산으로 하고, 아직 문제가 많으면 사유재산으로 남겨두는 것이 마땅합니다. 生克이라는 용어는 오랜 연원이 있고 직접적인 원천이 徐敬德에 있으므로 공유입니다. 생극론을 적용하고 발전시켜 이룩한 연구는 타당한 정도에 따라 공유이기도 하고 사유이기도 합니다. 한국에서 세계로 나아가면서 문학사 이해를 생극론에 입각해서 한 것이 구체적인 작업인데, 상당한 정도로 공유재산을 축적했다고 생각합니다. 우리 사회의 당면 문제를 생극론으로 분석하는 작업은 상극이 상생이고 상생이 상극임을 말하는 원론적인 수준에 머무르고 구체화화지 못했으므로 다른 분들의 참여를 기대하고 촉구합니다.

『인문학문의 사명』이라는 책을 쓰고 있습니다. 학문 전반의 문제를 검토하는 내용입니다. 과학 대신에 학문을 기본 용어로 삼아 인문학문 · 사회학문 · 자연학문으로 구분한 세 학문이 학문이라는 공통점을 가지고 밀접하게 관련된다는 점을 밝혀 논합니다. 그러나 인문학문의 문제점과 방향을 집중적으로 다루고, 사회학문에 대해서는 대강 말하는 데 그치고, 자연학문은 멀리서 바라보는 정도에 그칩니다. 능력의 한계 때문에 어쩔 수 없습니다. 사회학문이나 자연학문에서도 생극의 학문론을 전개하는 다른 분들이 있어 함께 노력해야 공유재산을 결정적으로 늘릴 수 있습니다. 제1세계의 개인주의, 제2세계의 집체주의와 다른 제3의 방식을 마련하면서 해야 할 일입니다.

김호기: 생극론의 기본사상 가운데 하나가 元曉의 和諍인 것으로 알고 있습니다. 원효가 유학을 마다하고 국내에서만 공부해 독창적인 사상을 만들어낸 사실은 시사하는 바가 큰 것 같은데...

조동일: 화쟁의 본질은 싸움을 하지 말자는 것이 아닙니다. 싸워야 돼요. 싸움해야 싸움을 해결합니다. 화쟁은 단순한 평화론이거나 조화론이 아니에요. 싸움의 종류와 성격을 적절하게 판단하자는 것입니다. 원효는 불교 경전 공부에 매이지 않고, 현실 체험을 생생하게 살려 화쟁사상을 마련했습니다. 우리도 남들이 쓴 어려운 책만 읽고 있지 말고 오늘날의 현실을 스승으로 삼아 스스로 도를 닦아야 하겠습니다. 생극론은 학문의 이론이면서 또한 생활의 지혜입니다. 싸울 것은 싸우고 따질 것은 따지면서 조화를 이루면서 살아가는 지혜입니다. 인화가 제일이니 문제가 있어도 덮어두자. 싸우고 투쟁하는 것이 으뜸이다. 양쪽의 극단론을 아울러 함께 넘어서는 길이 생극론입니다.

김호기: 생극론을 세계화하는 작업을 하고 계신 것으로 알고 있습니다.

조동일: 세계화해야 하지요. 기존의 학문과 세계적인 범위의 논쟁을 벌여 생극론의 타당성과 유용성을 입증해야 하지요. 『우리 학문의 길』에 이어서 『세계문학사의 허실』, 『한국의 문학사와 철학사』를 내놓고, 『인문학문의 사명』, 『동아시아 구비서사시의 양상과 변천』, 『카타르시스 · 라사 · 신명풀이: 연극 · 영화미학의 기본원리에 대한 생극론의 해명』을 쓰고 있습니다. 학문의 폐단을 한두 시간의 강연으로 바로잡을 수 없고, 원고지 몇 십 장의 글을 가지고 사상을 제시하지 못합니다. 제1 · 2세계 학문을 만들어낸 사람들은 엄청난 분량의 책을 썼어요. 비판과 대안을 마련하기 위해 대등한 정도의 노력을 해야 합니다. 내가 하는 한 분야

작업의 서론을 전개하는 데서 더 나아가지 못하고 있습니다.

동참자가 많아야 합니다. 열 명 정도라도 함께 일하면 많이 달라질 것입니다. 외래품 숭배에서, 외래품을 나무라면서 쓰는 데서 앞선다고 자부하면서 학자 행세를 하는 시대는 빨리 끝나야 합니다. 학자는 생산자이지 소비자가 아닙니다. 소비자는 물건을 나무라는 것이 당연하지만, 생산자는 좋은 물건을 만들어야 합니다. 외래품 수입업으로 생산업을 대신하는 것을 능사로 삼지 말아야 합니다. 세계적인 경쟁력을 가진 국산품을 만들어야 한다는 것이 학문에서도 타당합니다. 야구를 들어 말하면, 관중은 홈런을 치지 스트라이크 아웃을 당하느냐 하고 삿대질을 할 권리가 있습니다. 선수는 묵묵히 나가 일루타라도 쳐야 합니다.

나는 만능선수가 아닙니다. 정치한 내용을 갖추어 직접 할 수 있는 일은 문학론, 연극론, 미학 등의 분야를 넘어설 수 없습니다. 다른 분야에 관해서는 막연한 서론을 펴는 데 그쳐 전문성이 부족합니다. 누구나 쉽게 읽을 수 있는 책이나 쓰라는 것은 무리한 주문입니다. 『우리 학문의 길』만 해도 뒤로 가면 어려워집니다. 쉽게 쓰기만 하면 더 잘 팔릴 것인데 하고 아쉬워하는 데 넘어가지 말아야 합니다. 관중이 이해하지 못하더라도 시합을 제대로 해야 하는 것이 체육경기와 다른 점입니다. 학문은 험난하고 난해할 수밖에 없다는 것을 알고 앞으로 나아가야 본격적인 시합을 해서 승패를 가를 수 있습니다.

김호기: 마지막으로 하나만 더 여쭙겠습니다. 지난번에 선생님께서 여건이 주어지면 학교를 떠나서 연구에만 전념하시겠다는 발언을 하신 것으로 알고 있습니다.

조동일: 학문을 제대로 하려면 시간과 자료 확보가 절대적인 조건인

데 대학에서는 해주지 못합니다. 연구와는 거리가 있는 강의를 많은 시간을 내서 해야 하고, 도서관에 있는 자료나 보아야 합니다. 한국의 교수는 학문의 생산자이기를 바라지 말고 전달자 노릇이나 하도록 제도화되어 있습니다. 내 혼자라도 우선 탈출할 수 있기를 바라고, 다른 사람들도 혜택을 볼 수 있게 주장하는 두 가지 거사를 함께 했는데 하나도 성공하지 못하고 말았습니다.

김호기: 장시간 수고했습니다. 감사드립니다.

예상했던 일이지만 대담을 마치고 나오면서 한바탕 꾸중을 들은 기분이었다. 낮고 완곡한 꾸짖음이었지만 후학들을 참으로 부끄럽게 하는 진실의 음성이었다. 우리의 학문적 전통에 기반을 둔 인류 보편적인 대안을 추구하는 '우리 학문'이라는 선생의 화두를 가슴에안고 서울대학교 인문대학의 언덕을 내려왔다.

조운찬과 함께

「다음 시대 거대이론 한국학이 창조해야」라는 제목으로 『경향신문』 2005년 1월 4일자에 실린 인터뷰이다. 질문을 하고 글을 쓴 사람은 조운찬 기자이다.

지난해 8월 서울대에서 정년퇴직한 조동일 교수(66)는 요즘 '학문의 자유'를 만끽하고 있다. 정년 직후 계명대 석좌교수로 부임한 그는 과중한 강의 부담 등 연구 외적인 '규제'에서 벗어나 자신이 계획한

'큰 학문'에 몰두하고 있다. 지난해 계명대에서 '세계·지방화시대의 한국학'이라는 주제로 강의한 그는 책 출간을 위해 원고를 넘긴 상태다. 우리 학문의 세계화에 평생을 바쳐온 인문학자 조동일 교수를 만나 우리 학문의 어제와 오늘, 학자의 길에 대해 들어봤다.

❑ 문 : 광복 60돌인 올해는 우리 손으로 근대 학문을 시작한 지 60년이 되는 해이기도 합니다. 우리 학문 60년이 갖는 의미가 무엇일까요?

❑ 답 : 동아시아 역법에서 60년은 한 시대가 완결되고 다음 시대가 시작되는 때입니다. 때문에 무언가 뚜렷한 결실이 있어야 합니다. 지난 60년간 우리 학문은 선진국을 따라 배우는 시기였다고 할 수 있지요. 남들이 산출해놓은 결과물을 전달하는 기능을 했다는 얘기지요. 물론 우리 자신에 대한 기초적인 연구도 수행했습니다. 그것을 자립학이라 할 수 있는데 자립학이 수입학과 어느 정도 맞설 수 있게 됐지요. 이제는 수입학과 자립학을 합쳐 동아시아 학문, 세계적인 학문을 해야 될 단계입니다. 나는 이를 창조학이라고 부르는데 이 작업도 어느 정도 진행됐다고 볼 수 있습니다.

❑ 문 : 상당한 발전을 이룩했다고 할 수 있는데요. 그래도 우리 학문에서 부족한 점을 든다면….

❑ 답 : 두 가지 점을 지적할 수 있지요. 하나는 우리 사회와 역사가 어떤 방향으로 가야 하는가라는 학문적 진단과 설계가 부족하다는 것입니다. 또 세계적 차원에서 볼 때 우리가 학문의 선두 주자로 나서기에는 부족합니다. 이를 극복하기 위해서는 학문의 논리와 방법을 개발하는 게 중요합니다. 우리 선조들은 학문 방법론, 즉 철학을 놓고 남다른

고심을 했습니다. 인도나 중국에서 들어오는 철학사상을 우리 것으로 재창조한 성과가 클 뿐 아니라 일본보다 훨씬 많은 유산을 가지고 있습니다. 철학하는 전통, 즉 이치의 근본을 따지는 전통을 이어받아 우리 현실과 문화를 연구하고 그것을 바탕으로 동아시아의 학문을 정립해야 합니다. 나아가 동아시아적 성과를 다른 문명권과 비교해 세계 학문을 혁신하는 큰 이론을 만드는 게 우리 과제라고 생각합니다.

❑ **문** : 이 시대에 왜 그 같은 거대한 학문 작업이 필요한지 궁금합니다. 혹자들은 더 이상 거대이론은 없다고 말하지 않습니까?

❑ **답** : 오늘날은 세계가 어디로 가는지, 인류가 어떻게 되는지 알아야 됩니다. 세상의 질문이 크니까 대답도 커야 하지요. 거대 이론의 시대가 끝났다고 하는 것은, 유럽문명권에서 더 이상 거대이론을 만들 수 없다는 얘기일 뿐입니다. 인류 역사는 끝난 게 아닙니다. 이제는 유럽문명권의 대안이 되는, 다음 시대의 거대이론을 만들어가야 할 때입니다. 여기서 우리가 더 주도적이고 적극적으로 나서야 합니다.

❑ **문** : 이 시대에 필요한 거대이론은 어떤 것일까요?

❑ **답** : 역사에서의 선진과 후진의 교체작업라고 할 수 있지요. 선진과 후진의 교체는 인류 역사상 여러 번 있어 왔지요. 그런데 서양 사람들은 더 이상 교체가 없다고 말합니다. 왜냐하면 군사, 정치, 경제가 앞서 나가는 쪽은 사상이나 문화 쪽이 뒤떨어지기 때문입니다. 그러나 사상이나 예술, 문화 쪽에서 새로운 움직임이 일어나면 또 한 번 역사를 바꿀 수 있습니다. 그 역사를 바꿀 수 있는 학문은 인문학문이지요. 자연과학에서의 역전은 불가능하지만 인문학문에서의 역전은 이미

많이 일어났습니다. 나는 한국문학사에서 출발해 동아시아문학사로, 다시 세계문학사로 연구영역을 확대해왔습니다. 또 문학에서 시작해서 역사와 철학을 끌어들여 전 영역으로 관심을 확대하는 데 나름의 노력을 기울여 왔지요. 모두 거대이론을 만들어가는 작업이라 할 수 있습니다.

❑ **문** : 그래도 우리 학문을 세계화하는 데 어려움이 적지 않을 텐데요.

❑ **답** : 제도적인 장애가 제일 큽니다. 첫째는 학문이 너무 세분화되어 있어 통합학문을 하는 데 방해가 됩니다. 근래 대학에 학부제를 만들어 통합영역을 만들었지만, 그것은 강의에서의 학부제일 뿐 통합학문을 하자는 것은 아닙니다. 인문학부를 모집해놓고 '인문학 총론' 같은 강의 한 과목 없는 게 우리 현실이지요. 또 한 가지는 대학이 운영상의 효율에만 신경을 써 연구를 등한시한다는 사실입니다. 큰 학문을 하고 거대이론을 만드는 데에는 엄청나게 많은 시간을 요구합니다. 강의하는 여가에, 주말에, 방학 때 해서 될 일이 아니지요. 모든 시간을 바칠 수 있는 연구교수제를 만들어야 합니다. 그래야 학문선진국이 될 수 있습니다.

❑ **문** : 최근 들어 인문학에 대한 정부의 연구지원이 강화되지 않았습니까?

❑ **답** : 정부에서 상당한 예산을 쓰지만 문제가 많습니다. 그 하나는 학회지에 발표하는 논문을 위주로 연구비를 지급하고 부피가 큰 전작 저서는 거의 대상으로 삼지 않는다는 점입니다. 문학작품으로 말하면 단편만 지원하고 장편소설은 돌보지 않는 식이에요. 더 큰 문제는 규제

가 많아 지원이 도리어 연구를 방해한다는 사실입니다. 정부의 논리는 연구자들을 쇠사슬로 묶어놓지 않으면 일하지 않는다는 것이죠. 이는 노예를 부릴 때의 사고방식입니다. 그런데 정부는 지원을 내걸면서 쇠사슬을 점점 더 강화하는 쪽으로 가고 있어요. 학문후속세대도 마찬가지입니다. 교수들에 대한 학문규제가 노예노동이라면 학문후속세대들은 소작제로 살아간다고 할까요. 교수가 연구비를 받아서 이를 나눠주는 소작제에 의해 학문후속세대가 푼돈이라도 얻어 쓰면서 굶어죽지 않고 공부하는 식입니다. 우리 정부가 외국에 돈을 줄 때는 아무런 조건이 없습니다. 외국대학에 1백만 달러씩 지원하고도 결과는 요구하지 않아요. 그런데 국내에서 돈을 줄 때는 규제가 어찌나 많은지, 이러한 규제가 60년간의 학문적 성과를 한층 도약시키지 못한다고 볼 수 있습니다.

❑ 문 : 지나치게 학문외적 여건을 강조하는 게 아닌가요?

❑ 답 : 학문은 올림픽 마라톤과 같습니다. 올림픽 우승자는 황영조 한 사람이지 모든 선수가 다 황영조가 될 수 있는 것은 아니지 않습니까. 학문의 세계란 누가 황영조일지 모르니까 일제히 다 뛰어야 한다는 것입니다. 학자들에게 연구에 전념할 수 있도록 모든 규제를 풀어주어야 합니다. 쇠사슬을 풀어 100명 중 99명이 도망가도 됩니다. 한 사람이라도 열심히 하면 됩니다. 뛰어난 학자는 소수이지요. 다 풀어놓으면 뛰어난 학자가 나오게 마련입니다. 다 묶어놓으면 한 사람도 안 나옵니다. 모든 연구자의 발목을 잡는 현재와 같은 '노예노동' 방식의 지원은 생산성이 낮아 아무것도 안됩니다.

❑ 문 : 우리 학계의 연구 풍토에 대해 상당히 비관적이신데, 우리 학문의 가능성을 어디서 찾을 수 있습니까?

❑ 답 : 전통학문입니다. 서양학문 · 서양철학을 하더라도 우리 전통과 만나야 됩니다. 영문학이나 서양철학을 하더라도 학문 수입을 제대로 하기 위해서라도 전통은 필요하지요. 서양에 가서 큰소리를 치기 위해서는 전통이라는 밑천이 있어야 합니다. 내가 불문학에서 출발해 국문학으로, 인문학으로 옮겨간 것은 독서에서 학문으로, 학문 수입에서 수출로 업종을 바꾼 것이라고 할 수 있지요.

❑ 문 : 그렇다면 오늘날 우리 학문의 당면과제를 무엇이라 보시는지요.

❑ 답 : 지금은 수입학 · 자립학을 바탕으로 창조학을 꽃피울 때입니다. 새로운 큰 학문을 만들기 위해서는 연구 여건을 만드는 게 중요합니다. 창조학은 수십 년간의 일관된 작업으로 이뤄집니다. 현재와 같은 1~2년짜리 연구프로젝트로는 아무것도 이루지 못합니다. 황우석 교수에게 2백억 원의 연구비를 지원하는 것도 중요하지만, 인문학자들에게 20년 동안 자유롭게 연구해보라고 시간을 주는 게 더 중요합니다. 연구자들을 옥죄고 있는 쇠사슬을 풀어줘야 합니다. 모두 다 풀어줄 수 없다면 가능성 있는 몇 사람이라도 풀어줘야 합니다.

❑ 문 : 학문의 효용은 무엇입니까? 또 학자의 사회적 역할을 무엇이라고 보시는지요.

❑ 답 : 먼 옛날에는 종교적 성인이 세상을 지배하고 이끌어갔어요. 다음에는 정치지도자가 이끌어갔고요. 그러나 복잡한 현대사회에서는 정치지도자가 세상을 이끌어갈 수 없습니다. 이제는 학자 차례입니다.

학문은 어떻게 살아가야 하는지 인류가 어떻게 될 것인지에 대해 해답을 제시할 수 있지요. 종교지도자가 입산수도해 사회를 교화하듯 학자도 상아탑에서 입산수도한 뒤 세상에 나와 세상에 널리 도움을 줄 수 있어야 합니다. 정치가나 기업인은 자신들의 실무능력을 과신하지 말고 학자들이 제공한 통찰력을 알아보고 받아들여야 합니다.

❑ 문 : 마지막으로 후속 학문세대에게 들려줄 말씀은 무엇입니까?

❑ 답 : 학문을 한다는 것은 전투하는 것입니다. 독한 마음먹고 용기를 갖고 싸우면서 학문을 하십시오. 큰 학문을 해 큰 책을 쓰십시오.

김헌선과 함께

『제자 스승에게 길을 묻다』는 『조선일보』에서 마련한 연재물이고, 나중에 책으로 나왔다. 김헌선 교수가 묻고 글을 썼다. 2005년 2월 15일자에 실린 것을 조금 줄여 옮긴다.

김헌선: 선생님께서는 학문적으로 남다른 길을 걸었습니다. 당시에도 오늘날에도 아주 특별한 일로 생각합니다. 불문학을 하시다 갑자기 국문학으로 바꾸시게 된 계기가 있습니까? 이러한 전환이 어떠한 학문적 의의가 있는 것인지요?

조동일: 그때는 불문학이 제일이었죠. 불문학을 통해서 독일문학과 영문학까지 공부할 수 있었어요. 하지만 4.19 이후에 불문학에서 국문학으로 바꾸었어요. 국문학 중에서도 구비문학으로 바꾸었다가 구비문학에서 고전문학으로, 다시 한국문학 전체로, 동아시아 문학으로,

세계문학으로 나가면서 불문학을 배운 경력을 써먹을 수 있었어요. 이 전환은 수입에서 수출로, 독서에서 학문으로 업종을 바꾼 거라 생각해요. 독서의 즐거움을 누리기 위해서 불문학은 참 좋지만, 학문을 하면서 받아들인 것을 내 것으로 만들어 낼 때 국문학은 큰 위력을 가졌습니다.

김헌선: 학자로서의 삶이 지니는 의미에 대한 질문을 드리고자 합니다. 선생님께서 대학생이던 시절은 우리 민족의 격변기였습니다. 선생님께서 사신 시대 속에서 학문의 길을 택한 것이 어떤 의미가 있는 것인지 궁금합니다.

조동일: 대학 3학년 때 4.19를 겪었어요. 4.19를 겪은 뒤 우리 사회가 어디로 가야하는가에 대한 답이 없다는 것을 알았죠. 그렇다면 답을 찾아야겠다, 또 그 답은 기성세대가 찾아서 우리에게 가르쳐 주는 것이 아니다, 4.19의 주역인 우리가 찾아야 한다는 사실을 깨달았어요. 없는 답을 찾으려는 건 참으로 막막한 일이지만 그 답을 찾기 위해서는 연구를 할 수밖에 없었어요. 학자로서의 삶을 택한 것은 그러한 답을 찾아가는 문제의식의 실천적 연속이죠.

김헌선: 학문을 하는 데 직면하고 있는 어려움과 학문의 불신이 조장된 근본적인 이유는 교육과 관련해서 어떠한 것입니까?

조동일: 수많은 교육제도가 답을 찾아가는 과정을 불필요하다고 말하고, 스스로 개척하는 창조학은 그만두고 외국에서 내 놓은 답을 가져다 쓰는 수입학을 하라고 말하고 있어요. 이것이 곧 학문의 파괴이고, 교육의 위기입니다. 이들과 싸워 물리치는 것이 참으로 힘든 일이라

고 생각해요. 난 오늘날까지 그 싸움을 계속하고 있어요.

김헌선: 참다운 학문의 도달점이 창조학이라고 동의하지만 진정한 학문의 모습으로 자리 잡기 위해서는 교육의 실제적 변혁과 내용이 중요합니다. 창조학이 경쟁력을 갖추려면 어떻게 해야 하는지요.

조동일: 요사이 교육이 경쟁력이라는 말을 많이 사용합니다. 대학을 비교하는 수치가 있는데, 속임수가 많지요. 대학의 서열 매기기는 미국의 잣대를 사용한 겁니다. 유럽 대학은 수치를 매기는데 모두 빠져 있는 상황이죠. 대학 강의를 영어로 하면 경쟁력이 커진다고 흔히들 말해요. 학문의 모국어가 영어일 수 없는 한국에서 교수 노릇을 하면서 학문의 모국어를 영어로 바꾸기 위해 부단한 노력을 하지만 많은 힘만 들일 뿐 아무 소득이 없어요. 오히려 국내에서는 우리말로 강의해야 우리말 학문을 제대로 할 수 있어요. 국산품의 질을 높여야 하는 것이지, 학문은 기술도입과 같은 문제나 주문자 생산방식의 수준에서 벗어나야 해요. 국내에서 생산한 물건을 외국 것과 비교하는 작업을 통해서 그것을 외국인이 알아들을 수 있는 언어로 바꿀 필요가 있어요.

김헌선: 스승과 제자는 가르침을 전달하고 배움을 받는 것 이상으로 전인격적 만남의 의미를 갖고 있는 관계입니다. 우리가 사는 이 시대는 교육에 관한 온갖 병을 앓고 있는 상황입니다. 이 시대가 과연 후대에 어떻게 비춰질지 궁금합니다. 개인의 욕망과 자본주의적 가치관만이 천박하게 남는 시대일지, 아니면 인류가 새롭게 시작되는 전환점이 될지 말이죠.

조동일: 우리 시대는 많은 발전이 이루어지고, 교육의 기회가 확대되

고, 지식이 폭발적으로 증가하고 이런 눈부신 발전을 한 시대임에도 불구하고, 자꾸 위기다고 외치는 것은 교육의 위기가 모든 방면의 위기를 가져온 것으로 생각해요. 교육은 말로 하는 것이죠. 말의 타당성을 증명하기 위해서는 말보다 실행이 더 큰 효과를 가지고 있어요. 가르치는 사람이 스스로 실행해야 입으로 하는 말이 타당성을 가져서 듣는 사람이 동의할 수 있는 것이죠. 감동을 주어야 교육이 제대로 이루어지는 거죠. 지금도 참다운 스승이 얼마든지 있지만 묻혀 지내야 하고, 조롱의 대상이 되고 핍박받기까지 하고 있어요.

김헌선: 최근 정부에서 갖가지 교육개혁이다 대학의 구조조정이다 하는 문제를 들고 나와서 다시 한 번 교육계가 소용돌이에 휩싸이고 있습니다. 또 교육부장관을 경제 관료였던 인물로 교체하면서 학문보다 경제적 가치 창출, 교육의 이익이 긴요하다고 말하고 있습니다.

조동일: 학생이 많이 모여들어 수지가 맞는 대학이나 학과는 남기고 그렇지 못한 것은 없애는 것이 지금 하고 있는 대학의 구조조정입니다. 교육은 경영이라는 것이죠. 교육은 산업이라고 하지만 이는 공연한 말이에요. 산업을 위해 필요한 것이라 해도 일시적인 인기와 구별해서 평가하는 절차나 방법이 없어요. 이 시대에 '학문 대학살'이 이루어지고 있는데, 하나의 학문이 멸종되는 것은 생물의 한 종이 사라지는 것보다 더욱 심각한 재앙입니다. 현재 교육부의 전략이 선택과 집중이라고 하지만 있어야 할 학문분야 중에 없는 것이 너무 많아요.

이러한 상황에서 경영합리화를 한다고 한들 무슨 이익이 있겠어요. 무엇이 올바른가는 묻지 않고 무엇이 이익이 되는가만 추구하는 쪽으로 오늘날의 교육이 나아가고 있어요. 그러나 미래의 산업을 위해 현재

대학이 어떤 준비를 해야 하는지에 대해 정확한 대안을 갖고 있는 사람은 아무도 없어요.

김헌선: 대학이 학문을 창조하고 실제로 그것을 가르쳐야 하지만 현실적으로 학문을 할 수 있도록 학자에게 재정적 지원을 하는 것이 소중합니다. 학문의 제도적 조건이 재정만으로 되는 것은 아니지만 창조적 학문의 연구를 위해서 이러한 문제는 어떻게 해결돼야 합니까.

조동일: 인문학문을 하는 학자에게 20년간 마음대로 강의 없이도 연구할 수 있는 연구비를 지원해 주는 것도 중요해요. 인문학문은 20년 동안의 세월을 투자해야 추수할 수 있거든요. 그런데 오늘날 현실에서는 1년에 모든 연구결과가 나와야 하지요. 조그마한 연구밖에는 할 수 없는 상황이죠. 20년간 10명의 학자가 마음대로 연구할 수 있는 환경을 만들어 줄 수 있는 나라의 안목이 필요합니다. 이를 위해서 싸우는 사람이 있어야 하고.

김헌선: 선생님은 2004년 교수로서의 정년은 하셨지만, 계명대에 석좌교수로 자리를 잡으시면서 새롭게 학문을 개척하고 계십니다. 사회에 대한 문제제기와 답을 제안하시는 끊임없는 열정은 무엇에서 기인하는 것입니까.

조동일: 10여 년 전에 공개구직운동을 벌인 적이 있었어요. 내가 내 마음껏 연구할 수 있는 자리가 있다면 서울대 교수직을 그만두고 어디라도 가겠다는 것이었죠. 강의 역시 내가 연구하는 내용을 마음껏 강의하겠다는 내용이었지요. 그런데 이를 원하는 대학이 없을 뿐만 아니라, 국법이 허용하지도 않더군요. 교수의 책임시간 수를 법으로

정해 놓았기 때문이죠.

현재 나는 만족스러운 상황에 놓여있지만 후진들에게는 그러한 혜택이 돌아갈 수 있도록 노력하려고 합니다. 학문에 대한 기초과정을 쌓은 젊은 학자들을 알아 볼 수 있는 깨달은 자의 눈을 가진 사람들이 있어야 하죠. 여기 있는 김 교수 같은 사람은 나이도 적절하고 학문적으로 이제 준비가 되었다고 생각해요. 학자 10명에게 지원해 결국 한 사람만이 성공한다고 하더라도 이 재정 지원 계획은 성공하는 것입니다.

미카일 핀츠와 함께

미카일 핀츠(Michael Finch) 교수는 한국학을 전공하는 영국인이다. 계명대학교 한국문화정보학과에 재직하면서 한국학연구원에서 내는 영문학술지 『악타 코레아나』(*Acta Koreana*)의 편집을 맡고 있다. 나와 인터뷰를 한 글 “Michael Finch, An Interview with Cho Dong-il”이 그 잡지 vol. 8-2 (2005)에 있다. 영문을 국문으로 옮긴다.

핀츠: 한국문학 또는 한국학 전반에 관한 연구를 하기까지 지적인 발전에서 어떤 전환점이 있었는지 말해주기 바랍니다.

조동일: 고등학교 시절에 그림을 그리고 문학 창작을 하다가 대학 진학을 할 때 도움이 된다고 생각해서 불문학과를 택했습니다. 영문학과 독문학도 함께 공부하고, 러시아 작품도 탐독했지요. 그러다가 4.19를 겪고 생각이 달라졌습니다. 나를 알고 한국을 찾아야 한다고 생각했습니다. 불문과 대학원 석사과정을 그만두고 4년 후퇴해 국문과 3학년에 편입했습니다. 전환의 의의를 독서에서 학문으로, 수입에서 수출로

업종을 바꾸었다고 할 수 있겠습니다.

국문학을 공부하면서 구비문학에 특히 관심을 가지고 탈춤에 관한 석사논문을 쓰고, 민요와 설화를 조사하고 연구했지요. 고향 마을을 포함한 경상북도 산골 여러 곳에 길쌈 노동요로 전승되고 있는 이야기를 가진 민요, 영국의 밸러드(ballad)와 비슷한 것들을 모아 첫 저서 『서사민요연구』(1970)를 냈습니다. 계명대학교에서 가르치던 때의 일이지요. "공부하려고 고향을 떠났는데, 공부란 다름이 아니라 고향으로 돌아가기 위한 멀고 험한 시련이라는 것을 알았다"고 『우리 문학과의 만남』(1978)이라는 책에서 말했습니다.

연구 영역을 단계적으로 넓혔습니다. 구비문학에서 고전문학 전반으로, 고전문학에서 현대문학을 포함한 한국문학 전체로 관심을 확대해 마침내 『한국문학통사』(초판 1982-1988, 제4판 2005)를 써냈습니다. 그 다음에는 다른 나라 문학과의 비교연구에 힘쓰고 세계문학을 향해 나아갔습니다. 세계문학의 새로운 이해를 위해 10여 권의 책을 써내고 그 결과를 『세계문학사의 전개』(2002)에서 총괄하기에 이르렀습니다.

그동안의 경과를 이렇게 말할 수 있습니다. 세상에 흔히 있는 유럽 편향의 보편주의를 막연하게 따르다가, 내 자신이 누구인가 하는 의문에 대한 해답을 우리 문화유산 재인식에서 찾으면서 민족주의로 방향을 돌렸습니다. 그 다음 단계에는 한국만 소중하게 여기는 편협한 민족주의를 넘어서서 남들과 함께 공동의 이상을 추구하는 세계 전체의 보편주의를 이룩하려고 노력하고 있다고 하겠습니다.

핀츠: 선생님의 연구는 대부분 비교의 방법으로 이루어졌습니다. 비교연구가 오늘날의 학문에서 어떤 의의를 가진다고 보십니까?

조동일: 어떤 대상을 다른 것과 비교하지 않고 단독으로 고찰하면 학문을 한다고 할 수 없습니다. 비교연구를 해야 그 대상이 지닌 특수성과 보편성이 함께 드러납니다. 한국문학은 동아시아 다른 나라 중국·일본·월남문학과 비교해 연구해야 학문적으로 타당하고 유용한 결과를 얻을 수 있습니다. 동아시아문학의 전반적 양상을 알고 각국 문학에 대한 이해도 분명하게 할 수 있지요. 또한 동아시아문학을 다른 여러 문명권의 문학과 비교연구를 해야 그 자체의 특징을 알고 세계문학 전체에 대해서 근거 있는 말을 할 수 있겠습니다.

비교연구는 또한 자기중심주의를 벗어나 남들을 이해하는 필수적인 과정입니다. 오늘날 세계화가 필연적인 추세라고 하면서 자기 쪽의 경제적 이익이나 가치관을 다른 쪽에 이식하려고 하는 것은 크게 잘못되었습니다. 그런 잘못을 시정하기 위해 대등한 위치에서 이루어지고 다면적인 시야를 가진 진정한 비교연구가 필요합니다.

지금까지의 비교문학은 미시적인 작업에 치우치면서 영향관계 논증에 몰두하는 잘못이 있습니다. 거시적인 비교를 해야 하고, 각기 독자적으로 이룩한 문학이나 문화의 공통점과 차이점을 찾는 데 힘써야 합니다. 유럽문명권중심주의의 편견에서 벗어나 대등의 관점에서 수많은 문학을 연구해 세계문학의 보편적인 양상과 가치를 밝히는 것이 비교문학의 가장 큰 과제이고 목표입니다.

그렇게 하려면 많은 언어를 알고, 세계 도처의 문학을 널리 읽고 이해해야 합니다. 쉬운 일이 아니지만 노력하면 가능합니다. 영어에만 의존하지 말고 다른 외국어를 여럿 구사하는 훈련을 일찍부터 하는 것이 바람직하지요. 나는 불문학과에 다니면서 독일어도 공부하고, 국문학을 전공하기로 하고 중국어와 일본어를 조금 익힌 밑천을 활용하는 정도여서 많이 모자랍니다. 외국어를 더 넓게 공부한 후진들이 나오기 바랍니다.

핀츠: 한국의 학자들이 한국학을 하는 외국 학자들과 어떻게 협력하는 것이 바람직한가요?

조동일: 오랜 기간에 걸쳐 공동연구를 하는 것이 가장 바람직한 협력입니다. 『한국문학통사』를 프랑스어로 축약하고 재집필하는 작업을 프랑스 학자 다니엘 부셰(Daniel Bouchez)와 함께 15년 동안이나 힘써 『기원에서 1919년까지의 한국문학사』(*Histoire de la littérature coréenne des origines à 1919*, Paris: Fayard, 2002)를 냈습니다. 프랑스에서도 만나고 한국에서도 만나, 오랫동안 검토하고 토론하면서, 단순한 번역이 아닌 공저를 만들었습니다. 프랑스 독자에게 필요한 내용뿐만 아니라 공저자의 견해도 들어갔습니다. 그 책을 냈다고 2003년에 우리 두 사람이 한불문화상을 공동으로 수상했습니다. 파리에서 거행된 시상식에서 내가 한 말에 다음과 같은 대목이 있었습니다.

> 부셰 선생과 나는 공저자이고 또한 공역자입니다. 우리 두 사람이 협력한 덕분에 한국문학사가 프랑스에 태어나 시민권을 가지게 되었습니다. 그러나 한 문화가 다른 문화에 적응하도록 하는 것은 쉬운 일이 아닙니다. 우리가 15년 동안 함께 일하면서 상이하고 상반되기조차 한 견해가 계속 제기되었습니다. 우호적인 대화를 참을성 있게 해서 모두 해결했습니다. 우리가 얻은 결과가 국제적 문화 교류의 이상적인 모형으로 인정되기를 바랍니다.

영어판을 위한 작업은 미국인 학자 마샬 필(Marshal Phil)과 함께 하다가 그 분이 세상을 떠나 중단되었습니다. 서울대학교 박사과정에서 한국문학을 공부하는 미국인 학생 찰스 라 슈르(Charles La Shure, 한국명: 나수호)와 함께 다시 하는데, 이번에는 그쪽의 견해가 적극적으로 들어가지 않아 공저라기보다 공역입니다.

공통된 관심사를 주제로 삼아 함께 연구하는 것이 더욱 바람직한 방법이겠습니다. 공동연구를 하는 외국 학자가 한국학 전공자라야 하는 것은 아닙니다. 각기 자국문학을 전공하면서 비교연구를 하는 학자들끼리 공동 작업을 하면 더욱 진전된 성과를 얻을 수 있을 것입니다. 동아시아문학사 또는 세계문학사에 관한 연구를 이런 방식으로 하기를 희망합니다. 문학사를 통괄해서 서술하는 것은 더 큰 목표입니다.

핀츠: 교육이 실용적인 쪽으로 더욱 더 치우쳐 과학, 기술, 경영 등만 중요시되는 형편입니다. 인문학이 어떻게 살아남고 발전할 수 있겠습니까?

조동일: 과학과 기술, 경제나 정치의 경쟁 때문에 커지고 있는 갈등을 넘어서서 인류는 하나이고 같은 이상을 지니면서 살아가야 마땅하다고 하는 사명을 인문학이 지니고 있습니다. 문명의 충돌을 넘어서서 문명의 화합을 이룩한다고 해도 좋습니다. 기술과 경제 발달의 긍정적인 기여 덕분에 계급모순이 어느 정도 완화되면서 그것과는 이질적인 또 하나의 심각한 모순, 민족모순이 더욱 격심해진 것이 지금의 상황입니다. 북아일랜드, 팔레스타인, 체첸, 스리랑카, 티베트를 비롯한 세계 많은 곳에서 민족모순 때문에 피를 흘리고 있습니다. 민족모순을 만들어내는 요인인 종교, 언어, 풍속, 역사 등을 실상대로 연구하고 민족모

순을 진단하고 해결하는 통찰력을 제시하는 것이 인문학의 사명이고 과제입니다. 인문학의 유용성을 의심하면 세계사의 미래는 암담합니다.

물질생활의 향상이나 사회적인 평등은 계속 추구해야 하지만, 그런 것들이 제공해주지 못하는 삶의 보람, 내면정신의 충족 같은 것들을 인문학에서 제공해야 합니다. "사람은 빵만 가지고 살 수 없다"고 한 말이 적절합니다. 빵 이상의 것이 무엇이며 어떻게 만들어 제공해야 하는지 연구하는 임무를 인문학이 맡습니다.

고대에서 중세까지는 인문학이 학문을 지배했습니다. 그러다가 근대에서는 사회과학이 인문학에서 분리되어 독자적인 성장을 자랑하고 자연과학이 출현해 위력을 발휘하면서 인문학은 뒤로 밀렸습니다. 이제 근대를 넘어서 다음 시대를 창조하기 위해 인문학이 다시 일어나 두 학문과 대등해져야 하고, 한 걸음 더 나아가 다른 두 학문을 지도하는 위치에 서서 학문의 사명과 과제에 대한 총괄론을 다시 마련해야 하겠습니다.

핀츠: 세계문화의 바람직한 발전을 위해 한국의 전통적인 문화나 가치관이 어떤 기여를 할 수 있다고 생각하십니까?

조동일: 이질적인 것들을 융합해 새로운 가치를 가지도록 하는 창조 활동이 한국문화 전통의 가장 값진 부분이지요. 갈등을 인정하면서 화합을 이룩하고, 상극을 배격하지 않고 상생을 이루는 지혜가 오늘날의 수많은 문제를 해결하는 최상의 방안입니다. 그 근저에 놓인 원리는 싸움이 화해이고 화해가 싸움이며, 상극이 상생이고 상생이 상극이라고 하는 생극론입니다. 생극론은 영어로 "becoming-overcoming theory" 이라고 할 수밖에 없습니다. 생극론은 변증법이 상극(overcoming)에

치우치는 편향성을 상생(becoming)으로 시정합니다.

신라시대의 문인 최치원이 이 나라에 玄妙한 道가 있어 儒佛仙을 함께 지녔다고 한 데서 그 연원이 확인됩니다. 유불선과 고유문화를 합쳐서 재창조한 과정이나 양상이 예사롭지 않아 현묘하다고 했습니다. 원효, 일연, 최제우 등이 시대마다 새로운 사상을 이룩하면서 여러 계통의 외래문화를 함께 받아들여 고유문화와 융합해 재창조했습니다.

부부, 부모와 자식, 형제들이 서로 다른 종교를 믿고 논쟁을 하면서도 파탄을 일으키지 않고 서로 화합하면서 삽니다. 그것은 멀리서는 이해하기 어려운 놀라운 일인데, 한국인은 당연하다고 여깁니다. 인류 역사에 처음 나타나고, 미래의 지혜가 되어야 할 방식을 한국에서 시험하고 있습니다. 한국의 탈춤은 등장인물들끼리, 등장인물과 관중 사이에서 싸움이 화해이고 화해가 싸움인 양상을 역동적으로 보여줍니다. 다른 형태의 공연예술도 긴장을 격화하면서도 마음을 편안하게 하는 매력을 갖추어 아시아 여러 나라에서 환영을 받아 한류라는 것을 이루고 있습니다. 한국의 특징을 보이는 음식 비빔밥을 봅시다. 다양한 재료가 각기 살아 있으면서 혼연일체를 이루어, 상극이 상생이고 상생이 상극이게 합니다. 새로운 형태의 전자제품 예컨대 이동전화 같은 것을 그런 방식으로 만들어 세계에 내놓습니다.

핀츠: 『한국문학통사』가 선생님의 가장 큰 업적으로 알려져 있습니다. 방대한 작업을 한 동기나 방법, 의의를 말해주기 바랍니다.

조동일: 한국문학사에 대한 그릇된 인식을 시정해 민족문화를 올바르게 이해하고 계승할 수 있게 해야 했습니다. 창작과 비평을 위해 올바른 지침을 제공하는 문학사가 절실하게 필요했습니다. 서양문학을

따르는 것이 한국문학의 마땅한 진로라는 주장을 시정해야 했습니다.

독자적인 전통의 고전문학과 유럽문명권의 영향을 많이 받았다고 하는 근대문학이 동질성을 가지고 연속되어 있는 사실을 알려야 했습니다. 고전문학은 국문문학만이 아니고 구비문학과 한문학을 함께 지닌 복합체임을 밝혀, 셋을 함께 소중하게 여기도록 해야 했습니다. 한국문학의 여러 영역의 작품, 자료, 연구를 이해하기 쉬운 방식으로 정리해 널리 알려야 했습니다.

한국문학사에서 문학사 이해의 새로운 이론을 마련해 학문수입국에서 수출국으로 전환하는 데 적극 기여해야 했습니다. 구비문학, 한문학 같은 공동문어문학, 그리고 민족어기록문학, 이 세 가지 문학의 상관관계에서 문학사가 형성되었다는 사실을 한국에서 밝혀 얻은 원리를 다른 나라 문학에도 널리 적용하고 세계문학사의 새로운 이해를 위한 기본설계로 삼고자 했습니다.

핀츠: 한국은 지금 국제관계에서 어려움을 겪고 있습니다. 남북 분단과 북한의 핵무기 개발 때문에 어려움을 겪을 뿐만 아니라, 중국은 고구려사가 중국사라고 하고, 일본은 독도 영유권을 주장하고 역사를 왜곡한 교과서를 만듭니다. 난관 타개에 기여하려면 학문을 어떻게 해야 할까요?

조동일: 한국을 둘러싸고 있는 군사적 긴장을 생각하면 암담합니다. 관여하고 있는 여러 나라 사이의 정치적인 대립에는 해결의 실마리가 보이지 않습니다. 그럴수록 문화의 독자적인 의의를 믿고 의지해 희망을 찾아야 합니다. 문화를 연구하는 학문이 지고 있는 큰 임무는 스스로 감당하고 해결할 수 있어야 합니다. 문화가 정치에 휘둘려 왜곡되는

것을 나무라기만 하지 말고, 설득력 있는 대안을 내놓는 연구를 넓고 깊게 해야 합니다.

민족의 오랜 역사와 빛나는 전통이 남북의 분단을 넘어설 수 있게 하는 힘의 원천임을 풍부한 연구 성과를 축적해 입증하고 널리 알려야 하겠습니다. 동아시아문명의 동질성을 재인식해 여러 나라가 다시 가까워지게 하고, 민족적인 차이나 특성이 동질성을 다채롭게 하는 데 계속 기여한다는 사실을 밝혀 논해야 합니다. 세계 평화를 이룩하고 세계사의 바람직한 발전을 찾는 데 한국이, 동아시아가 어떤 기여를 할 것인가 이상주의의 관점에서 말해 비관주의를 넘어서야 합니다.

한국이 동아시아의 균형자가 되어야 한다는 주장이 제기되어 시비가 일어나고 있습니다. 군사면에서는 생각할 수도 없는 일이지요. 정치에서도 난점이 많아 의견이 모아질 수 없습니다. 최근의 사태는 더 많은 우려를 자아내는 쪽으로 치닫고 있습니다. 그러나 문화에서는 사리가 명백합니다. 그렇게 하는 것이 가능할 뿐만 아니라 당연히 요망됩니다.

동아시아문명권에서 중국은 중심부이고, 일본은 주변부이며, 한국은 월남과 함께 중간부였습니다. 월남은 중심부 중국과의 관계만 가지고, 주변부의 자리에는 다른 문명권이 있었습니다. 한국은 중심부와 주변부 양쪽과 늘 밀접한 관계를 가지는 중간부이기에 문명권 전체의 판도와 구조를 잘 이해하고 극단으로 치닫지 않는 중도 노선을 제시할 수 있었습니다. 그런 내력을 제대로 연구해 양쪽에 알리면서 동아시아가 다시 하나가 되는 데 적극 기여를 할 수 있고, 또한 해야 합니다.

중간부라는 것은 위치를 두고 하는 정태적인 용어입니다. 중간부가 균형자로 나서서 능동적인 작용을 하는 것이 마땅합니다. 문명의 내력과 향방에 대한 학문 연구가 사고 혁신에서 주도적인 구실을 해야 그럴 수 있습니다. 정치가 달라지고 군사적인 관계까지 정상화되려면 시간이 필요합니다. 시간을 이용하고 앞당기는 것이 학문의 사명이겠지요.

핀츠: 전문화와 세분화가 지나치게 되고 있는 학풍을 시정하는 포괄적인 학문의 길을 요즈음 계명대학교에서 강의하시는 것으로 알고 있습니다. 이런 작업이 한국학 연구에서 어떤 의의를 가집니까?

조동일: 한국문화의 역량이 한국학의 바람직한 방향에서 발휘되기를 바라고 강의합니다. 학과에 소속되지 않고 전공 분야를 넘어서야 할 수 있는 일을 이제 계명대학에서 합니다. 주어진 교과과정에 의해 같은 내용의 강의를 되풀이하지 말고, 새롭게 탐구하는 바를 강의에 올려 강의와 연구를 일치시켜 함께 발전시키는 작업도 오래 염원하다가 이제야 실현합니다.

핀츠: 20세기 후반의 가장 두드러진 사조의 하나가 이른바 포스트-모더니즘입니다. 아브람스(M. H. Abrams)가 "우리가 공인해온 사고나 경험의 방식이 존재를 부정하고 존재의 무의미함을 드러낸다"고 말한 사조입니다. 21세기에는 존재의 의미를 어떻게 다시 발견할 수 있을까요?

조동일: 21세기에도 희망이 있고, 의미가 있어야 합니다. 지금의 갈등을 넘어서서 다음 시대를 바람직하게 창조해야 합니다. 포스트-모더니즘이란 근대의 결함이나 한계는 알면서 그 대안을 제시하지 못해 사고의 파탄을 내보이는 증후입니다. 역사, 논리, 가치 등 인류가 지금까지 소중하게 여겨 온 것들을 모두 야유해 무효로 만드니 그대로

두고 볼 수 없습니다. 역사의 종말이란 어불성설입니다. 근대를 넘어서서 다음 시대로 나아가는 역사 창조를 타당한 논리와 바람직한 가치관을 갖추어 모색하는 학문을 해야 합니다. 제1세계의 선도적인 구실이 끝나고, 제2세계의 반론이 효력을 잃어, 이제 제3세계가 선두에 나서야 할 때입니다.

로마제국이 망하자 게르만민족의 시대가 시작된 것 같은 전환이 거대한 규모로 나타나고 있습니다. 게르만민족은 로마보다 뒤떨어지고 거칠었기 때문에 다음 시대를 맡을 수 있었습니다. 고대의 문명을 누리지 못해 무지몽매한 곳인 아라비아에서 일어난 이슬람이 바빌로니아, 페르시아, 이집트 등지의 선진문명이 더 지속되지 못하게 하고 필요한 것을 가져다 이용한 것이 지금의 사태를 인식하는 데 도움이 되는 또 하나의 소중한 선례입니다. 선진이 후진이고 후진이 선진인 것이 생극론의 기본 명제 가운데 하나입니다.

그런 전환을 예견하고 준비하고 일부 실행하기까지 하는 것이 내 학문의 사명이고 과제입니다. 『소설의 사회사 비교론』(2001)에서 한 작업이 구체적인 내용을 갖추었습니다. 유럽소설은 해체되고 있으나 제3세계 특히 아프리카의 소설은 세계 전체의 문제를 새로운 시각에서 다루어 인류의 희망을 찾고 있는 것을 전환의 증거로 들었습니다.

핀츠: 끝으로 하나 더 묻겠습니다. 서양에서 한국학은 중국학이나 일본학보다 뒤떨어져 있습니다. 이런 상황을 타개하기 위해 어떻게 해야 할까요?

조동일: 중국과 일본을 상대로 국력을 다투고 민족주의 경쟁을 벌이는 것은 어리석습니다. 한국학은 그 두 나라의 자국학과 다른 방향으로

나아가야 합니다. 중국의 대국주의와 일본의 제국주의가 학문을 방해하고 있는 것을 일깨워주면서 중간부가 지닌 장점을 활용해 동아시아 문명권의 보편성과 각국의 특수성을 연구하는 데 더욱 힘써야 합니다. 중국과 일본 양쪽을 함께 잘 알아야 그럴 수 있습니다. 월남까지 포함해 비교연구를 하는 작업이 한국학의 필수적인 작업임을 명심해야 합니다. 거기서 더 나아가 비교연구의 영역을 확대하고 세계적인 범위의 일반이론을 수립해, 민족주의를 넘어서서 보편주의로 나아가면서 인류 전체가 다음 시대로 나아가는 지침을 제공하는 작업을 해야 합니다. 한국학은 한국학이 아니어야 한국학입니다.

토론

❑ 문 : 지난 5월 9일 미래기획위원회에서 학문의 정책과 제도에 관한 발표를 한 것으로 안다. 무슨 말을 했는가?

❑ 답 : 그 쪽의 요청에 따라, 제8권에서 다룬 내용을 간추려 말했다. 강의와 논문지도의 부담에서 벗어나 연구에 전념하는 연구교수가 있어야 학문을 제대로 할 수 있다고 하고, 연구교수 제도를 우리의 전통이나 품성에 맞게 만들어야 한다고 했다. 강의교수 한 사람이 연구교수로 자리를 옮기면 두 사람의 연구교수를 스스로 선발해 함께 연구하고 함께 평가받게 하자고 했다. 신규로 채용하는 연구교수의 인건비는 사립대학의 경우에도 전액 국가에서 부담해야 한다고 했다.

❑ 문 : 그 쪽의 반응은 어쨌던가?

❑ 답 : 참석자의 대부분인 자연학문 전공자들은 학생의 논문지도가 바로 연구인 자기네 사정과 내가 하는 말이 너무 다르다고 했다. 반대는

없었으나 절실하게 이해하는 것 같지 않고, 적극적으로 추진하겠다는 의지가 보이지 않았다. 책을 읽고 발표를 요청한 것은 다행이나, 성과는 기대에 미치지 못한 것 같다. 그래도 개혁을 위한 주장은 계속 해야 한다. 개혁이 실현되지 않아도 개탄하지 말고, 역경을 이기면서 학문에 매진해 할 수 있는 일은 해야 한다.

❑ **문** : 강의교수를 그만두고 연구교수가 되어 다른 연구교수 두 사람을 선발할 기회를 얻는다고 가정하면, 누구를 선발하겠는가?

❑ **답** : 산스크리트문학과 타밀문학, 아랍어문학과 페르시아문학을 전공한 사람들과 함께 한문학과 한국문학에 관한 나의 연구를 비교해 고찰하고, 세계문학 이해를 더욱 심화할 수 있으면 더 바랄 것이 없다. 이런 행운을 후진은 누릴 수 있기를 바라고 분투하는 것이 마지막으로 하는 일이다.

❑ **문** : 대담에서 비교연구의 의의를 강조했다. 의의를 모르는 것은 아닌데 비교연구가 잘 이루어지지 않는다. 무슨 까닭인가?

❑ **답** : 둘 이상의 언어와 문학에 정통해야 하는 어려운 조건이 있기 때문이다. 비교문학을 한다면서 한국어와 영어만 알고 현대문학을 비교대상으로 삼는 사람이 대부분이라 성과가 빈약하다.

❑ **문** : 5월 9일에는 한국비교문학회에서 내년도 국제비교문학대회를 위한 예비모임을 가진 데도 참여한 것으로 안다. 무엇을 했으며, 전망이 어떤가?

❑ **답** : 국제비교문학회의 독일인 회장과 미국인 총무가 사전 점검을

위해 와서 유럽과 미국의 비교문학에 대해 발표하고, 한국의 준비책임자가 한국의 비교문학에 대한 발표로 응답을 삼는 데 동석해 한국·동아시아·세계문학사의 공통된 시대구분 모색에 관한 나의 작업을 그 사람들처럼 나도 영어를 사용해 알렸다. 한국에 와서 살펴보니 영어는 어지간히 하고 미국이나 유럽 비교문학의 동향도 어느 정도 알지만, 독자적인 작업은 하지 않는다고 오판하지 않도록 하는 데 최소한의 기여는 한 것 같다. 영문저서도 주고 읽어보라고 했다.

그 날의 발표에서 영어를 사용하는 질문자가 적지 않았는데, 모두 영문학자가 아닌가 한다. 영문학자가 할 수 있는 비교문학은 성격이나 내용이 수입품이어서 국내에서는 행세를 해도 국제학계에서는 평가받기 어렵다. 국제비교문학회에서는 발표를 영어나 불어로 진행해야 하므로, 말할 수 있는 사람은 할 말이 없고, 할 말이 있는 사람은 말하지 못하는 실정이다. 우리만 이런 것은 아니다. 다른 나라도 마찬가지임을 거듭 확인했다.

행사가 시작되기 전에 내년 대회 준비위원들과 이야기를 나누면서, 말하지 못하지만 할 말이 있는 사람은 한국어를 사용할 수도 있게 하겠다는 계획을 듣고 반대했다. 할 말이 있고 말할 수 있는 사람을 힘써 찾아내 여러 분과에 두루 참여하게 하도록 해야 한다고 했다. 주제를 정하고, 논문을 쓰고, 발표를 준비하는 작업을 체육선수를 선발하고 훈련하듯이 해야 하고, 임원이 선수로 나서서 모범을 보이는 것이 마땅하다고 했다.

❑ **문** : 장기적이고 적극적인 해결책은 무엇인가?

❑ **답** : 연구교수 제도가 이루어져, 상이한 외국어를 구사하는 사람

들이 서로 도우면서 비교문학을 함께 하는 것이다. 우선 한·중·일문학에서부터 심화된 비교연구를 오랜 기간에 걸쳐 충실하게 해야 한다. 산스크리트문학과 타밀문학, 아랍어문학과 페르시아문학, 한문학과 한국문학을 세 전공자가 협력해 비교하기를 바란다고 앞에서 한 말이 실현되는 정도라면 얼마나 좋겠는가.

❑ 문 : 연구의 발전을 위한 주장만 하고 교육의 위기는 말하지 않아도 되는가?

❑ 답 : 연구가 제대로 이루어져 교육에 활용할 밑천이 넉넉해야 교육의 위기가 극복된다. 창조력을 살리는 교육을 해야 한다고 아무리 강조해도 소용이 없는 것은 창조의 성과가 연구에서 구현되지 않았기 때문이다. 먼 나라의 생소한 예만 들어 숭배거리로 삼자고 하고, 창조를 역설하는 말이 실천을 수반하지 않은 헛소리이니 교육이 제대로 될 수 없다. 인문학문에서 이룬 창조의 성과는 쉽게 전달되어 널리 감화를 줄 수 있는데, 제도로 막고 딴 소리를 한다.

❑ 문 : 그런 것을 이루는 연구교수는 강의를 하지 않는다고 하지 않았는가?

❑ 답 : 강의를 직접 하지 않아도, 가까이서 나날이 연구하고 발표하고 논란하는 바가 널리 전달되어 감화를 주는 것이 커다란 교육이다. 인문학문의 성과는 대중화가 가능해 파급 효과가 크다. 자연학문 지망자의 창조력 훈련을 위해서도 바람직한 작용을 할 수 있다.

제12강 방문자들을 위한 응답

문답의 의의

2006년 5월 어느 날 김충렬 교수가 내 연구실에 들렀다. 1960년대 말에 계명대학교에서 함께 있어 잘 아는 사이이다. 수십 년이 지나 다시 계명대학교에 볼일이 있어 왔다가 내 명패가 있는 것을 보고서 문을 두드렸다.

김 교수가 어떻게 지내는가 물어, 강의를 한다고 했다. 김 교수는 강의를 해야 앞으로 나아가고, 질문을 받아야 막힌 것이 터진다고 했다. 고려대학교에서 정년퇴임한 다음 연세대학교에서 한 해 동안 특별강의를 하라고 해서 책을 내게 되었다고 했다. 강의 녹음한 것을 주어 틀어놓고 글을 썼다고 했다. 내가 하는 강의를 설명하니, 어떻게 하는지 자세하게 알고 싶다고 해서 『세계·지방화시대의 한국학 (1) 길을 찾으면서』를 드렸다.

강의는 누구를 상대로 하는가 하고 물었다. 공개강의여서 누구나 와서 듣지만 학문을 하는 사람들이 가장 중요한 청중이고 질의자라고 했다. 이 말을 듣고 김충렬 교수는 질문이 강의의 수준을 좌우하고,

학문의 발전을 결정한다고 했다. 『論語』가 대단치 않은 책인 것은 제자들이 모자라 질문을 제대로 하지 못한 탓이라고 했다. 나도 그렇게 생각하면서 발설하지 못했는데 듣고 나니 시원하다고 하니, 그것은 자기 견해이기 전에 중국에서 공부할 때 자기 스승에게서 들은 말이라고 했다.

좋은 질문을 바라는 것은 당연하다. 학문을 하는 모든 사람이 가진 그 소망이 만족스럽게 이루어진 적은 없다. 공자만 불행했던 것은 아니다. 불행에서 벗어나는 방법을 모르는 것은 더 큰 불행이다. 좋은 질문을 기대하지 말고 질문을 좋게 만드는 것이 바람직하다. 예사 질문을 대단한 것으로 알아들어 좋게 만들어 성실하게 대답하면 깊이 숨어 있는 생각을 얻어낼 수 있다. 자기 생각인 줄 미처 모르고 있다가 질문 덕분에 찾았으니 얻어낸다고 하는 것이 적합하다.

학문은 독백이 아니고 대화이고 토론이라고 『우리 학문의 길』 서두에서 말했다. 좋은 질문을 만나는 것이 가장 큰 행운이다. 정년퇴임을 한 다음에도 강의를 하는 것은 생각해둔 것을 정리하고, 좋은 질문을 만나 더 나아가고자 하기 때문이다.

지금은 세월이 좋아 교실에서 만나지 않아도 질의토론이 이루어진다. 홈페이지 '질의응답'에서 많은 질문을 받고 응답했다. 좋은 질의 덕분에 예상 이상의 응답을 할 수 있었다. 두고두고 감사한다. 모아서 『문답록』이라는 책을 내면 어떨까 하고 생각하다가 일부만 간추려 여기 수록하기로 했다. 심각한 문제를 제기했으므로 길게 대답해야 했거나, 질의 덕분에 새로운 생각을 하게 된 것들을 우선적으로 선택한다.

원래대로 두면 너무 번다하고 문장이 좋지 못하며 내용이 미비하므로 수정이 필요해 줄이고 가다듬고 보완하기도 한다. 원래의 질의와 상당히 달라진 경우도 있으므로 양해를 구한다. 응답에는 고쳐 쓴 것도 있다. 질의자와의 개인적인 대화는 아니라고 생각해 이름을 밝히지 않고, 자기소개를 한 대목을 생략한다. 질의한 순서와는 무관하게 유사한 것들을 한 데 모으는 방식으로 정리한다. 내 자신에 관한 사항에서 학문의 문제로, 학문에서 사회문제로 나아간다. 유사한 것들을 모아 공통된 제목을 붙인다.

길을 찾으려면

❑ 문 : 어렸을 때부터 꿈이 교수였나요?

❑ 답 : 꿈은 여러 번 변합니다. 어렸을 때의 꿈은 막연히 예술이나 학문을 하자는 것이었고, 고등학교 때에는 화가나 작가가 되려고 했습니다. 교수가 되려고 한 것은 대학생이 된 뒤에 가진 생각입니다. 문학을 창작하다가 비평하고, 비평하다가 연구하게 되었습니다. 그림을 그리고 문학작품을 창작한 경험이 문학을 연구하는 데 소중한 자산이 되었습니다. 불문학을 하다가 국문학을 한 것도 큰 다행입니다.

❑ 문 : 교수가 되기 위해 어떤 어려움을 겪었나요?

❑ 답 : 공부하는 기간이 길었습니다. 오래 공부하면 교수가 된다는 보장이 있었던 것도 아닙니다. 그러나 공부가 좋아서 하다가보니 교수가 되었습니다. 어려움이 있어도 어려운 줄 모르고 지내왔습니다.

❑ 문 : 교수가 된다고 했을 때 주위 식구들의 반응은 어떠하셨나요?

❑ 답 : 무엇을 하든 알아서 하라고 믿고 맡겼습니다.

❑ 문 : 자신의 좌우명은 무엇인가요?

❑ 답 : 특별한 좌우명이 없습니다. 시간 낭비를 피하고 하는 일에

몰두하는 것이 늘 바라는 바입니다.

❑ 문 : 교수의 필요조건은 무엇인가요?

❑ 답 : 인내력과 창의력입니다. 어리석고 또한 똑똑해야 합니다. 똑똑하기만 해서는 중간에 그만두고, 어리석기만 해서는 수고를 많이 했다는 평가나 받습니다. 어느 한쪽의 특징을 가졌으면 다른 쪽을 보충해야 합니다. 두 가지 특징이 절반씩인 것이 이상적인 배합입니다.

❑ 문 : 교수가 된 후 제일 기뻤던 일은 무엇이었나요?

❑ 답 : 교수는 이미 있는 지식을 전달하는 사람이 아니고 새로운 지식을 만들어내는 학자여서 하고 싶은 일을 하고 살아간다는 것이 제일 기쁩니다. 새로운 학문 세계를 창조하는 기쁨은 다른 무엇에 견줄 수 없습니다. 새로 쓰고 있는 논문이 예상 이상으로 잘 되어 아주 기쁩니다.

❑ 문 : 교수가 되고 싶어 하는 학생들에게 한 말씀 해주세요.

❑ 답 : 학문하는 기쁨을 일찍 깨닫고 많은 준비를 성실하게 하면서 큰 집을 지을 계획을 세우기 바랍니다. 학자이면서 교수여야 교수 노릇을 제대로 합니다. 가르치는 것을 직업으로 하는 교수가 되고자 하면 되기 어렵고, 된다 해도 특별히 좋을 것이 없습니다. 교수가 되면 남들이 알아준다는 생각을 가지고, 학문에는 뜻이 없으면서 교수가 되고자 하는 것은 아주 잘못입니다. 교수가 되지 않아도 학문하는 기쁨은 버리지 않겠다고 하는 것이 마땅한 자세입니다.

❑ 문 : 선생님은 어떤 작업 방법으로 연구를 하는지 궁금합니다.

❑ 답 : 쉽게 대답하기 어려운 질문이군요. 언젠가는 본격적으로 정리해 논하기로 하고 우선 몇 줄 적습니다.

시간사용: 학문 이외의 일에는 관심을 가지지 않아 시간과 노력이 낭비되지 않게 한다. 대학의 보직도 학회의 임원도 맡지 않고, 연구해 발표하는 일에 전념해 보답으로 삼는다.

연구진행: 문제가 발견되면 오랫동안 깊이 생각하면서 해답을 찾으려고 꾸준하게 노력한다. 서로 무관하다고 여겨온 것들 사이의 긴밀한 관계를 발견해 연구의 차원을 높인다.

계획실천: 장기적인 계획에 의한 계획생산을 하는 데 힘쓰고 주문생산은 되도록 피한다. 작업이 절반 이상 진행된 다음에 연구비를 신청해 마감 기일 전에 완성한다.

❑ 문 : 공부를 어떻게 해야 하는가요? 오랜 시간 진득이 하는 것 외에 다른 방법이 없다고 하는 데 대해서 어떻게 생각하십니까?

❑ 답 : 공부의 성과는 들인 시간에 비례하지 않고, 의욕과 집중도에 따라 결정된다고 봅니다. 하고 싶은 공부를 하고 싶은 방향으로, 자기가 스스로 개발한 방식으로 진행해야 의욕이 생깁니다. 좋아서 하는 공부만 큰 성과를 냅니다. 좋아서 몰두하면 짧은 시간에 많은 것을 얻습니다. 전에 누구도 이르지 못한 경지를 개척해서 큰 것을 이룩합니다. 그럴 때 창의력이 생깁니다.

공부를 진득이 오래 하면 된다는 데 동의하지 않습니다. 지금까지 말한 공부는 연구와 연결되고 연구를 도달점으로 하는 것입니다. 연구와 연결되지 않고 창의력을 필요로 하지 않는 공부를 나는 잘하지 못하고, 할 생각도 없습니다. 고등학교 때까지의 공부는 너무나도 지루하고 지겨웠습니다. 대학에 들어온 뒤에, 대학원에서 더욱, 학자로 나서서 더욱 더 공부가 신이 납니다. 창조하는 작업이 공부이기 때문입니다.

❑ 문 : 천재는 어떤 사람인가요?

❑ 답 : 사람이 지닌 능력 가운데 어느 것이 비정상이라고 할 만큼 특별하게 발달하고 다른 면은 많이 뒤떨어진 사람을 흔히 천재라고 합니다. 불균형 때문에 천재는 광기를 지닐 수 있습니다. 천재의 능력은 피해야 할 불행이지만, 많은 사람을 유익하게 하는 데 쓴다면 불행 중 다행입니다. 그렇지 못해 불행 중 불행으로 끝나는 경우가 더 많으니 동정하지 않을 수 없습니다.

천재를 숭앙하는 풍조는 심각한 부작용을 낳으므로 경계해야 합니다. 천재를 폐인으로 만드는 데까지 이르니, 지목된 것이 커다란 불행입니다. 천재 근처에도 가지 못한다는 이유로 의욕을 잃는 사람들이 생겨나게 하는 것도 잘못입니다. 천재가 아닌 것이 얼마나 다행인가. 이렇게 생각하면서 망상도 좌절감도 떨쳐버리고 성실하게 노력하는 것이 마땅합니다.

❑ 문 : 선생님은 克己가 아닌 知己를 해야 한다고 하는 것으로 들었습니다. 둘의 차이가 무엇인가요?

❑ 답 : 克己는 자기를 억누르는 것이고, 知己는 자기를 아는 것입니다. 克己는 나약하다고 생각되는 자기를 억눌러 목표를 달성하게 하는 훈련이고, 근래에는 남을 해치는 공격적인 성향을 기르는 경우가 흔합니다. 일본인이 극기를 숭상해 군국주의로 치달은 후유증이 아직 많이 남아 있어 경계하지 않을 수 없습니다. 그것이 좋다고 여겨 따르면 아주 곤란합니다. 우리는 克己는 버려두고 知己를 잘해야 합니다. 자기가 어떤 존재이며 무엇을 할 수 있고, 무엇을 할 수 없으며 하지 말아야 하는가에 관한 슬기로운 판단이 지기입니다.

학문을 어떻게 하는가?

❑ **문** : 질문은 분과 학문에 대한 우려입니다. 고등학교 때 문과와 이과를 나누면서 "깊게 파면 넓게 파지 못하고, 넓게 파면 깊게 파지 못한다"는 상식을 따르라고 하는 것 같았습니다. 깊게 파고들자면 넓게 건드리지 않을 수 없는 경험을 누구나 가질 수 있는데 그렇게 하지 못하게 하는 것은 잘못이 아닌가요?

❑ **답** : 공부나 학문에서 넓고도 깊은 두 면을 다 갖추어야 하고 어느 하나는 버릴 것은 아닙니다. 그러나 넓은 곳을 다 깊게 팔 수는 없습니다. 선택이 필요합니다. 자기 적성과 능력에 맞아 잘 팔 수 있는 곳을 찾아야 합니다. 그곳을 잘 찾아 제대로 파면 넓이를 더 보탤 방법이 생깁니다. 깊이 파면서 다시 넓이를 늘이고, 넓이를 늘이면서 깊이를 더 하는 작업을 일생 동안 계속해야 마땅합니다. 그래서 깊이와 넓이가 다 커질 수 있습니다. 가만 있어도 저절로 되는 것은 아닙니다. 제도가 잘못되었다고 나무라도 소용이 없습니다. 주어진 과정을 따르지 말고 스스로 자기 길을 개척하는 용기와 슬기가 있어야 합니다.

❑ **문** : 학문을 하는 이론은 이미 다양하게 개발되어 있고 각기 특색이 있습니다. 널리 이해하고 필요한 대로 적용하면 될 것이 아닌가요? 새삼스럽게 무엇을 하려고 합니까? 지금까지 하지 않은 일을 할 수 있단 말입니까?

❑ **답** : 내가 전개하는 이론도 수많은 이론 가운데 하나일 것입니다. 그러면서 세 가지 점에서 기존의 여러 이론과 구별되는 특징을 지니고 있습니다. 대부분의 기존 이론은 외국에서 수입한 것인데 나는 내 이론을 만들고 있습니다. 내 이론은 문학·역사·철학을 아우르고 학문

원론의 문제를 다루므로 기존의 이론보다 포괄하는 범위가 더 넓습니다. 그러면서 세계화와 지방화가 동시에 요청되는 시대에 한국학을 어떻게 해야 하는가 하는 실천적인 문제를 해결하고자 합니다.

❑ **문** : 미국에서 생물학을 공부하다 돌아와 이 시대에 당면한 새로운 생명 윤리관을 제시해야겠다는 당찬 포부로 대학원에 들어갔습니다. 다시 이곳 중국 연변대학 의과대학까지 오게 되었으니 제 학문적 경력이 참으로 파란만장하다 아니할 수 없습니다.

연변대학 의과대학은 중·서의 절충주의 노선을 따르는데, 커리큘럼을 보니 제가 생물학을 전공할 때 배웠던 서양기초의학의 강의와 중국전통의학의 기초강의가 아무런 체계 없이 뒤섞여 있습니다. 중·서의학 교수들은 각각 서로에 대해 대화가 거의 없는 상태며 중국의학과 서양 의학의 공통점과 차이점을 연구하고자 하는 학자도 없는 것 같습니다. 이런 형편을 어떻게 바로잡을 수 있을까요?

이것은 저 혼자만의 당찬 포부이며, 아득한 꿈에 불과합니다. 그러나 제가 단순히 학자로서 머문다면 이런 엄청난 과업을 감당할 수 없습니다. 이것이 한국으로 돌아가야 하는 이유입니다. 한국에서 법을 공부하고 법조계로 나아가 사회와 정치에 참여하기로 결심한 이유는 훨씬 큰 목적이 있습니다. 이곳 연변에서 제 사명을 깨달았으며, 그것은 먼 훗날 학문과 정치를 통합하는 것입니다. 한 가지 분야의 전문가로서 머물지 못하는 불행한 운명의 소유자로서 하늘을 탓하기보다 주어진 능력에 순응하기로 했습니다. 그것이 저의 삶과 세상을 이롭게 하는 길이며 미래의 세대를 위해 감당해야 할 사명입니다.

❑ **답** : 제대로 돌아가지 않고 마구 얽혀 있는 이 세상을 바로잡는

설계도를 만드는 것이 학문의 가장 큰 사명이고 보람입니다. 설계도대로 시공이 되느냐는 나중에 따질 문제입니다. 우선 최상의 설계도를 만드는 데 전념하는 것이 마땅합니다. 세상을 바로잡는 설계도를 만들려면 자기 마음부터 바로잡아야 합니다. 세상의 혼란이 그대로 마음을 지배해서는 의사가 되어야 할 사람이 환자 노릇을 하고 맙니다.

동서의 의학을, 또한 생물학과 생명윤리를 합쳐서 하나로 만들어 인류가 나아가야 할 방향을 제시하는 작업의 기본원리, 그 철학적 근거, 이런 것들을 찾으려고 이 나라 저 나라 다니고 이 학문 저 학문을 한다고 생각하면 참으로 보람 있는 시간을 보내고 있다고 하겠습니다. 그러나 너무 많은 것을 바라고 관심을 분산하다가 길을 잃고 맙니다. 탐구의 폭을 넓히는 일은 그쯤 하고 깊이를 더하는 데 힘을 기울이기 바랍니다. 법을 공부하고 정치에 참여하면 세상을 바로잡을 수 있다고 생각하는 것은 잘못입니다. 학문이 잘못된 것을 제대로 진단하지 못하고 해결책을 찾는 것은 더욱 어렵습니다.

학생 시절의 방황을 끝내고 이제 학자의 길에 들어서야 합니다. 제기한 모든 문제는 학문 연구를 내실을 갖추어 깊이 해야 감당할 수 있습니다. 투철한 연구에서 깨달음을 얻어 아주 좋은 책을 쓰기로 하고, 그 중간 단계의 작업을 논문이라는 형태로 내놓기 바랍니다. 최고의 스승은 자기 자신임을 명심하기 바랍니다.

❑ **문** : 사회과학 강의를 들으면 방법론 이야기만 합니다. 방법론이 중요하기는 하겠지만 학문이 바로 방법인가 의문입니다. 왜 이렇게 되었을까요? 방법론 대신에 무엇을 공부해야 하는가요?

❑ **답** : 사회과학을 사회학문이라고 하겠습니다. 사회학문뿐만 아니

라 다른 학문에는 방법론을 지나치게 중요시하는 풍조가 있습니다. 다루는 대상과 동떨어진 방법의 아성을 구축하고서, 공개토론을 거부하고 자체 방어를 적절하게 하려고 하는 사기 수단이 있습니다. 그러나 자연학문이나 인문학문에서는 사실의 증거 때문에 이미 이룩한 방법의 아성이 무너지고, 새로운 방법이 등장하지 않을 수 없는 극적인 사태가 자주 발생합니다. 자연학문에서는 관측하거나 실험한 결과가 방법을 무너뜨리는 사실의 증거를 제공합니다. 문헌고증을 통해서 전개하는 인문학문의 작업에서도 없던 자료가 나타나거나 해독하지 못하던 자료를 해독하면 기존의 방법이 무너집니다. 사회학문은 그렇지 않습니다.

우리가 살고 있는 시대의 사회현상을 다루는 사회학문에서는 방법을 무너뜨릴 사실의 증거가 분명하지 않습니다. 사실 때문에 방법이 무너지는 극적인 사태는 발생하지 않습니다. 일상적으로 경험할 수 있는 사실의 증거는 거의 무한하기 때문에 어느 한 방향으로 모아지지 않습니다. 통계나 조사에서 얻은 자료 때문에 방법이 흔들리는 일은 없습니다. 그러므로 모든 방법은 안심하고 자기 방어의 논리를 전개합니다.

사실 인식을 위해 봉사해야 할 방법론이 사실 인식을 방해하는 불행이 모든 학문에 있지만, 오늘날의 사회학문은 그 정도가 심합니다. 한국의 사회학문은 남들의 방법론을 수입해 소개하는 데 골몰하고 있어 방법론 치중의 경향이 한층 심해지고, 방법론 숭앙의 폐단이 두드러졌습니다. 방법론 물신주의라고 할 풍조가 생겼습니다.

그런 잘못을 시정하기 위해서는 사실의 증거에 의한 방법론 수정과 철학적 원리 반성에 의한 방법론 재창조가 요망됩니다. 어느 학문에서든지 두 가지 대책이 함께 필요합니다. 사회학문의 경우에는 뒤의 대책이 더욱 긴요한데, 철학을 부정하는 것이 사회학문이 할 일인 듯이 여기는 것이 잘못입니다. 방법론의 근거가 되는 철학에 대해 적극적인 비판과 탐구를 해야 합니다. 사회학문의 어느 분야를 한다고 생각하지 말고 학문을 한다고 생각하면서 철학의 근거를 새롭게 갖춘 거대이론을 만드는 데 힘써야 난관을 타개할 수 있습니다.

❑ **문** : 두 가지 의문을 제기하겠습니다. (1) 지식의 진보가 사회발전을 가져오는가요? 만약 그렇다면 또한 지식의 진보가 사회발전을 어떻게 가능하게 하는가요? (2) 지식의 진보와 실천적 함의는 어떻게 연관지어 볼 수 있는가요?

(1)의 의문에 대해 더 말하겠습니다. 지식의 양은 무한히 축적되는 과정에 있고, 지식의 질도 어느 정도 그에 상응하여 높아질 수 있다고는 생각합니다만, 인터넷의 발전으로 창조적 능력보다 조합 능력이 더 중요시될 수도 있다는 점은 간과할 수 없을 것 같습니다. 따라서 질적 수준은 양보다는 미미하다고 봅니다. 선생님의 창조학에 관한 말씀은 이해가 가지만, 그것이 어떻게 지식의 진보로 이어질 수 있을지 궁금합니다.

(2)의 의문에 대해서도 더 말하겠습니다. 제가 전공한 사회복지학이 기타 학문보다는 보다 실천성을 내포하기 때문에 지식의 진보와 실천적 함의 또한 연관 지어 생각해보지 않을 수 없을 것 같습니다.

❑ **답** : 지식에서도 양이 발전하면 질도 발전하는 것이 마땅합니다. 지식의 양이 발전한다는 것이 다만 많아진다는 것을 의미하지는 않습니다. 질적 발전으로 연결되지 않고 지식이 많아지기만 하면 지식의

유용성이 저하되어 발전이 정체되고 퇴보하고 맙니다. 개별적 지식을 총괄하는 총체적 지식이 없어 사람이 지식에 묻히는 것도 퇴보입니다. 오늘날 이런 위기 상황이 보입니다. 위기를 타개할 통찰력을 갖추어 지식의 질적 발전을 이루어야 할 때입니다.

지식의 양적이고 질적인 발전은 그 자체로 끝나지 않고 실천을 통한 검증과 응용을 통해 인정되고 평가됩니다. 지식을 총괄하고 실천과 연결시켜 검증하는 통찰력이 있어야 그럴 수 있습니다.

사상 전환의 작업

❑ **문** : 학문이 정당한 평가를 받기 위해선 엄밀성을 추구해야 하는데, 선생님의 저작에서는 가치관을 발견할 수 있습니다. 초기엔 민중적이라고 할 수 있는 흐름이 있고, 뒤이어 계속 나타나는 것이 주체적인 거대담론입니다. 주체적인 것은 주관주의로 흐를 염려가 있고, 거대담론은 미시적 구체성을 간과함으로써 학문의 엄밀성을 떨어뜨릴 수 있습니다. 학문의 엄밀성을 갖추지 않은 연구는 아무리 많아도 사상누각에 지나지 않는다고 하면 잘못이겠습니까?

❑ **답** : 학문을 하는 것은 사상을 창조하는 행위입니다. 내가 학문연구를 통해 도출하고 정립하는 주관적이고 주체적인 견해가 지금까지 행세해온 가치관이나 세계관보다 타당하며, 많은 사람에게 괴로움을 안겨주는 이 시대의 문제를 푸는 진전된 해답임을 논리와 실증 양면에서 엄밀하게 입증해야 새로운 사상을 마련할 수 있습니다. 주견의 타당성을 검증하고 입증하기 위해 학문을 해야 하는데, 주견이 없어야 학문을 한다고 하는 것은 부당합니다.

논증의 엄밀성은 서로 토론상대가 되는 이론들끼리의 평가에서 판정하고 또한 보충해야 합니다. 내부의 논리에서나 적용대상에서나 아무런 의문의 여지도 없는 완벽한 타당성은 있을 수 없습니다. 이런 말을 내세워 이미 이룬 업적에 만족하고 부당한 변호를 일삼는다고 오해하지 말기 바랍니다. 내 자신이 보아도 불만이고 잘못된 점이 적지 않아 계속 다시 연구합니다. 타당성을 높이기 위해 더욱 노력해, 새로운 논저를 쓰고, 기존의 업적을 수정하고 보충합니다. 이 일을 평생 계속해도 만족할 수 있는 경지에 이르는 것은 아닙니다.

기존 업적을 시비하면서, 완전하지 않은 것은 부당하다는 이유에서 부정을 일삼으면서 아무 대안도 제시하지 않는 것은 학문하는 태도가 아닙니다. 단순한 의문이나 반론은 학문의 출발점일 따름이고 본론은 아닙니다. 타당성이 더 크다는 것을 입증하는 대안을 제시하지 않으면 학문을 한다고 할 수 없습니다. 기존 연구에 대한 모든 불만은 연구자에게 돌려 비난의 자료로 삼지 말고 자기 연구를 분발해서 해야 할 근거로 삼는 것이 바람직합니다.

모든 학문은 사상 창조를 위한 노력입니다. 가치의 문제를 직접 논의하지 않는 학문도 사상입니다. 인문학문이나 사회학문의 여러 영역뿐만 아니라, 자연학문의 물리학도 사상이고, 수학도 사상입니다. 물리학이 달라지고 새로운 수학이 생겨나는 것은 사상의 혁신입니다. 사상을 창조하는 작업을 종교에서도, 문학이나 예술에서도, 사회활동에서도 할 수 있으나, 학문에서 하는 것이 논리적으로 가장 잘 다듬어져 있어 보편타당성이 한층 높습니다. 다른 영역에서 하는 사상 창조도 학문적 검토와 정리를 거쳐야 모습이 제대로 갖추어집니다. 그 작업은 많은 사람이 서로 협동하고 비판하면서 하므로 타당성이 더욱 높아집니다.

학문은 가치나 사상의 문제와 무관해야 한다고 주장하는 사람들은 학문을 도구화해서 부당한 목적을 위해 봉사합니다. 스스로 원하거나 의식하고 있지 않더라도 기존의 가치와 지배적인 사상에 대해 검증 없이 동의하도록 하고, 많은 경우에 부당한 굴종을 요구하는 구실을 합니다. 우리 주위에서 흔히 볼 수 있는, 학문하는 사람이 가치나 사상의 문제에 관심을 가진다는 것 자체를 비난하고, 주체성을 금기로 여기고, 이론을 스스로 창조하는 것을 비상으로 여기는 방해꾼은 우리 학문이 예속에서 벗어나 독립을 얻지 못하게 하려고 하는 공작원입니다. 누구에게 고용된 것도 아니고 보수를 받지도 않으면서, 자기 자신도 모르는 채 기득권자의 위세에 눌려 우리 학문을 파괴하는 공작원 노릇을 합니다. 그런 짓을 하는 것으로 교수 노릇을 삼아 학생들 앞에 서서 큰소리를 치고, 월급을 받아먹으니, 한심하다 하지 않을 수 없습니다. 노예 노릇에 중독이 된 사람들은 다른 사람이 자유롭게 되는 것도 두려워 못하게 말리고 비방합니다.

❑ **문** : "최한기의 철학이 앞서 실학적 학풍에 영향을 받지 않았을 뿐더러 조선후기 실학파 자체의 정체성이 의문스럽다. 실학파는 현대에서 소급시킨 개념이다"라고 하는 주장에 대해서 선생님의 생각이 어떠신지 궁금합니다.

❑ **답** : 좋은 질문을 해서 감사합니다. 조선후기의 두 가지 혁신 사상인 氣철학과 실학은 별개의 학문이었으나 더러 합쳐지기도 했습니다. 정통 理철학을 이룩한 주자학에 대한 철학의 대안은 기철학에서, 사회사상의 대안은 실학에서 제시했습니다. 실학이 주자학의 이기론을 극

복했다고 하는 말은 철학을 몰라서 하는 것입니다. 철학은 버리면 극복할 수 있는 것이 아닙니다. 철학을 새롭게 해야 기존 철학의 잘못을 시정할 수 있습니다.

기철학은 임성주가 선도하고, 실학은 정약용이 뚜렷한 모습을 나타냈습니다. 홍대용은 둘을 합치는 본보기를 보였습니다. 최한기는 실학과는 거리를 두고 기철학을 발전시켰습니다. 다른 여러 사상가들이 이 몇 개의 기준점과 가깝고 먼 관계를 가지고 공존했습니다. 계통과 분포를 파악하면서 개개인의 특성을 밝히는 작업이 필요합니다.

기철학은 빼놓고 실학만 논하는 것은 큰 잘못입니다. 실학의 범위와 의의를 너무 확대하다가 정체를 모호하게 만든 것은 작은 잘못입니다. 작은 잘못만 시비하고 큰 잘못은 모르니 논쟁을 하나마나 합니다.

❑ **문** : 선생님의 글에서 이해되지 않는 점 둘을 듭니다. (1) 홍대용 세대는 근대를 중세 방식으로 설계하고, 근대를 근대로 만들어 낼 수 없었다. (2) 근대를 넘어서기 위해서는 들어온 길을 되돌아 나가서 과거로 돌아가지 않고 적당한 곳에서 새 길을 찾아야 한다. 생극론을 바탕으로 편 주장인 것 같은데, 추상적으로는 이해되면서도 실체가 명확하지 않습니다.

❑ **답** : 두 질문은 하나로 합쳐집니다. 홍대용이나 볼테르는 중세에서 벗어나야 한다고 절감하면서도 근대인이 아니었으므로 근대를 근대의 방식으로 설계할 수 없었다는 것은 당연한 일입니다. 이 말을 하는 이유는 근대인인 우리가 근대 다음의 시대를 근대 다음 시대의 방식으로 설계할 수 없음을 밝히고자 하기 때문입니다. 우리는 근대인이므로 근대의 방식으로 다음 시대를 설계하면서 근대인의 그릇된

사고방식을 최소한으로 줄여야 하니 쉬운 일이 아닙니다.

쉬운 일이 아니라도 해야 하니 방법을 잘 알아야 합니다. 근대까지 이른 과정을 알고 근대가 어떤 시대인가 평가할 수 있어야 합니다. 근대를 이룩하고자 분투하던 시대의 노력을 제대로 이해하는 것이 특히 긴요한 과제입니다. 거기서 시대전환을 위한 투쟁의 방향과 전략에 대해서 많은 것을 배워야 합니다. 근대의 입구를 출구로 삼아야 합니다.

중세에서 근대로의 이행기 사상의 투사 홍대용이나 볼테르가 구상한 새로운 시대의 설계도는 그대로 실현되지 않고 많은 부분 폐기되었습니다. 폐기된 부분을 되살려 근대의 잘못을 시정하는 일차적인 대안으로 삼아야 합니다. 근대의 입구를 출구로 삼아야 하는 또 하나의 이유가 여기 있습니다.

중세에서 근대로의 이행기에는 중세와 근대가 공존했습니다. 이제 우리는 근대를 넘어서기 위해서 중세를 재평가하고 계승해야 합니다. 홍대용이나 볼테르 같은 중세에서 근대로의 이행기 사상 투사들이 지녔던 중세의 가치관과 사고방식은 근대에 대한 대안일 수 있는 조건을 잘 갖추었습니다. 그것을 찾고 이어야 합니다. 근대의 입구를 출구로 삼아야 한다는 셋째 이유, 가장 중요한 이유가 여기 있습니다.

그러나 근대의 입구를 출구로 삼는 것은 시작 단계의 작전입니다. 전투가 본격적으로 전개되면 방향을 돌려 새 길을 크게 열어야 합니다. 그러나 그것마저 우리가 할 수 있다고 자부하지 맙시다. 우리가 하는 학문의 시대적 위치와 한계를 알고 그 범위 안에서 최선을 다합시다.

교육의 바른 길

❑ 문 : 고등학교 윤리 교과서에 들어 있는 철학사는 재미없고 이해하기 어렵습니다. 왜 공부해야 하는가요?

❑ 답 : 서양철학사에 관한 지식을 열거했기 때문입니다. 고등학교 선택과목에 철학을 두자고 주장하는 사람들이 시험 삼아 만든 철학 교과서는 그런 폐단이 더 심합니다. 또 하나의 암기과목을 만든다는 비난을 들어 마땅합니다. 철학은 지식이 아니고 사고여야 합니다. 이치의 근본에 대해서 스스로 생각하고 논의할 수 있게 하는 것이 철학교육의 임무입니다. 철학이 따로 없어야 그럴 수 있습니다. 대학의 철학과를 없애고 철학이 모든 학과에 분산되어 모든 학문이 철학이게 하는 것이 마땅하다고 생각합니다. 철학을 따로 가르치지 말고, 고등학교에서 하는 여러 교과목이 모두 철학이게 하는 것이 적절한 대책입니다.

내가 하고 있는 학문은 철학으로 분류되지 않으므로 기존의 규범에 구애되지 않고 이치의 근본에 관한 문제를 자유롭게 다루어 스스로 마련한 견해를 제시합니다. 철학을 하는 면허를 얻고 철학을 생업으로 삼았다면 구속에서 벗어나기 어려웠을 것입니다. 철학을 하지 않기 때문에 철학을 합니다.

철학을 위해 철학을 하는 것은 철학을 무력하게 하므로 철학에 대한 배신입니다. 학문을 위해 철학을 하는 것은 더 낫다고 하겠으나 삶을 위해 철학을 하는 것보다는 못합니다. 삶을 위해 철학을 하려면 철학이 아닌 철학을 해야 합니다.

❑ 문 : 문학교육이 제대로 되지 않는 이유는 무엇인가요?

❑ 답 : 학생들이 스스로 기존의 작품을 읽고 생각하고 따지고, 비평

문을 쓰면서 자기 작품을 창작하는 즐거움을 교과서, 교사, 문제집, 시험 같은 것들이 막고 있습니다. 사고를 정형화하고 고착시키려고 해서 창조력을 죽입니다. 일찍부터 최대한 개방하고 자유롭게 해야 합니다.

작품을 접하는 범위가 한정되어 있어 세계문학을 널리 이해할 수 없게 하는 것도 잘못입니다. 제3세계문학은 소개되고 번역된 것이 많지 않고, 그나마도 교육에서 돌보지 않고 있습니다. 인도 고전희곡 칼리다사의 「사쿤탈라」(Sakuntala)는 중국 고등학교 공통교과서에 들어 있는데 우리는 관심을 가지지 않습니다.

세계문학사를 널리 가르칠 수 있는 교사가 배출되지 못하고 있습니다. 문학 교사를 따로 두는 것은 번거로우니, 국어교사가 국어 및 문학 교사임을 명백하게 하고, 세계문학에 대해서 널리 가르칠 수 있는 준비를 대학 시절에 하도록 해야 합니다. 교사를 양성하는 대학에 세계문학에 대한 강의가 전무한 실정을 시급히 타개해야 합니다.

❑ 문 : 저는 요즈음 한 가지 고민이 있습니다. 그것은 학교장으로 승진하기 위해 준비를 해야 할 것인가, 아니면 평생 교단에서 아이들을 가르치며 살아야 할 것인가 하는 고민입니다. 교사가 되기 위해 교단에 들어섰다면 마땅히 평생 아이들을 가르치는 데 신명을 바쳐야 할 것이라고 생각합니다. 그러나 시간이 흐를수록 그 생각이 점차 흔들리고 있습니다.

힘들게 수업을 하지 않아도 되며, 여기 저기 모임에나 나가 대접받는 교장 선생님들을 지켜보면 힘들게 교단을 지키는 원로 선생님들은 너무나 초라합니다. 아이들을 가르치는 교사가 대접을 받지 못하는 한, 평생 교단에서 아이들을 가르치고자 하는 결심은 흔들리지 않을 수 없습니다. 교단에 계시는 많은 선생님들은 아마도 이러한 저와 비슷한 고민을 하고 있을 것입니다. 이런 고민에 대해 선생님께서는 어떻게 생각하시는지 듣고 싶습니다.

❑ **답** : 교사와 교장 가운데 어느 쪽이 힘들고 편안하다고 말하기는 어려울 것입니다. 교장 노릇을 제대로 하려면 아주 많은 힘이 들 것입니다. 교사와 교장의 일 가운데 어느 쪽을 더 좋아하는가는 각자의 취향에 따라 다릅니다. 적성의 차이이므로 우열이 있는 것은 아닙니다.

대학의 경우도 그렇습니다. 나는 교수의 일을 택했으며 학장이나 다른 보직은 원하지 않습니다. 나는 회의보다 수업이 훨씬 좋습니다. 학생이 아닌 다른 사람들을 만나 시간을 소비하는 것은 아주 싫어합니다. 서류를 만들고 들여다보는 것은 질색입니다. 그래서 모든 보직을 극력 피하고, 정년을 앞둔 마지막 학기에도 수업을 열심히 하고 있습니다. 수업하러 들어가기 바로 전에 잠시 틈이 나서 이 글을 씁니다.

그런데 학생들과 나이 차이가 많아 호흡이 잘 맞지 않는 것은 고민입니다. 초등학교라면 이 문제가 더 심각할 것입니다, 중등학교는 그 다음이고. 그러니 교장이 되라는 말은 아닙니다. 정신연령의 차이를 줄이고 아이들과 잘 어울릴 수 있게 특별하게 노력하는 것이 긴요하다고 생각합니다. 그 대책까지 생각하시면 교사로 일관하는 것이 좋습니다.

❑ **문** : 요즘 교원평가제 실시를 놓고 교육부, 전교조, 교총, 시민사회단체, 언론 등 각자의 입장에 따라 대립과 반목이 심화되고 있습니다. 교원평가제를 찬성하든 반대하든 모두들 교육의 질 향상에는 동의하고 있습니다만, 교육의 질 개선을 위한 방법에서 현격한 이견을 드러내

고 있습니다. 예를 들면, 전교조에서는 현행승진제도인 교장, 교감의 교사에 대한 근무평정제도 폐지를 내세우는 반면, 교육부에서는 현행 근무평정제도를 유지하자고 하며, 전교조의 교장선출보직제도 도입 요구에 대해, 교육부에서는 교원평가와 별개로 처리하자고 합니다. 교원증원에 대해서도 전교조에서는 교원평가 실시에 앞서 교원 법정 정원충원을 요구하는 데 반해, 교육부에서는 교원의 단계적 충원을 주장하며, 교원수업시수에 대해서 전교조는 초등 20시간, 중등 18시간, 고등 16시간으로 표준수업시수 법제화를 요구하는 반면, 교육부에서는 단계적 추진만을 말합니다.

결국 교육부에서는 새로운 교원평가제도를 도입함으로써 교직사회에 경쟁을 통한 교육력 향상을 꾀하고, 장기적으로는 효율적인 교원경쟁체제를 통해 교원수급과 퇴출을 용이하게 하려는 것으로 보입니다. 이에 반해 전교조에서는 현행의 근무평정제도 등 제반 불합리한 제도를 그대로 둔 채, 또다시 새로운 교원평가제도를 통해 교원을 평가하는 것은 교원의 자율성을 침해하고 교원을 무력화 시키려는 의도라고 보고 있습니다. 이렇듯 서로간의 첨예한 대립 속에 교육부의 교원평가 시범실시 강행이 이루어지고 있고, 전교조에서는 연가투쟁으로 맞서 있습니다. 선생님께서는 직접 당사자가 아닌 입장에서 이 문제를 어떻게 바라보십니까?

❏ **답** : 모든 직업인이 평가를 받고, 대학교수 평가는 이미 명확하게 제도화되어 있는데(제도가 잘못되어 시정해야 할 부분도 있어 거듭 지적했습니다만), 중등 및 초등 교원은 평가받지 않겠다고 한다면 광범위한 지지를 얻는 데 실패합니다. 전교조는 교원평가를 참교육을 주장해온 취지에 맞도록 더욱 합당하게 하는 대안을 내놓고 널리 알리는

것이 급선무입니다.

전교조 홈페이지에서 '학교자치평가제'에 관한 제안을 읽어보았습니다. 작성자 개인의 의견인지 전교조의 공식 견해인지 우선 알고 싶습니다. 학교나 학급을 스스로 평가하는 데 그치는지, 교사 개개인에 대한 평가도 하겠다는 것인지 의문입니다. 교사의 부정이나 무능은 누가 어떻게 평가합니까? 교감이나 교장은 평가 자격을 주지 않는다는 말 같은데, 그렇다면 교감이니 교장이 있어서 무얼 합니까? 교감과 교장이 잘못 선임되는 것을 전제로 제도를 만들 수는 없습니다. 제기되는 의문이 이 밖에도 여럿 있을 것입니다. 널리 공감할 수 있는 평가안을 만들어 의문을 해소하고 장점을 부각시키는 홍보 활동을 해야 할 것입니다.

교원평가를 반대한다고 시위하고 농성하는 것은 좋은 방법이 아닙니다. 그런 행동이 역효과를 내서 교원평가가 반드시 필요하다고 생각하게 만듭니다. 과격한 투쟁을 하는 주동자들은 반드시 엄격한 평가를 거쳐 불이익을 주어야 한다고 생각하게 만듭니다. 교사들의 투쟁 방법은 일반 노동자나 학생과 달라야 합니다. 급격한 투쟁으로 획기적인 변화를 얻어내리라고 생각하는 것은 착각입니다. 문제를 분명하게 하고 지금까지의 잘못을 검토하고 바람직한 방향을 제시하는 노력이 필요합니다. 바람직한 변화는 오랜 기간에 걸쳐 서서히 옵니다. 전교조가 여론의 지지를 잃고 급속하게 약화될 조짐이 보여 안타깝습니다. 모험주의가 득세한 결과 자충수를 남발해 몰락의 길을 가고 있습니다. 비난하려고 하는 말이 아니고 도와주기 위한 충고입니다.

수능시험, 각 대학 논술고사, 구술고사에 대한 검토 평가서를 매년 책자로 만들어 널리 배부하는 것이 반드시 해야 할 일이라고 교사들의 모임에서 기회 있을 때마다 말했습니다. 교과서에 대한 검토 평가까지 하면 더 좋습니다. 그렇게 하려면 교육의 장래를 바람직하게 이끌어가는 깊은 연구가 있어야 합니다. 교과서 집필도 시도할 일입니다.

『세계의 교원평가』, 『세계의 입시제도』 같은 책을 만들어내고 우리 경우에는 어떻게 해야 하는가 말한다면 얼마나 좋겠습니까? 정당성 경쟁에서 우위에 섰다고 인정되면 교육부와의 싸움에서 반드시 이기고, 교육부가 크게 달라지지 않을 수 없게 할 것입니다. 전교조 지도부가 거리의 투사에서 미래의 설계사로 바뀌어야 합니다. 이론적 지침이 있어야 합니다. 참교육이라고 말만 많이 하고 체계화해서 논하지는 않았습니다. 참교육이 과연 무엇인지 납득할 수 있게 풀어 밝히고 갖가지 반론에 응답하는 저작을 내놓아야 합니다. 그 책은 세계 교육학의 새로운 고전이며 민족과 인류의 미래를 슬기롭게 설계하는 예언서이어야 합니다.

관심의 확대

❑ 문 : 전 한국 대중가수 서태지라고 해요. 우리 판소리를 대중가요에 접목시키려 하는데 어렵군요. 판소리의 가장 흥미로운 부분은 무엇인가요? 그리고 판소리를 대중가요에 어떻게 하면 재미있게 접목시킬 수 있나요?

❑ 답 : 판소리는 음악이 장단이나 음색, 가창법 등에서 아주 폭이 넓어 많은 것을 표현할 뿐만 아니라 다른 특징도 가져 대단한 인기를 얻습니다. 판소리는 노랫말이 문학이면서 노래는 음악입니다. 청중의 반응에 따라 노랫말과 노래를 즉석에서 개작해 부를 수 있는 것이

커다란 장점입니다. 예컨대 박동진의 어사 출도 장면은 부를 때마다 다릅니다. 노랫말을 자유자재로 지어낼 수 있는 능력이 있어야 명창입니다. 또한 광대의 창을 반주하는 고수가 추임새를 넣으면서 상대역의 구실을 합니다. 그래서 두 사람이 하는 연극처럼 진행됩니다. 고수가 하는 일이 중요해서 "일고수 이명창"이라는 말이 있습니다. 이런 특징을 대중가요에서도 갖출 수 있다고 봅니다. 용기를 가지고 시험할 일입니다.

❑ **문** : 국어교육을 공부하는 학생입니다. 교육 석사 논문으로 단락에 관해 썼습니다. 그러나 자꾸 아쉬움이 남습니다. 단락이라는 언어 단위가 원체 자의적이다 보니, 단락의 언어 층위를 어떻게 정해야 할까 고민입니다. 선생님께서는 단락의 단위를 어떻게 생각하고 계시는지 궁금합니다.

❑ **답** : 나는 글을 쓸 때 한 단락에 셋 이상 다섯 이내의 문장이 들어가도록 합니다. 지금 나와 있는 『한국문학통사』의 단락은 너무 길어 제4판에서는 줄입니다. 한 단락과 다음 단락 사이에 접속사를 넣지 않고 논리적인 연결이 잘되는 것이 이상입니다. 이런 정도의 경험담을 넘어선 이론적 일반화는 하지 못해 미안합니다.

❑ **문** : 사후세계에 대해서 정말 알고 싶습니다. 물론 가장 확실한 사실은 죽고 난 뒤에 가장 확실하게 알게 되겠지만, 살아서도 사후세계에 대해서 알 수 있을까요? 그리고 자살에 관련해서도 여쭙겠습니다. 자살이 정말 죄라고 생각하시는지요? 생활고나 순간적인 충동이 아닌 정말 자신의 철학적 결단에 의한 자살은 용납이 될 수 있지 않을까요?

❑ 답 : 사람이 죽으면 氣가 흩어지고 아무 것도 없으며, 귀신이라는 것은 氣의 작용을 두고 하는 말이라고 한 서경덕의 철학을 나는 따르고 있습니다. 삶을 누리는 것이 善이라고, 서경덕의 철학을 이어서 홍대용과 박지원이 생각한 데 전적으로 동의합니다. 사람뿐만 아니라 금수나 초목도 또한 그렇습니다. 초목이나 금수도 누리고자 하는 삶을 사람이 포기하는 것은 참으로 부끄러운 일입니다. 어떤 악조건에서도 살아가는 것이 떳떳하고 자랑스럽습니다. 자동차가 마구 지나다니는 길에 나서 온갖 고초를 겪으면서 자라고 꽃을 피우는 풀을 보기 바랍니다. 커다란 감동을 느끼리라고 생각합니다.

❑ 문 : 『카타르시스 · 라사 · 신명풀이』를 보니 영화 「서편제」가 카타르시스를 따르고 있다고 나무랐는데, 임권택 감독이 근래에 다시 만든 「춘향뎐」이나 「취화선」은 신명풀이를 갖추지 않았는가요?

❑ 답 : 「춘향뎐」과 「취화선」에는 신명풀이를 일으키는 요소나 기법이 어느 정도 들어가 있습니다. 그러나 작품을 구성하는 내용 자체는 너무나도 단조롭고 평면적입니다. 배경이 되는 경치를 잘 만들고 판소리를 삽입하는 등의 수법으로 흥미를 끄는 것은 부차적인 방법입니다. 작품의 가치와는 거리가 있습니다.

「춘향뎐」에서 한 예를 들면, 변학도의 명령을 받고 번수들이 춘향을 잡으러 가는 대목을 봅시다. 비탄에 잠겼던 춘향이 반색을 하면서 번수들을 맞이하고 다정한 말로 마음을 녹여 번수들이 그냥 돌아서게 하지 않고, 월매가 돈으로 매수하도록 해서 원작을 망쳤습니다. 춘향의 다면적인 성격을 함부로 단순화하고 복잡하고 미묘한 상황을 상식 수준으로 끌어내렸습니다. 오늘날의 관객도 변학도가 춘향의 미모를 탐내듯이 춘향을 구경하라고 하는 처사입니다. 춘향이 겪는 치열한 삶은 무시하고 춘향을 물건처럼 취급해 좋아한다면 영화를 만든 사람이나 보는 사람도 변학도와 다를 바 없습니다. 변학도를 나무랄 자격이 없습니다. 변학도에 대해서 반감을 가진다면, 그것은 질투일 따름입니다.

「취화선」에는 장승업에게 예술세계로 안내하고 그림의 원리를 가르치는 선비가 있어 장승업이 스스로 고민하는 것이 바보스럽게 되었습니다. 야단스럽게 성행위하는 장면을 자주 넣어 장승업의 거동을 우스꽝스럽게 만들기도 했습니다. 환쟁이는 어리석고 선비는 슬기롭다는 헛된 관념을 재확인하니 개탄할 일입니다. 장승업을 멸시하고 괴상하게 여기던 그 당대 잘난 사람들의 허세를 옳게 여기도록 합니다. 영화에 나오는 장승업의 그림은 기운생동하는 맛은 전혀 없는 가짜인 것도 큰 잘못입니다. 장승업의 번민과 환희를 그림에서 핍진하게 보여주지 않아 장승업이 무엇을 한 사람인지 끝내 이해할 수 없게 했습니다. 장승업이 알았으면 통곡할 일입니다.

모차르트의 음악은 전혀 들려주지 않고 살리에리라도 손쉽게 작곡할 수 있는 유사품을 이용해 「아마데우스」를 다시 만들면 어떻게 될까요? 모차르트 또한 장승업처럼 단순한 바보가 되고 맙니다. 범속한 일을 야단스럽게 하는 별난 사람에 대해서 관심을 가지는 것은 대개 어리석음을 멸시하고자 하기 때문입니다. 잘난 사람들이 예술가에 대해서 그런 관심을 가지면서 근심도 하고 동정도 하는 풍조에 대해서 진정한 예술작품은 철퇴를 내립니다. 그런 작품을 보거나 듣거나 읽으면 온몸이 전율하는 것이 그 때문입니다.

모차르트나 베토벤의 음악, 미켈란젤로의 조각이나 고호의 그림과 마찬가지로, 「춘향전」 원작도, 장승업의 그림도, 진정한 명창의 판소리도 그런 경지의 예술입니다. 그런데 임권택의 영화에 들어가면 모두 생기를 잃습니다. 화려한 경치, 떠들썩한 행진, 절묘한 소리 같은 것들의 겉치레에 질려 숨을 쉬기 어렵게 됩니다. 임권택의 영화는 위대한 예술이기를 바라는 기대를 짓밟고 예술 훼손하기를 능사로 삼아 예술가를 조롱하면서 흥밋거리로 삼는 사람들의 편에 섭니다.

춘향이나 장승업이 자기 삶을 개척하는 주역이 되고 고민하고 충돌하는 데 자기도 같은 처지라고 생각하는 관중이 분노하면서 동참해야 진정한 신명풀이가 이루어집니다. 두 사람 마음속으로 들어갈 수 있는 통로를 막고 밖에서만 놀게 해서 신명풀이가 겉돌게 했습니다. 전통예술의 본질을 이해하지 못하고 구경거리로나 이용해 관심을 끌고자 하는 소재주준의 수준을 넘어서지 못했기 때문에 그렇습니다. 탈춤 추는 장면을 그리면 전통을 살린 그림이라고 할 수 없는 것과 같습니다. 전에 만든 「서편제」와 함께 이 두 작품도 무얼 모르는 관객이나 한국예술을 과소평가하고 있는 외국인이 신기한 구경거리라는 이유에서 관심을 가지는 것이 작품의 가치는 아닙니다.

임권택 감독이 자기 생각대로 작품을 꾸준히 만든 그 끈기와 정열은 높이 평가합니다. 훌륭한 본보기를 보였으므로 치열한 논의의 대상이 됩니다. 그러나 임권택의 한계를 알아야 다음 사람은 더 나아갑니다. 태산이 앞을 가려 갈 길이 없다고 생각하지 말아야 합니다. 염려할 것은 아닙니다.

임권택만 잘못했다는 것은 아닙니다. 내가 해온 학문연구도 극복의 대상이 되어야 합니다. 무엇을 어떻게 극복해야 하는지 내가 스스로 알지 못하고 논할 것이 아니므로, 내가 임권택에 관해 말하듯이 내 학문에 대해 말하는 후진이 나와야 합니다. 나무라는 글을 읽고 내가 생각을 바꿀 것은 아닙니다. 그 글은 나를 위한 것이 아니고 다음 작업을 하는 사람들에게 소용됩니다. 방향 전환을 위한 주장보다 실제 작업이 더욱 소중합니다. 너무 많은 논저를 내서 장황한 논의를 편 수다스러움을 「집으로」처럼 절제되고 집약된 언사를 써서 일거에 뒤집는 가장 고결한 시인 수준의 학자가 나오리라고 기대해봅니다.

좋은 질문 덕분에 오랜만에 신명나는 글을 썼습니다. 질문자와 내가 만나 지금 신명풀이를 하고 있습니다. 기분이 아주 좋아 이 글을 읽고 또 읽고 고칩니다. 그러나 자화자찬은 해롭습니다. 질문자나 다른 사람이 자화자찬을 깨우쳐주는 놀라운 말을 다시 던지면 소스라쳐 놀라 이 글이 잘못되었다고 고백하고 다시 응답하겠습니다. 그때까지 혼자 춤을 추고 있다면 슬픈 일입니다. 신명풀이는 혼자서 할 수 없습니다.

❑ 문 : 『영어를 공용어로 하자는 망상』을 읽고 언어사용에 복잡한 문제가 있음을 알게 되었습니다. 정말 우리 한국은 언어와 문자만을 생각하면 참으로 복 받은 나라로 생각합니다. 민족은 문화공동체로서 그 요건은 언어라는 말씀은 참으로 공감이 갑니다. 전체적인 내용은 매우 신선하고 감동적입니다. 그러나 몇 가지 의문이 있습니다.

현재 아프리카에 가장 많은 천여 종의 언어가 상존하는 현상이 바람직한 현상이라고 할 수 있는지, 언어의 다양성 면에서 유럽과 북미대륙이 가장 낮은데 이들 지역이 세계적으로 가장 부유하게 살고 있음은 어떻게 해석해야 하는지요? 소수 민족어의 소멸은 매우 안타깝지만 자연스러운 현상으로 해석할 수는 없는지요?

생물종과 언어 다양성의 문제를 같은 선상에서 취급하신 것은 약간의 논리적 비약은 아닌지요? 인간의 행위로 생물종이 소멸되는 현상은 지구의 생태계를 파괴하여 그 결과가 인류의 생존문제에까지 미친다는 우려 때문이고, 자연스러운 생물종의 출현과 소멸은 지구 역사에서 항상 있어 온 것입니다. 언어의 소멸은 인류 문화에 국한된 문제로서 인류의 생존과는 무관한 것이 아닌가요?

공동의 교통어 몇 가지, 공동문어, 국어 또는 공용어 그 외에 지역어까지 익힌다는 일은 아무리 노동시간이 줄고 교육시간이 증대된다 해도 기대하기 너무 어렵지 않을까요? 인문학에서는 그럴 수도 있겠으나 자연과학이나 이공계통에서는 한 가지 교통어로 충분하지 않겠나 생각합니다.

❑ **답** : 제 책을 숙독하시고 논평과 질문까지 보내주셔서 참으로 감사합니다. 질문에 대답하려면 원론적인 논의를 좀 더 펴야겠습니다.

모든 언어에는 그 언어를 사용하는 사람들이 오랜 기간 동안 축적해 온 문화가 담겨져 있습니다. 어느 지역의 특수한 환경이나 자연에 대한 인식은 그 지역에서 오래 살아온 사람들이 자기 언어 속에 간직하고 있습니다. 그 언어가 소멸되면 그 지방 자연과의 연결이 끊어집니다.

한 예를 들지요. 산나물을 가려서 채취하는 지혜는 참으로 소중한 자산입니다. 우리말이 지방 방언의 형태로 보존되는 조건에서만 누천년 시행착오를 겪으면서 축적해온 산나물에 관한 지식이 일반 주민들 사이에서 전수됩니다. 표준말만 사용하고, 더욱이 영어를 쓰게 되면, 식물분류학의 전문지식을 가진 극소수의 학자만 산나물에 대해서 알 수 있습니다. 그런 사람들이 산나물을 식용으로 채취해서 식탁에 올리지는 않을 것입니다. 그래서 어떤 첨단과학보다 더 소중한 산나물에 대한 지식이 사라지고 맙니다. 그래도 좋겠습니까?

언어가 소멸되면 문화도 사라져 인류 전체로 보면 그만큼 손해가 됩니다. 아무리 소수가 사용하는 언어라도 그 가치는 다수가 사용하는 언어와 원칙적으로 동일하므로 버릴 수 없습니다. 인류가 이룬 문화의 다양성은 생물종의 다양성보다 오히려 더욱 소중합니다. 개체수가 적은 종은 사라져야 마땅하다고 할 수는 없지요.

소수 언어 사용자들은 그 언어만으로는 생활을 영위하기에 불편하므로 인접한 다수자 언어를 배워 함께 써야 하는 것은 불가피합니다. 그러나 그 때문에 자기 언어를 버려야 할 이유가 없습니다. 시간 여유와 능력에 따라 여러 언어를 익혀 사용하는 것은 바람직한 일입니다.

책을 쓴 뒤에 웨일스(Welsh)어의 사례를 공부하게 되어 책에서 다루지 못한 실수를 통감하고 있습니다. 7백 년 전에 영국에게 병합된 웨일스 사람들은 지금도 자기 언어를 지키면서 민족문화를 보존하고 주체성을 키웁니다. 웨일스어로 문학 창작을 하자는 운동이 근래 더욱 열기를 띠고 있습니다. 『웨일스문학사』 말미에서 웨일스문학은 영미문화가 세계를 획일화하지 못하게 막는 사명을 지니고 있다고 했습니다.

❑ 문 : 제가 하고 싶은 이야기는 문화제국주의의 횡포가 경계의 대상이 아니라는 것이 아니고 좀 더 멀리 넓게 생각하면 언어라는 것도 하나의 생물학적 형질이 아니겠나 하는 이야기입니다. 의사소통이 인간만의 고유 현상이 아니고 모든 동물이 다양한 형태로 개체간에 이루어지고 있다고 동물행동학에서 이야기합니다. 그리고 제가 단일언어에서 분화되어 다양성이 증가했다고 생각한 것은 진화생물학의 관점입니다. 즉 기존 종의 모집단으로부터 유리된 소수의 개체군이 새로운 환경에 도전하는 과정에서 신종이 출현한다고 하는 진화생물학의 이야기가 맞다면 언어 역시 어느 소수의 개체군에서 사용한 단일언어로부터 분화된 것이 아니겠나 하는 것입니다. 과거 언어 계통의

소급이 어디까지 가능할지 모르겠으나 분기 현상을 따라 소급하면 결국 어느 하나의 원초적인 언어로 귀착되지 않을까 하는 다만 호기심에서 말씀드린 것입니다.

그리고 언어의 다양성은 문화사적 관점에서는 인류 조상들의 지혜가 담긴 것이어서 보존가치가 있다고 하겠으나 문화유물로서의 가치 이상으로는 보기 어렵지 않을까 생각합니다. 인류 전체의 문명이나 문화를 동등하게 누리고 공유하는 데는 실용성 면에서 매우 큰 장애가 되기 때문입니다. 과거 일본의 제국주의 언어정책처럼 강제적인 침탈 현상으로 나타나는 것은 참기 어려운 일이겠으나, 어느 단위 국가에서든 지역적인 방언을 줄이고 표준어를 교육시켜 국어로 사용하는 것은 규모의 크고 작은 차이가 있을 뿐 결국 같은 현상이 아닌가 하는 생각입니다.

❑ **답** : 문제를 다시 제기해주셔서 감사합니다. 언어가 단일기원에서 생겼는지는 알 수 없는 일입니다. 현재까지 확인될 수 있는 범위 안에서는 몇 개의 어족이 공통된 근원을 가진 언어를 사용하다가 시대가 흐르면서 이질화를 경험한 것으로 봅니다.

개별언어만으로는 의사소통이 되지 않아 중세에는 한문 · 산스크리트 · 아랍어 · 라틴어 같은 공동문어를 사용해 동일한 문명을 이룩했습니다. 공동문어는 개별 언어를 위협하지 않고 발전을 촉진했습니다. 민족어가 표준화되고 국어가 되는 과정에서 언어가 통일되고 방언차이가 줄어들고, 소수자의 언어가 위협받거나 소멸되기도 했습니다. 그것은 생물의 진화와 상통하는 현상이라고 하겠습니다. 후유증이 문제가 되기는 해도 어느 정도 불가피하며 긍정적인 의의가 있는 일이었습니다.

오늘날 세계를 휩쓰는 문화제국주의는 피해자의 언어를 급격하게 무리하게 소멸시키고 있어, 자연적인 진화와는 다른 인위적인 환경파괴와 상통하는 참사를 일으킵니다. 이 경우를 특히 경계하고 비판해야 합니다.

최근의 사태를 보고

❑ 문 : 이명박 대통령이 취임하자 미국 쇠고기 수입을 반대하는 촛불집회와 가두시위가 계속되고 있습니다. 이에 대해서 어떻게 생각합니까?

❑ 답 : 좋은 질문을 받고 하고 싶은 말을 하게 된 것을 감사하게 생각합니다. 사안이 중대해 가볍게 언급할 수는 없군요. 사태 전반을 올바르게 파악하기 위해 필요한 전제를 먼저 말하기로 합니다. 생극론의 정치철학을 제시하면서 오늘날의 문제를 고찰하고 해결의 방향을 제시하고자 합니다. 쓰다보니 너무 길어지고 몇 대목을 더 보태 미안하게 생각합니다.

정치에 표면과 이면이 있습니다. 표면은 법으로 제도화하고, 선거로 선출된 담당자가 운영의 권한과 책임을 가진 공식화된 영역입니다. 이면은 다양한 형태의 여론 매체 또는 전달 수단을 매개로 움직이고 집단행동으로 표출되기도 하는 비공식적인 영역입니다. 표면과 이면은 균형을 이루고 보완하는 관계를 가지기를 바라지만, 불균형이 심해지고 지향점이 어긋나 충돌할 수 있습니다.

정치에 좌와 우 또는 좌파와 우파가 있습니다. 상대방은 좌파 또는 우파라고 비난하고 자기는 그 어느 쪽도 아니며 순수하다고 하는 것은 좌파와 우파가 갈라져 있는 증거입니다. 좌파는 모두 체제 전복을 기도하는 친북좌파이니 몰아내야 한다고 외치고, 색깔논쟁을 하는 것은 군부독재 시절에 우파가 하던 추악한 짓이라고 극력 나무라기까지 할 만큼 싸움이 악화되어 있습니다. 좌파와 우파가 갈라져 있는 사실을 있는 그대로 인정해야 논의가 정상화됩니다. 극좌에 대한 반감으로 좌파를 단죄하고, 극우에 대한 혐오를 들어 우파를 매도하는 논법은 사용하는 쪽이 열세이게 합니다.

좌파와 우파가 갈라져 상극의 관계를 가지는 것은 잘못이 아니고 당연한 일입니다. 좌파나 우파 가운데 어느 하나는, 또는 둘 다 없어야 한다는 무리한 주장을 하지 말고, 현실을 현실대로 인정하고 둘의 다툼을 어떻게 해결해야 하는지 진지하게 고민해야 합니다. 둘은 상극이어서 상생일 수 있습니다. 좌파는 우파에 이기기 위해 우파에서 필요한 것을 받아들이고, 우파 또한 좌파에 이기기 위해 좌파에서 필요한 것을 받아들이면 상극이 상생이 됩니다. 그 결과 중도에 근접하거나 도달하기를 기대합니다.

나는 좌파와 우파를 함께 인정하고 비판하면서 넘어서는 중도에 서고자 합니다. 나를 두고 좌파는 우파라고, 우파는 좌파라고 비난해온 것이 중도로 인정된 증거입니다. 좌파냐 우파냐에 따라 정반대의 주장을 펴기까지 하는 판국에 중도가 있어야 사태를 바로 파악하고 시비를 가릴 수 있습니다. 기회주의적인 임기응변을 한다고 오해하지 말기 바랍니다. 조상 전래의 지혜를 물려받아 내 학문의 기본원리로 삼는 생극론은 중도로 나아가기 위한 철학입니다. 우파에서 선호하는 상생을, 좌파에서 주장하는 상극과 합쳐 상생이 상극이고, 상극이 상생이게 하는 것이 요체입니다.

매일 밤 촛불집회와 가두시위가 계속되는 지금의 사태는 길게 말하면 복잡해지기만 합니다. 표면과 이면, 좌파와 우파를 좌표로 삼아야 명확하게 이해됩니다. 우파가 선거에서 승리해 표면을 차지한 것을 지나치게 평가하고 뜻한 바를 시급하게 실현하려고 하다가 실수하고, 좌파가 이면에서 조성되는 자연발생적 반감을 집결해 일제히 반격하게 되었습니다. 우파의 일방적인 우세를 깨고 양파가 균형을 이루다가, 마침내 좌파가 더 큰 힘을 가지는 데 이르렀습니다.

대통령직인수위원회에서 영어로 교육을 하겠다고 하고, 요직 인선을 친소관계에 따라 하고, 미국과의 쇠고기협상을 성급하게 추진하다가 실리가 손상되게 한 것이 누구나 알고 있는 실수입니다. 북한과의 관계 단절도 추가할 수 있습니다. 깊이 생각해보아야 할 더 큰 실수는 표면만 장악하면 정치를 마음대로 할 수 있다고 생각하고 이면을 무시한 것입니다. 인터넷 보급의 확대 등의 이유로 이면이 크게 성장한 것을 알지 못해 염려도 대비도 없었습니다.

텔레비전 특집방송을 먼저 내보내고, 어린 학생들이 촛불 집회를 열고, 일반 시민이 가세하고, 노동자들이 들고일어나고, 종교계가 나서고 하는 순서로 진행된 움직임은 정확한 계산의 결과라고 하기는 어려우나 널리 모범이 될 만한 투쟁 방법이라고 할 수 있습니다. 표면의 대응은 무력해 무엇이 어떻게 되는지 잘 알지 못하면서 이끌려 다녔습니다. 쇠고기 수입에 관한 추가협상을 해서 문제를 상당한 정도로 해결하고, 폭력 시위를 엄단하겠다는 것만으로는 사태를 역전시키기에 역부족입니다. 그 이상의 대책이 없어 난감하게 여기면서 시간의 경과나 기다리고 있는 형편입니다.

그러나 좌파가 승리하고 우파가 패배하고 있다고 이해하고 말 것은 아닙니다. 우파는 패배를 통해 얻은 것이 있습니다. 추가협상을 하기로 작정하고 유리하게 이끌 힘을 얻은 것이 뜻밖의 소득입니다. 스스로 할 수 없는 과업을 상대방의 공격을 이용해 성취했습니다. 씨름의 한 장면을 보는 것 같습니다. 효과가 일회용으로 그치지 않고, 무슨 일이든지 성급하게 추진하지 말고 여론의 지지를 얻어야 한다는 것을 절실하게 깨닫지 않을 수 없게 되었습니다. 이런 교훈을 다행히도 집권 초기에 얻어 노력하기에 따라서는 더 큰 실수는 하지 않을 수 있게 되었습니다.

좌파는 사태를 장악하고 있는 것 같지만 얻는 것이 없습니다. 쇠고기 추가협상을 규탄하고 재협상을 해야 한다고 계속 주장하는데, 두 협상이 실질적으로는 그리 다르지 않고, 재협상은 혼자 한다고 하면 되는 것이 아니고, 재협상에서 미국과 충돌하면 득실이 어떨지 불분명합니다. 소리 높여 주장하는 바가 반대를 위한 반대가 아니고 국정 수행을 위해 더 나은 대안이라고 스스로도 자신 있게 말할 수 없습니다. 그 때문에 상대방에 주고자 하는 타격이 자기 쪽으로 돌아갈 수 있습니다.

정권퇴진을 주장하기까지 하는데, 대안이 무엇인지 더욱 의심스럽습니다. 대통령을 바꾸어 우파의 집권을 연장시키자는 말은 아닐 것입니다. 조금 전에 정권을 내놓은 통합민주당의 재등장을 원하는가요? 통합민주당은 선거 패배를 자초한 과오를 청산할 겨를을 얻지 못했으며, 이번 사태에서 아무 일도 하지 못하고 있습니다. 정치의 표면에서 야당 노릇을 해야 하는 의무를 저버리고 이면의 집단행동에 가담해 몇 십 명의 인원을 보태기나 해서 존재의의를 잃고 있습니다.

표면에 대한 이면의 승리를 관철시키는 혁명을 일으킬 것인가요? 쇠고기협상 실패를 이유로 혁명이 일어난다는 것은 생각할 수도 없는 일입니다. 준비도 조직도 방향도 없는 혁명은 혼란이나 일으키다가 자멸을 가져올 따름입니다. 그것은 민족의 자멸이고, 역사의 자멸입니다. 역사에는 우연이 있다고 해도 운명의 장난이 이 정도로 심해지지는 않을 것입니다.

위의 여러 추정이 타당하지 않다면 해답이 하나만 남습니다. 장차 어떻게 하겠다는 계획 없이 사태를 계속 악화시켜 정부를 무력하게 만드는 것이 목표라고 할 수 있습니다. 이렇게 해서 무엇을 얻으려고 하는가요? 우파에 대한 좌파의 우위를 확보하고자 할지 모르나, 좌파의 정당성을 스스로 부인하는 결과에 이릅니다. 정부가 무력해져 경제 파탄이 확대되면 손해가 좌파 지지자들에게 더욱 심각하게 닥칩니다. 남북관계를 정상화하기 위해서도 정부가 정신을 차릴 수 있어야 합니다. 모욕을 주어 굴복하게 하자는 것은 아주 잘못된 계산입니다. 좌파는 사리 판단을 제대로 하지 못하는 무책임한 트집쟁이라고 이해되는 것이 결정적인 손해입니다.

이면의 집단행동은 승리를 구가하면서 패배의 길로 가고 있습니다. 놀라운 수준의 투쟁 방식을 이루고자 하는 목표와 맞지 않게 사용해 낭비하고 있습니다. 소중하게 간직하고 있다가 더 크게 써야 합니다. 정부가 결정적인 잘못을 저지를 때 진정한 가치를 발휘하면서 활용해야 합니다. 세력 과시를 위한 기동훈련을 길게 하면 전열이 와해되고 불신이나 자아냅니다.

지금 좌파에서 해야 할 일은 명백합니다. 우파의 잘못을 시정하는 대안을 마련하고 실천 가능하게 가다듬어 다음의 집권을 준비해야 합니다. 이면의 역량으로 표면까지 바꾸는 최상의 방안을 마련해야 합니다. 다음에는 정권이 다시 교체되는 것이 순리입니다. 정권 교체를 바람직하게 이룩해 일을 잘하기 위해 얼마나 많은 준비와 노력이 필요한지 깊이 생각해야 합니다. 상대방의 손해가 곧 자기 쪽의 이익이라는 놀부 심술은 옛날 이야기이기나 해야 합니다.

이런 판단을 어느 지도자나 조직이 담당해 작전을 짜고 지시를 내릴 수 있는 상황이 아닙니다. 식견과 지식을 상당한 정도로 갖추었다고 인정되던 인사들도 군중을 이끌려고 하지 않고 뒤를 따르면서 지탄이나 면하려고 합니다. 군중이 어디로 가는지도 모르게 움직이는 우중이 되지 말고, 인식의 주체가 되어 스스로 깨닫는 것 외에 다른 길은 없는 것 같습니다. 시위 군중의 범위를 넘어선 한층 광범위한 민중의 슬기로운 판단에서 최상의 강령이 도출되어야 합니다. 그렇게 하기 위해 지금 내가 하고 있는 것 같은 논의를 풍성하게 하면서 활발한 토론을 전개해야 합니다. 우선 이 글이 널리 알려지기를 바랍니다. 누구든지 퍼날라 화제에 올리기를 기대합니다.

정권 교체가 혼미를 다시 가져오고 사태를 더욱 악화시키는 것은 악몽입니다. 좌우 양파가 실수 경쟁을 계속하면 어떻게 되겠습니까? 사태가 그 반대로 전개되어 더 큰 희망을 실현할 수 있기를 간절하게 바랍니다. 좌파와 우파의 상극을 상생으로 만들어 중도를 실현하기 위한 선의의 경쟁을 하는 원대한 목표를 세우고 한 걸음씩 나아가야 합니다.

우리는 거듭되던 시련을 이겨내고 이제 생기가 돌고 의욕이 넘치는 새로운 시대에 들어서고 있습니다. 세계를 선도하는 발상과 창조를 다채롭게 마련해 빛나는 미래를 맞이하려고 합니다. 상극이 상생이게 하는 작업을 광범위하게 벌여 이룩하는 성과입니다. 그런데 오직 정치의 좌우 양파는 상생이 상극이게 하는 악습을 버리지 못하는 책임을 서로 전가하면서 함께 제동을 걸어 후퇴를 강요하니 통탄할 일입니다.

토론

❏ 문 : 선생님의 글을 보면, 복문이어야 할 것을 단문으로 쓰고, 접속사를 생략한 경우가 많다. 무슨 까닭인가?

❏ 답 : 글을 되도록 간명하게 쓰고자 하기 때문이다.

❏ 문 : 이해에 지장이 있지 않는가?

❏ 답 : 어렵지 않게 여기고 가벼운 마음으로 접근하는 독자가 자기 나름대로 생각하면서 읽기를 바란다. 공백 메우기가 흥미롭고 유익하리라고 여긴다. 토론의 기록은 전문이 아니고 요지이므로 생략이 더 많다.

❏ 문 : 통일에 대한 견해는 누가 묻지 않았는가?

❏ 답 : 묻지 않아 말할 기회가 없었다.

❏ 문 : 어떻게 생각하는가?

❏ 답 : 급격한 변동이 일어나면 참사로 이어질 염려가 있고, 외세의 개입으로 통일이 더욱 지연될 수 있다. 남북이 두 체제를 유지하면서 오랜 기간에 걸쳐 서서히 근접하고 격차를 줄여야 한다는 데 동의한다. 문화공동체나 사회공동체를 먼저 만들면서 경제공동체로 나아가고, 정치공동체에까지 이르는 것은 먼 장래의 과제로 삼아야 마땅하다. 이렇다는 것이 빈 말이 아님을 입증하려면 두 가지 조처를 해야 한다. 북쪽에 있었던 재산에 대한 남쪽 사람들의 소유권을 포기하고, 북쪽 당국자들을 중벌로 다스리도록 규정한 법률을 폐지해야 한다.

❏ 문 : 「大國倔起」라는 것을 텔레비전에서 방영할 때 흥미롭게 보았다. 어떻게 생각하는가?

❏ 답 : 중국이 뜻한 바 있어 만든 야심작임을 알고 보아야 한다.

세계를 지배한 역대 대국의 교체를 살피면서 다음에는 중국이 나선다고 기대하고 준비하겠다는 것이 제작 의도라고 할 수 있다. 자기네 국민 교육용인데 수출에서도 성공해 중국의 시대가 오는 것처럼 생각되게 한다. 심취해 보면서 우리도 대국이 되어야 하겠다고 다짐하면 이중의 오산이다. 우리는 대국일 수 없다. 대국이 세계를 지배하는 시대는 끝나고 있다.

군사력이 으뜸일 때에는 나라가 크거나 식민지가 많은, 문자 그대로의 대국이 지배력을 행사했다. 이제는 몇 백만 대군을 거느리고 있는 나라가 두렵다고 한다면 착각이다. 전쟁을 해서 승패를 가리지는 않는 시대가 되고 있다. 대세를 역행하면 미국이 아프가니스탄에서 겪고 있는 곤경이 다른 나라에도 닥친다.

이제 군사력의 자리를 경제력이 차지한다. 경제력은 창조적인 능력을 가지고 신명 나게 일해야 생겨난다. 창조적 능력은 단일하지 않고 다양한 길이 있다. 경쟁의 양상이 복잡해지니 대국이 여럿 공존하게 마련이고, 그 어느 강자도 패권을 차지할 수 없다. 대국의 힘이나 위상이 그만큼 줄어든다. 크기에서는 대국일 수 없는 중소국이라도 창조적 능력에서 자기 장기를 발휘해 어느 분야 경제력에서는 선두에 나설 수 있다.

우리는 대국이기를 바라는 환상을 버리고 중소국의 장점을 살리는 방안을 찾아야 한다. 「中小國覺醒」이라는 것을 만들어 「大國倔起」에 대한 대응 논리를 펼 만하다. '倔起'는 정해진 순서를 밟지 않고 예상 이상의 출세를 해서 우뚝한 위치에서 남들을 내려다보는 것을 의미한다. '覺醒'은 지위나 서열이 달라지는 것은 바라지 않고 내적 충실에 힘쓰면서 자기 능력을 최대한 발견하고 발현하는 것이다.

❏ 문 : 중소국이 각성해도 나라가 크고 작아 생기는 마찰은 계속 남지 않는가?

❏ 답 : 크기로 힘을 과시하려는 착각이 남아 있어 말썽을 일으킬 수 있다. 대국이 여러 중소국으로 나누어지면 피차 유익하다. 미국의 주나 중국의 성이 독립하고 러시아나 인도도 같은 방식으로 나누어진다고 생각해보자. 그래서 생겨나는 수많은 나라가 모두 중소국의 각성을 자랑으로 삼아 평화와 번영을 함께 누릴 수 있을 것이다. 대국에 집착하는 환상이 헛된 줄 알면, 누구도 반대할 수 없는 좋은 방안이다.

❏ 문 : 유럽이 통합되는 것과 반대되는 방향이 아닌가?

❏ 답 : 유럽에서 하는 것은 통합이 아닌 연합이다. 유럽이 통합해 초강대국이 생긴 것은 아니고, 각국이 주권을 서로 인정하면서 연합한다. 미국의 주나 중국의 성이 독립해 유럽 각국과 같은 지위를 차지하고, 미국이나 중국 전체는 유럽연합체처럼 되는 것이 바람직하다. 인근의 다른 여러 나라도 참여해 아시아연합을 이룰 수도 있다.

❏ 문 : 사극을 역사로 알고 보는 폐단을 말했다. 가공적인 인물을 등장시켜 이야기를 지어내면 시청률이 저하되는데 지금과 달라질 수 있겠는가?

❏ 답 : 현대사회를 다루는 방송극은 허구여서 인기를 끈다. 남녀관계에서 벌어지는 사건을 여성 시청자가 원하기 때문이다. 남성 시청자는 권력쟁탈의 연속인 역사적 사실에 관심을 가지고 사극을 즐긴다. 남녀의 취향이 지나치게 나누어져 방속극의 가치를 떨어뜨리고, 문화의 위기를 조성하기까지 한다. 기존의 사극과는 다른 역사창작극을

만들어 정치에서 생활로 방향을 돌려 남녀관계를 비중 있게 다루고 현대극도 역사적이거나 정치적인 상황과 관련시켜 긴장의 폭을 확대해 양쪽의 관심을 합치면, 시청률과 작품질의 향상이 함께 이루어질 것이다.

이런 논의를 하는 학문이 없어 진단과 치유가 계속 지연된다. 신문방송학과에서는 미국의 방송극이나 설명 자료로 삼는다고 한다. 연극영화과에서는 방송극은 소관사로 삼지 않는다. 문화의 양상에 대한 총괄적인 연구를 하는 분야가 없는 것은 물론이다. 내가 하지 못한 일을 두고 남들을 나무라는 것은 잘못인 줄 알지만, 나이 때문에 역부족임을 고백하고 후진의 분발을 촉구한다. 『소설의 사회사 비교론』에서 남성소설과 여성소설에 관한 비교론을 널리 전개한 것을 참고로 하기 바란다.

민요에 관한 학술회의를 하러 중국 심양에 갔을 때 식사하는 자리에서 한담하면서 있었던 일을 하나 더 든다. (학술회의에 대한 보고가 제3권에 있다.) 한국 방송극에서 일상생활을 아기자기하게 다루어 중국에서 충격을 받았다고 하는 소감을 듣고, 중국 방송극에서 중요시하는 것 같은, 노동하고 생산하는 인간관계가 빠져 너무 가볍다고 했다. 무겁고 가벼운 것을 합치기 위해 피차 노력하는 것이 마땅하다고 했다. 중국 학자들과 대화가 이렇게 진행되는 동안 동석한 북한 사람들은 잠자코 듣고 있었다.

제13강 이제 어디까지 왔는가

무엇을 말하는가

나는 이제 어디까지 왔는가? 도달점을 점검해보기로 한다. 지금까지 학문을 해서 결국 무엇을 얻었는지 정리해 말하는 것이 점검의 요령이다.

연구한 내용을 간추리지는 않는다. 간략하게 말하면 미비하고, 길게 늘이면 장황하기 때문이다. 학문은 무엇이며 어떻게 해야 하고, 무슨 소용이 있는가에 관해 깨달은 바를 핵심을 들어 말하려고 한다. 글을 쓰는 방법은 자문자답을 하는 것이다. 무엇이 문제인지 분명하게 하기 위해 먼저 질문을 한다. 다른 사람들의 질문을 받고 생각한 것도 있지만 질문자를 내 자신으로 바꾼다.

크고 작은 문제 양쪽을 다루고, 원리와 실제를 함께 논해야 하므로 질문을 이것저것 던지고 각기 다룬다. 체계화를 시도하지 않고 산만한 채로 두어 새로운 발상이 얼마든지 가능하게 한다. 말이 이치를 다 감당할 수 없는 줄 알고 말로써 이치를 대신하려고 하는 어리석은 짓은 하지 않는다.

학문의 사명

인류는 성인들의 가르침을 받고 생각을 크게 하고 진리가 무엇인지 알게 되었다. 지금까지 진리라고 여기던 것들로 해결되지 않는 문제가 거듭 제기되는 상황인데 왜 성인이 다시 나오지 않는가?

성인의 시대는 끝난 지 한참 된다. 성인이 말하는 이상론은 현실과 맞지 않는다는 이유에서 불신의 대상이 된 것이 오래 전의 일이다. 성인을 받들면서 신도를 모으는 종교 교단은 보수주의로 일관하고 있다. 이 시대가 요구하는 새로운 성인이 나온다고 해도 출현 신고가 가능하지 않고 인정받지 못하게 되어 있는 것이 지금의 상황이다.

학문의 분야가 세분화되고 전문화되어 총체적인 인식이 흐려졌다. 학문을 직업으로 삼아 규격품을 양산한다. 모든 지적인 산물이 상품이 되어 진정으로 중요한 목소리가 판매경쟁에서 져서 묻힌다. 누구나 많이 안다고 자부하는 시대여서 아무리 뛰어난 발언이라도 시비에 말려들고 불신의 대상이 된다. 이룬 성과는 버려두고 미비점이나 말거리로 삼으면서 불신하기나 하니 남아날 것이 없다.

성인의 시대 다음에는 정치 지도자의 시대가 있었다. 위대한 정치 지도자가 나라를 구하고 인류가 나아갈 길을 가르친다고 믿고 따르던 것이 한때의 풍조이고, 그 후유증이 남아 있어 정치에 대한 기대와 관심이 지나치다. 그러나 정치가로 성장하려면 많은 사람을 만나면서 부지런히 돌아다니면서 이해관계를 조절해 인기를 얻는 것을 능사로 삼아야 한다. 깊은 생각을 할 겨를이 없고, 목적보다 수단을 존중하는 처세가가 되어야 한다. 위대한 지도자에 대한 환상을 불러 일으켜 집권을 하고 거짓이 드러나지 않게 조작을 해야 한다.

종교인이나 정치인보다 기업인이 더 많은 것을 알고 미래를 예견하는 능력까지 갖춘 것이 지금의 상황이다. 거대 규모의 다국적 기업은 어느 종교 교단이나 어느 나라 정부보다 많은 정보를 가지고 세계정세를 종합적으로 정확하게 판단한다. 그런 능력으로 경쟁을 해서 성장을 거듭한다. 모든 의문에 대한 해결은 맡겨두고 그 조직 속에 들어가 주어진 범위 안에서 벌어먹기만 하면 되는 것은 아니다.

그러면 어떻게 해야 하는가? 크게 깨달은 성인이나 위대한 정치인이 한다고 하던 일을 감당할 사람은 학자뿐이다. 학자는 전문지식을 가진 것이 최대의 장점이다. 성인의 종교에 관해서 교단의 전문가보다 더 잘 알고, 위대한 정치가도 꿰뚫어볼 수 있으며, 기업에서 하는 일까지도 소상하게 파악할 만한 능력이 있다. 인류의 지혜가 학문에 축적되어 있다.

그러나 학문이 세분화되고 전문화되어 전체를 볼 수 없는 것이 문제이다. 전문지식을 수단으로 제공해 교환가치를 높이려고 하기나 하고 비판적인 인식은 배제하려는 경향이 더욱 확대되어 우려하지 않을 수 없다. 한쪽으로 너무 기울어지면 반전이 요망된다. 이제 부분에서 전체로, 분화에서 통합으로, 논리에서 통찰로 나아가는 새로운 학문을 해야 한다. 악조건을 무릅쓰고 크게 분발해야 한다. 그릇된 풍조를 혁신하는 새로운 학문을 하려고 분투해야 한다.

전문적인 능력을 모아 통찰력을 갖추고, 세분화를 넘어서서 총체적인 연구를 하고, 판매경쟁에서 밀려나지 않고 유리한 위치를 차지하면서 영향력을 넓혀 많이 안다고 착각하는 사람들을 크게 깨우쳐야 한다. 한꺼번에 할 수 없으므로 단계적으로 시도하고, 혼자서는 하기 어려우므로 여럿이 힘을 모아 추진해야 할 과제이다. 사명감을 가지고 목표를 분명하게 하는 것이 지금 가장 소중한 일이다.

학자와 함께 작가도 분발해야 한다. 학자의 식견을 가진 작가, 작가의 능력을 가진 학자가 큰일을 할 수 있다. 학문과 예술을 분리시킨 것은 잘못이다. 학문 연구와 예술 창작이 근접되거나 합쳐져야 양쪽 다 살아난다.

학문이 세상을 구할 수 있는가?

학문이 세상을 구할 수 있는가를 결과를 보고 판단하는 것은 불가능하다. 학문이 세상을 구할 수 있다고 믿고, 무엇을 어떻게 해야 하는지 진지하게 생각하고 실행하는 것을 보람으로 삼고 살아갈 수밖에 없다. 학문이 세상을 구하지 못한다고 해서 학문을 불신하거나 학문이 아닌 다른 무엇에다 그 일을 맡길 수는 없다. 세상이 학문을 구할 수는 없다. 환자가 의사를 치료할 수 없는 것과 같다.

학자는 세상의 병을 진단하고 치료하는 의사이다. 진단은 필수적인 작업이고, 치료는 경우에 따라 다르다. 치료할 수 없는 병은 치료할 수 없다고 하는 것도 의사가 할 일이다. 죽은 사람은 죽었다고 사망진단을 하는 것도 의사의 일이다. 학문을 하는 의사도 세상의 병 가운데 치료 불가능한 것, 이미 사망에 이른 것을 가려낼 줄 알아야 한다. 모든 병을 다 치료하겠다고 나서면 돌팔이이다. 의학이 계속 발달하면 마침내 모든 병을 다 치료할 수 있는 것은 아니다. 학문 발달에 기대를 걸고 노력하지만, 만능 학문이 생겨난다고 기대할 수는 없다.

위에서 종교·정치·기업과 학문의 관계를 말했다. 종교·정치·기업에 어떤 병이 생겼는지 진단하고 치료하는 것이 학자가 할 일이다. 종교·정치·기업의 병이 그 자체로 어떤 상태인지 일깨워주어 스스로 치유하도록 하는 것이 바람직하다. 그렇지 못하면 병이 본래의 영역을 넘어서서 사회 전체로 번지지 않도록 경고하고 차단하면서, 밖에서 동원 가능한 힘으로 다스릴 수도 있다. 혁신이나 혁명이 큰 규모로 필요한 경우도 있다.

세분화된 전문지식은 병을 알아차리지 못하고 키우는 데 가담할 수 있고, 총체적인 통찰력을 가지면 진단이 가능하고 치료 방법을 알아낼 수 있다. 예술과 분리된 학문은 병 진단은 잘 해도 치료 능력은 없을 수 있고, 예술과 힘을 합치는 학문을 하면 사회를 움직이는 폭이 넓어져 혁신이나 혁명을 이룩하는 데 유리하다.

역사를 크게 보고 이론을 창조하는 일은 한 사람의 주어진 생애에서 과연 가능한 일인가? 하나의 일을 하다가 사라지는 일도 어찌 보면 벅찬 일인데, 크게 공부하고 벅찬 발상과 창조를 하는 일이 학문의 전부이자 최종적 도달점인가?

한 사람의 생애에 할 수 있는 일이 한정되어 있으므로, 다른 여러 사람이 미완의 과업을 이어받아 보태고 고친다. 개인에게는 뜻을 이루지 못하고 마는 비극이 있지만, 모두 함께 하는 공동의 작업은 낙관적이기만 하다. 현진건이 장편소설 『적도』를 써서 말한 이치이다.

학문하는 자세

학문을 하기 위해 필요한 자세는 무엇인가?

자기와 다른 사람들과의 관계를 들어 말하겠다. 다른 사람들에게 관대하고 자기에게도 관대하면 학문과 거리가 멀다. 다른 사람들에게는 엄격하고 자기에게는 관대하면 학문 시비꾼이나 될 수 있다. 다른 사람들에게 엄격하고 자기에게도 엄격하면 학문을 할 수 있다. 다른 사람들에게는 관대하고 자기에게는 엄격하면 커다란 학문을 할 수 있다.

노력한다는 것이 어떤 의의를 가지는가?

크게 보면 모든 것이 저절로 이루어지는 필연적인 과정이지만, 개별적인 국면에서 이루어지는 구체적인 실현은 자유의지를 가진 주체의 노력에 따라 달라진다. 그러므로 필연으로 우연을, 총론으로 각론을 대신할 수는 없다. 투쟁으로 화합을 이루어야 하는지, 화합으로 투쟁을 전개해야 하는지, 무엇을 상대로 투쟁을 해야 하고 누구와 더불어 화합을 해야 하는지 판단하고, 세부적인 방법까지 선택하는 것은 쉬운 일이 아니다. 예리한 통찰과 줄기찬 노력을 필요로 한다.

학문에서 창조를 이룩했다고 평가되는 조건은 무엇인가?

학문은 학문 생산자가 하고, 평가는 학문 소비자가 한다. 생산자와 소비자의 관계를 들어 의문에 응답하기로 한다. 생산자는 자기 생각대로 소비자를 이끌려고 하고, 소비자는 원하는 것을 내놓으라고 한다. 그래서 다투면서 협력한다.

생산자가 소비자와의 대결에서 패배해, 자기가 할 일을 발견하지 못하면 창조 활동을 하지 못하고 만다. 열등의식에 사로잡혀 신세타령이나 한다. 생산자가 소비자를 대수롭지 않게 여기고 승리한다고 낙관해도 창조의 결실을 얻지 못한다. 허위의식 때문에 헛소리나 한다.

생산자와 소비자가 둘 다 깨어 있고 생극의 관계를 고양시키면, 창조하는 학문을 할 수 있다. 소비자가 간절하게 바라는 바를 생산자가 제공해 둘이 함께 나아가면 커다란 일을 할 수 있다.

학문에서 주관과 객관은 어떤 관계를 가지는가?

학문은 사상을 창조하는 행위이다. 사상 창조는 주관으로 하지만 객관적 타당성과 유용성을 가져야 한다. 내가 학문을 하면서 도출하는 주관적이고 주체적인 견해가 지금까지 행세해온 가치관이나 세계관보다 더욱 타당하며, 많은 사람에게 고통을 안겨주는 문제를 해결하는 한층 진전된 방안임을 논리와 실증 양면에서 입증해야 새로운 사상을 창조한다. 이것이 학문의 과제이고 방법이다.

학문을 하기 전부터 가진 생각, 살면서 얻은 깨달음, 동시대 많은 사람의 요구, 이런 것들이 있어야 학문을 할 필요가 있고, 학문에서 사상을 창조하는 힘든 작업을 진행한다. 이런 것들은 잘못된 선입견이니 배격해야 한다는 주장은 주견 없이 살아야 한다는 것과 같은 억지이다. 주견의 타당성을 검증하고 입증하기 위해 학문을 해야 하는데, 주견이 없어야 학문을 한다는 것은 어불성설이다. 저급한 유언비어에 속지 말아야 한다.

사상 창조는 종교에서도, 예술에서도, 사회활동에서도 한다. 학문에서 하는 사상 창조는 논증을 명시해 보편타당성을 더 많이 가지고, 이해하고 수용하는 사람들의 범위가 넓을 수 있는 이점이 있다. 다른 영역에서 하는 사상 창조라도 학문에서 검토해야 객관적인 평가를 얻을 수 있다. 논증의 엄밀성을 갖추는 것이 학문의 장점이다.

논증의 엄밀성은 토론 상대가 되는 이론들끼리 상대적으로 평가해 판정하고 보충해야 한다. 절대적인 기준을 임의로 설정하고, 그것과 완전히 합치되지 않으면 틀렸다고 하는 것은 잘못이다. 기존연구에 허점이 있다고 비난하면서 한 걸음 나아간 대안을 제시하지 못하는 것은 학문하는 자세가 아니다. 기존 연구에 대한 불만을 비난의 자료로 삼지 말고 자기가 분발해야 할 이유로 삼아야 한다.

사상 창조와 논증을 분리시켜 학문이 사상 창조는 하지 않고 논증만 고유한 임무로 한다고 주장하는 사람들이 있다. 그래서 사상 문제에서 벗어나는 것은 아니다. 사상에 관해서는 기존학문을 따르면서 지엽말단의 문제만 다루어 학문의 격을 낮춘다. 주인을 위해 봉사하는 노예의 학문을 하면서 전문기술을 조금 지닌 것을 존재 의의로 삼는다.

사상과 논증은 둘이면서 하나이고, 하나이면서 둘이다. 사상에서 논증이 나오고, 논증으로 사상을 만든다. 사상은 주관이고 논증은 객관이라면, 주관이 객관이고 객관이 주관이어야 학문일 수 있다.

「학문 일꾼 좌우명」을 말한 것으로 알려졌다. 어떤 내용인가?

학문을 하는 자세를 다음의 여섯 조항으로 나누어 간명하게 정리했다. 현재의 여건에 적절하게 대처하는 요령을 말한 것들도 들어 있다.

(1) 깊은 탐구가 있어야 공감을 얻는다는 것을 깨달아, 연구와 강의를 근접시킨다.

(2) 밑변이 넓어야 꼭짓점이 올라가고, 꼭짓점이 높아야 밑변이 넓어진다.

(3) 어리석은 사람은 똑똑해지고, 똑똑한 사람은 어리석어져야 학문을 한다.

(4) 대상과 시각을 즉시 바꾸는 발상의 전환이 끈덕진 노력을 필요로 하는 창조의 원천이다.

(5) 스스로 계획해 일관되게 진행하는 작업이 결실을 얻게 되면 연구

비를 받아 완성한다.

(6) 힘이 줄어들고, 식견은 늘어나는 것을 헤아려 각 시기의 특성에 맞는 일감을 선택한다.

어리석은 사람은 똑똑해지고, 똑똑한 사람은 어리석어져야 학문을 한다는 것은 무슨 말인가?

학문을 하려면 어리석고 똑똑해야 한다. 똑똑하기만 해서는 연구 대상에 들어가지 못하고 겉을 돌면서 그 대상과는 무관한 헛소리나 한다. (원효가 말한 浮이다.) 어리석기만 하면 많은 노력을 해서 연구 대상에 들어가기는 하지만 대상에 먹히고 말아 헤어나지 못한다. (원효가 말한 沈이다.) 연구 대상에 들어갔다가 나오고 나와서 다시 들어가면서 (不浮不沈의 경지에서) 그 대상에서 천지만물의 이치를 발견하는 단서를 얻어내는 것이 마땅하다.

어리석고 똑똑한 사람은 거의 없다. 어리석거나 똑똑한 것이 예사이다. 어리석은 것도 똑똑한 것도 장점이면서 단점이다. 그 어느 쪽이든지 장점을 살리고 단점을 보완해야 한다. 그런데 어리석은 장점이 똑똑한 장점보다 낫다. 어리석으면 어리석은 것이 단점인 줄 알고 똑똑해지려고 한다. 똑똑하면 똑똑한 것이 단점인 줄 몰라 어리석어지려고 노력하지 않는다.

학문하는 여건

학자도 독자를 잘 만나야 하는가?

그 점에서 음악가, 작가, 교수, 학자 등이 다르지 않다. 음악가는 청중 수준 이상의 연주를 하지 못한다. 청중을 잘못 만나 호흡이 맞지 않고 반응이 없다는 사실이 느껴지면 연주가 제대로 되지 않는다. 귀명창을 만나야 명창일 수 있다. 이 말을 다른 활동에도 그대로 적용할 수 있다.

40년 넘는 기간 동안 계속 강의를 하면서 교실에 들어설 때는 언제나 불안했다. 오늘 강의는 잘 될 수 있을까? 듣는 사람들의 호응을 미리 헤아리지 못해 강의의 성패를 알 수 없었다. 반응이 시원치 않으면 연습을 거듭한 대사도 뒤틀리고 사라진다. 기대 이상의 호응이 있고, 예상 밖의 질문을 만나면 없던 말이 용솟음친다.

작가는 독자와 직접 대면하지 않지만, 관심과 호응 때문에 풀이 죽기도 하고 힘이 나기도 한다. 시대를 거스르고 통념을 뒤집어놓으면서 진실을 다시 추구하는 창조 작업에 박수를 보내는 깨어있는 독자가 언제나 소수이지만 문학사의 방향을 돌려놓는 힘을 가진다. 학문도 대체로 같으면서 다소 차이가 있다.

학자는 교수이기도 해서 현장의 호응에 좌우되면서 교수가 아니기도 해서 반응을 받아들이는 폭이 더 넓다. 직접 만나지 않고서도 발표된 논저를 탐독하는 독자가 여기저기 있어 학문의 후속세대가 되고, 귀명창 노릇을 하면서 명창 훈련을 하고 있다. 문학 작품은 잊혀 있다가 지속적인 가치가 후대에 발견되어 애독자를 만날 수 있다. 그러나 학문의 가치는 문학작품만큼 지속되지 않는다. 당대에 논란의 대상이 되고, 다음 세대가 이어받아야 기여하는 바가 커진다.

학자는 교수가 아니기도 해야 한다는 이유가 무엇인가? 강의가 학문에 방해가 되는가?

기존 지식을 전달하고, 학생을 훈련하는 강의는 그것대로 필요하지만, 연구에 도움이 되지 않는다. 그런 일로 빼앗기는 시간이 아깝다. 연구는 혼자 들어앉아 해야 하는 것이 아니다. 연구발표 형태의 강의는 해야 하고, 좋은 토론자를 만나 허점을 보완하고 새로운 개발을 해야 한다. 운동선수는 시합을 하고, 음악가는 연주를 하고, 화가는 전시회를 해야 하는 것과 마찬가지이다. 논저 출판이 시합, 연구, 전시회에 해당하는 본론이지만, 연구발표를 거쳐야 내용이 충실해진다.

축구 선수가 학생 축구 지도를 위해 시간을 보내다가 이따금 시합에 나가면 어떻게 되겠는가? 이럴 수 없다고 여겨 선수와 코치를 엄격하게 갈라놓는 지혜를 다른 영역에서는 따르지 못한다. 연주에 전념해야 할 음악가가 가르치는 일에 시간을 바치면서 살아간다. 화가도 작가도 선생이다. 학자도 선생 노릇을 하는 여가에 학문을 한다. 시간이 절대적으로 부족해서 할 일을 하지 못한다.

교육이 대단한 일이라고 여겨 교사들을 닥달해 많이만 하면 되는 것은 아니다. 창조할 수 있는 시간을 빼앗고 있어 교육이 잘못된다. 교육이 망국의 원인이라고 하지 않을 수 없다. 창조할 겨를도 여건도 갖추지 못해 고민인 사람들이 스스로 모범을 보이지 못하는 창조를 교육의 내용으로 삼는다. 이것이 한국 대학의 현실이다.

그래서 남들이 한 창조의 전례를 설명하기나 한다. 외국 축구 선수들을 소개하고 예찬하기나 하고 자기는 시합에 나갈 시간이 없는 축구 선수만 있는 나라와 같다. 다른 말로 하면, 유통업에 종사하기나 하고 제조업은 하지 못한다. 학문 제조업을 하려면 갖추어야 하는 여러 가지 여건 가운데 시간이 으뜸이다.

돈을 주고 조수를 써서 시간 부족을 해결할 수 없다. 인문학문은 혼자 고독하게 해야 한다. 연구가 이루어져야 발표하고 토론할 수 있다. 조수들이 분담해서 하는 작업을 모으면 되는 것은 아니다. 학문은 하기 싫으면서 돈을 좋아하고 세력을 키우려는 사이비 학자들이 정부를 부추겨 헛일을 하게 한다. 그런 사람들은 임원을 해야 하는데 선수라고 자처한다. 학문에서도 임원이나 코치를 선수와 구별해야 한다.

연구교수를 하자는 것은 학문 선수 노릇을 하자는 것이다. 임원과 코치를 겸하지 않아야 선수를 잘 할 수 있다. 나는 평생토록 학문 선수만 하려고 분투해왔으나 뜻을 이루지 못했다. 임원이기를 거부하고, 코치 일은 열심히 하지 않으면서 선수로 뛰기만 하는 편법을 썼어도 시간 부족이라는 악조건을 해결하는 데 역부족이었다.

연구교수가 될 수 있다면 서울대학교를 떠나 어디라도 가겠다고 널리 광고해 큰 화제 거리가 되었으나 실패했다. 정년퇴임 후에는 뜻대로 할 수 있어 다행이지만 힘이 모자란다. 거창한 계획을 세우는 것은 금물이다. 앞으로 나아가는 것보다 뒤를 돌아보는 것을 더 중요한 과업으로 삼아 할 수 있는 일만 한다.

기본원리

生克論이란 무엇인가? 相生이 相克이고 상극이 상생이라고 하는데 하나마나 한 말이 아닌가? 피장파장인데 무엇이 문제인가?

상생과 상극은 별개의 것이라고 하는 잘못을 상생이 상극이고 상극이 상생이라고 하면서 시정한다. 상극을 상극으로만 여기고 상극이 상생인 줄 모르고 사람들은 투쟁으로 결판내려고만 하고 화합을 이루는 것이 더욱 효과적인 투쟁 방법인 줄 몰라 패배한다. 그 반대로 상생을 상생으로만 여기고 상생이 상극인 줄 모르면 차질을 빚어낸다.

상생이 상극이고 상극이 상생이라고 하는 사실을 항상 함께 받아들이면 되는가?

경우에 따라 어느 쪽을 선택해야 한다. 계급모순은 상극을 거쳐 상생에 이르러, 민족모순은 상생을 거쳐 상극에 이르러 해결해야 한다고 거듭 말했다. 계급모순은 소수의 가해자가 다수의 피해자를 괴롭혀 생기므로 다수의 피해자가 들고 일어나 싸우면 승리한다. 싸워서 이긴 다음에 화해하는 것이 정석이다. 요즈음은 싸움이 격화되지 않게 하는 방안이 널리 시행된다.

민족모순은 다수의 가해자가 소수의 피해자를 괴롭혀 생겨나므로, 소수의 피해자가 들고 일어나 싸워 승리할 수 없다. 처절한 희생을 되풀이하고 마니 안타깝다. 서로 다른 민족이 대등한 위치에서 화합해야 한다고 주장해 내외의 동조자를 널리 확보해 커지는 힘으로 싸움을 진행해야 한다.

계급모순의 진단과 해결에는 이론과 경험이 축적되어 의견차가 많이 줄어들고 합의가 도출되고 있다. 민족모순은 그렇지 못하다. 계급모순 치료법으로 민족모순에 손대다가 사태를 악화시키기나 한다. 근대학문의 한계를 넘어선 새로운 학문이 요구된다.

생극론은 어떤 학문인가?

생극론은 존재론이면서 인식론이고 실천론이다. 존재론은 한꺼번에, 인식론은 경우에 따라서, 실천론은 상황과의 관계에서 구체화해 말해야 한다. 원리를 안다고 해서 개별인식이 보장되는 것은 아니고 실천의 작전을 짜려면 더욱 진전된 창조적인 판단이 필요하다.

생극론이 신명풀이 이해에 어떻게 적용되는가?

사람에게는 신명이 있다. 신명을 한자로 적으면 神明이라고 할 수 있다. 한자의 뜻을 들어 풀이하면, '神'은 鬼神의 神이기도 하고 精神의 神이기도 하다. '明'은 깨어 있어 밖으로 드러난다는 것이다. 崔漢綺가 神氣라고 한 것이 신명이다. 신명이라는 말은 이제 한자어 어원을 의식하지 않고 사용하는 말이 되었고, 한글로 적는 것이 마땅하다.

살아가노라면 신명이 축적되어 풀어내지 않을 수 없다. 신명은 興이기도 하고 恨이기도 해서 홍도 풀고 한도 풀어야 한다. 신명은 여럿이 함께 어울려야 제대로 푼다. 신명은 같기도 어긋나기도 한다. 어긋나서 서로 다투고, 같아서 함께 즐거워한다. 싸움이 화합이고 화합이 싸움임을, 상극이 상생이고 상생이 상극임을 격렬한 놀이에서 확인하면 신명풀이가 고조된다. 적대적인 관계를 싸움으로 표출해 싸움이 화해이고 화해가 싸움이게 하는 사회 비판과 개조의 행위가 탈춤에서 하는 신명풀이이다.

생극론은 아직 널리 인식되지 않고 있다. 생극론에 대한 이해와 연구를 확대하려면 어떻게 해야 할 것인가?

여야나 노사가 상생의 관계를 가져야 한다는 말은 많이 해서 유행어가 되었다. 생극의 양면 가운데 상생만 소중하게 여기고 상극은 돌보지 않는 편향성이 문제이다. 상극이 없으면 상생도 없다. 여당 내부에서 또는 노동자들끼리 상생의 관계를 가져야 한다고 하지는 않는다. 바로 이 점을 깨우치면 유행이 내실을 갖출 수 있다. 생극론이 사회 공유의 인식일 수 있게 된다.

상생이 상극이고 상극이 상생이라는 이치를 계속 일깨워주면서, 실제 상황에서 다시 제기되는 많은 문제에 관해 여러 학문에서 광범위한 연구를 하자고 열심히 권유하는 것 외의 다른 대책은 없다. 생극론의 일반적 원리는 조상 전래의 공유재산이고 내가 지적 소유권을 가진 사유재산이 아니라고 되풀이해서 강조한다. 조동일이 미워 동참하지 않겠다고 하는 말이 나오지 못하게 해야 하기 때문이다.

생극론은 누구의 것인가?

생극론은 조상 전래의 유산이므로 내가 지적소유권을 가지지 않은 공유재산임을 거듭 확인한다. 누구나 해야 할 당연한 작업의 일부를 문학사를 통해서 시도했을 따름이다. 생극론에 대한 오해나 반감은 내가 한 작업을 자세히 살피면 조금 풀릴 것이고 논자 자신이 자기 연구를 제대로 진행하면 많이 풀릴 것이다. 많은 연구자가 동참해 공유재산을 늘리기를 간절히 바란다.

생극론의 원천은 무엇인가?

생극론을 이룬 원천은 다양하다. 『老子』 이래의 음양론이 기철학에서 재창조된 성과를 불교철학과 합쳐, 변증법의 타당성을 받아들이면서 편파성은 넘어서는 길을 찾는다. 구조주의와 변증법을 합치는 작업을 음양론에서 할 수 있다는 것을 보여준다.

상생이 상극이고 상극이 상생이라고 옛 사람들이 밝혀 논했는가?

밝혀 논하지 않았다. 그럴 필요가 없었기 때문이다. ☯ 이 도형에 할 말이 다 들어 있다. 음양이 마주 서서 움직이고 있어 상극이고,

움직이는 방향이 서로 반대여서 상생이다. 그것이 당연하다고 여겨 새삼스러운 논의가 필요하지 않았다. 변증법에서는 딴소리를 하므로 상생이 상극이고 상극이 상생이라고 새삼스럽게 밝혀 논해야 한다.

생극론을 포함한 유학사상은 중국사상이 아닌가? 일본에서는 일찍부터 고유사상을 발전시켰는데, 우리는 중국사상에 매달려 있다가 실학을 하면서 비로소 고유사상으로 관심을 돌렸다고 생각한다. 그 전통을 이어야 하지 않는가?

공유재산과 사유재산이라는 용어를 써서 문제를 검토해보자. 중세문명은 공유재산을 근거로 성립된 것이 모든 문명권의 공통점이다. 유학사상은 동아시아 문명에서 기본이 되는 공유재산이다. 실학이라도 공유재산의 새로운 활용이다. 실학은 氣철학과 함께 일어나고 둘이 겹치기도 했다. 기철학 또한 공유재산을 발전시킨 성과이다. 공유재산을 독자적으로 활용하고 발전시킨 성과는 사유재산의 성격도 지닌다.

일본은 동아시아문명의 공유재산보다 자기네 고유문화를 더욱 중요시해서 사유재산 늘리기에 힘썼다. 그래서 중세를 벗어나 근대를 이룩하는 데 동아시아 다른 나라들보다 앞설 수 있었다고 하겠으나, 유럽의 근대학문을 추종하는 데 머물렀다. 공유재산을 멀리한 사유재산은 철학을 갖추지 못한 탓에 수준이 낮아 일시적인 관심을 끄는 데 그치고 보편적 이치 논란에 참여하지 못한다. 성공사례라고 생각되던 것이 실패사례로 판명되었다.

우리는 오랫동안 공유재산을 적극 활용하고 발전시키면서 잘 지내온 것이 일본과 달랐다. 그런데 근대가 되자 일본의 경우를 오판의 근거로 삼아 공유재산은 있을 수 없다고 여겨 우리가 힘써 발전시킨 성과까지 모두 중국의 사유재산이라고 규정해 넘겨주고 자진해서 일시에 가난뱅이가 되었다. 유럽 각국은 공유재산의 적극적 활용을 사유재산으로 삼아 부자 노릇을 하는 것과 많이 다르다.

고유문화로는 유럽문명권과 경쟁할 수 없어 추종자가 되고 만다는 교훈을 일본의 실패에서 얻어야 한다. 동아시아 공유재산을 적극 되찾아 새롭게 활용해야 유럽과 우선 대등해지고 장차 앞서 나가는 학문을 할 수 있다. 선수 교체를 해서 우리가 선두에 서서, 동아시아 학문을 다시 빛내면서 다음 시대를 이룩하는 지침을 마련해야 할 때가 되었다. 공유재산으로 사유재산을 만들고, 사유재산이 공유재산이게 해야 한다. 동아시아문명의 값진 유산을 민족문화의 활력을 가지고 적극적으로 재창조해 인류를 위해 봉사해야 한다.

陰陽·天地人·三極·五行이 어떤 관계를 가지는가?

그 넷을 다 받아들여 철학을 할 수는 없다. 나는 음양만 택하고, 다른 셋은 버린다. 음양이 生克의 관계를 가지는 원리를 이해하고, 역사철학으로 정립해 세계문학 연구에 적용해 검증한다. 삼극이나 오행의 철학은 하지 않는다고 불만을 가진 사람이 있다면 스스로 할 일이다.

五行은 버리는 이유가 무엇인가?

그 둘은 우선 유래가 다르다. 음양은 『周易』이나 『老子』에서부터 나타나지만, 오행은 한나라 이후에 출현한 것으로 안다. 음양론은 철학, 오행론은 종교의 성격을 더 많이 지녔다. 周敦頤가 「太極圖說」에다 둘 다 넣어 혼란을 일으켰다. 혼란에 휘말려 철학을 망치는 폐단이 이어졌는데, 朴趾源이 「虎叱」에서 오행 배격론을 분명하게 했다.

오행은 氣가 0-1-2-∞로 나누어지는 과정에서 적절한 자리를 차지하지 못한다. 오행은 합친 것과 더 나눈 것 사이에 자리 잡지 못하고 그 자체가 실체라고 한다. 합치고 나누어지는 과정을 이해하는 데 방해가 된다. 오행은 실체가 아니고 비유라고 하는 경우에만 존재 의의가 있다. 비유는 이치가 아니다. 음양론으로 생극론을 전개하면서 생극의 개별적 양상에 대한 비유적인 이해가 필요할 때에는 오행 가운데 어느 것을 들 수 있다.

불교와 생극론은 어떤 관계인가?

생극론은 직접적인 원천이 유교철학이지만 불교철학과 접맥되어야 한층 풍부해지고 더욱 생동한다. 불교의 모든 가르침이 상생과 상극 그 어느 쪽에도 집착하지 말고 둘을 넘어서라고 한다고 말할 수 있다. 그러나 너무 막연해 잡히지 않는다. 허공에 뜬 말이라고 여기면 아무것도 아니다. 그런데 元曉는 下化衆生에 힘써 누구나 깨달을 수 있게 했다. 有無·眞俗·一二·中邊 같은 것들이 둘이면서 하나이고 하나이면서 둘이고, 하나도 아니면서 둘도 아니고 둘도 아니면서 하나도 아니라고 분명하게 지적해 말했다. 하나는 상생이고, 둘은 상극이다. 상생과 상극의 관계를 놀라운 수준에서 밝혀 논하고, 더 보태는 탐구를 하라고 요구하고 있다.

글을 어떻게 써야 하는가 하는 문제를 생극론의 원천이 되는 사상을 들어 해결할 수 있는가?

오늘날 사람들이 논의를 길고 지루하게 하는 것은 생각이 모자라기 때문이다. 글쓰기를 멈추고 생각을 더 해야 할 것이다. 유교철학을 理學으로 하는 쪽에서도 도설을 만들어 이치를 분명하게 하려고 했던 것을 기억해야 한다. 氣學의 논자들은 스스로 밝힌 바를 명쾌하게 논증했다. 徐敬德이 천고의 의문을 풀었다고 하면서 남긴 글은 너무나도 간략해 충격을 준다. 난마와 같이 헝클어진 문제 해결 방안을 단상을 써서 제시하는 놀라움을 任聖周 · 洪大容 · 朴趾源 · 崔漢綺가 보여주었다.

불교의 禪學은 모든 선입견이나 집착을 버리고 깨달음을 얻으라고 한다. 말의 구속에서 벗어나고 논리를 넘어서라고 한다. 지금까지 알뜰한 생각이라고 여기던 것이 왜소한 집착인 줄 알아차리고 충격을 받게 된다. 나는 책을 덮고 산천을 누비면서 내 나름대로의 참선을 한다. 不立文字의 정신으로 학문을 하자고 다짐한다. 학문이 불립문자일 수는 없다. 양쪽을 합쳐서, 기학에서 말하는 바를 선학의 방식으로 높이고 다듬는 것을 목표로 하고 있다.

이것을 교육할 수 있느냐? 주입식 교육으로는 전혀 불가능하고, 본보기를 보인다고 되는 것도 아니다. 설명을 잘 하려고 노력해도 기대하는 성과가 나타나지는 않는다. 공부하는 사람 스스로 수행하면서 깨달음의 길로 들어서는 것 외의 다른 길은 없다.

변증법이 없어도 생극론이 있었는가?

"있었다"는 "생겨났다"이기도 하고, "나타났다"이기도 하다. 변증법과 무관하게 생극론은 생겨났다. 생겨난 지 오래 되어 잠재적인 영향력을 행사하던 생극론이 변증법과 맞서야 하는 상황이 조성되자 전면에 "나타났다". 상생이 상극이고 상극이 상생인 것은 너무나도 당연한데 변증법과의 논쟁에서 새삼스러운 의미를 가졌다. 변증법 덕분에 생극론이 다시 태어나 논의를 분명하고 풍부하게 해야 했다.

변증법과 생극론의 관계도 생극론으로 파악해야 하는가?

변증법과의 상극을 상생으로 만들 수 있는 것이 생극론의 지혜이다. 변증법 쪽은 그렇지 못해 패배를 자초한다. 이런 사태를 변증법에서는 이해하지 못한다.

표리의 상반

"약은 독이고, 독은 약이다"는 말을 어떻게 생각하는가?

실제 경험에 입각해 누구나 수긍할 수 있는 근거를 가지고 생극론의 이치를 아주 잘 나타냈다. 약과 독이 따로 있는 것은 아니다. 약을 지나치게 먹으면 독이 된다. 독을 적절하게 먹으면 약이 된다. 그렇다고 해서 약과 독이 같다고만 할 것도 아니다.

약과 독이 음과 양이다. 음과 양은 하나이면서 둘이고, 둘이면서 하나이다. 음이 지나치면 양이 되고, 양이 극에 이르면 음으로 바뀐다. 음과 양은 둘이어서 상극의 관계를 가지고, 하나여서 상생의 관계를 가진다.

음과 양이 상생의 관계를 가지는 것이 바람직하다. 그런데 약과 독에 관해서는 같은 말을 할 수 없다. 약과 독이 하나여서 독이 약이기를 바라고, 약이 독이기를 바라지는 않는다. 생극론은 모든 이치를 한꺼번에 말하고, 약과 독에 관한 논의는 그 가운데 일부, 한쪽 편향의 것만 말한다. 총론과 각론의 차이가 있다.

존재론은 총론으로 이루어지지만, 실천론에서는 각론이 필요하다. 총론을 되풀이하는 데 그치지 말고 필요한 각론을 적절하게 찾아야 한다. 각론은 그것대로 고립시키지 말고 이치의 근본과 연관시켜 이해해야 올바른 판단을 한다.

선진이 후진이고 후진이 선진이라는 원리는 어디에 근거를 두고 도출되었으며 실제로 어떤 의미를 가지는가?

陽이 커지면 陰이 시작되고, 음의 시대가 오래 지속되면 양의 시대로의 전환이 이루어지는 것이 당연하다. 약한 것은 강하게 일어나고 강한 것은 약해져서 망한다고 말을 바꾸어도 된다. 천지만물의 이치가 사람이 하는 일에도 일관되게 작용한다. 과거를 돌아보면 역사가 항상 이 원리대로 전개되었다. 과거를 되돌아보고 미래를 예견하는 것이 실제로 가능하다.

고대의 후진이 중세를 만드는 데 앞서고, 중세의 주변부에서 근대화를 먼저 이루었다. 아라비아에서 이슬람교가 생겨나고, 영국이 산업혁명을 일으킨 것이 대표적인 예이다. 이제 근대를 넘어서서 다음 시대를 창조하는 작업은 근대의 피해자였으면서 중세에 축적된 역량이 있는 곳에서 선도하는 것이 당연하다. 중세 청산을 사명으로 한 근대가 고대의 부정의 부정이었듯이, 근대를 넘어서는 다음 시대는 중세의 부정의 부정이다. 동아시아가 이렇게 할 자격을 잘 갖춘 곳이며, 동아시아의 중간부인 한국이 큰일을 할 수 있다.

역사의 전개를 크게 파악하면서 미래를 예견하는 통찰력을 갖추는 것만 능사가 아니다. 당면한 정세를 바르게 파악할 수 있어야 한다. 세상의 이치를 논하는 데 그치지 말고 우리 자신을 반성하면서 슬기롭게 살아야 한다. 생극론으로 하는 학문은 이 모든 영역을 관장하고 바르게 처리한다. 크고 중요한 문제를 결판 지으면 다 되는 것이 아니다. 실제 상황을 따지고, 당장 닥친 일을 처리해야 하므로 구체화된 의문을 제기해야 한다.

강하면 반드시 약해져서 망하는가? 어쩌다가 있는 일을 무리하게 일반화하지 않는가?

지나치게 강해지려고 하는 욕구는 공룡 몸집 불리기와 같아서 스스로 제어하지 못하는 멸망에 이른다. 로마제국은 너무 강성해서 망했다. 그런 일은 언제든지 다시 일어난다. 과거의 모든 거대제국은 망했어도 지금의 거대제국은 영원한 번영을 누린다고 되풀이해서 말했다. 그러나 거대제국의 어용사가들이 쓴 책은 모두 허위로 판명되었다. 이제 역사는 종말에 이르러 큰 변동이 없을 것이므로, 인류의 미래를 예견하는 거대이론은 무용하다는 사기술에 현혹되지 말자.

강한 것은 강하기 때문에 망한다는 것은 희망적인 관측이 아닌가? 예외는 없는가?

불교에서 生者必滅이라고 했다. 그대로 있어도 멸망하는데 더 강해지려고 무리하게 굴다가 멸망을 앞당긴다. 그러나 멸망으로 끝나는 것은 아니다. 멸망하면 생성하는 것이 있다. 한쪽이 멸망하면 다른 쪽에서 생성이 있다. 이 두 사항을 밝혀 논하는 작업은 생극론이 맡는다. 멸망과 생성이 언제 어떻게 이루어지는지 근거 있게 밝혀내고 세부적인 사항까지 설명하는 것은 힘든 일이므로 열심히 연구해야 한다.

출세하면 타락하는가?

출세하면 타락하는 것은 불변의 이치이다. 높이 올라가면 내려와야 하는 더 큰 이치의 일부가 그렇게 구현된다. 『周易』 乾卦에서 陽爻 여섯 가운데 맨 위 것을 두고 "亢龍 有悔"라고 했다. "너무 높이 올라간 용은 후회함이 있다"는 말이다.

그러면 출세하지 말고 높이 올라가지 않아야 하는가? 애쓴다고 되는 것은 아니다. 너무 높이 올라가 능력을 잃기 전에 보람 있는 일을 되도록 많이 해야 한다. 너무 높이 올라간 줄 알고, 더 올라가려고 하는 추태는 보이지 말아야 한다. 아직 덜 올라온 쪽을 존중해야 한다. 내려오는 것을 당연하게 여기고 조심해 사고가 나지 않도록 해야 한다.

출세하면 타락한다는 것이 나라나 민족에도 해당되는가?

강한 나라가 약한 민족을 치고 억누르는 가해 행위에는 자해가 불가피하게 수반된다. 약한 민족이 당한 피해는 항거를 해서 시정할 수 있다. 그 과정에서 널리 본받을 만한 가치가 창조된다. 강한 나라의 자해는 치료 방법이 없어 더욱 심각하다. 자가 치료가 가능하지 않고 외부에서 불러올 의사도 없다. 그래서 패배가 승리이고, 승리가 패배이다.

중국인과 일본인은 주위의 여러 민족을 쳐서 합치는 힘을 기르느라고 구비문학을 전승하는 공동체를 해체하고 구비서사시를 잃었다. 비뚤어진 문학사가 정상이라고 우기느라고 문학사 일반론을 왜곡하다가 학문하는 능력을 훼손했다. 정복당한 민족들이 구비서사시를 힘써 재창조하면서 민족의 자부심을 확인하는 것이 세계문학사 전개의 보편적인 과정임을 외면하다가 사팔뜨기 신세가 되었다.

강성한 민족은 문화도 우월하다는 것은 거짓이다. 중국 여러 소수민족은 노래와 춤이 지배민족인 한족보다 뛰어나다. 아이누인의 옷차림은 일본인보다 더욱 뛰어난 미의식을 보여준다. 멕시코가 미술의 나라인 것은 원주민의 유산 덕분이다. 오스트레일리아 원주민의 미술을 이주민은 따르지 못한다.

개인의 경우는 어떤가?

출세하면 타락한다는 것을 개인이 더 잘 보여준다. 국가나 민족에는 일정한 무게가 있지만 개인은 아주 가볍게 넘어질 수 있다. 한 평생이 허망해질 수 있다.

잘 나간다, 많은 것을 이루었다, 훌륭하다고 스스로 평가하면서 출세에 도취되는 것은 멸망의 길로 나아가게 하는 독이다. 남들이 과대평가하는 것은 더 해롭다. 과대평가로 부풀어진 풍선은 한 번 터지면 없어진다.

공부를 잘 했다. 좋은 학교를 졸업했다. 최상의 학위를 얻었다. 부러워할 만한 위치를 차지했다. 큰일을 했다. 이런 것이 모두 독일 수 있다. 한 때 공부를 잘 한 것을 평생 자랑한다. 좋은 학교를 졸업했다고 자부하느라고 그렇지 못한 사람을 얕본다. 최상의 학위를 얻었으니 더 공부할 것은 없다고 한다. 부러워할 만한 위치를 차지한 것을 알아달라고 하면서 위치 숭배의 가치관 조성에 가담한다. 큰일을 했다고 자부해 더 나아가지 못하고, 내실보다 크기를 존중하고, 폐해나 역기능을 반성하지는 못한다.

과대평가는 독이고, 과소평가는 약이다. 남들의 평가는 문제 밖이다. 스스로 모자란다고 생각하고, 아직 할 일이 많아 항상 다시 시작하는 것이 행복이다. 일을 시키고 감독하려고 하지 말고, 손에 괭이를 쥐고 땅을 일구고 곡식을 가꾸는 농부의 수고를 하면 하루 해가 너무 짧아 안타깝다.

과업을 보태

계급모순은 젖혀놓고 민족모순 연구에 힘써야 한다는 것은 무슨 까닭인가?

계급모순의 진단과 해결에 관해서는 많은 연구와 실천이 있었다. 그런데 민족모순은 연구가 불충분하고 해결의 경험이 축적되지 않아, 도처에서 피를 흘리게 만든다. 식민지 통치의 후유증이 청산되지 않은 상황인데, 외국인 노동자가 늘어나고 결혼 이민자도 생겨 새로운 갈등이 조성된다. 민족모순은 계급모순과 겹친 부분이 있다는 이유를 들어 계급모순의 하나로 보고 다루는 것은 잘못이다. 존재보다는 의식이 더 큰 문제이다. 종교, 언어, 역사의식 등을 개별적으로 연구해서는 의식의 총체를 해명할 수 없다. 존재에 관한 학문에서 의식에 관한 학문으로, 개별적인 연구에서 총체적인 연구로 방향을 돌려야 한다.

생극론의 역사철학을 종교사에도 적용해 세계문학사에 상응하는 세계종교사를 쓸 수 있는가?

생극론의 역사철학은 세계문학사뿐만 아니라 세계종교사에도 적용된다. 그러면서 문학과 종교가 달라 세계종교사는 쓰기 더 어렵다. 문학사에서 이용하는 것보다 더욱 진전된 생극론을 요구한다.

문학은 정도의 차이가 있으나 누구나 사랑하고 自他의 구별이 엄격하지 않다. 종교관은 有神論과 無神論으로 나누어져 있다. 유신론에서는 자기 종교는 절대시하고 남의 종교는 부정한다. 무신론에서는 모든 종교를 부정한다. 유신론으로 '세계'종교사를 쓸 수 없다. 내면의 깊이를 가지지만 자기 쪽만 절대화해서 편벽된다. 무신론으로 세계'종교'사를 쓸 수 없다. 상대적인 관점을 가지고 외면을 더듬기만 해서 피상적이다.

유신론과 무신론의 양극단을 넘어선 理神論을 마련해 여러 종교를 대등하게 이해해야 한다는 것은 이미 알려진 바와 같다. 실제 작업을 위한 시도도 더러 있었다. 그러나 세계종교사를 쓰지는 못했다. 유신론과 무신론을 합쳐서 이신론을 만드는 것이 예상한 바와 같이 쉽지 않기 때문이다. 중간치를 취하면 된다고 여기는 안이한 사고방식을 버리고, 생극론을 발전시키는 진통을 겪어야 한다.

유신과 무신은 둘이면서 하나이고 하나이면서 둘이다. 둘이므로 다투고 하나이므로 화합한다. 하나를 이룬다면서 둘을 만들고, 둘을 만들어 하나가 되는 과정이 이신론의 관점에서 이해하는 세계종교사이다. 종교 생활이나 종교 이해에서 문제가 되는 내면과 외면, 절대와 상대 또한 둘이면서 하나이고 하나이면서 둘이다. 하나라는 이유에서 둘임을 부정하지 말고, 둘이기 때문에 하나가 아니라고 하지 말아야 한다.

종교는 절대선도 절대악도 아니다. 인류를 행복하게 하기도 하고, 불행하게 하기도 했다. 그 양면이 서로 얽혀 칭송과 규탄을 함께 자아낸다. 절대선 · 행복 · 칭송 쪽과 절대악 · 불행 · 규탄 쪽 가운데 어느 하나만 남기고 다른 쪽은 없애려고 하면 선택과는 반대가 되는 쪽으로 기울어진다. 극단으로 치닫지 않고 중도를 찾는 지혜를 가져야 한다.

자기네 종교로 세계를 단일화해 갈등을 없애겠다고 하는 유신론은 너무나도 많은 피해를 끼쳐 청산되어야 한다. 모든 종교를 없애 인류를 자유롭게 하겠다는 무신론은 더 큰 구속임이 판명되어 불신된다. 여러 종교가 대등하게 공존하면서 서로 인정하는 것이 최상의 방안이다. 종교 때문에 더욱 심각해지는 민족모순을 해결하는 길이다. 이런 목표 달성의 근거와 지침이 되는 세계종교사가 있어야 한다.

돈벌이 방법에 머무르지 않고 경제학을 만들어내자 근대학문이 시작되었다. 자기 종교 옹호론을 포괄하면서 넘어서서 타당성이 확보된 종교학을 이룩해야 근대 다음 시대의 학문이 시작된다. 계급모순의 진단과 해결을 주도해온 경제학의 과업이 민족모순이 계급모순을 대신해 가장 심각한 모순이 된 시기에는 종교학에 이관된다.

중간이니 중도니 하는 것을 자주 말하는데, 어떤 의의가 있는가?

양극으로 나누어져 있는 이것과 저것 가운데 어느 쪽이 좋은지 고민하거나 다투지 말고 중도를 찾아야 한다. 중간의 이치를 中道라고 하자. 옛 사람들은 중도를 소중하게 여겨 『中庸』을 말하고 『中論』을 썼다. 중도가 바른 길이라고 해왔다. 양극론의 폐해가 격심해진 것이 지금의 상황이므로 중도의 의의를 재발견해야 한다. 기존의 논의 가운데 어느 하나를 택하려고 하지 말고, 가능한 경우를 널리 살피고 받아들여 새로운 중도론을 더 잘 만들어야 한다.

중도는 잘못된 선택일 수 있다. 양극이 잘못되고 중간에서 말하는 것은 무책임한 태도이다. 어느 편을 선택했다가 생길 수 있는 위험을 피하려고 하는 기회주의자의 비겁한 짓이기도 하다. 회색분자가 하는 짓이라고 나무랄 만하다. 중간에 서서 兩是兩非論을 전개하는 것은 논리적 진술의 여러 형태 가운데 최악의 것이다. 쟁점을 감추어 문제해결에 도움이 되지 않는다.

중도를 말하는 것이 모두 그렇지는 않다. 중도가 양극보다 더 나은 선택일 수 있다. 中庸에서는 희로애락 어느 한쪽에 치우치지 말아야 한다고 했다. 中論에서는 있음과 없음의 양극단을 넘어서야 한다고 했다. 내 학문에서 전개한 논의는 중도를 중요시하는 공통점이 있으면서 그런 것들과 다르다. 중도를 마음가짐으로 여기지 않고 양극과 대등한 실체로 인정한다.

중도의 기본특징을 두고 잡다하게 해온 말을 세 명제로 정리할 수 있다. (가) 양극에는 반드시 중도가 있다. (나) 변천은 극에서 극으로 바로 가지 않고 중도의 단계를 거친다. (다) 양극이 한쪽으로 치우쳐 잘못된 것을 중도에서 바로잡는다.

(가)는 존재에 관한 명제이고, 인식 방법을 가다듬게 한다. 문명권에 중심부와 주변부 사이에 중간부가 있다는 것이 이에 해당한다. 중간부는 중심부와 주변부의 특징을 함께 지니고 있다. 중간부는 중심부에서 주변부까지 모두 파악할 수 있는 유리한 지점이다.

(나)는 운동에 관한 명제이고, 미래를 예견하게 한다. 중세가 바로 근대로 바뀌지 않고 그 중간에 중세에서 근대로의 이행기가 있다. 중세에서 근대로의 이행기는 중세와 근대의 특징을 함께 지니면서 중세를 결산하고 근대를 창조하는 작업을 다각도로 전개했다. 지금은 근대를 넘어서서 다음 시대를 향해 나아가야 할 때이므로 다음 시대로의 이행기의 과업을 발견하고 수행해야 한다.

(다)는 가치에 관한 명제이고, 실천의 방향을 제시한다. 상생과 상극이 각기 한쪽으로 치우친 잘못을 중도의 생극론에서 바로잡는다. 생극론은 중도의 철학이다. 연극미학을 들어 말하면, 카타르시스의 상극과 라사의 상생이 각기 한쪽으로 치우친 잘못을 신명풀이의 생극에서 바로잡는다. 남북 분단을 넘어서서 통일을 이룩하려면, 남쪽의 상생론

과 북쪽의 상극론을 합치는 생극론 중도 노선을 마련해야 한다.

양극은 小路이고, 중간에 大道가 있다. 양극에서 막힌 것을 중도에서 연다. 양극에서는 정신을 잃고 중도에서 깨어난다.

창조학의 길

창조학의 길이 어디 있는지 간추려 말할 수 있는가?

崔漢綺의 용어를 사용하면, 창조학은 一國一鄕을 위한 학문이 아니고 天下萬歲公共을 위한 학문이다. 천하만세공공을 위한 학문은 앞서 나가는 쪽에서 맡아서 하니 우리는 일국일향을 위한 학문에 힘쓰면 된다고 하는 후진의 사고를 청산해야 한다. 우리의 경우를 연구해 얻은 성과를 출발점으로 삼고 광범위한 비교연구에서 공통점을 찾아 널리 타당한 일반이론을 새롭게 마련해야 한다. 세계 학계를 위해 큰일을 할 때가 되었다는 것을 알고 보편적 의의가 높이 평가되는 창조학을 하려고 힘써야 한다.

수입학 · 자립학 · 시비학을 넘어서서 창조학으로 나아가는 것이 새로운 학문의 길이다. 수입학은 남들이 이미 한 결과를 가져와 자랑하는 학문이다. 자립학은 우리 것을 그 자체로 연구하는 데 머무르는 학문이다. 시비학은 기존의 연구가 잘못되었다고 나무라는 것을 능사로 삼는 학문이다. 창조학은 창조를 내용으로 하는 이론이면서 창조하는 길을 제시하는 학문론이다. 선행하는 세 학문, 수입학 · 자립학 · 시비학을 나무라고 물리치면 넘어설 수 있는 것은 아니다. 각기 이룬 바를 받아들여 발판으로 삼아야 창조학으로 나아갈 수 있다. 수입학으로 시야를 넓히고, 자립학에서 연구를 실제로 수행하고, 시비학으로 잘못을 가리는 작업을 합쳐서 발전시켜야 창조학을 할 수 있다. 수입학 · 자립학 · 시비학을 하는 사람들이 창조학을 질투해 손상을 입히지 않고 창조학을 위해 기여하는 것을 보람으로 삼으면서 창조학에 다가오도록 하는 것이 마땅하다.

학문은 역사적 성격을 지닌다. 보편적 진실을 역사적 조건에 맞게 추구하고 실현하는 작업을 학문이 선도한다. 현재의 상황을 판단하고 미래를 전망하는 역사의식을 분명하게 해야 학문을 제대로 할 수 있다. 유럽문명권 주도로 이룩한 근대학문을 청산하고 근대를 넘어선 다음 시대의 학문을 이룩하는 것이 이제부터 하는 창조학의 사명이다. 역사는 종말에 이르고, 거대이론의 시대는 끝났다고 하는 말에 현혹되어 동반자살을 하려고 하지 말고, 선수 교체를 수락해야 한다. 선진이 후진이 되어 생기는 공백을 후진이 선진이 되는 전환을 이룩해 메우면서 세계학문의 주역으로 나서야 한다. 정치나 경제는 아직 후진이므로 학문에서는 선진이어야 하는 사명을 수행해야 한다.

다음 시대로 나아가는 창조학은 지난 시기의 학문에 대해서 이중의 관계를 가진다. 근대학문에서 이성의 가치를 최대한 발현해 역사, 구조, 논리 등에 대해 분석적 고찰을 한 성과를 폐기하는 데 동의하지 않고 이어 발전시키면서, 근대학문이 부정한 중세학문에서 이성 이상의 통찰로 모든 것을 아우르고자 한 전례를 되살려 두 시대의 학문이 하나가 되게 하는 것이 마땅하다. 중세에 뒤떨어진 곳에서 중세를 부정하고 고대를 긍정하면서 근대화에 앞섰듯이, 이제 근대의 피해자가 된 곳에서 근대를 비판하고 중세를 계승하면서 다음 시대 만들기를 선도하려고 분발해야 한다.

근대에 이르러 고착화된 자연과학 · 사회과학 · 인문학의 구분을 바로잡는 것도 긴요한 과제이다. 먼저 '학문'을 공통개념으로 삼아 용어의 불균형을 시정하고 '과학'의 횡포를 제어해야 한다. 자연학문 · 사회학문 · 인문학문으로 구분된 세 학문 가운데 인문학문이 앞서서 학문 혁신의 주역 노릇을 해야 한다. 인문학문이 배격되는 세태에 자각으로 맞서 전반적인 상황을 검토하고 조정하는 학문학을 하는 것이 창조학의 긴요한 내용이다. 자연학문 · 사회학문 · 인문학문 순서로 정해져 있는 우열에 따라 직분이 상이하다고 하는 차등론을 뒤에서부터 뒤집어 우열을 부정하고 직분을 통합하는 방향으로 나아가야 한다.

창조학은 철학의 소관이라고 주장하지 말아야 한다. 학문학 일반론이었던 철학이 개별학문의 하나로 자처하면서 영역과 방법을 따로 마련하다가 자폐증에 사로잡혀 창조의 역량을 잃고, 지나치게 신중해 혁신을 기대할 수 없게 되었다. '철학하기'로 나아가는 넓은 길을 폐쇄하고 뒤로 물러나 '철학 알기'를 궁벽하고 난삽하게 하면서 학과의 밥벌이로 삼다가 인문학문은 무용하다는 증거를 제공하기나 한다. 철학이 따로 있다고 하지 말고 철학과 다른 여러 학문을 연결시켜 함께 다루는 것이 철학이 이론 창조의 기능을 살리고 자폐증에서 벗어나게 하는 최상의 방안이다. 이 일은 다른 학문에서 시작해야 한다. 밖에서 반란을 일으켜 안으로 쳐들어가는 것이 모든 혁명의 공통된 전략이다.

창조학의 발상은 갑자기 떠오를 수 있으나 직접 서술하는 것은 힘들고, 설득력이 부족해 수고한 보람이 없을 수 있다. 근대학문에서 부정하고 폐기한 선행학문의 유산 가운데 어느 것을 가져와 자기 것으로 만드는 고금학문 합동작전을 하는 것이 여러 모로 현명하다. 고인의 학문을 다시 고찰해 새롭게 활용할 가치를 발견하고 자기가 하고자 하는 작업의 지침으로 삼아 말을 보태고 이론을 발전시키는 것이 합동

작전의 요령이다. 고금학문 합동작전의 대상으로 삼을 만한 유산의 가치 등급이 미리 정해져 있는 것은 아니다. 모든 문명권이나 어느 나라의 것들이든 다 소중하다고 할 수 있다. 그러나 이용 가치에는 등급이 있다. 남들이 이미 충분히 써먹은 것들을 다시 들추어내면 수입학에 머무르고 말 수 있다. 멀리 있어 절실하게 이해하기 어려운 것들에 다가가면 수고는 크고 소득이 적다. 이 두 가지 것들은 연구가 상당한 정도로 진행된 다음 비교대상으로 삼아야 한다. 한국 또는 동아시아의 유산에 새롭게 활용할 여지가 많이 남은 것이 흔히 있어 출발점으로 삼기에 적합하다. 숭앙을 요구하는 우상은 멀리해 구속받지 않고, 자유로운 논의가 가능한 대상을 찾아 마음대로 휘어잡아야 소득이 크다.

徐敬德에서 崔漢綺까지의 氣철학에서 生克論을 이어받아 문학사의 이론으로 발전시킨 것이 내가 시도한 창조학의 가장 긴요한 작업이다. 『소설의 사회사 비교론』에서 특히 진전된 성과를 제시했다. 이것은 고금학문 합동작전의 본보기이고, 우리의 경우를 연구해 얻은 성과를 출발점으로 삼고 광범위한 비교연구에서 공통점을 찾아 널리 타당한 일반이론을 다시 마련한 사례이며, 문학·역사·철학을 연결시켜 함께 다룬 실제 작업이다. 변증법이 상극에 치우친 편향성을 시정하고, 상극이 상생이고 상생이 상극임을 밝히는 대안으로 생극론이 소중한 의의를 가진다는 것을 소설사에서 상론해 효력을 입증하고 설득력을 갖추었다. 생극론은 누구나 자기 것으로 삼을 수 있는 공유재산이고 다른 여러 측면에서 크게 기여할 수 있다. 찾아내 이용할 유산이 생극론만은 아니다.

토론

□ 문 : 학문연구와 가족생활이 어떻게 병행할 수 있는가?

□ 답 : 학문연구는 입산수도에 견줄 만한 결단을 필요로 한다. 가족생활을 원만하게 하면서 입산수도를 해야 하니 홀연히 떠나가는 것보다 더 어렵다고 할 수 있으나, 갈등을 최소화하고 둘이 병행하면서 조화를 이루도록 힘써야 한다. 학문의 노동은 혼자 하지만, 휴식은 가족과 함께 해야 한다. 휴식 없이 노동이 제대로 될 수 없다. 나이가 들자 휴식 시간이 상대적으로 길어져 가족생활에 더욱 충실할 수 있다.

□ 문 : 가족생활을 위해서도 힘쓰면서 많은 업적을 이룩할 수 있었던 비결이 무엇인가?

□ 답 : 교수 노릇을 하면서 맡아야 하는 갖가지 임무가 더 큰 장애가 되어 연구할 시간이 모자랐다. 그렇다고 해서 잠을 줄이면 작업의 질이 떨어진다. 이용 가능한 시간을 최대한 활용하는 것이 비결이다. 어디서든지 자리에 앉으면 바로 발동이 걸려 낭비를 막고, 집중도를 높여 한 시간이 여러 시간이 되게 하는 것이 그 요체이다. 연구 작업에 대해 자리에서 일어난 다음에도 자나 깨나 생각하면서 자문자답을 계속하는 것이 또한 긴요하다.

□ 문 : 연구를 진행하는 과정에서 구조주의 · 음양론 · 변증법 · 생극론이 어떤 관계를 가졌는가?

□ 답 : 작품론에 힘쓰던 시기에는 구조주의와 음양론을 합치고자 하다가, 문학사로 관심을 확대하면서 변증법에 생극론으로 대응하고자 하고, 학문론을 광범위하게 다루는 단계에서는 생극론을 적극 활용

한다고 간추려 말할 수 있다. 그 경과를 자세하게 고찰하는 과제를 후진에게 넘기면서, 거리를 두고 과거를 시비하려고 하지 말고 내가 이룬 성과에서 쓸 만한 것을 자기 것으로 삼아 앞으로 나아가기를 당부한다.

❏ **문** : 남의 연구를 자기 것으로 삼을 수 있는가?

❏ **답** : 타당하다고 인정되는 연구 성과는 공유재산이어서 누구나 이용해 더 늘릴 수 있다고 거듭 말해왔다.

❏ **문** : 저작권 침해가 빈번하게 이루어져 염려가 되는 상황이 아닌가?

❏ **답** : 저작을 도용해 수익을 얻는 것은 잘못이므로 시정해야 한다. 학설을 받아들이는 것은 수익을 얻는 것과 무관하다.

❏ **문** : 새로운 연구를 하려면 기존의 업적에 대한 비판을 선행작업으로 삼아야 하지 않는가?

❏ **답** : 내 학문에 대한 전면적인 비판을 앞세우려면 시간과 힘이 아주 많이 든다. 비판을 위한 비판을 하다가 빗나갈 수 있다. 조동일의 문학사는 민족주의의 관점을 택한 근본적인 오류가 있어 퇴출시켜야 한다는 반론이 그런 것이다. 누구도 하지 못하는 발언을 해서 관심을 끌 수 있으나 "조동일이 틀렸으니 나는 옳다"는 명제는 성립되지 않는다. 전제와 결과가 연결되지 않을 뿐만 아니라, 전제의 타당성이 입증되지 않았다.

문학사는 근대 민족주의의 산물이다. 민족주의에 입각해 민족문학사를 쓰는 과업을 우리도 제대로 이룩하면서 방법과 성과에서 한 걸음 더 나아가야 한다. 근대를 넘어서서 다음 시대로 나아가기 위해 민족문학사를 넘어서서 문명권문학사로, 세계문학사로 나아가려고 다각도로 노력하는 것이 마땅하다. 이런 원리에 입각해 내 작업이 진행되었다. 이에 대해 하나하나 비판하고 대안을 제시해야 반론의 타당성이 입증된다.

최종적인 의문은 문학사를 대신해 문학에 대한 총괄론을 담당할 다음의 이해 체계는 무엇인가 하는 것이다. 이에 대한 해답을 나는 찾지 못했는데, 반론자는 알고 있는지 묻고 싶다. 문학사 해체를 대응책으로 삼는 풍조에 휩쓸려 할 일을 다 한다고 여기는 것은 잘못이다. 근대를 이룩한 것과 같은 커다란 과업을 이제는 담당할 수 없다고 고백하는 유럽문명권을 추종해 동반자살을 하지 말아야 한다. 선수교체를 인정하고 받아들여야 한다.

내가 이룩한 성과 가운데 타당성이 인정되어 공유재산이라고 할 만한 것을 누가 이룩했는지 구태여 밝히지도 말고 새로운 연구의 출발점으로 삼는다면, 전면적인 비판을 앞세우는 것보다 힘은 적게 들고 소득은 많다. 연구를 진행하는 동안에 기존의 작업이 모자라고 잘못된 것을 발견해 보태고 바로잡는 작업을 반드시 해야 하므로, 출발점이 아닌 도달점에서 반론을 무리하지 않게 획득한다.

❑ **문** : 후진의 연구가 그렇게 전개되는 것을 보고 논란의 대상으로 삼을 것인가?

❑ **답** : 아니다. 관심을 가지지 않고, 읽지도 않을 것이다. 이제부터는 세상에서 잊혀 조용히 지내는 것이 소원이다.

❑ **문** : 큰일을 할 수 있는 학자도 작가도 필요하다고 했다. 큰일이란 무엇인가?

❑ **답** : 세상의 움직임을 넓고도 깊게 파악하면서 앞으로 나아갈 바를 제시하는 역사적 통찰을 보여주는 것이 학자나 작가가 해야 할 큰일이다. 작가의 경우가 예를 들기 쉽다. 제정 러시아 시대, 오늘날의 아프리카의 작가들이 그런 과업을 성취해 세계문학사에서 우뚝한 위치를 차지하고 있다. 우리 작가들은 작품을 지나칠 정도로 늘여 쓰면서 안목은 협소해 불균형이다. 학자들은 작은 관심사를 단편 논문에서 가까스로 다루는 수준에 머무르고 있어 시대가 제기하는 의문을 감당하지 못한다.

월드컵을 할 때, 촛불시위에, 이번에 있었던 노무현 전대통령의 장례에 수많은 군중이 거듭 모여든 것을 보고 커다란 연구 과제를 발견했다. 취지나 성격이 전혀 다른 모임이 유사한 방식으로 되풀이되는 것이 무슨 이유이고, 어떻게 평가해야 하는가 하는 의문을 확인하고, 원리를 찾아 대답해야 한다. 작가도 학자도 분발해야 한다. 학자의 작업에서는 생극론에 입각한 신명풀이 연구를 적용할 수 있을 것 같으나 많이 모자란다. 이제 폐업을 하려고 하는데, 큰일이 나타나 나는 역부족임을 자인하고 후진의 분발을 기대한다.

생극론을 발전시켜 중도론을 전개하고, 세계종교사를 이룩하는 것이 뜻은 있어도 하지 못한 과업이라고 앞에서 말했다. 거기다가 무엇이라고 이름 짓기도 어려운 과제를 보탠다. 모르고 있어 말하지 못하는 과제는 더 많을 것이다. 큰일을 하겠다고 분발하고 나서는 학자와 작가가 이어지기를 간절하게 바란다.

제14강 마무리를 위한 덧붙임

마치는 소감

오늘 하는 강의는 세 겹의 마무리이다. 이번 학기의 주제 "학문하는 보람"에 관한 고찰의 결말을 맺는다. 계명대학교 석좌교수가 되어 5년 열 학기 동안 계속한 "세계 · 지방화시대의 한국학"을 끝낸다. 41년 반 여든 세 학기 동안 해온 강의를 마치고 두 번째 정년퇴임을 한다. 세 번째 것이 가장 큰 의의를 가져, 두 번의 정년퇴임을 견주어 살피기로 한다.

2004년 8월 31일 서울대학교에서 정년퇴임하고, 9월 1일부터 계명대학교 석좌교수가 되었다. 8월 31일이 끝나고 9월 1일이 시작되어 소속이 달라지는 날 체코의 프라하에 있었다. 국내에 있었으면 번다한 것으로 악명이 높은 정년퇴임 행사에 참여해야 했는데, 공무 출장으로 불참했다. 별나게 군다는 말을 듣지 않고 조용하게 사라질 수 있어 다행이었다.

8월 20일부터 23일까지 스웨덴 예테보리대학에서 열린 국제학술회의 기조발표자로 초청되어 멀리 떠나갔다. 임무를 마치고 폴란드와 슬로바키아를 거쳐 체코로 갔다가 9월이 시작되고 귀국했다. 제3권

제9강에서 다룬 여행이다. 행사 내용을 소개하고 발표한 논문을 수록했다.

석좌교수로 오라는 대학이 몇 있었으나 내가 하고 싶은 일을 어디서 잘 이해하고 지원해줄 것인지 가려 계명대학교를 선택했다. 계명대학교를 선택했다는 것보다 계명대학교로 복귀했다는 말이 더욱 적합하다. 계명대학교는 교수로 처음 재직한 곳이다. 1968년부터 1977년까지 9년 동안 청춘의 정열을 바쳐 강의하고 연구한 기억이 생생하게 남아 있다. 그 때의 제자들이 교수로 직원으로 큰 활약을 하고 있어 시간의 경과를 넘어설 수 있게 한다. 처음과 끝이 일치하는 首尾相應의 축복을 누리니 얼마나 자랑스러운가.

모든 것이 그대로 진행되고 이제 마지막 학기가 끝나는 시점에 이르렀다. 정년퇴임하는 사람에게 주는 최대의 찬사는 완주이다. 마라톤 코스보다 월등하게 긴 길을 사고 없이 다 달렸으니 축하해야 한다. 나는 복 많은 사람이어서 제2의 정년퇴임을 하고 완주를 한 번 더 했다. 달려온 길을 지금의 시점에서 되돌아보니 할 말이 많다.

하고 싶은 일을 마음껏 하면서 인생의 전성기를 보냈다. 5년 열 학기 동안의 예정된 강의를 하고, 그 결과를 책 열 권으로 냈다. 아홉 권은 이미 나왔고, 이 책이 제10권이다. 이제 일을 다 마치고 물러나면서, 많은 기억과 함께, 장서를 기증해 도서관에 문고로 남기고, 교정에 기념식수를 하고 떠나간다. 2004년에는 정해진 순서에 따라 진행되는 정년퇴임 행사에 참석하지 않았지만, 2009년의 두 번째 퇴직은 그대로 넘기기 서운해 작은 모임을 열어달라고 가까운 사람들에게 부탁했다.

강의계획서를 다시 보자

2004년 봄으로 되돌아가보자. 무엇을 할 것인가 미리 생각해 강의계획을 세우고 강의 원고를 상당한 부분 써본 다음에 최종 결정을 했다. 신학기가 되기 석 달 전에 계약서를 작성하고, 스스로 설정한 공개강의를 격주로 한다는 조항을 넣었다. 계약 기간은 2004년 9월부터 2009년 8월까지 5년으로 했다. 계명대학교에서 할 강의를 시간 여유를 가지고 구상했다. "세계 · 지방화시대의 한국학"을 강의하는 계획을 세우고, 원고를 쓰기 시작했다.

"세계 · 지방화시대의 한국학"에 관한 다섯 해, 열 학기에 걸친 강의가 차질 없이 진행되어 기쁘다. 이번 작업은 철저한 사전 계획의 산물이다. 사전 계획과 실제 성과가 다르지 않다. 이렇게 할 수 있다고 입증한 것이 자랑할 만한 성과이다. 정년퇴임 전에는 간직하고 있기만 하던 소망을 석좌교수가 되어 이룰 수 있었다. 스스로 계획해서 하는 한 가지 일에 전념할 수 있게 되었기 때문이다.

2004년 6월 16일에 「계명대학교 강의계획」이라고 한 것을 홈페이지에 올렸다. 강의가 시작되기 3개월 이상 남은 때였다. 이 강의계획을 제1권 서두에 수록했어야 한다고 생각할 수 있으나, 홈페이지에만 두고 알리다가 이제야 책에 거두어들인다. 감당하지 못할 약속을 하는 것이 아닌가 하는 두려움이 마침내 해소되고, 계획과 결과가 근접되어 있음을 확인할 수 있다. 강의계획을 옮겨 적는다.

조동일 강의계획서 세계·지방화시대의 한국학

전체 계획:

조동일이 계명대학교 석좌교수가 되어 2004년 2학기 이후 5년간 다음과 같은 강의를 한다.

취지:

(1) 세계화와 지방화가 함께 요구되는 시대에, 한국학이 자기반성을 거쳐 거듭나 새로운 진로를 설정하는 작업을 한다.

(2) 교과과정에 의해 주어지지 않고, 기존 학문의 영역을 넘어서서 스스로 선택한 주제에 관한 창조적인 연구를 강의를 하면서 진행한다.

(3) 『우리 학문의 길』(1993), 『인문학문의 사명』(1997), 『이 땅에서 학문하기』(2000) 등에서 시도한 학문론을 한국학에 중심을 두고 더욱 진전시키면서 실천 방안을 제시한다.

(4) 서울대학교 교수를 그만두고 공개구직을 해서 이루고자 한 소망을, 정년퇴임하고 계명대학교에서 재출발하면서 이제야 실현한다.

주제:

세계·지방화시대의 한국학

목적:

(1) 세계화시대를 바람직하게 이끄는 이론을 한국학의 세계화에서 찾는다. 한국학이 국내의 학문에 머무르지 않고, 세계에 널리 진출해 인류문명의 발전에 적극 기여하려면 무엇을 어떻게 해야 하는지 밝혀

논한다.

(2) 지방화의 요구를 올바르게 실현하는 지침을 한국학의 지방화에서 마련한다. 우리 학문이 전국 단위의 연구에 머무르지 않고, 지방의 역사와 문화를 다양하게 연구해 지방의 발전에 구체적으로 기여하는 방안을 제시한다.

(3) 세계화와 지방화의 상호관련을 고찰하고, 그 둘을 동시에 이룩하는 연구의 본보기를 보인다. 거시와 미시의 관점, 이론 정립과 사실 발견이 불가분의 관계를 가져 함께 추구해야 하는 이유를 밝혀 학문의 원리를 재정립한다.

방법:

(1) 한국학을 통괄해서 다룬다. 각기 독자적인 길을 가면서 대화마저 단절되고 있는 여러 분야가 서로 가까워질 수 있는 방안을 찾고, 재통합 가능성을 모색한다.

(2) 한국학의 문제점을 다각도로 검토한다. 역사와 분야, 이론과 방법, 정책과 제도 등을 두루 고찰하면서 지금까지의 관습을 비판하고 미래를 설계한다.

(3) 국내외의 한국학을 함께 고찰한다. 외국에서 이루어지고 있는 한국학의 실태와 문제점을 분석하고, 국내외의 연구가 제휴해서 함께 발전하는 바람직한 길을 찾는다.

(4) 외국의 경우와 비교해서 논의한다. 외국에서는 자국에 관한 연구를 어떻게 하고 있는지 여러 나라의 사례를 비교해 살피면서 한국학의 진로를 바람직하게 설정한다.

(5) 장기간에 걸친 일관된 계획에 따라 연구와 강의를 함께 진행한다.

(6) 강의한 원고를 수정해 단행본으로 출판한다.

시기별 예상 주제:

2004년 2학기에서 2005년 2학기까지 3학기

제1부 세계·지방화시대 한국학의 영역

1 현황과 목표 총괄 검토

2 영역 재조정의 과제

3 국내외 한국학의 만남

2006년 1학기에서 2007년 2학기까지 4학기

제2부 세계·지방화시대 한국학의 방법

1 전통학문의 계승

2 자체 연구의 방법

3 비교연구의 방법

4 일반이론 정립의 길

2008년 1학기에서 2009년 1학기까지 3학기

제3부 세계·지방화시대 한국학의 진로

1 학자의 생애 설계

2 학문을 위한 정책과 제도

3 학문의 사명과 효용

강의의 성격:

기존 학과의 교과목과는 별도로 개설하는 전교 특강으로 한다. 대학원생 및 학부 3·4학년생은 전공과 관계없이 수강해 3학점을 취득할 수 있다. 누구나 청강할 수 있게 공개하고 교내외에 널리 알린다.

진행 방식:

격주로 150분 2회씩 강의한다.

많은 사람이 수강할 수 있게 강의를 야간에 개설한다.

강의 원고를 강의 전일 오전까지 홈페이지 '강의'라고 한 곳에 올린다.

강의 전반에는 강의 원고를 낭독하면서 설명을 보충한다.

강의 후반에는 질의 토론을 한다.

계획과 결과

강의계획에서 말한 취지·주제·목적·방법은 그대로 실행되었다. 시기별 예상주제도 달라지지 않았다. 다만 성격을 구체화하는 추가 작업을 하고, 제목을 조금 바꾸었을 따름이다. 일생에 처음 5년 10학기의 강의를 일관된 계획에 의해 하면서 계속 새로운 내용을 다루면서 앞으로 나아간 것이 자랑스럽다.

새로운 강의를 준비하고 원고를 쓰는 것이 큰 부담이지만 다른 일은 맡지 않고 이 강의만 하기 때문에 가능했다. 바라는 대로 내용을 채우기 위해 많은 시간이 필요하고 또한 자료 구입비가 있어야 했다. 국내 어느 도서관에도 없는 책을 주문하거나 출장해 대량 사들여야 했다. 계명대학교에서 연간 2천만 원, 5년 총계 1억 원의 연구비를 제공해 사용하기에 넉넉했다.

"대학원생 및 학부 3·4학년생은 전공과 관계없이 수강해 3학점을 취득할 수 있다"는 조항은 두 학기 뒤에 취소했다. 수강신청자들에게 너무 많은 부담을 주는 것이 바라지 않은 바이고, 수강신청자 위주로 강의를 하는 제약에서 벗어나기 위해서였다. 계속 새로운 내용으로

10학기나 하는 강의는 수강신청을 해 학점을 취득할 수 있는 것이 아니다. 공개강의만 하게 되어 모든 것이 자유로워졌다.

교내외의 교수·강사·박사들로 이루어진 최상급의 청중이 참여해 강의의 수준을 높이고 기대 이상의 토론을 했다. 교내는 물론 대구 인근의 다른 여러 대학에서 호응하고, 서울, 부산, 안동 등지에서 찾아오는 분들이 이어졌다. 매 학기의 강의에 거의 다 출석한 열성회원들도 상당수이다. 강의 시간에 오는 대신에 홈페이지에 올린 원고를 열어서 읽는 참여자는 훨씬 많았다.

"강의 전반에는 강의 원고를 낭독하면서 설명을 보충한다"고 한 것은 그대로 되지 않았다. 원고 분량이 너무 많아 모두 낭독하지 못하고 간추려 설명하면서 강의했다. "강의 후반에는 질의 토론을 한다"고 한 것이 강의 시간의 절반을 차지했다. 토론이 예상 이상으로 성과 있게 이루어져, 한 주일 두 번씩의 강의를 마칠 때마다 토론을 첨부해 원고를 고쳐 홈페이지에 다시 올렸다.

프랑스의 콜레즈 드 프랑스에서 하는 새로운 연구 공개강의를 늘 부러워했다. 제8권 제11강에서 그 내역을 고찰의 대상으로 삼고, 누가 어떤 강의를 어떻게 하는지 알 수 있는 데까지 밝혀 논했다. 제8권 제14강에서는 우리도 같은 제도를 채택하는 것이 바람직하다고 했다.

그런데 나는 새로운 연구 공개강의를 스스로 창안해 이미 했다. 콜레즈 드 프랑스에서 하고 있는 강의와 견주어보면 몇 가지 점에서 앞섰다. 5년 10학기 동안 일관된 계획에 따라 강의를 진행하고 결과를 출판한 것은 그쪽에 없는 일이다. 토론을 기록해 출판 원고에 포함시킨 것도 자랑할 만하다.

특정 주제를 집중해서 다루지 않고 학문 전반에 관한 논의를 편

것은 그쪽보다 못하다고 할 수 있다. 새로 개척해서 연구하는 특정 주제에 관한 강의를 경청할 전문가가 거의 없는 사정이고, 있다고 해도 모으기에는 지리적인 여건이 불리하므로 차선책을 택해야 했다. 좁은 연구를 세차게 밀어붙이기에는 역부족이므로 연륜과 더불어 축적된 넓은 식견을 거두어들여 가다듬는 것이 마땅하다.

정년퇴임과 더불어 전공에 대한 의무가 없어진 것이 특권이라고 할 수 있어 활용해야 한다. 현 단계의 학문이 한국뿐만 아니라 세계 전체에서 예각화된 탐구보다 관심의 범위를 넓혀 일반론을 마련하는 것을 더욱 긴요한 과업으로 삼는다. 그러고 보면, 불리한 여건이 유리한 작용을 했다고 할 수 있다.

"강의한 원고를 수정해 단행본으로 출판한다"고 하고서 분량이 어느 정도 될지는 미지수여서 구체적인 계획은 밝히지 않았다. 세 단계 작업의 결과가 각기 책 한 권씩을 이루어 전3권을 내놓는 것이 마땅하지 않을까 하고 막연하게 생각했다. 원고를 써서 강의를 해보니 한 학기분이 책 한 권을 이루었다. 시간마다 한 토론을 첨부해 내용이 더욱 알차고 분량이 늘어났다.

제1부 세계·지방화시대 한국학의 영역 탐구는 세 책을 이루었다. 한국학의 영역이라고 한 것이 예비적인 검토의 작업이 되었다. 『1 길을 찾으면서』(2004년 2학기 강의, 2005년 2월 출간): "현황과 목표 총괄 검토"라고 하던 것이다. 『2 경계 넘어서기』(2005년 1학기 강의, 2005년 8월 출간): "영역 재조정의 과제"라고 하던 것이다. 『3 국내외 학문의 만남』(2005년 2학기 강의, 2006년 2월 출간): "국내외 한국학의 만남"이라고 하던 것이다.

제2부 세계·지방화시대 한국학의 방법 탐구는 네 책을 이루었다.

한국학의 방법이라고 한 것이 연구 작업 내부 점검으로 구체화되었다. 『4 고금학문 합동작전』(2006년 1학기 강의, 2006년 8월 출간): "전통학문의 계승"이라고 하던 것이다. 계승의 방법을 명확하게 했다. 『5 표면에서 내면으로』(2006년 2학기 강의, 2007년 2월 출간): "자체 연구의 방법"이라고 하던 것이다. 자체 연구가 무엇인지 구체화했다. 『6 비교연구의 방법』(2007년 1학기 강의, 2007년 8월 출간): "비교연구의 방법"이라고 하던 것 그대로이다. 『7 일반이론 정립』(2007년 2학기 강의, 2008년 2월 출간): "일반이론 정립의 길"이라고 하던 것이다.

제3부 세계・지방화시대 한국학의 진로 탐구는 세 책을 이루었다. 한국학의 진로를 학문하는 조건과 관련시켜 고찰했다. 『8 학문의 정책과 제도』(2008년 2학기 강의, 2009년 2월 출간): "학문을 위한 정책과 제도"라고 하던 것이다. 다음 것과 순서를 바꾸었다. 『9 학자의 생애』(2008년 1학기 강의, 2008년 8월 출간): "학자의 생애 설계"라고 하던 것이다. 설계를 검토로 바꾸었다. 『10 학문하는 보람』(2009년 1학기 강의, 2009년 8월 출간): "학문의 사명과 효용"이라고 하던 것이다.

토론의 현장

강의에는 토론이 따른다. 강의와는 별도로 토론을 하기도 한다. 이에 관한 자료 둘을 제시해 근래에 하고 있는 일에 관한 보고를 보완하고자 한다.

서울에 거주하고 있는 경기대학교 김헌선 교수가 멀리 대구까지 와서 계명대학교에서 하는 강의에 빠짐없이 동참했다. 강의를 시작하기 전 30분 동안 질문에 응답하는 시간을 가졌다. 내 책을 순서를 정해 읽어가면서 제기되는 질문을 사전에 전자우편으로 보내면 응답을 다시 보내고, 만나서 질문과 응답을 주고받고 보충한다.

결과를 정리해 출판하는 것은 김헌선 교수의 소관이고, 내가 관여할 일은 아니다. 여기서 본보기를 몇 개 들고자 한다.

❑ 문 : 『한국문학사상사시론』 머리말에서 "본래 山野의 기질을 가진 저자는 외람되게 山林에 은거한 선인들의 자취를 되새기며 오늘날의 시대를 살아가고자 한다"고 했다. 이 말이 지금도 타당한가?

❑ 답 : 지금도 거기서 한 말이 계속 의미가 있고 지침이 된다. 서울 한가운데에 있어도 산야라고 생각하고, 어떤 직책을 맡아도 은거하는 선비의 자세를 버리지 않아야 한다고 다짐하면서 살아왔다. 문제는 장소가 아니고 정신이다.

❑ 문 : 서경덕과 최한기를 비교하면서 많은 의문이 생겼는데, 그 가운데서 서경덕은 0·1·2·∞ 가운데 0·1·2의 관계 그 가운데서도 2의 작용과 본체에 깊은 사고를 전개했고, 최한기는 0·1·2·∞ 가운데 1·∞의 관계에 치중했다. 왜 이 둘의 철학이 달라졌는지 의문이 생긴다. 기철학이라고 하는 공통점 속에서 차이점을 이기론, 심성론, 추측론 등의 차이로만 해명해서는 안 되지 않는가?

❑ 답 : 서경덕은 1이 1이면서 2이고 2가 2이면서 1임을 해명해 기철학의 기본을 다졌다. 그것이 존재론의 과업이다. 최한기는 2가 ∞로 나타나는 양상을, ∞를 2로 이해하는 방법을 논의해 기철학의 내용을 풍부하게 했다. 이것이 추측론이라고 일컬은 인식론의 과업이다. 두 사람의 학문은 體와 用의 관계를 가진다고 해도 좋다. 오늘날의 학문에

도 두 과업이 있다. 본체를 밝혀 이론의 근본을 다지면서 활용에 대한 탐구를 최대한 다양하게 해야 한다. 두 과업은 같으면서 다르고 다르면서 같다.

❑ 문 : 세계사 이해의 다원주의와 일원주의를 극복하자는 주장은 공허하지 않는가? 학문 발전을 위해 어떤 기여를 할 수 있는가?

❑ 답 : "一則多 多則一"이어서 "다원은 일원이고 일원은 다원이다"고 하는 데서 해답을 찾아보자. "一則多"의 "一"은 "多則一"의 "一"과 같은가 다른가? "一則多"의 "多"는 "多則一"의 "多"와 같은가 다른가? "一則多"와 "多則一"은 같은가 다른가? 이런 의문을 추가해보자. 셋 다 같으면서 다르고 다르면서 같아, 같음이 다름이고 다름이 같음이라고 해야 하지 않을까? 같으면서 다르고 다르면서 같아, 같음이 다름이고 다름이 같음인 것이 또한 같으면서 달라 항상 같은 말을 하면서 경우에 따라 다른 말을 무수히 많이 하는 것이 연구의 원리이고 방법이어야 하지 않는가?

❑ 문 : 문명권의 책봉체제는 이미 청산된 과거이다. 과거 인식을 새롭게 하는 연구가 오늘날 어떤 의의를 가지는가?

❑ 답 : 민족국가끼리의 대립에서 자국을 옹호하는 것을 최상의 과업으로 여기는 근대 학문을 넘어서서 다음 시대로 나아가기 위해 책봉체제를 재인식해야 한다. 동아시아가 하나임을 알려면 책봉체제에 대한 올바른 인식이 있어야 한다. 문명의 공유재산을 자기네 사유재산으로 여기는 중국인의 착각을 시정하고, 동아시아에서 벗어나 자랑스럽다고 하는 일본인의 잘못을 시정하기 위한 필수적인 과업의 하나가 동아

시아의 책봉체제를 재인식하고, 다른 문명권의 경우와 비교해 보편적인 특성을 해명하는 것이다.

❑ 문 : 중세문학론에 관한 저작을 보면서 연구 작업이 끝나지 않고 새로운 시작을 알리는 기착지에 이르렀음을 확인한다. 중세문학론의 수많은 미결 과제가 앞에 놓여있음을 절감한다. 길을 갈 수 있는 지침은 마련했으나, 후속 연구는 아직 요원한 일이다. 할 일이 너무 많아 걱정인데 동참자들은 나타나지 않는다. 오히려 지적 게으름과 의심의 눈초리가 반감이 되고, 반감은 반발로 이어지고, 반발은 학문적인 역행으로 나아가는 기현상이 일어난다. 이에 대해 어떻게 생각하는가?

❑ 답 : 전진은 후퇴를 수반한다. 앞으로 나아가는 물체의 주변에는 역행하는 물결이 있게 마련이다. 역행하는 물결이 넓게 퍼지고 강하게 나타나는 것은 앞으로 나아가는 운동이 그만큼 크다는 것을 입증한다. 그 때문에 전진이 중단되고 앞으로 나아가지 말아야 할 것은 아니다. 그러나 답보상태에서 안정을 얻고 변화를 바라지 않은 사람들에게 지나친 충격을 주지 말고 해야 할 일을 하는 것이 마땅하므로 어느 정도의 작전이 필요하다. 국문학을 떠나 세계문학으로 멀리 나아가고, 문학의 범위를 넘어서서 학문 일반의 문제를 논의하는 데 힘써 격동이 중년들의 영역인 물가에까지 미치지 않게 한다. 학문을 새롭게 시작하는 젊은이들은 멀리까지 나아가는 데 동참해 넓게 공부하고 가까운 곳으로 돌아와 필요한 혁신을 단계적으로 하기 바란다.

마지막 말

할 일을 거의 다 하고, 빚 갚기를 대충 끝내 마음이 편하다고 생각하자. 잘못한 일은 다시 할 수 없으니 후회를 길게 하지는 않기로 한다. 휴식의 즐거움을 찾아 누리면서, 남은 시간을 헛되이 보내지는 않는 최소한의 작업을 하려고 한다. 책 읽기보다 산천유람이 더욱 소중하다는 것을 거듭 깨닫고, 새로운 마음으로 백지에 그림을 그리련다.

공개구직 소동을 벌였어도 이루지 못한 꿈은 아직 남아 있다. 좋은 기회를 얻는다면 관심을 학문론으로 확대해 공개강의를 하고 저술을 하고 싶다. 강의 진도를 맞추고 격식에 따라 논문 쓰는 구속에서 벗어나, 생각하는 바를 자유롭게 펼치려고 한다.

2004년 8월 서울대학교에서 정년퇴임할 때 낸 회고록 『학문에 바친 나날 되돌아보며』의 말미에서 이렇게 말했다. 두 단락에서 한 말이 조금 다르다. 앞에서 한 말은 버려두고, 뒤에서 한 말을 실행하면서 다섯 해를 보냈다. 뒷 단락에서 한 말을 실행하면서 앞 단락에서 한 말도 살리려고 했다고 말하고 싶지만 타당하다고 인정될까 의문이다.

계명대학교 석좌교수가 되어 다섯 해 동안 강의하고 『세계·지방화시대의 한국학』 열 권을 이룩하는 과업을 이제 마치고 마무리하는 말을 쓴다. 신통하다고 할 정도로 계획대로 되었다고 자랑하고 말 것은 아니다. 이제 할 일을 다 하고 계획에서 벗어나 자유롭게 된다.

마지막 권인 이 책은 짧게 쓰고자 했다. 학문하는 보람이란 길게 늘어놓고 말할 것이 아니다. 말이 길어지면 마무리가 되지 않는다. 이치가 이런 줄 알고 줄일 수 있는 대로 줄이려고 했다. 내놓고 싶은 글이 많이 있으나 빼고, 택한 것들도 이따금 삭제하고 축소했다. 그런데도 뜻대로 되지 않아, 말이 너무 번다하고 책은 지나치게 크다.

아직 많이 모자라는 것을 통감하고 반성하면서, 침묵의 가치를 높이 평가해야 하겠다고 다짐한다. 徐敬德의 가르침을 받아들여 "그칠 止" 자로 좌우명을 삼으려고 한다. 그칠 줄 아는 것이 진정한 학문이라고 한 말이 훌륭하다고 칭송했으나, 지금에 와서는 과연 이해하고 실천할 수 있는지 스스로 되묻는다. 마지막 다짐은 헛되지 않게 되기를 간절하게 바란다.

토론

❑ **문** : 창작을 하려다가 연구에 이른 것은 무슨 까닭인가? 창작과 연구를 견주어 어떻게 평가하는가?

❑ **답** : 문학 창작이 선행해 비평도 연구도 가능하다. 창작이 연구보다 보람 있음은 물론이지만, 어느 것을 하느냐는 사람에 따라 다르다. 내 경우에는 창작보다 비평이, 비평보다 연구가 적성에 더 맞는 것 같다. 수학을 좋아하는 논리적 사고가 치밀어 올라와 방향을 바꾸었다고 설명한 적이 있다. 그러나 논리가 창작을 떠나는 것은 아니다. 시·소설·희곡에 걸친 창작 경험이 강의에서도 연구에서도 긴요하게 쓰였다. 이제 하던 일을 끝내면서 창작집을 엮어 과거의 과거를 되돌아보려고 한다.

❑ **문** : 교수 노릇을 하면서 동료 교수들과 갈등이 없었던가?

❑ **답** : 있을 수 있는 갈등을 줄이려고 양면으로 노력했다. 학문에 몰두하느라고 옆을 돌아보지 않고, 이해관계가 걸린 일에는 관심을

두지 않았다. 동료 교수들의 전공을 존중해 누구도 다루지 않은 분야의 강의를 즐겨 맡고, 연구 거리를 멀찍이 나가서 마련했다.

❑ 문 : 교육에 대해서 묻겠다. 세대 차이가 크고, 사용하는 언어도 많이 다른 학생들을 어떻게 가르쳤나? 일러줄 만한 비결이 있는가?

❑ 답 : 오랜 기간 동안 교단에 서서 노력을 한다고 했으나 교육에는 자신이 없다고 고백한다. 학생들의 위치에서 대화하고 토론하는 것이 최상의 방법인 줄 알지만 실행이 어려웠다. 엉뚱한 질문을 함부로 퍼붓는 학생을 만나는 행운을 얻으면 내 자신도 깨우칠 수 있었으나, 길들여져야 평가받도록 하는 제도가 기회를 제한했다. 인터넷에 올라 있는 독자 서평의 발랄한 논란 같은 것을 교실에서는 만나기 어려웠다. 교육에서 겪는 무력감을 연구는 마음껏 이룩해 보상하려고 하다가, 지난 5년 동안에야 연구가 교육이고 교육이 연구임을 강의와 토론의 상호작용에서 확인할 수 있다.

❑ 문 : 연구에서는 만족했는가? 잘못은 없었던가?

❑ 답 : 잘못한 일은 다시 할 수 없으니 후회를 길게 하지는 않기로 한다고 했다. 참회할 것이 한둘이 아니다. 책을 많이 내면서 교정을 철저하게 보지 못한 것이 잘못이다. 모두 바로잡아 다시 내려고 하다가 감당할 수 없어 그만두었다. 입문자들도 널리 이용하는 『한국문학통사』만이라도 틀린 데가 없게 하려고 작정하고, 도와준 분 덕분에 가까스로 뜻을 이루었다. 강의의 성과를 출판하는 이 책 제6권 이후의 것들은 여러 사람에게 수고를 끼쳐 어느 정도 만족스러운 수준으로 낸다. 그 전에 저지른 허다한 잘못에 관해서는 용서를 빌 따름이다.

한 번 시작한 연구를 끝까지 하지 않고 이리저리 방랑한 것도 잘못이다. 『한국문학통사』를 써서 방랑을 총괄했다고 합리화할 수 있지만, 철저하게 다루지 못한 문제가 너무 많다. 논저를 너무 많이 내놓은 것이 또한 잘못이며, 위의 두 잘못이 이와 직결된다. 산출량을 절반 이하로 줄이는 것이 마땅하다고 생각하지만, 돌이킬 수 없는 사정이다. 근래에는 중언부언을 자주 하기까지 하니 자숙해야 한다. 절필이 최상의 자숙이다.

❏ 문 : 절필이 최상의 자숙이라고 하는 것은 연구활동을 폐업한다는 말이 아닌가? 가능한가?

❏ 답 : 가능하도록 노력하고자 한다. 일생에 읽을 책을 다 읽었다는 경고가 시력에 도착한 것을 겸허한 자세로 받아들인다. 교정을 보기 어려운 사정을 무릅쓰고 글을 더 써서 다른 사람들을 괴롭히지 않으려고 조심한다. 같은 글을 중언부언 다시 쓰지 말아야 한다고 다짐한다. 그칠 줄 아는 것이 진정한 학문이라는 교훈을 조금은 실행하고자 한다.

길을 아주 막는 것은 아니다. 장서를 계명대학교 도서관에 다 넘겨 문고를 설치하도록 하고서, 특정 분야 하나에 관한 자료는 남겨 반드시 필요한 경우에 새로운 연구를 진행할 수 있도록 했다. 초고를 어느 정도 써놓았다.

글은 다시 쓰지 않고 말로 하는 강연이나 강의는 경우에 따라 할 수 있다. 이미 발표한 글을 엮어 교재를 만드는 것은 가능하다. 내가 길게 말하지 않고 문답이나 토론에 더 많은 비중을 두어 지혜를 늘리는 데 기여하고자 한다. 얻은 바가 있어 거두어 글로 쓰는 일은 상대방에게 넘겨주고자 한다.

❑ 문 : 이제부터는 그림을 그린다고 하지 않았던가?

❑ 답 : 그렇다. 폐업을 하지 않고 전업을 한다. 17세인 고등학교 2학년 때까지 미술대학에 진학해 그림을 그리려고 하는 소망을 가졌다가, 부모님의 반대로 이루지 못하고 문학을 대안으로 삼았다. 원통한 심정을 새로운 작업을 열심히 해서 달랬다.

3학년 때에는 문예반에서 활동하고, 대학 입시에서 문학을 공부하는 학과를 택해 오늘에 이르렀다. 문학 독서・창작・비평・연구를 거치면서 이제 70세가 되었다. 임무 수행을 끝내고 자유롭게 되어, 53년 동안이나 단절되었던 역사를 잇고자 한다. 외람되게 두 번 사는 영광을 누리고자 한다.

지금도 그림을 그리고 싶어 하는 것은 결혼해 행복을 누렸으면서도 첫사랑을 잊지 못하는 데다 견줄 수 있다. 사랑과 작업은 같으면서 다르다. 작업은 혼자서 결정해 매듭을 분명하게 할 수 있다. 2009년 9월 1일에 학문에서 그림으로 방향을 돌리는 시대가 시작된다고 내 자신에게 조용하게 선언한다.

학문도 즐겁지만 그림은 더욱 즐겁다. 그림은 논리가 아니고, 말이 아닌 형상으로 이룩하는 창조이기 때문이다. 그렇더라도 전문적인 화가가 되었으면 평가를 받고 생계를 해결해야 하는 두 가지 어려움을 겪어야 했겠는데, 지금 하려는 작업은 아무 부담이 없어 더욱 더 즐겁다. 학자 조동일의 번거로운 이름을 떨쳐버리고 전혀 무명의 아마추어 화가로 다시 태어나니 더 더욱 더 즐겁다.

저자 조 동 일

1939년생. 경북 영양 출신.

1962년 서울대학교 불어불문학과, 1966년 서울대학교 국어국문학과를 졸업했다. 1976년 서울대학교 국어국문학과에서 문학박사 학위를 받았다. 계명대학교, 영남대학교, 한국학대학원, 서울대학교 교수를 역임하고, 2004년 9월부터 계명대학교 석좌교수로 재직 중이며, 대한민국학술원 회원이다.

주요 저서로 『서사민요연구』, 『한국문학통사』(전6권), 『우리 학문의 길』, 『인문학문의 사명』, 『소설의 사회사 비교론』(전3권) 등이 있다.

홈페이지 : http://chodongil.x-y.net

세계 · 지방화시대의 한국학 10

학문하는 보람

인쇄 | 2009년 7월 23일

발행 | 2009년 7월 27일

저 자 | 조동일

펴낸이 | 신일희

펴낸곳 | 계명대학교출판부

대구시 달서구 달구벌대로 2800

전화 053-580-6233

팩스 053-583-5213

등록 | 1970. 9. 1. (신고번호 제347-1998-1호)

ISBN 978-89-7585-475-0 93810

값 20,000원